Juristische ExamensKlausuren

Ralf Brinktrine · Berthold Kastner

Fallsammlung zum Verwaltungsrecht

Unter Mitarbeit von
Markus Bach und Ronny Thomas

Zweite Auflage

 Springer

Dr. Ralf Brinktrine
Universität Leipzig
Institut für Umwelt- und Planungsrecht
Otto-Schill-Straße 2
04109 Leipzig
rbrink@uni-leipzig.de

Dr. Berthold Kastner
Fachhochschule Villingen-Schwenningen
Fachbereich III
Sturmbühlstraße 250
78054 Villingen-Schwenningen
bertholdkastner@fhpol-vs.de

ISSN 0944-3762
ISBN 3-540-25230-4 Springer Berlin Heidelberg New York
ISBN 3-540-41988-8 1. Auflage Springer Berlin Heidelberg New York

Bibliografische Information Der Deutschen Bibliothek
Die Deutsche Bibliothek verzeichnet diese Publikation in der Deutschen Nationalbibliografie; detaillierte bibliografische Daten sind im Internet über <http://dnb.ddb.de> abrufbar.

Dieses Werk ist urheberrechtlich geschützt. Die dadurch begründeten Rechte, insbesondere die der Übersetzung, des Nachdrucks, des Vortrags, der Entnahme von Abbildungen und Tabellen, der Funksendung, der Mikroverfilmung oder der Vervielfältigung auf anderen Wegen und der Speicherung in Datenverarbeitungsanlagen, bleiben, auch bei nur auszugsweiser Verwertung, vorbehalten. Eine Vervielfältigung dieses Werkes oder von Teilen dieses Werkes ist auch im Einzelfall nur in den Grenzen der gesetzlichen Bestimmungen des Urheberrechtsgesetzes der Bundesrepublik Deutschland vom 9. September 1965 in der jeweils geltenden Fassung zulässig. Sie ist grundsätzlich vergütungspflichtig. Zuwiderhandlungen unterliegen den Strafbestimmungen des Urheberrechtsgesetzes.

Springer ist ein Unternehmen von Springer Science+Business Media

springer.de

© Springer-Verlag Berlin Heidelberg 2002, 2005
Printed in Germany

Die Wiedergabe von Gebrauchsnamen, Handelsnamen, Warenbezeichnungen usw. in diesem Werk berechtigt auch ohne besondere Kennzeichnung nicht zu der Annahme, dass solche Namen im Sinne der Warenzeichen- und Markenschutz-Gesetzgebung als frei zu betrachten wären und daher von jedermann benutzt werden dürften.

Umschlaggestaltung: Erich Kirchner, Heidelberg
SPIN 11402619   64/3153-5 4 3 2 1 0 – Gedruckt auf säurefreiem Papier

Vorwort

Die Neuauflage der Fallsammlung zum Verwaltungsrecht ist aktualisiert und die Sammlung erheblich erweitert worden. Sie umfaßt nunmehr 17 Klausuren unterschiedlichen Schweregrads, die alle examensrelevanten Gebiete des allgemeinen Verwaltungsrechts und des Polizei-, Kommunal-, Bau- und Staatshaftungsrechts sowie des Straßenrechts abdecken. Die vielfältigen Neuerungen betreffen in erster Linie das Bau- und Staatshaftungsrecht. Der zentralen Bedeutung des allgemeinen Verwaltungsrechts wird durch eine neue Fallaufgabe zum öffentlich-rechtlichen Vertrag Rechnung getragen.

Veränderungen hat es auch im Kreis der Autoren gegeben, in den Referendar i.ur. Ronny Thomas neu eingetreten ist. Alle Autoren haben den Lösungsvorschlägen ihre jeweiligen wissenschaftlichen Ansichten sowie ihren persönlichen Stil zugrunde gelegt. Für den jeweiligen Fall ist der Autor verantwortlich, der im Inhaltsverzeichnis in Klammern nach dem Titel genannt ist.

Bei der Auswahl der Rechtsprechung und Literatur wurde auch dieses Mal besonderer Wert darauf gelegt, dass das Material aktuell ist und hinsichtlich seines Umfangs tatsächlich von den Studierenden verarbeitet werden kann. Aus diesem Grund wurde auf umfassende Nachweise verzichtet. In der Regel ist keine Literatur zitiert worden, die vor 1990 erschienen ist. Ferner wurde Spezialschrifttum nur in Ausnahmefällen berücksichtigt. Die den Lösungen beigefügten Vertiefungshinweise wollen den Studierenden ermöglichen, sich mit einigen (Streit)Fragen näher auseinanderzusetzen. Die Beiträge sind vorrangig den juristischen Ausbildungszeitschriften entnommen worden, aber auch gängige öffentlich-rechtliche Zeitschriften haben Eingang gefunden. Gesetzgebung, Rechtsprechung und Literatur sind bis Ende Februar 2005 berücksichtigt.

Die Autoren danken den Lesern und Rezensenten der Vorauflage für ihre wohlmeinenden Anregungen. Wiederum erbitten wir Vorschläge und Wünsche aus dem Leserkreis an die angegebenen Anschriften der Herausgeber.

Leipzig, Freiburg i. Br. und Dresden, März 2005

Dr. Ralf Brinktrine
Dr. Berthold Kastner
Markus Bach
Ronny Thomas

Aus dem Vorwort zur Erstauflage

Klausuren prägen das juristische Staatsexamen. Wie die gestellten Fälle von den Studierenden bewältigt werden, beeinflußt wesentlich die Examensnote und entscheidet damit oft zugleich auch über berufliche Perspektiven. Die vorliegende Fallsammlung will helfen, die Examensaufgaben mit Erfolg zu meistern.

Die Präsentation der Fallösungen trägt studentischer Kritik an der herkömmlichen Darstellungsform von Musterlösungen Rechnung und beschreitet in der methodischen Behandlung der Fälle neue Wege. Wie in der realen Klausur- und Prüfungssituation werden Vorüberlegungen, allgemeine Aufbaufragen und klausurtaktische Erwägungen in den gedanklichen Lösungsprozeß einbezogen und in einer eigenen Druckspalte parallel zu den einzelnen Schritten der eigentlichen Klausurlösung dargestellt. Dieses Verfahren hat zwei entscheidende Vorteile: Der gutachtliche Gedankengang bleibt von Zusatzanmerkungen frei und kann ungestört entwickelt werden. Zugleich ist Raum für didaktische Hinweise, die an den entscheidenden Weichenstellungen parallel zum Lösungsvorschlag erörtert werden können und nicht in die Fußnoten „verbannt" werden müssen.

Mit diesem Buch wird darüber hinaus auch die Verschiedenartigkeit des besonderen Verwaltungsrechts in den Ländern der Bundesrepublik Deutschland berücksichtigt. Verwaltungsrecht ist bekanntlich auf vielen Gebieten Recht der Länder, und die jeweiligen Landesrechte weichen zum Teil erheblich voneinander ab. Dieser Schwierigkeit begegnet die Fallsammlung in zweifacher Weise. Zum einen werden alle Normen des Landesrechts, das im konkreten Fall Anwendung findet, in einer Fußnote im Wortlaut zitiert. So besteht für alle Benutzer sofort während der Lektüre die Möglichkeit, ihr Landesrecht mit den im Fall relevanten Vorschriften zu vergleichen. Zum zweiten finden mehrere Landesrechte Berücksichtigung. Die Fälle sind – neben dem in allen Fällen relevanten Bundesrecht – in Abhängigkeit vom Ort des Geschehens nach den Gesetzen der großen Flächenländer Baden-Württemberg, Bayern und Nordrhein-Westfalen sowie des Saarlandes gelöst. Stellvertretend für die Rechtsentwicklung in den neuen Ländern wurden die Vorschriften des Freistaates Sachsen herangezogen. Auf diesem Wege ist sichergestellt, daß ein Großteil der Jurastudierenden von den Fällen guten Gebrauch machen kann.

Inhaltsverzeichnis

Klausur Nr. 1: **Alles oder nichts*** (Ralf Brinktrine) 1
  Anspruch auf Erlaubniserteilung – Verbot mit Erlaubnisvorbehalt –
  unbestimmter Rechtsbegriff mit und ohne Beurteilungsspielraum –
  maßgeblicher Beurteilungszeitpunkt bei Verpflichtungsklagen

Klausur Nr. 2: **Eine ‚Aluminiumhütte' in Europa**** (Berthold Kastner) 11
  Aufhebung (insb. Rücknahme) von Verwaltungsakten – Einflüsse
  des Europarechts

Klausur Nr. 3: **Das „Sweet Seasons"**** (Ralf Brinktrine) 25
  Einstweiliger Rechtsschutz – Begründungserfordernis bei der Anord-
  nung der sofortigen Vollziehung – Widerruf von Erlaubnissen –
  Beifügung von Auflagen – Nichtigkeitsprüfung von Verwaltungsakten –
  Ermessenskontrolle

Klausur Nr. 4: **Kühler Grund**** (Ronny Thomas) 45
  Feststellungsklage – Öffentlich-rechtlicher Vertrag nach § 54 ff.
  VwVfG – Nichtigkeitsprüfung öffentlich-rechtlicher Verträge – Unwirk-
  samkeit eines öffentlich-rechtlichen Vertrages nach § 59 Abs. 2 und 1
  VwVfG

Klausur Nr. 5: **Paparazzo im Villenviertel***** (Berthold Kastner) 61
  Fortsetzungsfeststellungsklage – Erledigung von Verwaltungsakten –
  Polizeiliche Standardmaßnahme Beschlagnahme

Klausur Nr. 6: **Unangenehme Überraschungen***** (Ralf Brinktrine) 85
  Widerspruchsverfahren – Kostenerstattung im Polizeirecht –
  Ersatzvornahme – Bekanntgabe von Verkehrszeichen – polizeiliche
  Maßnahme Sicherstellung – unmittelbare Ausführung

Klausur Nr. 7: **Gefahr durch wilde Tauben**** (Berthold Kastner) 109
  Polizeiverordnungen – Inzident-Kontrolle im Rahmen der
  Anfechtungsklage

Klausur Nr. 8: **Sozialstadt S**** (Berthold Kastner) 123
  Kommunalverfassungsstreit – Anträge zur Tagesordnung –
  Sitzungsausschluß

Klausur Nr. 9: **Die strenge Aufsicht**** (Ralf Brinktrine) 141
  Anfechtungsklage – Verwaltungsakt – Rechtsaufsicht –
  Parteienprivileg – Ermessenskontrolle

Klausur Nr. 10: **Streit um die Erstreckungssatzung***** (Ralf Brinktrine) 159
  Kommunale Satzungen – Öffentlichkeit von Ratssitzungen – Gebot
  der Normenklarheit – Verbot der Rückwirkung von Normen

Klausur Nr. 11: **Südwest-Park***** (Berthold Kastner).......................................183
  Normenkontrollverfahren nach § 47 VwGO – Rechtmäßigkeit von
  Bebauungsplänen – Zulässigkeit von Bauvorhaben nach § 34 BauGB –
  Einvernehmen der Gemeinde nach § 36 BauGB

Klausur Nr. 12: **Der gläserne Balkon***** (Markus Bach).................................207
  Beseitigung baurechtswidriger Anlagen – Anspruch einer Gemeinde
  auf Einschreiten der Bauaufsicht – örtliche Bauvorschriften –
  Bestandsschutz

Klausur Nr. 13: **Leipzig kommt!***** (Ronny Thomas) 233
  Verpflichtungsklage – Sachentscheidung bei Versäumung der
  Widerspruchsfrist – Anspruch auf Erteilung einer immissionsschutzrechtlichen Genehmigung – Zulässigkeit von Vorhaben im Außenbereich gemäß § 35 BauGB

Klausur Nr. 14: **Die Straßenkünstlerin**** (Ralf Brinktrine)...............................247
  Allgemeine Feststellungsklage – Erlaubnispflichtigkeit der Kunstaus-
  übung – Gewerbebegriff – Ladenschlußrecht – Sondernutzung im
  Straßenrecht – kommunikativer Verkehr

Klausur Nr. 15: **Rückstau in der Kanalisation***** (Ralf Brinktrine)................263
  Verwaltungsrechtliches Schuldverhältnis – Haftpflichtgesetz – DDR-
  Staatshaftungsgesetz – enteignungsgleicher Eingriff – Amtshaftung –
  Haftungsbeschränkungen bei der Nutzung öffentlicher Einrichtungen

Klausur Nr. 16: **Verbotene Nachtarbeit**** (Markus Bach) 291
  Amtshaftung – Haftung für legislatives Unrecht – gemeinschaftsrecht-
  liche Überformung des Amtshaftungsanspruches

Klausur Nr. 17: **Das falsche Grab**** (Ralf Brinktrine) 311
  Allgemeine Leistungsklage – Folgenbeseitigung von Realakten –
  Voraussetzung des Folgenbeseitigungsanspruchs – Ausschluß des
  Folgenbeseitigungsanspruchs

Sachverzeichnis 327

Die Klausuren haben folgendes Niveau:

***   sehr hohes Niveau
**   hohes Niveau
*   mittleres Niveau

Verzeichnis der abgekürzt zitierten Literatur

Arndt	Arndt, Hans-Wolfgang; Wirtschaftsverwaltungsrecht, in: Steiner, Udo; Besonderes Verwaltungsrecht, 7. Auflage Heidelberg 2003
Battis/Krautzberger/Löhr, BauGB	Battis, Ulrich/Krautzberger, Michael/Löhr, Rolf Peter, Baugesetzbuch, 8. Auflage, München 2002
Belz/Mußmann, PolG BW	Belz, Reiner/Mußmann, Eike; Polizeigesetz für Baden-Württemberg, 5. Auflage Stuttgart u.a. 1996
Brinktrine	Brinktrine, Ralf; Verwaltungsermessen in Deutschland und England, Heidelberg 1998
Brohm	Brohm Winfried; Öffentliches Baurecht, 3. Auflage, München 2002
Brüggen/Heckendorf, Sächsische Gemeindeordnung	Brüggen, Georg/Heckendorf, Ingrid, Sächsische Gemeindeordnung, Berlin 1994
Bull	Bull, Hans Peter; Allgemeines Verwaltungsrecht, 6. Auflage Heidelberg 2000
Degenhart, Staatsrecht I	Degenhart, Christoph; Staatsrecht I – Staatsorganisationsrecht, 20. Auflage Heidelberg 2004
Degenhart, Sächsische Bauordnung	Degenhart, Christoph (Hrsg.); Sächsische Bauordnung, Loseblatt München Stand 3. EL 2002
Detterbeck/Windthorst/Sproll	Detterbeck, Steffen/Windthorst, Kay/Sproll, Hans-Dieter; Staatshaftungsrecht, München 2000
Dolde	Dolde, Klaus-Peter; Die Beteiligungsfähigkeit im Verwaltungsprozeß (§ 61 VwGO), in: Erichsen, Hans-Uwe (Hrsg.); System des verwaltungsgerichtlichen Rechtsschutzes: Festschrift für Christian-Friedrich Menger zum 70. Geburtstag, Köln u.a. 1985, S. 423 ff.
Dolzer/Vogel, BK-GG	Dolzer, Rudolf/Vogel, Klaus; Bonner Kommentar zum Grundgesetz, Loseblatt Heidelberg Stand 2004

Dörr	Dörr, Dieter; Baurecht, in: Achterberg, Norbert/Püttner, Günter/Würtenberger, Thomas; Besonderes Verwaltungsrecht, Band I: Wirtschafts-, Bau-, Kultus-, Umweltrecht, 2. Auflage Heidelberg 2000
Dreier, GG, Bd.2	Dreier, Rolf; Grundgesetz. Kommentar, Band 2, Tübingen 1998
Drews/Wacke/Vogel/Martens	Drews, Bill/Wacke, Gerd/Vogel, Klaus/Martens, Wolfgang; Gefahrenabwehr. Allgemeines Polizeirecht (Ordnungsrecht) des Bundes und der Länder, 9. Auflage Köln ua. 1986
Dürr	Dürr, Hansjochen; Baurecht Baden-Württemberg, 11. Auflage Baden-Baden 2004
Dürr/Dahlke-Piel	Dürr, Hansjochen/Dahlke-Piel, Susanne; Baurecht, 2. Auflage Baden-Baden 2001
Ehlers	Ehlers, Dirk; Gewerbe-, Handwerks- und Gaststättenrecht, in: Achterberg, Norbert/Püttner, Günter/Würtenberger, Thomas; Besonderes Verwaltungsrecht, Band I: Wirtschafts-, Bau-, Kultus-, Umweltrecht, 2. Auflage Heidelberg 2000
Erbguth	Erbguth, Wilfried; Bauplanungsrecht, in: Achterberg, Norbert/Püttner, Günter/Würtenberger, Thomas; Besonderes Verwaltungsrecht, Band I: Wirtschafts-, Bau-, Kultus-, Umweltrecht, 2. Auflage Heidelberg 2000
Erichsen	Erichsen, Hans-Uwe; Das Verwaltungshandeln, in: Erichsen, Hans-Uwe/Ehlers, Dirk; Allgemeines Verwaltungsrecht, 12. Auflage Berlin, New York 2002
Erman, BGB	Erman, Walter; Bürgerliches Gesetzbuch, 11. Auflage Münster 2003
Ernst/Zinkahn/Bielenberg/ Krautzberger, BauGB BauNVO	Ernst, Werner/Zinkahn, Willy/Bielenberg, Walter/ Krautzberger, Michael; Baugesetzbuch, resp. Loseblatt München Stand 75. EL September 2004
Eyermann, VwGO	Eyermann, Erich; Verwaltungsgerichtsordnung, 11. Auflage München 2000
Fetzer	Fetzer, Rhona; Die Haftung des Staates für legislatives Unrecht, Berlin 1994

Finkelnburg/Jank	Finkelnburg, Klaus/Jank, Klaus Peter; Vorläufiger Rechtsschutz im Verwaltungsstreitverfahren, 4. Auflage München 1998
Friauf	Friauf, Karl Heinrich; Polizei- und Ordnungsrecht, in: Schmidt-Aßmann, Eberhard; Besonderes Verwaltungsrecht, 11. Auflage Berlin, New York 1999
Frotscher	Frotscher, Werner; Wirtschaftsverfassungs- und Wirtschaftsverwaltungsrecht, 4. Auflage München 2004
Gallwas/Mößle	Gallwas, Hans-Ullrich/Mößle, Wilhelm; Bayerisches Polizei- und Sicherheitsrecht, 3. Auflage Stuttgart u.a. 2004
Gern, Deutsches Kommunalrecht	Gern, Alfons; Deutsches Kommunalrecht, 3. Auflage Baden-Baden 2003
Gern, Kommunalrecht Baden-Württemberg	Gern, Alfons; Kommunalrecht für Baden-Württemberg, 8. Auflage Baden-Baden 2001
Gern, Sächsisches Kommunalrecht	Gern, Alfons; Sächsisches Kommunalrecht, 2. Auflage München 2000
Gornig/Jahn	Gornig, Gilbert-Hanno/Jahn, Ralf; Fälle zum Sicherheits- und Polizeirecht, 2. Auflage München 1999
Götz	Götz, Volkmar; Allgemeines Polizei- und Ordnungsrecht, 13. Auflage Göttingen 2001
Götze	Götze, Roman; Der passive Bestandsschutz im Baurecht auf dem Weg zu einem einfachrechtlichen Modell; in: Brinktrine, Ralf; Alte und neue Streitfragen im Bau-, Umwelt-, und Telekommunikationsrecht, Leipzig 2000, S. 33 ff.
Hegele/Ewert	Hegele, Dorothea/Ewert, Klaus-Peter; Kommunalrecht im Freistaat Sachsen, 3. Auflage Stuttgart u.a. 2004
Hentschel	Hentschel, Peter; Straßenverkehrsrecht, 38. Auflage München 2005
Hk-BGB	Dörner, Heinrich/Ebert, Ina/Eckert, Jörn/Hoeren, Thomas/Kemper, Rainer/Schulze, Reiner/Staudinger, Ansgar; BGB - Bürgerliches Gesetzbuch. Handkommentar, 3. Auflage Baden-Baden 2003

Hoppe/Bönker/Grotefels	Hoppe, Werner/Bönker, Christian/Grotefels, Susan; Öffentliches Baurecht, 3. Auflage München 2004
Hufen	Hufen, Friedhelm; Verwaltungsprozeßrecht, 5. Auflage München 2003
Ipsen, Verwaltungsrecht	Ipsen, Jörn; Allgemeines Verwaltungsrecht, 3. Auflage Köln u.a. 2003
Ipsen, Staatsrecht II	Ipsen, Jörn; Staatsrecht II (Grundrechte), 7. Auflage Neuwied und Kriftel 2004
Kloepfer	Kloepfer, Michael; Umweltrecht, in: Achterberg, Norbert/Püttner, Günter/Würtenberger, Thomas; Besonderes Verwaltungsrecht, Band I: Wirtschafts-, Bau-, Kultus-, Umweltrecht, 2. Auflage Heidelberg 2000
Knack, VwVfG	Knack, Hans-Joachim; Verwaltungsverfahrensgesetz (VwVfG) – Kommentar, 8. Auflage Köln u.a. 2004
Knemeyer	Knemeyer, Franz-Ludwig; Polizei- und Ordnungsrecht, 10. Auflage München 2004
Koch/Molodovsky/Famers, BayBO	Koch, Hans/Molodovsky, Paul/Famers, Gabriele; Bayerische Bauordnung, München November 2000
Kodal/Krämer	Kodal, Kurt/Krämer, Helmut; Straßenrecht, 6. Auflage München 1999
Kopp/Ramsauer, VwVfG	Kopp, Ferdinand O./Ramsauer, Ulrich; Verwaltungsverfahrensgesetz, 8. Auflage München 2003
Kopp/Schenke, VwGO	Kopp, Ferdinand O./Schenke, Wolf-Rüdiger; Verwaltungsgerichtsordnung, 13. Auflage München 2003
Krebs	Krebs, Walter; Baurecht, in: Schmidt-Aßmann, Eberhard; Besonderes Verwaltungsrecht, 12. Auflage Berlin, New York, 2003
Kunze/Bronner/Katz, Gemeindeordnung B-W	Kunze, Richard/Bronner, Otto/Katz, Alfred; Gemeindeordnung für Baden-Württemberg, Loseblatt Stuttgart Stand Juli 2000
Landmann/Rohmer, GewO	Landmann, Robert von/Rohmer, Gustav; Gewerbeordnung, Loseblatt München Stand 01.02.2000

Larenz/Canaris	Larenz, Karl/Canaris, Claus Wilhelm; Lehrbuch des Schuldrechts, Band 2, Halbband 2, 13. Aufl. München 1994
Lasotta	Lasotta, Stephan; Das Einvernehmen der Gemeinde nach § 36 BauGB, Baden-Baden 1998
Lissack	Lissack, Gernot; Bayerisches Kommunalrecht, 2. Auflage München 2001
Löffler, Presserecht	Löffler, Martin; Presserecht, 4. Auflage München 1997
Lorenz	Lorenz, Dieter; Verwaltungsprozeßrecht, Berlin, Heidelberg, New York 2000
Lübking/Vogelgesang	Lübking, Uwe/Vogelgesang, Klaus; Kommunalaufsicht. Aufgaben-Rechtsgrundlagen-Organisation, Berlin 1998
Marcks	Marcks, Peter; Erlaubnispflichten für das stehende Gewerbe nach §§ 30 bis 34 c GewO, öffentliche Bestellung von Sachverständigen nach § 36 GewO, in: Robinski, Severin (Begr.)/Sprenger-Richter, Bernhard; Gewerberecht, 2. Auflage München 2002
Maunz/Dürig, GG	Maunz, Theodor/Dürig, Günter; Grundgesetz. Kommentar, Loseblatt München Stand 43. EL Februar 2004
Maurer	Maurer, Hartmut; Allgemeines Verwaltungsrecht, 15. Auflage München 2004
Meder, Verfassung des Freistaates Bayern	Meder, Theodor, Die Verfassung des Freistaates Bayern, 4. Auflage Stuttgart u.a. 1992
Medicus, Bürgerliches Recht	Medicus, Dieter; Bürgerliches Recht, 20. Auflage Köln u.a. 2004
Medicus, Schuldrecht AT	Medicus, Dieter; Schuldrecht I – Allgemeiner Teil, 15. Auflage München 2004
Michel/Kienzle, GastG	Michel, Elmar/Kienzle, Werner; Das Gaststättengesetz - Kommentar, 11. Auflage Köln u.a. 1992
Michel/Kienzle/Pauly, GastG	Michel, Elmar/Kienzle, Werner/Pauly, Renate; Das Gaststättengesetz - Kommentar, 14. Auflage Köln u.a. 2003
Metzner, GastG	Metzner, Georg; Gaststättengesetz, 6. Auflage München 2002

MüKo-BGB	Rebmann, Kurt/Rixecker, Roland/Säcker, Franz Jürgen; Münchener Kommentar zum Bürgerlichen Gesetzbuch, Band 5, 4. Auflage München 2004
von Münch/Kunig, GG, Bd. 1	von Münch, Ingo/Kunig, Philip; Grundgesetz-Kommentar, Band 1, 5. Auflage München 2000
von Münch/Kunig, GG, Bd. 3	von Münch, Ingo/Kunig, Philip; Grundgesetz-Kommentar, Band 3, 4./5. Auflage München 2003
von Mutius	von Mutius, Albert; Das Widerspruchsverfahren der VwGO in Studium und Examen, in: Erichsen, Hans-Uwe, Jura Extra: Studium und Examen, 2. Auflage Berlin, New York 1983, S. 154 ff.
Nawiasky/Schweiger/Knöpfle, Verfassung des Freistaates Bayern	Nawiasky, Hans/Schweiger, Karl/Knöpfle, Franz, Die Verfassung des Freistaates Bayern, 2. A. Loseblatt München Stand Juli 2000
Obermayer, VwVfG	Obermayer, Klaus (Begr.)/Fritz, Roland (Hrsg.); Kommentar zum Verwaltungsverfahrensgesetz, 3. Auflage Neuwied und Kriftel 1999
Oexmann	Oexmann, Burkhard; Beanstandung als Mittel kommunalaufsichtlicher Legalitätskontrolle in den Ländern der Bundesrepublik Deutschland, Münster 1977
Oldiges, Baurecht	Oldiges, Martin; Baurecht, in: Steiner, Udo; Besonderes Verwaltungsrecht, 7. Auflage, Heidelberg 2003
Oldiges, Polizeirecht	Oldiges, Martin; Polizeirecht, in: Grimm, Dieter/ Papier, Hans-Jürgen; Nordrhein-Westfälisches Staats- und Verwaltungsrecht, Frankfurt am Main 1986
Ossenbühl, Rechtsquellen	Ossenbühl, Fritz; Rechtsquellen und Rechtsbindungen der Verwaltung, in: Erichsen, Hans-Uwe/Ehlers, Dirk; Allgemeines Verwaltungsrecht, 12. Auflage Berlin, New York 2002
Ossenbühl, Staatshaftung	Ossenbühl, Fritz; Staatshaftung zwischen Europarecht und nationalem Recht, in: Due, Ole (Hrsg.); Festschrift für Ulrich Everling, Baden-Baden 1995, S. 1031 ff.
Ossenbühl, Staatshaftungsrecht	Ossenbühl, Fritz; Staatshaftungsrecht, 5. Auflage München 1998

Palandt, BGB	Palandt, Otto; Bürgerliches Gesetzbuch, 64. Auflage München 2005
Pappermann/Löhr/Andriske	Pappermann, Ernst/Löhr, Rolf-Peter/Andriske, Wolfgang; Recht der öffentlichen Sachen, München 1987
Papier, Sachen	Papier, Hans-Jürgen; Recht der öffentlichen Sachen, 3. Auflage Berlin, New York 1998
Papier, Fälle	Papier, Hans-Jürgen; Fälle zum Wirtschaftsverwaltungsrecht, 2. Auflage München 1984
Peine	Peine, Franz-Joseph; Allgemeines Verwaltungsrecht, 7. Auflage Heidelberg 2004
Pieroth/Schlink	Pieroth, Bodo/Schlink, Bernhard; Grundrechte – Staatsrecht II, 20. Auflage Heidelberg 2004
Pietzner/Ronellenfitsch	Pietzner, Rainer/Ronellenfitsch, Michael; Das Assessorexamen im Öffentlichen Recht. Widerspruchsverfahren und Verwaltungsprozeß, 11. Auflage Düsseldorf 2004
Rachor	Rachor, Frederik; Polizeihandeln, in: Lisken, Hans/Denninger, Erhard, Handbuch des Polizeirechts, 3. Auflage München 2001
Redeker/von Oertzen, VwGO	Redeker, Konrad/von Oertzen, Hans-Joachim; Verwaltungsgerichtsordnung, 14. Auflage 2004
Rüfner	Rüfner, Wolfgang; Das Recht der öffentlich-rechtlichen Schadensersatz- und Entschädigungsleistungen, in: Erichsen, Hans-Uwe/Ehlers, Dirk; Allgemeines Verwaltungsrecht, 12. Auflage Berlin, New York 2002
Sachs, GG	Sachs, Michael; Grundgesetz, 3. Auflage München 2003
Sachs, Grundrechte	Sachs, Michael; Verfassungsrecht II – Grundrechte, 2. Auflage Berlin u.a. 2003
Sailer	Sailer, Wolfgang, Haftung für Polizeikosten, in: Lisken, Hans/Denninger, Erhard, Handbuch des Polizeirechts, 3. Auflage München 2001
Schenke, Bauordnungsrecht	Schenke, Wolf-Rüdiger; Bauordnungsrecht, in: Achterberg, Norbert/Püttner, Günter/Würtenberger Thomas; Besonderes Verwaltungsrecht, Band I: Wirtschafts-, Bau-, Kultus-, Umweltrecht, 2. Auflage Heidelberg 2000

Schenke, Polizeirecht	Schenke, Wolf-Rüdiger; Polizeirecht, in: Steiner, Udo; Besonderes Verwaltungsrecht, 7. Auflage, Heidelberg 2003
Schenke, Polizei- und Ordnungsrecht	Schenke, Wolf-Rüdiger; Polizei- und Ordnungsrecht, 3. Auflage, Heidelberg 2004
Schenke, Verwaltungsprozeßrecht	Schenke, Wolf-Rüdiger; Verwaltungsprozeßrecht, 9. Auflage, Heidelberg 2004
Scheerbarth/Höffken/ Bauschke/Schmidt	Scheerbarth, Hans Walter/Höffken, Heinz/Bauschke, Hans- Joachim/Schmidt, Lutz; Beamtenrecht, 6. Auflage Siegburg 1992
Schiedermair/König	Schiedermair, Rudolf/König, Hans-Günther; Gesetz über das Landesstrafrecht und das Verordnungsrecht auf dem Gebiet der öffentlichen Sicherheit und Ordnung (Landesstraf- und Verordnungsgesetz - LStVG). Kommentar, 4. Auflage München 1979, 1. Nachlieferung 1993.
Schlechtriem, Schuldrecht AT	Schlechtriem, Peter; Schuldrecht, Allgemeiner Teil, 5. Auflage Tübingen 2003
Schmidt-Aßmann	Schmidt-Aßmann, Eberhard; Kommunalrecht, in: Schmidt-Aßmann, Eberhard; Besonderes Verwaltungsrecht, 12. Auflage Berlin, New York 2003
Schmitt Glaeser/Horn	Schmitt Glaeser, Walter/Horn, Hans-Detlef; Verwaltungsprozeßrecht, 15. Auflage Stuttgart u.a. 2000
Schoch	Schoch, Friedrich, Übungen im Öffentlichen Recht II. Verwaltungsrecht und Verwaltungsprozeßrecht, Berlin, New York 1992
Schoch, Polizeirecht	Schoch, Friedrich; Polizei- und Ordnungsrecht, in: Schmidt-Aßmann, Eberhard; Besonderes Verwaltungsrecht, 12. Auflage Berlin, New York 2003
Schoch/Schmidt-Aßmann/ Pietzner, VwGO	Schoch, Friedrich/Schmidt-Aßmann, Eberhard/ Pietzner, Rainer; Verwaltungsgerichtsordnung, Loseblatt München Stand 10. EL 2004
Schrödter, BauGB	Schrödter, Hans; Baugesetzbuch, 6. Auflage, München 1998
Schwerdtfeger	Schwerdtfeger, Gunther; Öffentliches Recht in der Fallbearbeitung, 12. Auflage München 2004

Seewald	Seewald, Otfried; Kommunalrecht, in: Steiner, Udo; Besonderes Verwaltungsrecht, 7. Auflage Heidelberg 2003
Simon, BayBO 1994	Simon, Alfons; Bayerische Bauordnung 1994, Loseblatt, München Stand Januar 2001
Simon, BayBO	Simon, Alfons; Bayerische Bauordnung, Loseblatt, München Stand Januar 2001
Sodan/Ziekow, VwGO	Sodan, Helge/Ziekow, Jan; Nomos-Kommentar zur Verwaltungsgerichtsordnung, Loseblatt Baden-Baden Stand 2002
Soergel, BGB	Soergel, Hans Theodor; Kommentar zum Bürgerlichen Gesetzbuch, Band 5/2, 12. Auflage Stuttgart 1999
Steiner	Steiner, Udo; Straßen- und Wegerecht, in: Steiner, Udo; Besonderes Verwaltungsrecht, 7. Auflage Heidelberg 2003
Stelkens/Bonk/Sachs, VwVfG	Stelkens, Paul/Bonk, Heinz Joachim/Sachs, Michael; Verwaltungsverfahrensgesetz, 6. Auflage München 2001
Stern	Stern, Klaus; Verwaltungsprozessuale Probleme in der öffentlich-rechtlichen Arbeit, 8. Auflage München 2000
Stober	Stober, Rolf; Kommunalrecht in der Bundesrepublik Deutschland, 3. Auflage Stuttgart u.a. 1996,
Tettinger	Tettinger, Peter J.; Besonderes Verwaltungsrecht/1, 7. Auflage Heidelberg 2004
Tettinger/Wank, GewO	Tettinger, Peter J./Wank, Rolf; Gewerbeordnung, 7. Auflage München 2004
Ule/Laubinger	Ule, Carl Hermann/Laubinger, Hans-Werner; Verwaltungsverfahrensrecht, 4. Auflage Köln u.a. 1995
Wagner/Ruder	Wagner, Erwin/Ruder, Karl-Heinz; Polizeirecht (Sächsisches Landesrecht), Baden-Baden 1999
Weides	Weides, Peter; Verwaltungsverfahren und Widerspruchsverfahren, 3. Auflage München 1993
Widtmann/Grasser, BayGO	Widtmann, Julius/Grasser, Walter, Bayerische Gemeindeordnung, Loseblatt, München Stand 01.Mai 2001

Wolf/Stephan, PolG BW	Wolf, Heinz/Stephan, Ulrich; Polizeigesetz für Baden-Württemberg, Kommentar, 5. Auflage Stuttgart u.a. 1999
Wolff/Bachof/Stober, Bd. 1	Wolff, Hans Julius/Bachof, Otto/Stober, Rolf; Verwaltungsrecht, Band 1, 11. Auflage München 1999
Wolff/Bachof/Stober, Bd. 2	Wolff, Hans Julius/Bachof, Otto/Stober, Rolf; Verwaltungsrecht, Band 2, 6. Auflage München 2000
Wolff/Bachof/Stober, Bd. 3	Wolff, Hans Julius/Bachof, Otto/Stober, Rolf; Verwaltungsrecht, Band 3, 5. Auflage München 2004
Würtenberger, Polizeirecht	Würtenberger, Thomas; Polizei- und Ordnungsrecht, in: Achterberg, Norbert/Püttner, Günter/Würtenberger, Thomas; Besonderes Verwaltungsrecht, Band II: Kommunal-, Haushalts-, Abgaben-, Sozial-, Dienstrecht, 2. Auflage Heidelberg 2000
Würtenberger, Verwaltungsprozeßrecht	Würtenberger, Thomas; Verwaltungsprozeßrecht, München 1998
Würtenberger/Heckmann/ Riggert	Würtenberger, Thomas/Heckmann, Dirk/Riggert, Rainer; Polizeirecht in Baden-Württemberg, 5. Auflage Heidelberg 2002

Klausur Nr. 1*

Alles oder nichts

Sachverhalt

Der bisher eher glücklose A gewinnt Anfang 2004 eine recht beträchtliche Summe in einer staatlichen Lotterie. Mit dem Geld möchte er sich einen Jugendtraum erfüllen und Unternehmer werden. Da ihn seit seiner Kinderzeit Spiele und Spielautomaten jeglicher Art faszinieren, möchte er in der in Nordrhein-Westfalen gelegenen kreisfreien Stadt S als Gewerbetreibender in Gaststätten und Hotels Geldspielautomaten mit Gewinnmöglichkeit mehrerer Hersteller aufstellen. Bei diesen Geräten können die Spieler mittels verschiedener Tasten auf den Spielausgang Einfluß nehmen, indem sie den Spielvorgang vorzeitig beenden oder wieder neu starten.

Nach Beratung durch den einschlägigen Unternehmerverband beantragt A beim zuständigen Oberbürgermeister der Stadt S (OBM) eine Erlaubnis gemäß § 33 c Gewerbeordnung (GewO). Dieser teilt A mit Schreiben vom 12. März 2004 mit, er könne nach dem derzeitigen Stand der Dinge den Antrag leider nicht positiv bescheiden, da bei ihm unter Berücksichtigung des § 33 c Abs. 2 S. 2 GewO Zweifel an der Zuverlässigkeit des A aufgekommen seien. Zur Beurteilung der Zuverlässigkeit des A hatte die Erlaubnisbehörde nämlich nach § 11 Abs. 3 GewO eine Auskunft nach § 31 des Bundeszentralregistergesetzes (BZRG) eingeholt, weil A es versäumt hatte, ein Führungszeugnis nach § 30 Abs. 5 BZRG mit seinem Antrag einzureichen. Dabei war ihr unter Beachtung der Vorgaben des § 32 BZRG mitgeteilt worden, daß A im März 2001 vom Amtsgericht D-dorf rechtskräftig wegen Beteiligung am unerlaubten Glücksspiel zu einer Geldstrafe von 120 Tagessätzen in Höhe von je 20,- DM verurteilt worden war. A wird deshalb gebeten, sich zu diesen Fakten zu äußern. Als A den ermittelten Sachverhalt nicht bestreitet und außer seiner Einlassung, es habe sich doch bei dem Glücksspiel bloß um eine gelegentliche Teilnahme am sogenannten Hütchenspiel gehandelt, auch keine weiteren Umstände zu seiner Entlastung vorbringen kann, lehnt der OBM den Antrag des A durch Bescheid vom 19. April 2004 mit der Begründung ab, die nach den § 33 c GewO erforderliche Erlaubnis könne im Hinblick auf die strafrechtliche Verurteilung des A nicht erteilt werden, da diese die Unzuverlässigkeit des A belege.

Da der Widerspruch des A gegen diese Entscheidung erfolglos bleibt, sagt sich A „alles oder nichts" und erhebt vor dem hierfür zuständigen Verwaltungsgericht V gegen den OBM Verpflichtungsklage auf Erlaubniserteilung. In der mündlichen Verhandlung trägt er vor, die Ablehnung seines Antrages sei rechtswidrig. Die ohnehin geringfügige Verurteilung liege jetzt (Ende November 2004) schon mehr als drei Jahre zurück. Auch habe der OBM sein ihm durch § 33c GewO eingeräumtes „Ermessen" nicht pflichtgemäß ausgeübt, sondern sich offenbar im Hinblick auf die strafgerichtliche Verurteilung zur Ablehnung des Antrages verpflichtet gefühlt.

Aufgabe:

Wie wird das Verwaltungsgericht über die Verpflichtungsklage des A, ihre Zulässigkeit unterstellt, entscheiden?

Bearbeitervermerk:

1.) Gehen Sie davon aus, daß die Einholung der Auskunft nach § 11 Abs. 3 GewO i.V.m. §§ 31, 32 BZRG in rechtmäßiger Weise erfolgte.
2.) Gehen Sie des weiteren davon aus, daß für die Spielgeräte des A eine Bauartzulassung der Physikalisch-Technischen Bundesanstalt vorliegt.
3.) Gehen Sie ferner davon aus, daß A die gesetzlichen Anforderungen für die Aufstellung der Spielgeräte nach § 33 c Abs. 3 GewO und der Verordnung über Spielgeräte und andere Spielgeräte mit Gewinnmöglichkeit (SpielVO) in der aktuell geltenden Fassung einhalten wird.

Lösungsvorschlag

Im Verwaltungsrecht werden in Klausuren gern Fälle gewählt, die auf Gebieten des besonderen Verwaltungsrechts spielen, welche den Studenten zumeist nicht so vertraut sind. Dies führt zur Verunsicherung, obwohl die unbekannte Materie häufig nur den Ausgangspunkt für zentrale Fragestellungen des allgemeinen Verwaltungsrechts bildet. So auch hier. Trotz der Anknüpfung an Tatbestände der GewO setzt der Fall letztendlich allein Kenntnisse des allgemeinen Verwaltungsrechts und Verwaltungsprozeßrechts voraus.

Das Verwaltungsgericht wird der Klage des A stattgeben, wenn sie in der Sache begründet ist.

Bei jeder Aufgabe ist die Fallfrage genau zu beachten. Leider prüfen viele Studierende unaufgefordert Fragen, die der Aufgabensteller gar nicht beantwortet sehen will. Ist wie hier die Zulässigkeit der Klage als gegeben vorauszusetzen, darf man auch kein Wort zur Zulässigkeit verlieren; es ist vielmehr sofort mit der Begründetheit zu beginnen.

Die Verpflichtungsklage ist nach § 113 Abs. 5 S. 1 VwGO begründet, wenn die Ablehnung der Erlaubniserteilung zur Aufstellung von Geldspielautomaten mit Gewinnmöglichkeit rechtswidrig war und den A in seinen Rechten verletzt. Die Ablehnung war rechtswidrig und verletzt den A in seinen Rechten, wenn A einen *Anspruch* auf Erteilung der Erlaubnis zur Aufstellung von Geldspielautomaten mit Gewinnmöglichkeit besitzt. Ein Anspruch des A auf Erteilung der Erlaubnis könnte sich aus § 33 c GewO ergeben.

Der Wortlaut des § 113 Abs. 5 S. 1 VwGO könnte dazu verleiten, zunächst die Rechtswidrigkeit der Ablehnung zu prüfen und dann zu fragen, ob Spruchreife vorliegt. Diese Vorgehensweise verkennt aber, daß die Frage, ob die Versagung rechtswidrig ist, im Ergebnis nicht weiterhilft, da die Rechtswidrigkeit der Versagung nicht zwingend zur Folge hat, daß der Kläger auch einen Anspruch auf die Erlaubnis hat. So mag etwa die Behörde ein Tatbestandsmerkmal einer Norm falsch interpretiert haben, doch ist dieser Fehler irrelevant, weil sie auch bei korrekter Auslegung darüber hinaus einen Ermessensspielraum besitzt, der nicht auf Null reduziert ist, und sie deshalb die Erlaubnis versagen darf. Maßgeblich ist folglich allein, ob der Kläger einen Anspruch auf die konkrete Verwaltungsleistung hat[1].

---

[1] In diesem Sinne auch *Schwerdtfeger*, Rn. 145; *Lorenz*, § 34 Rn. 61.

A. Tauglichkeit des § 33 c GewO als Anspruchsgrundlage

Die Situation, daß eine klare Rechtsfolgeanordnung im Gesetz fehlt, kommt nicht selten vor[2]; dann wird eine Auslegung der relevanten Normen erforderlich und verlangt eine intensive Auseinandersetzung mit dem Gesetz.

Dazu ist zunächst Voraussetzung, daß § 33 c GewO die Erteilung nicht in das Ermessen der Behörde stellt, sondern einen Rechtsanspruch auf Erlaubnis statuiert. Gegen einen Rechtsanspruch und für den Charakter des § 33 c GewO als Ermessensvorschrift spricht, daß § 33 c GewO keine explizite Rechtsfolgeanordnung an die Erlaubnisbehörde dergestalt enthält, daß die Erlaubnis bei Vorliegen bzw. Nichtvorliegen bestimmter rechtlicher Umstände „zu erteilen ist". Dieser Einwand ist indes unbeachtlich, wenn die – aufgrund des Fehlens einer eindeutigen Rechtsfolgeanordnung erforderliche – *Auslegung* ergibt, daß es sich bei § 33 c GewO gleichwohl um eine gebundene Vorschrift handelt.

Mithin ist auch die Ansicht des A, der OBM habe sein Ermessen falsch ausgeübt, ohne Bedeutung für die weitere Fallerörterung. Der Fall soll daher auch deutlich machen, daß Rechtsansichten der im Fall handelnden Personen mit großer Vorsicht zu behandeln sind, nicht selten sind sie schlichtweg falsch.
Wer jedoch in Übereinstimmung mit der unzutreffenden Rechtsansicht des A zu dem Ergebnis kommt, § 33 c GewO sei eine Ermessensnorm, hat nach der Diskussion der Tatbestandsvoraussetzungen dann noch zu prüfen, ob eine Ermessensreduzierung auf Null gegeben ist. Nur wenn das Ermessen des OBM auf Null reduziert ist, hat A einen Anspruch auf Erlaubniserteilung[3].

§ 33 c GewO ist als gebundene Vorschrift zu verstehen, wenn diese Norm als präventives Verbot mit Erlaubnisvorbehalt zu deuten ist. Bei solcherart strukturierten Normen besteht nämlich – von ganz wenigen und engen Ausnahmekonstellationen im Atomrecht abgesehen[4] – ein Rechtsanspruch des Antragstellers auf die begehrte Erlaubnis, wenn die Voraussetzungen der Kontrollnorm erfüllt sind, da durch die vorhergehende Kontrolle lediglich geprüft werden darf, ob sich die Tätigkeit materiell im Bereich des Erlaubten hält[5]. Für eine Deutung des § 33 c GewO als präventives Verbot mit Erlaubnisvorbehalt spricht, daß § 33 c GewO abschließend Voraussetzungen und Hinderungsgründe für die Erteilung einer Erlaubnis zur Aufstellung von Spielautomaten normiert. Diese in § 33 c GewO geregelten Bedingungen der Erlaubniserteilung sind zudem vor dem Hintergrund des § 1 GewO und des Grundrechts der Berufsfreiheit zu interpretieren. Grundsätzlich herrscht nach § 1 GewO Gewerbefreiheit, und die Veranstaltung von Spielen ist als erlaubte Gewerbetätigkeit anzusehen. Allerdings bestehen im Hinblick auf diese Aktivität gewisse Gefahren für die Allgemeinheit, die durch eine vorherige Kontrolle des Spiels und seines Veranstalters ausgeschaltet werden sollen. Sind die Kontrollvorgaben jedoch erfüllt und damit keine Gefahren durch die gewerbliche Tätigkeit gegeben, so besteht rechtlich kein Grund mehr, die Gewerbe-

---
[2] Vgl. dazu auch *Schwerdtfeger*, Rn. 148.
[3] Vgl. *Schwerdtfeger*, Rn. 161.
[4] Dazu BVerfGE 49, 89 (145).
[5] Vgl. *Schwerdtfeger*, Rn. 148; *Maurer*, § 9 Rn. 51; *Peine*, Rn. 159.

freiheit zu beschränken und die Gewerbetätigkeit dennoch zu verbieten oder ihre Gewährung in das Ermessen der Behörde zu stellen. Bei § 33 c GewO handelt es sich somit nach ihrer Zielrichtung um eine Vorschrift, die ein Verbot mit Erlaubnisvorbehalt statuiert, und daher um den Fall einer gebundenen Verwaltungsentscheidung[6]. Mithin ist § 33 c GewO taugliche Anspruchsgrundlage für einen Rechtsanspruch auf Erlaubniserteilung[7].

Dem A steht deshalb ein Anspruch auf Erteilung einer Erlaubnis für die Aufstellung von Spielgeräten zu, sofern die Anspruchsvoraussetzungen des § 33 c GewO vorliegen.

B. Voraussetzungen eines Anspruchs auf Erlaubniserteilung nach § 33 c GewO

I. Formelle Voraussetzungen für die Erlaubniserteilung nach § 33 c GewO

Die formellen Voraussetzungen liegen vor, insbesondere ist nach dem Bearbeitervermerk die Zuständigkeit des OBM der Stadt S für die Erteilung einer Erlaubnis nach § 33 c GewO gegeben.

Sofern die formellen Voraussetzungen auf Erlaubniserteilung in einem Fall einmal problematisch sein können, sind zu untersuchen
- die Zuständigkeit der Behörde,
- das Vorliegen eines ordnungsgemäßen Antrags des Bürgers sowie
- eine etwaig erforderliche Mitwirkung anderer Behörden[8].

II. Materielle Voraussetzungen für die Erlaubniserteilung nach § 33 c GewO

Die materiellen Voraussetzungen können nicht abstrakt benannt werden, sondern richten sich nach der jeweiligen Anspruchsnorm.

1. Aufstellung von Spielgeräten im Sinne des § 33 c Abs. 1 S. 1 GewO

§ 33 c GewO setzt zunächst voraus, daß es sich um Spielgeräte handelt, die mit einer den Spielausgang beeinflussenden technischen Vorrichtung ausgestattet sind. Dies ist bei den Geldspielautomaten des A der Fall, weil die Spieler mittels bestimmter Tasten, also technischer Vorrichtungen, auf den Spielverlauf unmittelbar Einfluß nehmen können.

---

[6] So auch *Marcks*, in: Landmann/Rohmer, GewO, § 33 c Rn. 31; *Tettinger*, in: Tettinger/Wank, GewO, § 33 c Rn. 25.
[7] *Marcks*, Rn. 22.
[8] Vgl. *Schwerdtfeger*, Rn. 152 f.

Des weiteren ist erforderlich, daß die Spielgeräte die Möglichkeit eines Gewinns bieten. Auch diese Voraussetzung ist erfüllt, da die Automaten des A Geldgewinne auszahlen. Es handelt sich somit um Spielgeräte im Sinne des § 33 c Abs. 1 S. 1 GewO.

2. Bauartzulassung

Für die Geräte des A liegt nach dem Bearbeitervermerk auch eine Bauartzulassung vor, so daß der Anforderung des § 33c Abs. 1 S. 2 GewO Genüge getan ist.

3. Gewerbsmäßige Aufstellung

Laut ausdrücklicher Feststellung im Sachverhalt will A die Spielgeräte als Gewerbetreibender aufstellen, so daß mithin eine gewerbsmäßige Aufstellung der Geräte gegeben ist.

4. Zuverlässigkeit des A

Die Erlaubnis zum Aufstellen von Spielgeräten im Sinne des § 33 c Abs. 1 S. 1 GewO ist A indes vom OBM der Stadt S zu Recht verweigert worden, wenn nach § 33 c Abs. 2 GewO Tatsachen die Annahme rechtfertigen, daß der Antragsteller die für die Aufstellung von Spielgeräten erforderliche Zuverlässigkeit nicht besitzt. Zu prüfen ist daher, ob A tatsächlich unzuverlässig im Sinne des § 33 c Abs. 2 GewO ist.

a) Gerichtliche Kompetenz zur Prüfung der Zulässigkeit des A

Dies setzt zunächst voraus, daß das Verwaltungsgericht zur eigenen Prüfung der Zuverlässigkeit des A und damit möglicherweise zu einer Korrektur des behördlichen Urteils hinsichtlich der Zuverlässigkeit des A berechtigt ist. Dem könnte entgegenstehen, daß das Merkmal der Unzuverlässigkeit ein unbestimmter Rechtsbegriff ist, bei dessen Anwendung mehrere Entscheidungen möglich sind. Die Behörde ist bei der Anwendung dieses Merkmals zu dem Ergebnis gekommen, daß A nicht die erforderliche Zuverlässigkeit besitzt. Der Anspruch des A ist mithin nicht gegeben, wenn die Behörde in dieser Frage die Letztentscheidungskompetenz besitzt. Fraglich ist also, ob dieses Urteil der Verwaltungsbehörde für das Verwaltungsgericht verbindlich ist oder ob das Gericht die Frage der Zuverlässigkeit des A selbst entscheiden darf.

Der gerichtlichen Überprüfung steht jedenfalls dann rechtlich kein Hindernis entgegen, wenn es sich bei dem Begriff der Zuverlässigkeit im Sinne des § 33 c Abs. 2 S. 1 GewO um einen unbestimmten Rechtsbegriff *ohne* Beurteilungsspielraum handelt. Die Interpretation und Anwendung unbestimmter Rechtsbegriffe durch die Verwaltung ist nach dem verfassungsrechtlichen Grundsatz des effektiven Rechtsschutzes nämlich grundsätzlich in vollem Umfang gerichtlich überprüfbar[14], es sei denn, es handelte sich um einen sogenannten unbestimmten Rechtsbegriff *mit* Beurteilungsspielraum. Im Hinblick auf die Rechtsschutzgarantie können nach Auffassung des Bundesverfassungsgerichts Beurteilungsspielräume der Verwaltung jedoch nur im Ausnahmefall anerkannt werden[15]. Exemtionen vom Grundsatz der gerichtlichen Vollkontrolle sind unter anderem bei Behördenentscheidungen gerechtfertigt, die in ihrer Art argumentativ nicht vollständig begründbar sind und bei deren Überprüfung die Gerichte an die Funktionsgrenzen der Rechtsprechung stoßen. Dies gilt vornehmlich für Entscheidungen, die in einer unwiederholbaren Entscheidungssituation getroffen wurden oder die persönlichkeitsbedingte Werturteile enthalten, die sich auf ein besonderes Näheverhältnis gründen (z.B. beamtenrechtliche Beurteilungen)[16].

Zu prüfen ist daher, ob diese Ausnahmen für den Begriff der Zuverlässigkeit nach § 33 c Abs. 2 GewO Platz greifen. Dagegen spricht, daß der wertenden Entscheidung, ob eine Person im Hinblick auf eine beantragte Erlaubnis zuverlässig ist, kein solch enges Verhältnis zwischen dem Entscheider und dem normunterworfenen Bürger zugrunde liegt. Die Entscheidung der Behörde kann auch argumentativ begründet werden, da die Tatsachen objektiv bekannt sind. Der behördliche Entscheidungsprozeß zur Feststellung der Unzuverlässigkeit kann folglich jederzeit vom Gericht

> Die Problematik des unbestimmten Rechtsbegriffs mit Beurteilungsspielraum ist seit den Entscheidungen des Bundesverfassungsgerichts im 83.[9], 84.[10] und 88.[11] Band der Entscheidungssammlung des Bundesverfassungsgerichts wieder sehr in Bewegung geraten[12]. Darstellungen in der Literatur vor 1991 sind daher nur mit Vorsicht heranzuziehen, da sie nicht mehr den aktuellen Stand der Diskussion wiedergeben[13].

---

[9] Siehe BVerfGE 83, 130 („Mutzenbacher").

[10] Siehe BVerfGE 84, 34 („juristische Staatsprüfungen") und BVerfGE 84, 59 („medizinische Staatsprüfungen").

[11] Siehe BVerfGE 88, 40 („private Grundschule").

[12] Vgl. dazu zusammenfassend *Brinktrine*, S. 32 ff.

[13] Zum aktuellen Stand der Debatte siehe etwa *Sieckmann*, DVBl. 1997, 101 ff.; *Schulze-Fielitz*, JZ 1993, 772 ff.

[14] Vgl. statt vieler BVerfGE 84, 34 (49); BVerfGE 103, 142 (156); ferner *Schwerdtfeger*, Rn. 79 f.

[15] Vgl. BVerfGE 88, 40 (56); BVerfGE 84, 34 (50).

[16] Vgl. zu den Ausnahmen vom Grundsatz der Vollkontrolle *Maurer*, § 7 Rn. 31 ff.; *Ipsen*, Verwaltungsrecht, Rn. 478 ff. sowie *Kopp/Schenke*, VwGO, § 114 Rn. 23 ff.

nachvollzogen werden, so daß im Hinblick auf das Merkmal „Unzuverlässigkeit" keine Ausnahme vom Grundsatz der vollständigen gerichtlichen Überprüfung von Verwaltungsentscheidungen gegeben ist[17]. Infolgedessen ist das Urteil der Behörde, also des OBM der Stadt S, nicht verbindlich, sondern es kann vom Verwaltungsgericht vollständig geprüft werden, ob A zuverlässig i.S. des § 33 c Abs. 2 GewO ist.

b) Vorliegen der Zuverlässigkeit

A ist dann nicht zuverlässig, wenn er nicht die Gewähr dafür bietet, daß er zukünftig sein konkretes Gewerbe ordnungsgemäß betreiben wird[18].

aa) Regeltatbestand der Unzuverlässigkeit

A ist bereits dann unzuverlässig, wenn ein persönlicher Versagungsgrund nach § 33 c Abs. 2 S. 2 gegeben ist. Für die Beurteilung der Zuverlässigkeit des A verschafft § 33 c Abs. 2 S. 2 GewO nämlich eine Interpretationshilfe[19], als er bestimmt, daß in der Regel als unzuverlässig gilt, wer in den letzten drei Jahren vor Stellung des Antrags unter anderem wegen unerlaubten Glücksspiels rechtskräftig verurteilt worden ist. Das von A betriebene unerlaubte Glückspiel in Form des „Hütchenspiels" stellt eines der in diesem Regeltatbestand aufgeführten Delikte dar. Problematisch ist allerdings, daß der Regeltatbestand für die Beurteilung der Zuverlässigkeit nur dann eingreift, wenn eine Verurteilung wegen dieses und anderer namentlich aufgeführter Delikte in den letzten drei Jahren vor Stellung des Antrags erfolgt ist. Hier ist aber im Zeitpunkt der letzten mündlichen Verhandlung vor dem Verwaltungsgericht im November 2004 die Dreijahresfrist des § 33 c Abs. 2 S. 2 GewO überschritten, da die Frist mit der rechtskräftigen Verurteilung zu laufen beginnt[20] und diese Verurteilung bereits im März 2001 erfolgte. Der Regeltatbestand kann daher nicht mehr als Versagungsgrund herangezogen werden, wenn es für die Beurteilung des Anspruchs des A auf den Zeitpunkt der letzten mündlichen Verhandlung vor dem Verwaltungsge-

---

[17] Zu Vollkontrolle des Merkmals „Unzuverlässigkeit" im Gewerberecht vgl. BVerwGE 28, 202 (209 f.); BVerwGE 65, 1 (1 ff.); BVerwG, DVBl. 2005, 115 (116); zustimmend *Tettinger*, in: Tettinger/Wank, GewO, § 35 Rn. 26.

[18] Vgl. BVerwGE 65, 1 (1 f.); *Tettinger*, in: Tettinger/Wank, GewO, § 35 Rn. 26.

[19] Vgl. *Marcks*, in: Landmann/Rohmer, GewO, § 33 c Rn. 22.

[20] Vgl. *Tettinger*, in: Tettinger/Wank, GewO, § 33 c Rn. 34.

richt ankommt. Grundsätzlich kommt es bei Verpflichtungsklagen auf den Zeitpunkt der letzten mündlichen Verhandlung an[21], sofern nicht das materielle Recht explizit etwas anderes bestimmt[22]. Eine solch ausdrückliche, von den allgemeinen Grundsätzen abweichende Bestimmung des Beurteilungszeitpunktes läßt sich der Regelung des § 33 c GewO indes nicht entnehmen. Vielmehr gilt auch im Bereich des Berufs- und Gewerberechts der Grundsatz, daß sich bei Tätigkeiten, die einer behördlichen Zulassung bedürfen, deren Zuerkennung und damit der Erfolg der Verpflichtungsklage nach der Lage im Zeitpunkt der gerichtlichen Entscheidung bestimmt[23]. Folglich ist für die Beurteilung der Zuverlässigkeit des A die Sachlage im Zeitpunkt der letzten mündlichen Verhandlung maßgeblich. Da zu diesem Zeitpunkt die Dreijahresfrist abgelaufen war, kann sich die Behörde nicht mehr auf den Regelversagungstatbestand des § 33 c Abs. 2 S. 2 GewO berufen.

bb) Sonstige Aspekte, die die Unzuverlässigkeit begründen

Neben den Regeltatbeständen ist aber die Zuverlässigkeit des Antragstellers auch nach § 33 c Abs. 2 S. 1 GewO zu würdigen. Es fragt sich, ob Tatsachen vorliegen, die die Annahme der Unzuverlässigkeit des A begründen können. Dabei darf die Verurteilung wegen unerlaubten Glücksspiels durchaus nochmals Berücksichtigung finden[25]. Doch diese spricht nicht gegen die Erteilung der Erlaubnis, denn die Schwere der Tat kann allenfalls geringfügig gewesen sein, wie sich aus der milden Verurteilung des A ergibt. Folglich greift dieser Versagungsgrund auch hier nicht ein.

Wer hier zu einer – durchaus vertretbaren – anderen Wertung gelangt[24], muß dem A die Erlaubnis versagen, da ein Hindernis für die Erlaubniserteilung besteht. Die Klage ist dann unbegründet.

---

[21] Vgl. *Kopp/Schenke*, VwGO, § 113 Rn. 217; *Jörg Schmidt*, in: Eyermann, VwGO, § 113 Rn. 45 und Rn. 57.
[22] Vgl. *Lorenz*, § 34 Rn. 62.
[23] Vgl. *Lorenz*, § 34 Rn. 72.
[24] Vgl. *Tettinger*, in: Tettinger/Wank, GewO, § 33 c Rn. 29: Mangels fester Maßstäbe für die Annahme der Unzuverlässigkeit komme es auf die Würdigung der besonderen Umstände des Einzelfalls an.
[25] Vgl. *Tettinger*, in: Tettinger/Wank, GewO, § 33 c Rn. 38 i.V.m. Rn. 29.

Die Anforderungen des § 33 c Abs. 3 GewO gehören an sich nicht mehr zu den Voraussetzungen der Erlaubniserteilung nach § 33 c Abs. 1 und 2 GewO, doch kann bei bereits im vorhinein erkennbarem Willen zur Mißachtung dieser Anforderungen das Vorliegen von Unzuverlässigkeit im Sinne des § 33 c Abs. 2 S. 1 GewO angenommen werden[26].

Da nach dem Bearbeitervermerk ferner davon auszugehen ist, daß A auch die Anforderungen des § 33 c Abs. 3 GewO und der SpielVO erfüllt bzw. erfüllen wird, sind sonstige, rechtlich erhebliche Versagungsgründe nicht ersichtlich.

Da mithin alle Anspruchsvoraussetzungen erfüllt sind, ist nach der obigen Gesetzesauslegung des § 33 c GewO dem A die Erlaubnis zu erteilen. Im Ergebnis ist die Verpflichtungsklage begründet.

Vertiefungshinweise:

Zu den verschiedenen Formen von Genehmigungsentscheidungen, unter anderem im Gewerberecht:
Gromitsaris, Die Unterscheidung zwischen präventivem Verbot mit Erlaubnisvorbehalt und repressivem Verbot mit Befreiungsvorbehalt, DÖV 1997, 401 ff.

Zur gerichtlichen Kontrolldichte bei unbestimmten Rechtsbegriffen:
Hofmann, Der Beitrag der neueren Rechtsprechung des BVerfG zur Dogmatik des Beurteilungsspielraums, NVwZ 1995, 740 ff., *Sieckmann*, Beurteilungsspielräume und richterliche Kontrollkompetenzen, DVBl. 1997, 101 ff.; *Schulze-Fielitz*, Neue Kriterien für die verwaltungsgerichtliche Kontrolldichte bei der Anwendung unbestimmter Rechtsbegriffe, JZ 1993, 772 ff.

Zum maßgeblichen Beurteilungszeitpunkt im Verwaltungsprozeß:
Kleinlein, Der maßgebliche Zeitpunkt für die Beurteilung von Rechtmäßigkeit von Verwaltungsakten, VerwArch 81 (1990), 149 ff.

---

[26] Vgl. *Tettinger*, in: Tettinger/Wank, GewO, § 33 c Rn. 28 f. i.V.m. Rn. 56.

Klausur Nr. 2**

Eine „Aluminiumhütte" in Europa

Sachverhalt

Die europaweit tätige Fa. Fridolin betreibt eine Aluminiumhütte im Saarland, die sie wegen erheblicher wirtschaftlicher Schwierigkeiten schließen will. Im Rahmen von Verhandlungen erklärt sich der Wirtschaftsminister bereit, eine Finanzhilfe bis zur Höhe von 5 Mio. DM zur Erhaltung der Arbeitsplätze zu gewähren. Fridolin geht auf dieses Angebot ein und beantragt beim Wirtschaftsministerium die Gewährung der Finanzhilfe.

Nachdem die EG-Kommission von der beabsichtigten Finanzhilfe erfahren hat, fordert sie am 6. März 2002 das Wirtschaftsministerium zur Beantwortung einiger Fragen auf und teilt mit, daß bis zu einer abschließenden Entscheidung der Kommission keine Beihilfen ausgezahlt werden dürften. Nach Beantwortung der Fragen wird die Beihilfe mit Bescheid vom 3. Juli 2002 gewährt und nach Auszahlung von Fridolin zweckentsprechend verwendet.

Mit Entscheidung vom 14. November 2002 stellt die EG-Kommission fest, daß die Beihilfe rechtswidrig vergeben worden sei, weil das Wirtschaftsministerium nicht entsprechend der Verpflichtung nach Art. 88 Abs. 3 EGV zuvor die Kommission von der beabsichtigten Vergabe unterrichtet habe (Notifizierung). Die Beihilfe sei auch mit dem gemeinsamen Markt unvereinbar, da sie geeignet sei, den Handel zu beeinträchtigen und den Wettbewerb zwischen den Mitgliedstaaten zu verfälschen (Art. 87 Abs. 1 EGV). In ihrem Bescheid fordert die Kommission die Bundesrepublik Deutschland auf, die Rückzahlung der Beihilfe zu veranlassen. Die Entscheidung wird auch Fridolin mitgeteilt, die dagegen allerdings nichts unternimmt. Verhandlungen des Wirtschaftsministerium mit der Kommission enden mit einer abschließenden Stellungnahme des zuständigen Kommissars vom 8. April 2003 ergebnislos. Das

Wirtschaftsministerium hebt schließlich mit Bescheid vom 21. September 2004 den Bescheid über die Bewilligung der Beihilfe mit der Begründung auf, sie verstoße nach Feststellung der Kommission gegen europäisches Recht. Mit gleichem Bescheid fordert sie die Geldsumme der Finanzhilfe von der Fa. Fridolin zurück.

Fridolin erhebt dagegen am 12. Oktober 2004 Klage beim Verwaltungsgericht Saarlouis und wendet ein, sie habe im guten Glauben auf die Rechtmäßigkeit der Bewilligung nicht rückgängig zu machende Zahlungen getätigt; ferner sei das Ministerium selbst für die Rechtswidrigkeit verantwortlich, da es das europarechtliche Verfahren nicht beachtet hat; im übrigen hätte die Entscheidung über die Rücknahme bis Mitte November des vergangenen Jahres, spätestens bis Anfang April diesen Jahres fallen müssen.

Hat die Klage der Fa. Fridolin Aussicht auf Erfolg?

Lösungsvorschlag

Die Klage der Fa. Fridolin hat Aussicht auf Erfolg, wenn sie zulässig und begründet ist.

A. Zulässigkeit der Klage

Die Klage beim Verwaltungsgericht ist zulässig, wenn der Verwaltungsrechtsweg eröffnet ist und die Sachentscheidungsvoraussetzungen vorliegen.

I. Eröffnung des Verwaltungsrechtsweges, § 40 VwGO

Ist der Verwaltungsrechtsweg nicht eröffnet, muss nach § 17a Abs. 2 S. 1 GVG an das zuständige Gericht des zulässigen Rechtsweges verwiesen werden, das über die weiteren Sachentscheidungsvoraussetzungen entscheidet.

Mangels einer Sonderzuweisung müsste der Verwaltungsrechtsweg gemäß § 40 Abs. 1 S. 1 VwGO eröffnet sein.

Dann müsste es sich um eine *öffentlich-rechtliche Streitigkeit* nichtverfassungsrechtlicher Art handeln.

Die Streitigkeit betrifft die Aufhebung eines leistungsgewährenden Bescheides. Der entgegengesetzte Akt (actus contrarius) eines nach öffentlichem Recht zu beurteilenden Sachverhaltes ist seinerseits öffentlich-rechtlich zu beurteilen.[2] Für die Rechtswegbestimmung kommt es also auf die Natur des zugrundeliegenden leistungsgewährenden Rechtsverhältnisses an. Bei Subventionierungen werden nach h.M. zwei Stufen unterschieden.[3] Hier geht es jedenfalls um die erste Stufe, das „Ob" der Gewährung, die nach öffentlichem Recht zu beurteilen ist. Somit liegt auch bezüglich der Aufhebung eine öffentlich-rechtliche Streitigkeit vor.

Stellt man lediglich auf die Rechtsnatur des § 48 SVwVfG ab,[1] ist in der Begründetheit bei der Anwendbarkeit des VwVfG nach § 1 Abs. 1 SVwVfG eine „öffentlich-rechtliche Verwaltungstätigkeit" verlangt. Dort muss man dann nach der Rechtsnatur der „Subvention" fragen.

Die Streitigkeit ist auch *nichtverfassungsrechtlicher Art*, da keine obersten Verfassungsorgane des Bundes oder der Länder bzw. Teile von diesen über die Anwendung von spezifischem Verfassungsrecht streiten.

Eine Streitigkeit „verfassungsrechtlicher Art" i.d.S. liegt nur bei „doppelter Verfassungsunmittelbarkeit" vor, d.h. Beteiligte und Streitgegenstand müssen aus dem Verfassungsrecht stammen.

II. Statthafte Klageart

Die Fa. Fridolin begehrt, ihre Beihilfe behalten zu dürfen. Der Bewilligungsbescheid ist *Rechtsgrund* für das Behaltendürfen, mithin also ein begünstigender Verwaltungsakt. Um das Begehren der Klägerin zu erreichen, muss die Aufhebung des Bewilligungsbescheides, die als Beseitigung einer Begünstigung ein belastender Verwaltungsakt ist, ihrerseits aufgehoben werden. Deshalb ist die Anfechtungsklage nach § 42 Abs. 1 Alt. 1 VwGO die statthafte Klageart.

Ausgangspunkt der Prüfung ist das (tatsächliche) Begehren des Klägers, vgl. § 88 VwGO.

Die *Rückforderung* der Finanzhilfe ist ebenfalls ein belastender Verwaltungsakt (vgl. § 49a Abs. 1 S. 2 SVwVfG), also auch insoweit die Anfechtungsklage nach § 42 Abs. 1 Alt. 1 VwGO die statthafte Klageart.

Der Bescheid vom 21.09.2004 enthält zwei Regelungen, also zwei Verwaltungsakte.

III. Klagebefugnis, § 42 Abs. 2 VwGO

Als Adressatin des sie belastenden Bescheides des Wirtschaftsministeriums ist Fridolin ohne weiteres klagebefugt, da sie jedenfalls in ihrer allgemeinen Handlungsfreiheit verletzt sein kann, die nach Rechtsprechung und herrschender Literatur durch Art. 2 Abs. 1 GG geschützt ist.

---

[1] So *Schütz/Dibelius*, JURA 1998, 428 f.; *von Danwitz*, NWVBl 1998, 252.
[2] Die „Kehrseitentheorie" betrifft den Fall der Rückforderung einer *Leistung* durch *Bescheid* (vgl. *Erichsen*, § 29 Rn. 31), kann hier also nicht angewendet werden.
[3] *Maurer*, § 17 Rn. 11–27; *Wolff/Bachof/Stober*, Bd. 1, § 22 Rn. 65–70.

IV. Vorverfahren

Die Durchführung eines Vorverfahrens ist nicht erforderlich, da der angegriffene Bescheid von einer obersten Landesbehörde (Wirtschaftsministerium) erlassen wurde, § 68 Abs. 1 S. 2 Nr. 1 VwGO.

V. passive Prozessführungsbefugnis

Umstritten ist die Einordnung des § 78 VwGO; in der Klausur ist er entweder als Regelung der passiven Prozeßführungsbefugnis (Richtiger Klagegegner) in der *Zulässigkeit* oder als Frage der Passivlegitimation in der *Begründetheit* zu prüfen.[4]

Die Klage ist gemäß § 78 Abs. 1 Nr. 1 VwGO gegen das Land Saarland zu richten, dessen Behörde Wirtschaftsministerium den Verwaltungsakt erlassen hat.

VI. Klagefrist

Die Klage ist binnen eines Monats nach Bekanntgabe des angegriffenen (Rücknahme-)Bescheides erhoben; die Klagefrist gemäß § 74 Abs. 1 S. 2 VwGO also gewahrt.

VII. weitere Sachentscheidungsvoraussetzungen

Das Verwaltungsgericht Saarlouis ist gemäß §§ 45, 52 Nr. 3 VwGO i.V.m. § 1 Abs. 3 saarlAGVwGO[5] sachlich und örtlich zuständig.

VIII. Zwischenergebnis

Die Klage der Fa. Fridolin beim Verwaltungsgericht Saarlouis ist zulässig.

B. Begründetheit der Klage

Die Klage der Fa. Fridolin ist begründet, wenn der Bescheid des Wirtschaftsministeriums vom 21. September 2004 rechtswidrig und die Fa. Fridolin dadurch in ihren Rechten verletzt ist, § 113 Abs. 1 S. 1 VwGO.

---

[4] Vgl. z. B. *Würtenberger*, Verwaltungsprozeßrecht, Rn. 318 „Passivlegitimation"; anders z. B. *Schoch*, S. 88.

[5] „Das Verwaltungsgericht und das Oberverwaltungsgericht haben ihren Sitz in Saarlouis."

I. Rechtswidrigkeit der Aufhebung

Die Aufhebung der Bewilligung ist dann rechtswidrig, wenn ihr eine Ermächtigungsgrundlage fehlt oder sie aus formellen oder materiellen Gründen rechtswidrig ist.

Die Aufhebung ist Voraussetzung für die Rückforderung, also logisch vorrangig zu prüfen.

1. Ermächtigungsgrundlage für die Aufhebung

Die Beihilfe wurde nicht von der EG gewährt, so daß europarechtliche Aufhebungsvorschriften nicht einschlägig sind; auch existiert im europäischen Recht, schon wegen des grundlegenden Prinzips der Subsidiarität nach Art 5 EGV,[7] keine besondere Norm für die Rückforderung europarechtswidriger *nationaler* Beihilfen. Für die Rückforderung ist deshalb das nationale Recht maßgeblich.[8]

Die Ermächtigungsgrundlage ist am Anfang der Begründetheit zu prüfen, da die Normen für die formelle Rechtmäßigkeit von ihr abhängen.[6]

Mangels einer besonderen nationalen Vorschrift für diese Fälle kann die Aufhebung nur auf die allgemeinen Vorschriften in §§ 48, 49 SVwVfG gestützt werden.

Für die weitere Prüfung reicht diese Feststellung aus, da die Verfahrensvorschriften für Rücknahme bzw. Widerruf in der Sache übereinstimmen.

2. formelle Rechtswidrigkeit

Zunächst müsste das Wirtschaftsministerium für die Rücknahme zuständig gewesen sein. Bezüglich der *örtlichen* Zuständigkeit verweist § 48 Abs. 5 bzw. § 49 Abs. 5 SVwVfG auf § 3 SVwVfG. Die *sachliche* Zuständigkeit ergibt sich aus den Regelungen der Ermächtigungsgrundlage für den Erlass.[9] Vorliegend ist das Ministerium für die Rücknahme zuständig, da es über Subventionen zu entscheiden hat und sein Bezirk das ganze Saarland ist.

Die formelle Rechtmäßigkeit umfasst schlagwortartig „Zuständigkeit, Verfahren, Form". Ausführungen müssen nur zu Punkten erfolgen, die mit dem Sachverhalt oder aus dem Gesetz lösbar sind.

Verfahrens- oder Formfehler sind nicht ersichtlich. Die u.U. notwendige Einhaltung einer Frist nach § 48 Abs. 4 bzw. § 49 Abs. 2, 3 SVwVfG hängt von den materiellen Anforderungen in §§ 48, 49 SVwVfG ab, so daß zunächst die materielle Rechtmäßigkeit geprüft werden muss.

Der Rücknahme-Bescheid des Wirtschaftsministeriums ist also grundsätzlich formell rechtmäßig.

---

[6] *Schoch*, S. 14 nebst Negativ-Beispielen in Fn. 34, Schema auf S. 75; *Maurer*, § 10 Rn. 29 Aufbauschema S. 249; *Schenke*, Verwaltungsprozeßrecht, Rn. 731; *Würtenberger*, Verwaltungsprozeßrecht, Rn. 313, 318; nunmehr auch *Hufen*, § 25 Rn. 6.
[7] EuGH, EuR 1998, 698 (702) = EuZW 1998, 603 (604), in Nr. 23 der Urteilsgründe.
[8] Vgl. *Scheuing*, Die Verwaltung (2001), S. 107 (108 f. mwN); *Wolff/Bachof/Stober*, Bd. 2, § 51 Rn. 12.
[9] *Erichsen*, § 16 Rn. 6.

3. materielle Rechtswidrigkeit

Der Rücknahme-Bescheid ist materiell rechtswidrig, wenn die Voraussetzungen des § 48 bzw. § 49 SVwVfG nicht vorgelegen haben oder das Wirtschaftsministerium jedenfalls sein Ermessen rechtsfehlerhaft betätigt hat.

a) *Rücknahmevoraussetzungen, § 48 Abs. 1 SVwVfG*

Die Abgrenzung zwischen *Rücknahme* und *Widerruf* ist erforderlich, da die Folgen für den Adressaten bei der Rücknahme größer sind.	Bei dem Aufhebungs-Bescheid könnte es sich um eine Rücknahme nach § 48 SVwVfG handeln. Die Rücknahme erfordert nach dessen Abs. 1 S. 1 in Abgrenzung zum Widerruf nach § 49 SVwVfG einen *ursprünglich* rechtswidrigen Verwaltungsakt. Ein später rechtswidrig gewordener Verwaltungsakt kann lediglich widerrufen werden. Der Bescheid des Wirtschaftsministeriums vom 3. Juli 2002 müsste also bei seinem Erlass *rechtswidrig* gewesen sein.
Auf die Einzelheiten des Subventionsbegriffes muss nicht eingegangen werden, da die Finanzhilfe auf jeden Fall eine Subvention darstellt.[10]	Dies ist zunächst dann der Fall, wenn die Finanzhilfe als Subvention gegen bundesdeutsches Recht verstoßen würde. In Betracht kommen insbesondere das Prinzip des Vorbehaltes des Gesetzes und der Bestimmtheitsgrundsatz, eventuell Rechte Dritter.
Wenn ein Rechtsverstoß eindeutig vorliegt, brauchen andere, schwierig festzustellende Rechtsverstöße nicht mehr geprüft zu werden.	Die Rechtswidrigkeit kann sich aber auch aus einem Verstoß gegen formelles oder materielles Recht der EG ergeben. Da das Notifizierungsverfahren gemäß Art. 88 Abs. 3 EGV nicht beachtet wurde, ist der Bescheid formell rechtswidrig. Der Bescheid vom 3. Juli 2002 ist zudem materiell mit Art. 87 Abs. 1 EGV unvereinbar.
Solange Fridolin gegen die Entscheidung Klage vor dem EuGH hätte erheben können, konnte die Entscheidung ihr gegenüber nicht wirken.	Die Unvereinbarkeit ist von der Kommission gemäß Art. 88 Abs. 2 EGV festgestellt worden. Diese Entscheidung vom 14. November 2002 ist inzwischen sowohl für das Land als auch für die Fa. Fridolin verbindlich, da beide keine Klage nach Art. 230 Abs. 4, 5 EGV erhoben haben.

Die Entscheidung der Kommission ist ferner rückwirkend (vgl. Art. 88 Abs. 3 S. 3 EGV), so dass die Bewilligung bereits bei ihrem Erlass rechtswidrig war, mithin ein *ursprünglich* rechtswidriger Verwaltungsakt ist. Die Voraussetzungen für die Rücknahme in § 48 Abs. 1 SVwVfG liegen vor.

---

[10] Zum Subventionsbegriff vgl. z.B. *Maurer*, § 17 Rn. 3–9.

b) Rücknehmbarkeit, § 48 Abs. 2 SVwVfG

Bei begünstigenden Verwaltungsakten, wie hier dem Bewilligungsbescheid (s.o. A. II.), unterliegt die Rücknahme nach § 48 Abs. 1 S. 2 SVwVfG den Einschränkungen der Absätze 2 bis 4.

Die Rücknahme belastender Verwaltungsakte unterliegt keinen Einschränkungen; lediglich die Ermessensbetätigung muss rechtmäßig sein.[11]

Der Bewilligungsbescheid gewährt eine laufende Geldleistung, so daß die Rücknehmbarkeit für ihn durch § 48 Abs. 2 SVwVfG beschränkt wird.

Nach § 48 Abs. 2 S. 1 SVwVfG darf ein solcher Bescheid nicht zurückgenommen werden, soweit der Begünstigte, hier die Fa. Fridolin, auf den Bestand des ursprünglich rechtswidrigen Bescheides vertraut hat und ihr Vertrauen schutzwürdig ist. Die Schutzwürdigkeit ist grundsätzlich in einer Abwägung mit dem öffentlichen Interesse an einer Rücknahme festzustellen.

Bei der Entscheidung über die Rücknahme eines Leistungs-VAs wirkt sich der Vertrauensschutz *rücnahmehindernd* aus, bei den sonstigen VAen löst er lediglich einen Erstattungsanspruch aus.

(1) Vertrauensbetätigung

Mit ihrer zweckentsprechenden Verwendung der Geldsumme hat die Fa. Fridolin ihr Vertrauen auf den Bewilligungsbescheid zum Ausdruck gebracht.

(2) Schutzwürdigkeit des Vertrauens

Für die Schutzwürdigkeit des Vertrauens stellt § 48 Abs. 2 S. 2 SVwVfG eine Regelvermutung auf. In den Fällen des § 48 Abs. 2 S. 3 SVwVfG ist hingegen die Schutzwürdigkeit des Vertrauens von vorn herein ausgeschlossen.

Die Prüfung des § 48 Abs. 2 SVwVfG ist durch ein Regel-Ausnahme-Verhältnis gekennzeichnet.

aa) Ausschluss des Vertrauensschutzes

Hier könnte ein Ausschluß des Vertrauensschutzes nach § 48 Abs. 2 S. 3 Nr. 3 Alt. 2 SVwVfG in Betracht kommen. Dann müßte die Firma Fridolin infolge *grober Fahrlässigkeit* die Rechtswidrigkeit nicht gekannt haben.

Grobe Fahrlässigkeit bedeutet auch im Rahmen des Verwaltungsverfahrensgesetzes eine besonders schwere Verletzung von Sorgfaltspflichten. Hier könnte eine Sorgfaltspflicht zur Nachforschung über die Beachtung der europarechtlichen Wettbewerbsvorschriften in Betracht kommen.

Grundsätzlich darf sich eine Firma allerdings auf die Genehmigung eines Ministeriums verlassen. Man kann ihr nicht auferlegen, ihrerseits nachzuforschen, ob alle rechtlichen, insbesondere europarechtlichen Verfahrensvorschriften beachtet wurden. Sichere Kenntnis von der entgegen-

---

[11] Die Bestandskraft gehört nach der Rspr. des EuGH als Teil der Rechtssicherheit zu den im Gemeinschaftsrecht anerkannten allgemeinen Rechtsgrundsätzen, vgl. EuGH, NVwZ 2004, 459 (Rn. 24).

stehenden europäischen Rechtslage bekam die Firma erst mit der Entscheidung der EG-Kommission vom 14. November 2002, also erst etliche Monate nach der Gewährung der Finanzhilfe. Darüber hinaus ist das Europäische Recht auch inhaltlich so komplex wie das nationale Recht, bezüglich dessen keine so umfassende Nachforschungspflicht konstituiert wird. Eine unterschiedliche Behandlung würde die Verantwortung vom Ministerium auf den Unternehmer abwälzen, dem die Möglichkeiten der Informationsverschaffung nicht in gleichem Maße zur Verfügung stehen; sie kann insoweit nicht gerechtfertigt werden. Selbst wenn man aber in der mangelnden Informationsverschaffung eine Sorgfaltspflichtverletzung sieht, so läßt sich jedenfalls nur selten eine besonders schwere Verletzung annehmen.[12] Eine so weitgehende Informationspflicht kann nur bei großen Unternehmen mit spezialisierten Rechtsabteilungen angenommen werden, denen dem Ministerium vergleichbare Informationsmöglichkeiten zur Verfügung stehen.

Im Grundsatz ist überwiegend anerkannt, dass das europäische Recht die nationalen Rücknahmevorschriften modifizieren kann; streitig ist der Weg, auf dem die Durchsetzung des europäischen Rechts erfolgen soll, und der Umfang des Einflusses. Wichtig ist in der Fallbearbeitung eine folgerichtige Argumentation.

Denkbar ist allerdings, den § 48 Abs. 2 S. 3 Nr. 3 Alt. 2 SVwVfG im Hinblick auf die Einflüsse des Europäischen Rechts extensiv auszulegen.[13] Dem steht allerdings die Erwägung entgegen, daß eine Differenzierung nach Sachverhalten mit und ohne europarechtlichen Bezügen dem Ausnahmecharakter des § 48 Abs. 2 S. 3 SVwVfG widerspricht. Dadurch würde die Möglichkeit genommen, innerhalb des Systems der Vertrauensschutzregelung in § 48 SVwVfG eine sachgerechte Einzelfalllösung herbeizuführen. Die Geltung nationaler Vertrauensschutzregelungen wird zudem auch vom Europäischen Gerichtshof im Grundsatz ausdrücklich anerkannt.[14]

Die Ausnahme des § 48 Abs. 2 S. 3 Nr. 3 Alt. 2 SVwVfG greift somit nicht ein.

---

[12] So BVerwGE 92, 81 (84): Fehlende Nachforschung der Firma „reicht für die Annahme eines besonders schweren Verstoßes gegen die Sorgfaltspflicht nicht aus"; ähnlich *Pache*, NVwZ 1994, S. 318 (322 mwN).

[13] So OVG Münster, JZ 1992, 1080, mit zust. Anm. Stober auf S. 1087 und *Pache*, NVwZ 1994, S. 318 (322 m.w.N.).

[14] Der Gerichtshof unterscheidet allerdings strikt zwischen der Behandlung nationaler Subventionen und Gemeinschafts-Beihilfen; vgl. EuGH, EuR 1998, 698 (704) = EuZW 1998, 603 (606) s. a. *hier* Fn. 17.

bb) Regelvermutung für Schutzwürdigkeit des Vertrauens

Da keine weiteren Ausschlußtatbestände einschlägig sind, könnte die Regelvermutung in § 48 Abs. 2 S. 2 SVwVfG eingreifen. Die Firma Fridolin hat nämlich eine nicht mehr verhältnismäßig rückgängig zu machende Vermögensdisposition getroffen.

In der Regelvermutung kommt eine stets zu beachtende gesetzgeberische Wertung zum Ausdruck.

Die Regelvermutung könnte aber bei einer Beihilfe-Gewährung ohne Notifizierung gänzlich durch das Gemeinschaftsrecht verdrängt werden.[15] Einer solchen Konstruktion stehen allerdings wiederum die oben genannten gewichtigen Gründe entgegen. Auch insoweit ist eine Unterscheidung je nachdem, ob der Sachverhalt unter den EG-Vertrag fällt oder nicht, nicht sachgerecht.

cc) Abwägung mit öffentlichem Rücknahmeinteresse

Auch bei Erfüllung der Regelvermutung muss nach § 48 Abs. 2 S. 3 SVwVfG eine Abwägung zwischen dem Vertrauensschutz des Betroffenen und den öffentlichen Rücknahmeinteressen stattfinden.[16]

Dabei spielt das europäische Recht eine erhebliche Rolle. In Fällen mit europarechtlichem Bezug gewinnt nämlich das öffentliche Rücknahmeinteresse ein größeres Gewicht als in Fällen des Verstoßes gegen nationales Recht.[17] Der Grundsatz des Vertrauensschutzes wird nämlich bei nationalen Beihilfen mit europarechtlichem Bezug stärker zurückgedrängt. Hierbei gilt „ein doppelter Gemeinschaftsvorbehalt", und zwar muss der „Grundsatz der Gleichwertigkeit" und der „Grundsatz der Effektivität" beachtet werden. Nach dem erstgenannten dürfen für Sachverhalte mit Europabezug keine ungünstigeren Regelungen gelten als für rein nationale Sachverhalte. Der „Grundsatz der Effektivität" besagt, dass durch die nationalen Vorschriften die Rückforderung nicht praktisch unmöglich gemacht oder wesentlich erschwert werden darf.[18]

---

[15] So OVG Münster, JZ 1992, 1080; *Ehlers*, DVBl. 1991, S. 612.

[16] BVerwGE 92, 81 (85).

[17] Der EuGH unterscheidet zwischen nationalen Beihilfen und Europäischen Beihilfen; vgl. EuGH, EuR 1998, 698 (704) = EuZW 1998, 603 (606); in Nr. 37 des angegebenen Urteils wird lediglich auf den unterschiedlichen Wettbewerbsvorteil abgestellt; freilich dürfte die bei *nationalen* Subventionen vorliegende gleichgerichtete Interessenlage bei *nationaler* Behörde und Beihilfeempfänger, die ein kollusives Zusammenwirken befürchten läßt, eine erhebliche Rolle spielen; zu den Hintergründen: *Scheuing*, Die Verwaltung (2001), S. 107 (123 ff.).

[18] BVerwGE 92, 81 (85 f.); bestätigt in: BVerwG, NVwZ 1995, 703 ff.: ein „durch die Einwirkung des Gemeinschaftsrechts gesteigertes

Im gegebenen Zusammenhang kommt dem Grundsatz der Effektivität die entscheidende Bedeutung zu. Er beruht auf der Einbindung in die Europäische Rechtsordnung, die in wesentlichen Punkten der nationalen Durchsetzung bedarf, um nicht wertlos zu sein. Die Bundesrepublik Deutschland als Ganzes und damit auch die einzelnen Länder hat ihre Verpflichtungen gegenüber der Europäischen Gemeinschaft zu erfüllen.

Es besteht hier also ein überwiegendes öffentliches Interesse, die durch die Beihilfe verletzte „gemeinschaftsrechtliche Wettbewerbsordnung" wieder zur Geltung zu bringen; die gemeinschaftsrechtlich vorgeschriebene Rückforderung darf nicht „praktisch unmöglich" werden.

Somit ist das Vertrauen der Firma Fridolin in Anbetracht der gemeinschaftsrechtlichen Belange letztlich nicht schutzwürdig.

c) Ermessensausübung, § 40 SVwVfG

Gemäß § 48 Abs. 1 SVwVfG ist ein rechtswidriger Verwaltungsakt, also hier der Bewilligungsbescheid vom 3. Juli 2002, nur nach pflichtgemäßem *Ermessen* rücknehmbar.

Bei der Rücknahme einer rechtswidrigen Rückforderung ist das grds. Rücknahmeermessen ebenfalls reduziert.[19]

Infolge der bestandskräftigen Feststellung der EG-Rechtswidrigkeit durch die Kommission und der überwiegenden Rücknahmeinteressen ist der grundsätzlich noch bestehende Ermessensspielraum auf Null reduziert. Das Wirtschaftsministerium war also bei seiner Entscheidung rechtlich gebunden.

d) Wahrung der Rücknahmefrist nach § 48 Abs. 4 SVwVfG

Die Rücknahme von begünstigenden Verwaltungsakten ist allerdings an die Frist des § 48 Abs. 4 SVwVfG gebunden.

Die Frist beginnt nach der Rechtsprechung erst dann, wenn alle entscheidungserheblichen Umstände bekannt sind und es objektiv möglich ist, ohne weitere Sachaufklärung unter sachgerechter Ausübung des Ermessens über die Rücknahme zu entscheiden; § 48 Abs. 4 SVwVfG enthält danach eine *Entscheidungs-*, nicht eine Bearbeitungsfrist.[20] Das bedeutet hier, daß die Frist mit Bestandskraft der Kom-

---

öffentliches Rücknahmeinteresse"; vgl. auch *Scheuing*, Die Verwaltung (2001), S. 107 (109 mwN).

[19] Vgl EuGH, NVwZ 2004, 459 (460 Rn. 27) = JZ 2004, 619 (620 Rn. 27).

[20] Vgl. zu diesem Streit ausführlich z. B. *Maurer*, § 11 Rn. 35, 38b; *Wolff/ Bachof/Stober*, Bd. 2, § 51 Rn. 92–100.

missions-Entscheidung, spätestens aber mit der abschließenden Stellungnahme vom 8. April 2003 in Lauf gesetzt wurde, mithin nunmehr definitiv verstrichen ist.

Die Rücknahme wäre demnach formell rechtswidrig. Dies ist allerdings insoweit problematisch, als dadurch die Durchsetzung der gemeinschaftsrechtlichen Wettbewerbsordnung zumindest in den Fällen kollusiven Zusammenwirkens von Behörde und Subventionsempfänger praktisch unmöglich gemacht würde. Dementsprechend wird die Rücknahmefrist nach § 48 Abs. 4 SVwVfG in jedem Einzelfall nach dem Grundsatz der Effektivität von der Europäischen Rechtsordnung verdrängt.[21] Bei Nichtbeachtung des Überwachungsverfahrens besteht keine Ungewißheit, die durch eine Ausschlußfrist zu beenden wäre.

Somit ist die Frist nach § 48 Abs. 4 SVwVfG in Fällen mit europarechtlichem Bezug stets unanwendbar.[22]

e) Verstoß gegen den Grundsatz von Treu und Glauben

Der Rücknahmebescheid könnte schließlich gegen den auch im öffentlichen Recht geltenden Grundsatz von Treu und Glauben (§ 242 BGB) verstoßen.

> Der Grundsatz von Treu und Glauben ist als allgemeines Rechtsprinzip erst am Ende der Prüfung der materiellen Rechtmäßigkeit zu behandeln.

Zum einen könnte ein Verstoß darin liegen, dass die Rücknahme des Bewilligungsbescheides vom Wirtschaftsministerium verzögert wurde. Die lange Dauer bis zur Rücknahme war allerdings alles andere als treuwidrig gegenüber der Firma. Das Wirtschaftsministerium wollte gerade durch die langwierigen Verhandlungen mit der EG-Kommission und der begleitenden Untätigkeit gegenüber der Firma dieser die Erstattung der Beihilfe ersparen.

Schwerwiegender ist der Umstand, dass die Rechtswidrigkeit des ursprünglichen Bescheides maßgeblich durch die Behörde selbst hervorgerufen wurde. Das Wirtschaftsministerium selbst hat das Notifizierungsverfahren nicht beachtet und die Beihilfe vor der Entscheidung der EG-Kommission gewährt.

Der Berücksichtigung dieser grundsätzlich durchgreifenden Verstößen gegen Treu und Glauben steht aber eben-

---

[21] Vgl. Vorlagebeschluß BVerwG, NVwZ 1995, 703 ff., und Entscheidung des EuGH, JZ 1997, 722; das BVerwG hat nunmehr endgültig im Sinne des EuGH entschieden, vgl. NJW 1998, 3729 f.

[22] *Scholz*, DÖV 1998, S. 261 ff., sieht darin einen grundlegenden Verstoß gegen deutsches Verfassungsrecht und hält deshalb, entsprechend BVerfGE 73, 339 ff. „Solange II", das Urteil des EuGH für unbeachtlich; dagegen *Winkler*, DÖV 1999, S. 148 ff.

falls der gemeinschaftsrechtliche Grundsatz der Effektivität entgegen.[23]

4. Zwischenergebnis

Die Rücknahme der Bewilligung durch das Wirtschaftsministerium ist somit rechtmäßig.

II. Rechtswidrigkeit der Rückforderung

> Infolge der Rechtswidrigkeit der Rücknahme besitzt die Fa. Fridolin keinen Rechtsgrund mehr für das Behaltendürfen.

Schließlich könnte aber noch die Rückforderung des Geldbetrages selbst rechtswidrig sein, also einer tauglichen Rechtsgrundlage ermangeln oder formell oder materiell rechtswidrig sein.

1. Rechtsgrundlage der Rückforderung

Nach § 49a Abs. 1 S. 1 SVwVfG löst die Rücknahme eines Verwaltungsaktes mit Wirkung für die Vergangenheit eine Erstattungspflicht auf seiten des Empfängers aus. Die Festsetzung der zu erstattenden Leistung hat gemäß § 49a Abs. 1 S. 2 SVwVfG durch schriftlichen Verwaltungsakt stattzufinden.

2. Formelle Rechtswidrigkeit

Die Verbindung der Festsetzung der Erstattungssumme mit der Rücknahme der Bewilligung ist zulässig, wenn auch nicht zwingend.[24]

Die Zuständigkeit für die Rückforderung liegt bei der für die Rücknahme zuständigen Behörde, also dem Wirtschaftsministerium.

Sonstige Verfahrens- oder Formfehler sind nicht ersichtlich.

3. Materielle Rechtswidrigkeit

Die Rückforderung darf gemäß § 49a Abs. 1 S. 1 SVwVfG zunächst nur in der Höhe erfolgen, in welcher der ursprüngliche Bewilligungsbescheid zurückgenommen wird. Da dieser in vollem Umfang zurückgenommen wurde, ist auch die Rückforderung der gesamten Summe insoweit rechtmäßig.

---

[23] Vgl. BVerwG, NVwZ 1995, 703 ff.; EuGH, JZ 1997, 722; BVerwG, NJW 1998, 3731.

[24] *Meyer*, in: Knack, VwVfG, § 49a Rn. 20; *Sachs*, in: Stelkens/Bonk/Sachs, VwVfG, § 49a Rn. 35 a.E.; die frühere Soll-Vorschrift in § 48 Abs. 2 S. 8 VwVfG a.F. wurde ausdrücklich nicht in die Neuregelung des § 49a VwVfG aufgenommen (vgl. a.a.O.).

Fraglich ist allerdings, ob der Rückforderungsbescheid wegen § 49a Abs. 2 SVwVfG i.V.m. § 818 Abs. 3 BGB rechtswidrig ist. Die Firma Fridolin macht hier nämlich geltend, daß infolge des Verbrauchs ihre Bereicherung weggefallen sei.

Allerdings schlagen auch gegenüber der Berufung auf den Wegfall der Bereicherung die gemeinschaftsrechtlichen Vorgaben durch. Insoweit gilt hier das zur Rücknahmefrist nach § 48 Abs. 4 SVwVfG Gesagte.[25]

Wer eine extensive Interpretation des § 48 Abs. 2 S. 3 Nr. 3 SVwVfG vertritt, kommt ohne weiteres zu einem Ausschluß der Berufung auf den Wegfall der Bereicherung nach § 49a Abs. 2 S. 2 SVwVfG.

III. Ergebnis

Der Bescheid des Wirtschaftsministeriums vom 21. September 2004 ist in vollem Umfang rechtmäßig.

Die Klage der Fa. Fridolin hat also keine Aussicht auf Erfolg.

Anmerkung:

Der Fall ist angelehnt an die Entscheidungen BVerwGE 92, 81; BVerwG, NVwZ 1995, 703 ff.; BVerwGE 106, 328 = NJW 1998, 3728 f.; BVerfG, NJW 2000, 2015 f., sowie EuGH, JZ 1997, 722 f. mit Anm. *Classen*.

Vertiefungshinweise:

Rechtsprechung: EuGH, NVwZ 2004, 459 = JZ 2004, 619 m. Anm. *Ruffert* = JuS 2004, 516 m. Anm. *Streinz*.

Literatur: *Bullinger*, Vertrauensschutz im deutschen Verwaltungsrecht in historisch-kritischer Sicht, JZ 1999, 905 ff.; *Ehlers*, Rechtsprobleme der Rückforderung von Subventionen, Gewerbearchiv 1999, 305–320; *Erichsen/Brügge*, Die Rücknahme von Verwaltungsakten nach § 48 VwVfG, JURA 1999, 155 ff.; *Scheuing*, Europäisierung des Verwaltungsrechts. Zum mitgliedstaatlichen Verwaltungsvollzug des EG-Rechts am Beispiel der Rückforderung gemeinschaftsrechtswidriger Beihilfen, in: Die Verwaltung, Bd. 34 (2001), 107 ff.; *Schoch*, Europäisierung der Verwaltungsrechtsordnung, VBlBW 1999, 241 ff. [zur Fallkonstellation S. 246 f.].

---

[25] Siehe *hier* I. 3. d).

Klausur Nr. 3***

Das „Sweet Seasons"

Sachverhalt

Frau A ist Pächterin einer im Stadtkern der Gemeinde G in Nordrhein-Westfalen gelegenen Gaststätte, die sie als große Bewunderin der amerikanischen Komponistin und Sängerin Carole King in Anlehnung an eines ihrer berühmten Lieder „Sweet Seasons" genannt hat. Auf einen Antrag der Frau A hatte ihr die zuständige Behörde am 05.01.2004 die Gaststättenerlaubnis „unter der Voraussetzung" erteilt, daß sie „Vorsorge" zu treffen habe, „daß durch abgestellte Fahrräder, Mofas oder andere Fahrzeuge weder Passanten auf dem Gehsteig vor der Gaststätte noch der fließende Verkehr auf der Straße beeinträchtigt oder gefährdet" werde.

Das „Sweet Seasons" erfreut sich innerhalb kurzer Zeit großer Beliebtheit und wird insbesondere von Jugendlichen gern besucht. Bald nach Aufnahme des Gaststättenbetriebes beschweren sich jedoch mehrfach Anwohner darüber, daß Fahrräder und Mofas den gesamten Fußweg vor der Gaststätte versperrten. Daraufhin fordert die Behörde die A auf, „ihren Verpflichtungen aus der Erlaubnis vom 05.01.2004 innerhalb einer Frist von einem Monat nach Erhalt des Schreibens nachzukommen."

Als nach Ablauf der Frist erneut Beschwerden eingehen, hebt die zuständige Behörde, ohne A erneut benachrichtigt zu haben, mit schriftlichem Bescheid vom 07.09.2004 die Gaststättenerlaubnis vom 05.01.2004 auf. Zugleich ordnet die Behörde die sofortige Vollziehung der Maßnahme an, „da A in erheblichem Maße ihre Verpflichtungen verletzt" habe und es dadurch „zu erheblichen Behinderungen für die Allgemeinheit gekommen" sei, deren „Fortdauer der Öffentlichkeit nicht länger zugemutet werden" könne.

Am 13.09.2004 erhebt A bei der zuständigen Widerspruchsbehörde Widerspruch. Zugleich wendet sie sich hilfesuchend an das örtlich zuständige VG mit dem Antrag, daß ihr die Gaststättenerlaubnis „wenigstens vorläufig" bis zur endgültigen gerichtlichen Entscheidung in der Sache belassen werde. Zur Begründung führt sie aus, sie habe in unmittelbarer Nähe ihrer Gaststätte einen Abstellplatz eingerichtet und fordere ihre Gäste durch Hinweistafeln am Eingang der Gaststätte zur Benutzung dieses Abstellplatzes auf. Sie wisse nicht, was sie sonst noch tun solle. Auch finde sie es nicht rechtens, daß „über ihren Kopf hinweg" entschieden worden sei.

Aufgabe:

In einem Gutachten, das auf alle aufgeworfenen Rechtsfragen einzugehen hat, ist über die Erfolgsaussichten des Antrags der A zu befinden.

Lösungsvorschlag

Das VG wird dem Antrag der A stattgeben, wenn dieser zulässig und begründet ist.

A. Auslegung des Begehrens

Fraglich ist zunächst, ob die A einen Antrag auf einstweiligen Rechtsschutz oder eine Klage gegen die Entziehung der Gaststättenerlaubnis stellen wollte. Gegen eine Klageerhebung spricht, daß A anführt, es ginge ihr um eine vorläufige Regelung der Frage. Daher ergibt die Auslegung ihres Begehrens nach § 88 der Verwaltungsgerichtsordnung (VwGO), daß sie einen Antrag auf vorläufigen Rechtsschutz gestellt hat.

B. Zulässigkeit des Antrags auf einstweiligen Rechtsschutz

I. Ordnungsgemäße Antragstellung

Von einer ordnungsgemäßen Antragstellung nach § 81 S. 1 VwGO analog ist auszugehen.

> Auf die Zulässigkeitsprüfung wird häufig von den Studierenden in den Klausuren viel Zeit verwendet. In vielen Fällen, so auch hier, gibt es in der Zulässigkeit allerdings keine gravierenden Probleme zu erörtern. Dann ist es Pflicht, sich möglichst kurz zu fassen und nur die ganz wichtigen Punkte anzusprechen[1].

II. Eröffnung des Verwaltungsrechtswegs gemäß § 40 Abs. 1 S. 1 VwGO

1. Öffentlich-rechtliche Streitigkeit

Eine öffentlich-rechtliche Streitigkeit liegt vor, wenn die Streitigkeit nach Maßgabe öffentlichen Rechts zu entscheiden ist. Gestritten wird um hier den Vollzug des Gaststättenrechts, eines Teils des Ordnungsrechts der Wirtschaftsverwaltung, das zu den typischen Materien des öffentlichen Rechts gehört[2]. Die Streitigkeit ist daher öffentlich-rechtlicher Natur.

2. Nichtverfassungsrechtlicher Art

Da es sich bei dieser Streitigkeit nicht um eine Streitigkeit zwischen unmittelbar am Verfassungsleben Beteiligten handelt und sie sich auch nicht auf Rechte und Pflichten bezieht, die unmittelbar in der Verfassung geregelt sind, ist diese Streitigkeit auch nichtverfassungsrechtlicher Art.

> Die hier zur Anwendung gebrachte Theorie der doppelten Verfassungsunmittelbarkeit zur Bestimmung des verfassungs- bzw. nichtverfassungsrechtlichen Charakters einer Streitigkeit ist zwar nicht gänzlich unumstritten, doch führen die anderen in der Literatur vertretenen Ansätze[3] in dem hier zu begutachtenden Fall zum selben Ergebnis, so daß auf eine nähere Auseinandersetzung verzichtet werden kann.

3. Sonderzuweisung dieser öffentlichen-rechtlichen Streitigkeit an eine andere Gerichtsbarkeit

Gesetzliche Sonderzuweisungen an andere Gerichtsbarkeiten sind nicht ersichtlich, der Verwaltungsrechtsweg ist mithin eröffnet.

III. Statthaftigkeit des Antrags

Der Antrag der A könnte nach § 80 Abs. 5 VwGO statthaft sein.

---

[1] Zur Prüfungsreihenfolge bei Anträgen auf einstweiligen Rechtsschutz siehe beispielsweise *Schenke*, Verwaltungsprozeßrecht, Rn. 1024a.
[2] Zu dieser Vorgehensweise näher *Hufen*, § 11 Rn. 28 ff.
[3] Vgl. beispielsweise *Schenke*, Verwaltungsprozeßrecht, Rn. 129 ff. m.w.N.

1. Zuweisungsnorm § 123 Abs. 5 VwGO

Das Aussetzungsverfahren nach § 80 Abs. 5 VwGO ist gemäß § 123 Abs. 5 VwGO gegenüber dem Verfahren der einstweiligen Anordnung nach § 123 Abs. 1 VwGO vorrangig, wenn die A sich gegen die Vollziehung eines belastenden Verwaltungsakts oder die Beseitigung der aufschiebenden Wirkung eines Rechtsbehelfs wehrt, also ein Fall der §§ 80, 80 a VwGO gegeben ist. §§ 80, 80 a VwGO sind einschlägig, wenn die A in der Hauptsache eine Anfechtungsklage zu erheben hat. Problematisch ist, daß die A in ihrer Antragsschrift ihren Antrag nicht so klar gefaßt hat, daß es sich zweifelsfrei um einen Fall der §§ 80, 80 a handelt. A spricht nämlich davon, daß sie wenigstens „vorläufig" ihre Erlaubnis behalten will. Dies könnte auch so zu verstehen sein, daß sie einen Antrag auf Erlaß einer vorläufigen Erlaubnis nach § 11 des Gaststättengesetzes (GastG) stellen möchte, weil sie ihre bisherige Erlaubnis als verloren betrachtet. Eine solche Auslegung wird ihrem Begehren allerdings nicht gerecht. A will keine neue Erlaubnis, sondern nach ihren eigenen Worten möchte sie, daß ihr die alte Erlaubnis *belassen* wird. Ihr kommt es also darauf an, daß sie von ihrer bestehenden Erlaubnis wenigstens bis zur Entscheidung im Widerspruchsverfahren über die Rechtmäßigkeit des Widerrufs Gebrauch machen darf. Die nach § 88 VwGO erforderliche Auslegung des Begehrens der A führt mithin zu dem Ergebnis, daß sie nicht eine vorläufige Erlaubnis nach § 11 GastG begehrt, sondern daß A sich gegen die sofortige Vollziehung des Widerrufs der Gaststättenerlaubnis wendet und die aufschiebende Wirkung ihres Widerspruchs gegen diesen, sie belastenden Verwaltungsakt wiederhergestellt sehen möchte. Da sie zur Beseitigung dieses belastenden Verwaltungsakts gegen den Widerruf der Gaststättenerlaubnis nach § 15 Abs. 3 Nr. 1 GastG in der Hauptsache eine Anfechtungsklage zu erheben hat, handelt es sich folglich nicht um einen Antrag auf Erlaß einer einstweiligen Anordnung nach § 123 Abs. 1 VwGO, sondern es liegt ein Fall der §§ 80, 80 a VwGO vor.

An dieser Stelle ist also nochmals eine Interpretation des Begehrens erforderlich. Hieran wird deutlich, daß Fragen nicht gleichsam vorsorglich, sondern in ihrem relevanten Kontext erörtert werden sollten.

2. Vorliegen eines Verwaltungsaktes

Der Widerruf der Gaststättenerlaubnis ist - wie oben bereits ausgeführt - ein Verwaltungsakt gemäß § 35 S. 1 des Verwaltungsverfahrensgesetzes für das Land Nordrhein-Westfalen (VwVfG NRW)[4].

3. Kein Suspensiveffekt aufgrund behördlicher Anordnung nach § 80 Abs. 2 Nr. 4 VwGO

Aufgrund der Anordnung der sofortigen Vollziehung ist nach § 80 Abs. 2 Nr. 4 VwGO die aufschiebende Wirkung des Widerspruchs gegen den Widerruf nicht gegeben. Der Suspensiveffekt des Widerspruchs der A ist folglich durch behördliche Anordnung entfallen.

4. Sonstige Zulässigkeitsvoraussetzungen des Hauptsacheverfahrens

Die sonstigen Zulässigkeitsvoraussetzungen des Hauptsacheverfahrens liegen vor, insbesondere besitzt die A die sogenannte Klagebefugnis, § 42 Abs. 2 VwGO, da sie zumindest in ihren Rechten aus Art. 12 Abs. 1 GG verletzt sein kann.

IV. Sonstige Zulässigkeitsvoraussetzungen

Auch die übrigen Voraussetzungen wie die Zuständigkeit des angerufenen Gerichts und das Rechtsschutzinteresse sowie die Beteiligtenfähigkeit sind gegeben. Der Antrag der A ist zulässig.

C. Begründetheit des Antrags nach § 80 Abs. 5 VwGO

Begründet ist der Antrag nach § 80 Abs. 5 VwGO, wenn die Anordnung der sofortigen Vollziehung formell fehlerhaft erfolgt ist oder die Abwägung zwischen dem öffentlichen Interesse an der Vollziehung und dem privaten Suspensivinteresse des Antragstellers zugunsten des Antragstellers ausfällt.

---

[4] Die Abkürzung NW oder NRW für Gesetze des Landes Nordrhein-Westfalen changiert und ist abhängig vom Zeitpunkt des Erlasses. Inhaltlich stimmen die im Text angeführten Vorschriften des VwVfG NRW mit den Regelungen des VwVfG des Bundes überein; ein explizites Zitat dieser Normen ist daher entbehrlich.

I. Formelle Rechtmäßigkeit der Vollziehungsanordnung

1. Zuständigkeit zum Erlaß der Vollziehungsanordnung

Die Zuständigkeit der Behörde ist nach dem Sachverhalt gegeben.

2. Ordnungsgemäßes Verfahren

In Betracht kommt eine Verletzung des § 28 Abs. 1 VwVfG NRW, wenn diese Vorschrift auf die Anordnung der sofortigen Vollziehung anwendbar ist. Dies ist jedoch zu verneinen, da die Vollziehungsanordnung kein Verwaltungsverfahren i.S. des § 9 VwVfG NRW abschließt, nicht in formelle Bestandskraft erwachsen kann und auch nicht selbständig vollziehbar ist. Da die Vollziehungsanordnung nicht den Charakter eines Verwaltungsakts besitzt, ist § 28 Abs. 1 VwVfG NRW nicht anwendbar; einer Anhörung für die Anordnung der Vollziehung bedarf es nicht[5].

3. Ordnungsgemäße Begründung der Anordnung der sofortigen Vollziehung nach § 80 Abs. 3 S. 1 VwGO

a) Grundsatz: Erforderlichkeit einer Begründung

Der Antrag nach § 80 Abs. 5 VwGO ist stets begründet, wenn die Entscheidung über den Sofortvollzug nicht oder nicht ausreichend begründet worden ist. Fraglich ist hier allein, ob die gegebene Begründung als ausreichend anzusehen ist. Eine Begründung genügt den Anforderungen des § 80 Abs. 3 S. 1 VwGO nicht, wenn sie schablonenhaft oder in allgemeinen Wendungen gehalten ist oder lediglich den Gesetzeswortlaut wiederholt. Vielmehr müssen die besonderen, auf den konkreten Fall bezogenen Gründe angegeben werden, die die Behörde dazu bewogen haben, den Suspensiveffekt auszuschließen. Die Behörde hat dabei im Blick auf die geschuldete Begründung auch in Rechnung zu stellen, daß für die Anordnung der sofortigen Vollziehung ein besonderes öffentliches Interesse erforderlich ist, das über jenes Interesse hinausgehen muß, das den Verwaltungsakt selbst rechtfertigt. Das für die sofortige Vollziehung erfor-

---

[5] Vgl. *Schoch*, in: Schoch/Schmidt-Aßmann/Pietzner, VwGO, § 80 Rn. 181 f.; *Puttler*, in: Sodan/Ziekow, VwGO, § 80 Rn. 83; *Jörg Schmidt*, in: Eyermann, VwGO, § 80 Rn. 41; *Kaltenborn*, DVBl. 1999, 828 (830 f.); a.A. allerdings *Hufen*, § 32 Rn. 16.

derliche Interesse ist ein qualitativ anderes Interesse als das Interesse an der Durchsetzung des Verwaltungsaktes. Zur Begründung des besonderen Vollzugsinteresses müssen deshalb regelmäßig andere Gründe angeführt werden, als sie zur Rechtfertigung des zu vollziehenden Verwaltungsaktes herangezogen wurden. Allerdings dürfen an die Begründung auch nicht zu hohe Anforderungen gestellt werden[6].

Auf der Grundlage dieser in Rechtsprechung und Lehre entwickelten Anforderungen ist es fraglich, ob hier eine ausreichende Begründung für die Anordnung der sofortigen Vollziehung gegeben ist. Die Behörde weist in ihrer Erläuterung lediglich wiederholend darauf hin, daß es durch die vor der Gaststätte abgestellten Fahrzeuge zu konkreten Belästigungen von Passanten gekommen ist und diese über einen längeren Zeitraum andauerten. Genau diese Vorkommnisse sind es jedoch, die die Behörde zur Aufhebung der Gaststättenerlaubnis motivieren, weil hierin ein Verstoß gegen die der Genehmigung beigefügte Auflage liegt; neue Aspekte, die ein besonderes öffentliches Interesse rechtfertigen, sind indes nicht ersichtlich. Die Vorgaben des § 80 Abs. 3 S. 1 VwGO sind damit nicht erfüllt.

b) Ausnahmen von den grundsätzlichen Anforderungen

Ausnahmsweise jedoch kann auf die Begründung des zu vollziehenden Verwaltungsaktes Bezug genommen oder es dürfen diese Erwägungen wiederholt werden, wenn sich aus der dortigen Begründung die besondere Dringlichkeit der sofortigen Vollziehung und die von der Behörde insoweit vorgenommene Interessenabwägung erkennen lassen. In einen solchen Fall muß die Behörde allerdings ausdrücklich feststellen, daß sie in den Gründen des Erlasses des Verwaltungsaktes auch das besondere Interesse an der sofortigen Vollziehung sieht[7].

Gesichtspunkte, die die besondere Dringlichkeit erkennen lassen, sind jedoch nicht ersichtlich. Der Sachverhalt gibt keine Hinweise, daß es durch die abgestellten Fahrzeuge zu Unfällen von Gehwegbenutzern gekommen ist, sondern spricht nur von Behinderungen. Die Sachlage ist daher

---

[6] Vgl. zu den Begründungserfordernissen im einzelnen OVG Schleswig, NVwZ 1992, 688 (689 m.w.N.); *Schoch*, in: Schoch/Schmidt-Aßmann/Pietzner, VwGO, § 80 Rn. 175 ff.; *Martin Redeker*, in: Redeker/von Oertzen, VwGO, § 80 Rn. 26; *Jörg Schmidt*, in: Eyermann, VwGO, § 80 Rn. 42 f.; *Kaltenborn*, DVBl. 1999, 828 (831 ff.).

[7] Vgl. OVG Schleswig, NVwZ 1992, 688 (689 f. m.w.N.).

im wesentlichen unverändert. Zudem fehlt es an einem ausdrücklichen Hinweis der Behörde, daß sie sich einer Ausnahmesituation bewußt ist. Es verbleibt daher bei einem Verstoß gegen § 80 Abs. 3 S. 1 VwGO.

c) Möglichkeit der Heilung

Fraglich ist aber, ob dieser Verstoß gegen § 80 Abs. 3 S. 1 VwGO durch ein Nachholen einer den Anforderungen des § 80 Abs. 3 S. 1 VwGO genügenden Begründung rückwirkend geheilt werden kann. Diese Möglichkeit wollen Stimmen in Rspr. und Literatur der Behörde unter Hinweis auf § 45 VwVfG NRW respektive § 114 S. 2 VwGO eröffnen[8]. Diese Auffassung ist jedoch abzulehnen, denn weder § 45 VwVfG NRW noch § 114 S. 2 VwGO sind auf diesen Fall unmittelbar anwendbar, da sich beide Vorschriften nur auf den Verwaltungsakt als solchen beziehen[9]. Auch eine analoge Anwendung verbietet sich wegen des Vorbehalts des Gesetzes[10]. Die Möglichkeit zu eröffnen, daß die Begründung nachgeholt werden kann, wird zudem dem Zweck des Begründungserfordernis nicht gerecht. § 80 Abs. 3 S. 1 VwGO will der Behörde verdeutlichen, daß die Anordnung der sofortigen Vollziehung eine Ausnahme bleiben muß. Dieser Ausnahmecharakter würde überspielt, ließe man eine nachträgliche Begründung zu; sie führt außerdem zu einer Aushöhlung des Begründungserfordernisses[11]. Aus all diesen Gründen ist eine Heilung oder ein Nachschieben von Gründen folglich nicht möglich[12].

---

[8] So insbesondere *Tietje*, DVBl. 1998, 124 (126 ff.); ebenso *Martin Redeker*, in: Redeker/von Oertzen, VwGO, § 80 Rn. 27a und jetzt auch *Pietzner/Ronellenfitsch*, § 55 Rn. 40 unter expliziter Aufgabe der bisherigen Auffassung.

[9] Siehe *Hufen*, § 32 Rn. 18; *Puttler*, in: Sodan/Ziekow, VwGO, § 80 Rn. 101.

[10] So *Schenke*, Verwaltungsprozeßrecht, Rn. 982; ablehnend auch *Schoch*, in: Schoch/Schmidt-Aßmann/Pietzner, VwGO, § 80 Rn. 175; a.A. *Martin Redeker*, in: Redeker/von Oertzen, VwGO, § 80 Rn. 27a.

[11] Siehe *Schoch*, in: Schoch/Schmidt-Aßmann/Pietzner, VwGO, § 80 Rn. 179; *Puttler*, in: Sodan/Ziekow, VwGO, § 80 Rn. 101; *Schenke*, Verwaltungsprozeßrecht, Rn. 982.

[12] Näher *Kaltenborn*, DVBl. 1999, 828 (832 f.).

4. Ergebnis

Die Anordnung der sofortigen Vollziehung ist mithin nicht hinreichend begründet worden und folglich rechtswidrig. Der Antrag des A ist daher bereits aus diesem Grund ohne weitere Sachprüfung begründet[15]. Streitig ist aber, ob in diesem Fall die aufschiebende Wirkung wiederherzustellen oder die Vollziehungsanordnung lediglich aufzuheben ist. Für den Standpunkt, daß die Vollziehungsanordnung wegen des Formverstoßes aufzuheben ist, spricht, daß das Gericht nicht in eine Interessenabwägung eingetreten ist und es daher sinnvoll ist, dies bereits bei der Formulierung des Tenors zum Ausdruck zu bringen[16]. Gegen diese Vorgehensweise ist aber auf den klaren Wortlaut des Gesetzes zu verweisen. In § 80 Abs. 5 VwGO ist eine Aufhebung der behördlichen Anordnung der sofortigen Vollziehung nicht vorgesehen, sondern die Norm räumt dem Gericht in diesem Fall lediglich die Möglichkeit ein, die aufschiebende Wirkung wiederherzustellen[17]. Daher hat das Gericht zu tenorieren, daß die aufschiebende Wirkung des Rechsbehelfs wiederhergestellt wird[18]. Folglich ist schon wegen des Begründungsmangels die aufschiebende Wirkung des Widerspruchs der A wiederherzustellen.

> Nach der Klausuraufgabe darf es ein Bearbeiter bei der Feststellung eines Verstoßes gegen § 80 Abs. 3 S. 1 VwGO indes nicht bewenden lassen, sondern hat des weiteren eine summarische Prüfung der Erfolgsaussichten in der Hauptsache vorzunehmen. Die weitere Prüfung rechtfertigt sich aber nicht nur aus der konkreten Aufgabenstellung, sondern auch aus der Überlegung, daß die Wiederherstellung der aufschiebenden Wirkung wegen einer unzureichend begründeten Vollziehungsanordnung dem Betroffenen nur vorübergehend Schutz bietet. Die Behörde kann in diesem Fall die Vollziehungsanordnung formgerecht wiederholen[13] und dann auch einen rechtswidrigen Verwaltungsakt vollziehen[14], weil die Aufhebung der Vollziehungsanordnung respektive die Wiederherstellung der aufschiebenden Wirkung wegen eines Begründungsmangels auch nur insoweit Bindungswirkung entfaltet, denn wenn das Gericht seine Prüfung nicht auf die in § 80 Abs. 2 Nr. 4 VwGO enthaltenen Voraussetzungen einer Anordnung der sofortigen Vollziehung erstreckt hat, ist die

---

[13] Vgl. *Hufen*, § 32 Rn. 22 und 40.

[14] Vgl. *Finkelnburg/Jank*, Rn. 896.

[15] Vgl. *Jörg Schmidt*, in: Eyermann, VwGO, § 80 Rn. 93; *Hufen*, § 32 Rn. 18 und 40.

[16] So beispielsweise *Jörg Schmidt*, in: Eyermann, VwGO, § 80 Rn. 93 m.w.N; für Aufhebung auch *Lorenz*, § 28 Rn. 51 mit Fn. 94.

[17] Vgl. *Puttler*, in: Sodan/Ziekow, VwGO, § 80 Rn. 155; *Schoch*, in: Schoch/Schmidt-Aßmann/Pietzner, VwGO, § 80 Rn. 298.

[18] Für die Tenorierung „aufschiebende Wirkung wird wieder hergestellt" etwa *Kopp/Schenke*, VwGO, § 80 Rn. 148 f.; *Hufen*, § 32 Rn. 22 und 40; *Martin Redeker*, in: Redeker/von Oertzen, VwGO, § 80 Rn. 27a sowie die in Fn. 17 genannten.

Behörde diesbezüglich auch nicht gebunden[19]. Um die Gefahr zu vermeiden, daß der Antragsteller nach nachgeholter Begründung sich erneut mit einem Antrag nach § 80 Abs. 5 VwGO an das Gericht wenden muß, ist dieses nicht darauf beschränkt, die Anordnung ohne weitere Sachprüfung aufzuheben[20], sondern darf – auch aus prozeßökonomischen Erwägungen – gleichfalls die sachliche Rechtfertigung der Vollziehungsanordnung überprüfen[21].

II. Summarische Prüfung der Erfolgsaussichten des Rechtsbehelfs in der Hauptsache (Abwägungsentscheidung)

Zur Prüfungsabfolge ist daher festzuhalten: Erst wenn der Antrag bei summarischer Prüfung weder offensichtlich aussichtslos noch offensichtlich begründet ist, darf eine Abwägung von Vollzugsinteresse und Suspensivinteresse stattfinden. In Klausuren an der Universität kommt diese zweite Stufe der Antragsprüfung so gut wie nie vor. So auch hier: Zu prüfen ist allein die Rechtswidrigkeit des Bescheides vom 07.09.2004.

Der Antrag der A ist des weiteren begründet, wenn das Suspensivinteresse überwiegt. Dies ist in der Regel der Fall, wenn die Ausgangsentscheidung offensichtlich rechtswidrig ist oder ernstliche Zweifel an der Rechtmäßigkeit bestehen und sie den Kläger in seinen Rechten verletzt. Der Antrag ist dann deshalb begründet, weil kein öffentliches Interesse an dem Vollzug rechtswidriger Verwaltungshandlungen besteht. Bestehen lediglich einfache Zweifel an der Rechmäßigkeit der Ausgangsentscheidung, so ist die Klage begründet, wenn die Abwägung der Nachteile, die dem Antragsteller aus dem Vollzug des möglicherweise rechtswidrigen VA entstehen, mit den Nachteilen, die der Allgemeinheit aus der Fortdauer eines dem öffentlichen Interesses widersprechenden Zustands entstehen, zugunsten des Antragstellers ausfällt.

---

[19] Zu der Frage der Bindungswirkung der Gründe des verwaltungsgerichtlichen Beschlusses siehe ausführlich *Puttler*, in: Sodan/Ziekow, VwGO, § 80 Rn. 155 und *Kopp/Schenke*, VwGO, § 80 Rn. 172, beide m.w.N.

[20] So aber *Pietzner/Ronellenfitsch*, § 58 Rn. 16: „*hat* das Gericht ohne weitere Sachprüfung aufzuheben", auf gleicher Linie (keine Sachprüfung) *Martin Redeker*, in: Redeker/von Oertzen, VwGO, § 80 Rn. 27a. Nach anderer Meinung *braucht* das Gericht nicht in eine Sachprüfung einzutreten, es ist aber nicht daran gehindert, vgl. die Nachweise in der anschließenden Fußnote.

[21] Ebenso VGH München, BayVBl. 1982, 756 (757); VG Berlin, InfAuslR 1996, 197 (197); *Finkelnburg/Jank*, Rn. 896. Auf gleicher Linie auch die Ausführungen von *Pietzner/Ronellenfitsch*, § 55 Rn. 40: Aufhebung einer fehlerhaften Vollziehungsanordnung erfolge isoliert, so daß der Antrag nach § 80 Abs. 5 VwGO *im übrigen* auch abgewiesen werden könne.

1. Offensichtliche Rechtswidrigkeit des Bescheides vom 07.09.2004

a) Ermächtigungsnorm

Als lex specialis zu § 49 Abs. 2 Nr. 2 VwVfG NRW bildet § 15 Abs. 3 Nr. 2 GastG[22] die Rechtsgrundlage für die Aufhebung der Gaststättenerlaubnis.

b) Formelle Rechtmäßigkeit

Ernstlich zu prüfen ist allein ein möglicher Verstoß gegen die Pflicht zur Anhörung des A gemäß § 28 Abs. 1 VwVfG NRW. Eine solche Pflicht bestand, da der Widerruf der Gaststättenerlaubnis ein Verwaltungsakt ist, der in Rechte der A eingreift. Durchgeführt wurde eine Anhörung nicht. Sie ist auch nicht nach § 28 Abs. 2 VwVfG NRW entbehrlich gewesen. Es ist mithin ein Verstoß gegen § 28 Abs. 1 VwVfG NRW gegeben, der Widerruf ist formell rechtswidrig.

Fraglich ist, ob der Verstoß gegen § 28 Abs. 1 VwVfG NRW nach § 45 Abs. 1 Nr. 3 VwVfG NRW geheilt worden ist. Zwar ist eine Heilung grundsätzlich möglich, aber bisher nicht eingetreten, da noch kein Widerspruchsverfahren durchgeführt worden ist. Jedoch ist eine Nachholung der Anhörung bis zum Abschluß des verwaltungsgerichtlichen Verfahrens möglich, § 45 Abs. 2 VwVfG NRW. Es ist damit zu rechnen, daß A im Widerspruchsverfahren Gelegenheit zur Stellungnahme erhält und daß dieser Verfahrensfehler im Zeitpunkt des Hauptsacheverfahrens keine Rolle mehr spielt. Aus prozeßökonomischer Sicht wäre eine Aufhebung folglich sinnlos. Aus diesem Grund wird das Gericht die aufschiebende Wirkung daher nicht wiederherstellen.

c) Materielle Rechtmäßigkeit

aa) Tatbestandsvoraussetzungen des § 15 Abs. 3 Nr. 2 GastG

aaa) Nichterfüllung einer Auflage nach § 5 Abs. 1 Gast G

(1) Vorliegen einer Auflage i. S. des § 5 Abs. 1 GastG
Erste Voraussetzung ist, daß es sich bei der Bestimmung, daß A „Vorsorge" zu treffen habe, „daß durch abgestellte Fahrräder, Mofas oder andere Fahrzeuge weder Passanten auf dem Gehsteig vor der Gaststätte noch der fließende

---

[22] § 15 Abs. 2 und 3 GastG normieren abschließend die Widerrufsgründe bei einer ursprünglich rechtmäßigen Gaststättenerlaubnis, vgl. BVerwGE 81, 74 (78); *Ehlers*, Rn. 246; *Frotscher*, Rn. 369.

Verkehr auf der Straße beeinträchtigt oder gefährdet" wird, um eine Auflage im Sinne des § 5 Abs. 1 GastG handelt. Es könnte sich um eine Auflage i. S. des § 5 Abs. 1 Nr. 3 GastG handeln. Nach dieser Vorschrift können Gewerbetreibenden jederzeit Auflagen zum Schutze gegen erhebliche Nachteile, Gefahren oder Belästigungen für die Bewohner der Nachbargrundstücke oder der Allgemeinheit erteilt werden. Die zitierte Verpflichtung sollte die Passierbarkeit des Weges zu sichern und damit Belästigungen oder Gefahren für die Nachbarschaft und die Allgemeinheit vermeiden. Es handelt sich mithin um eine Auflage im Sinne des § 5 Abs. 1 Nr. 3 GastG.

(2) Wirksamkeit der Auflage

Weitere Voraussetzung ist, daß diese Auflage wirksam ist[25]. Als Verwaltungsakt[26] ist sie unwirksam, wenn sie nichtig ist, § 43 Abs. 3 VwVfG NRW.

Ob ein Verwaltungsakt nichtig ist, ergibt sich aus § 44 VwVfG NRW oder aus speziellen Vorschriften des Fachrechts. Mangels Einschlägigkeit von Normen des GastG und der Aufzählungen des § 44 Abs. 2 VwVfG NRW kann sich die Nichtigkeit allein aus der Bestimmung des § 44 Abs. 1 VwVfG NRW ergeben. Danach ist ein Verwaltungsakt nichtig, soweit er an einem besonders schwerwiegenden Fehler leidet und dies bei verständiger Würdigung aller in Betracht kommenden Umstände offensichtlich ist.

Randnotiz: Nach anderer Auffassung genügt die Wirksamkeit einer Auflage nicht für die Rechtmäßigkeit eines Widerrufs wegen der Nichterfüllung von Auflagen, sondern die unerfüllte Auflage muß überdies noch rechtmäßig sein[23]. Dies hat zur Folge, daß nur rechtmäßige Auflagen vollzogen werden können. Dem ist aber zweierlei zu entgegnen: Zum einen hat es der Betroffene in der Hand, durch Klage die Prüfung der Rechtmäßigkeit der beigefügten Nebenbestimmung herbeizuführen. Versäumt er dieses und läßt er die Auflage in Bestandskraft erwachsen, dann ist die Lage nicht anders als bei Verwaltungsakten ohne Nebenbestimmung, die rechtswidrig, aber wirksam sind. Auch diese können vollzogen werden[24]. Das Risiko der Rechtswidrigkeit liegt damit in der

---

[23] So *Meyer*, in: Knack, VwVfG, § 49 Rn. 44; *Ipsen*, Verwaltungsrecht, Rn. 755 Fn. 38; *Weides*, S. 351. Vgl. ferner die bei *Kopp/Ramsauer*, VwVfG, § 49 Rn. 38 Fn. 37 unter „a.A." angegebenen Nachweise sowie die zwischen verschiedenen Fallgestaltungen differenzierende Betrachtung von *Sarnighausen*, NVwZ 1995, 563 (564 ff.).

[24] Vgl. *Sarnighausen*, NVwZ 1995, 563 (564); *Schwerdtfeger*, Rn. 168.

[25] Wirksamkeit der Auflage für ausreichend erachtet BVerwG, NVwZ 1987, 498 (499); BVerwG, NVwZ-RR 1994, 580 (580); *Kopp/Ramsauer*, VwVfG, § 49 Rn. 38 i.V.m. Rn. 37, dort auch m.w.N.; *Ule/Laubinger*, § 63 Rn. 7 i.V.m. Rn. 6; *Suerbaum*, VerwArch 90 (1999), 361 (371).

[26] Auflagen sind nach h.M. Verwaltungsakte, vgl. *Stelkens/Stelkens*, in: Stelkens/Bonk/Sachs, VwVfG, § 36 Rn. 32; *Kopp/Ramsauer*, VwVfG, § 36 Rn. 31; *Maurer*, § 12 Rn. 9; *Peine*, Rn. 168; *Wolff/Bachof/Stober*, Bd. 2, § 47 Rn. 9; a.A. *Erichsen*, § 14 Rn. 7; *Janßen*, in: Obermayer, VwVfG, § 36 Rn. 43. Keine eindeutige Entscheidung dieser Streitfrage bei *Henneke*, in: Knack, VwVfG, § 36 Rn. 41 m.w.N. zu den Vertretern der verschiedenen Auffassungen.

> Sphäre des Genehmigungsinhabers, die eingetretene Bestandskraft muß er gegen sich gelten lassen[27].
> Zum zweiten kann dem Umstand, daß die Auflage rechtswidrig ist, noch im Rahmen der Ermessensbetätigung Rechnung getragen werden.
> Da jedoch auch die erste Auffassung die Rechtswidrigkeit der Auflage untersuchen muß, um eine Aussage über die Nichtigkeit der Auflage machen zu können, wird die Rechtmäßigkeit der an A gerichteten Nebenbestimmung in jedem Fall umfassend geprüft.

α) Besonders schwerwiegender Fehler

αα) Fehlerhaftigkeit der Auflage

ααα) Unzulässigkeit der Beifügung einer „Auflage"

Die Auflage könnte wegen Verstoßes gegen § 36 Abs. 1 VwVfG NRW rechtswidrig sein. Nach § 36 Abs. 1 VwVfG NRW darf ein Verwaltungsakt, auf den ein Anspruch besteht, nur dann mit einer Nebenbestimmung versehen werden, wenn dies durch Rechtsvorschrift zugelassen ist oder wenn sie sicherstellen soll, daß die gesetzlichen Voraussetzungen des Verwaltungsaktes erfüllt werden. Eine solche Rechtsvorschrift i.S. des § 36 Abs. 1 VwVfG NRW, welche die Beifügung von Nebenbestimmungen ausdrücklich zuläßt, ist § 5 Abs. 1 Nr. 3 GastG. § 5 Abs. 1 Nr. 3 GastG ist lex specialis zu § 36 Abs. 1 VwVfG NRW und erlaubt ausdrücklich die Erteilung von Auflagen, obwohl die Gaststättenerlaubnis gemäß § 2 Abs. 1 GastG eine gebundene Entscheidung ist. Ein Verstoß gegen § 36 Abs. 1 VwVfG NRW liegt somit nicht vor.

βββ) Verstoß gegen den Bestimmtheitsgrundsatz, § 37 Abs. 1 VwVfG NRW

In Betracht kommt eine Verletzung des § 37 Abs. 1 VwVfG NRW. Danach muß ein Verwaltungsakt inhaltlich hinreichend bestimmt sein. Der Bestimmtheitsgrundsatz verlangt, daß der Betroffene aus den in einer Anordnung ausgesprochenen Geboten und Verboten sicher und klar erkennen können muß, was von ihm verlangt wird[28]. Das dem Gewerbetreibenden abverlangte Verhalten muß daher in tatsächli-

---

[27] Vgl. VGH Mannheim, NVwZ 1990, 482 (482).
[28] Vgl. BVerwG, NVwZ 1990, 855 (856).

cher Hinsicht so beschrieben werden, daß die Anordnung als Grundlage für eine zwangsweise Durchsetzung dienen kann[29], wobei Unklarheiten zu Lasten der Behörde gehen[30]. Die Bestimmtheit ist indes nicht abstrakt zu ermitteln, sondern es kommt „auf die Umstände des Einzelfalls und darauf an, welcher Grad von Bestimmtheit bei Erlaß der Auflage möglich und für ihren Vollzug erforderlich ist"[31]. Ob mithin die an A gerichtete Auflage diesen Anforderungen an die Bestimmtheit genügt, kann am ehesten durch eine vergleichende Betrachtung mit den Formulierungen von Auflagen geklärt werden, die als unzulässig betrachtet worden sind. Nicht genügend bestimmt ist nach den obigen Kriterien folglich z. B. eine Auflage, durch die angeordnet wird, daß unbeteiligte Personen durch Musikdarbietungen nicht gestört werden, weil die Auflage insoweit eine rechtliche Beurteilung durch den Gewerbetreibenden zum Gegenstand hat, die der Gaststättenbehörde durch § 5 Abs. 1 Nr. 3 GastG zur eigenen Pflicht gemacht wird. Unbestimmt ist ferner die Auflage, eine Anlage sei so herzurichten, daß keine Immissionsbelästigungen für die Umgebung entstehen[32].

Für die Vertreter der Meinung 2 darf daher bereits aus diesem Grund die Erlaubnis nicht widerrufen werden; es fehlt insoweit an einer Tatbestandsvoraussetzung.

Unter Berücksichtigung dieser Beispiele ist auch die von der Behörde verfügte Auflage unbestimmt. Es bleibt allein der A überlassen, wie sie Vorsorge zu treffen hat, ohne daß die Behörde ihr konkrete Vorgaben macht, die sie befolgen könnte. Die A kann auch nicht erkennen, was sie präzise zu unternehmen hat, um die Anforderung zu erfüllen, da der Behörde selbst Hinweisschilder und die Bereitstellung von Abstellmöglichkeiten zur Erfüllung der Auflage nicht ausreichen.

Ein Verstoß gegen den Bestimmtheitsgrundsatz ist daher gegeben. Die Auflage ist insoweit rechtswidrig.

γγγ) Ermessensfehler

Nach § 5 Abs. 1 GastG *kann* die Behörde Auflagen beifügen, also eine Ermessensentscheidung treffen. Ermessens-

---

[29] Vgl. dazu näher *Michel/Kienzle/Pauly*, GastG, 14. Aufl., § 5 Rn. 25; *Metzner*, GastG, § 5 Rn. 73 f.
[30] *Michel/Kienzle/Pauly*, GastG, 14. Aufl., § 5 Rn. 25; *Metzner*, GastG, § 5 Rn. 73.
[31] *Michel/Kienzle/Pauly*, GastG, 14. Aufl., § 5 Rn. 25.
[32] Zu diesen Beispielen siehe *Michel/Kienzle*, GastG, 11. Aufl., § 5 Rn. 25; *Metzner*, GastG, § 5 Rn. 74; teilweise anders jetzt in der Beurteilung des Fallmaterials nach einem Wechsel in der Autorenschaft *Michel/Kienzle/ Pauly*, GastG, 14. Aufl., § 5 Rn. 25.

fehler im Hinblick auf die Erteilung der Auflage sind jedoch nicht ersichtlich.

δδδ) Zwischenergebnis

Die Auflage ist wegen eines Verstoßes gegen den Bestimmtheitsgrundsatz fehlerhaft

ββ) Besondere Schwere des Fehlers

Die Fehlerhaftigkeit allein reicht aber noch nicht aus. Erforderlich ist des weiteren, daß es sich um einen schweren Mangel handelt. Ein Fehler ist dann besonders schwer, wenn er eine unerträgliche Mißachtung der rechtsstaatlichen Ordnung darstellt[35]. Konkretisiert auf Verstöße gegen das Bestimmtheitsgebot ist eine besondere Schwere anzunehmen, wenn der Adressat sich überhaupt nicht auf die Regelung einstellen und sie auch nicht durch Auslegung behoben werden kann, wenn also die Auflage letzten Endes undurchführbar ist[36]. Diese Kriterien sind hier erfüllt: Die A kann die Auflage nicht erfüllen, da sie trotz ernsthafter Versuche im Ergebnis nicht exakt ermitteln kann, was sie konkret zu tun hat. Auch erweist sich die Auflage letzten Endes als undurchführbar, da die A das Verhalten ihrer Gäste nicht permanent kontrollieren kann. Ein besonders schwerwiegender Fehler ist somit gegeben.

Zum Teil wird im Schrifttum bei Auflagen i.S.d. § 5 Abs. 1 Nr. 3 GastG, die unbestimmt sind, ohne nähere Begründung grundsätzlich Nichtigkeit bejaht[33]. Dieser Ansatz berücksichtigt indes nicht die differenzierte Lösung des Gesetzes, denn nicht jeder Fehler und daher auch nicht jede Unbestimmtheit führt zur Nichtigkeit eines VA[34].

Lehnt man – was man angesichts der widersprüchlichen Kasuistik vertretbar ist – die besondere Schwere des Fehlers in diesem Fall ab, dann ist die Nichtigkeitsprüfung hier beendet.

---

[33] Vgl. *Michel/Kienzle*, GastG, 11. Aufl., § 5 Rn. 25: Nichtigkeit von Auflagen bei Unbestimmtheit, anders aber *Michel/Kienzle/Pauly*, GastG, 14. Aufl., § 5 Rn. 26: Nichtigkeit nur bei „schwer wiegender evidenter Unbestimmtheit". Offen gelassen bei *Metzner*, GastG, § 5 Rn. 73 f.

[34] Wie hier differenzierend *Sachs*, in: Stelkens/Bonk/Sachs, VwVfG, § 44 Rn. 112; grundsätzlich für Nichtigkeit bei Unbestimmtheit aber *Meyer*, in: Knack, § 44 Rn. 22, ebenso jetzt auch *Kopp/Ramsauer*, VwVfG, § 44 Rn. 26.

[35] Vgl. *Kopp/Ramsauer*, VwVfG, § 44 Rn. 8; *Meyer*, in: Knack, VwVfG, § 44 Rn. 14.

[36] Vgl. OVG Koblenz, NVwZ 1990, 399 (399).

> In Rechtsprechung und Schrifttum wird zwischen besonderer Schwere und Offensichtlichkeit[37] des Fehlers nicht immer trennscharf unterschieden, sondern eine einheitliche Betrachtung vorgenommen[38]. Es ist in der Tat nicht ganz einfach, die Schwere des Fehlers zu bejahen, aber Offensichtlichkeit abzulehnen. Gleichwohl verlangt das Gesetz eine getrennte Prüfung der Gesichtspunkte.

β) Offensichtlichkeit des Fehlers

Weitere Voraussetzung für die Nichtigkeit der Auflage ist die Offensichtlichkeit des Fehlers. Der besonders schwere Fehler ist offensichtlich, wenn die schwere Fehlerhaftigkeit des VA für einen unvoreingenommenen, mit den in Betracht kommenden Umständen vertrauten, verständigen Beobachter ohne weiteres ersichtlich ist[39].

Ob sich die Fehlerhaftigkeit der Auflage wirklich „aufdrängt", also dem ursprünglichen VA in dem Sinne auf die „Stirn geschrieben" ist, daß ein aufgeschlossener Staatsbürger ohne besondere rechtliche Überlegungen zu dem Schluß kommen muß, daß der VA unmöglich rechtens sein kann, ist fraglich. Gegen die Offensichtlichkeit spricht, daß die A, obwohl sie als Gewerbetreibende durchaus über ein bei diesem Personenkreis zu erwartendes Einblicksvermögen verfügt[40], sich zunächst bemüht hat, der Auflage nachzukommen. Auch ist zu berücksichtigen, daß zur Beurteilung der Fehlerhaftigkeit der Auflage Kenntnisse der in Rechtsprechung und Literatur entwickelten Anforderungen an die Bestimmtheit von Auflagen unentbehrlich sind. Der Umstand, daß die Fehlerhaftigkeit der Auflage erst durch eine rechtliche Prüfung erkennbar wurde, ist aber ein gewichtiges In-

> Die Prüfung der Offensichtlichkeit ist in erheblichem Maße eine Wertungsfrage, die auch anders ausfallen kann. Wer die vorgetragenen Argumente nicht für überzeugend erachtet, der wird Offensichtlichkeit annehmen und damit zur Nichtigkeit der Auflage gelangen.

---

[37] Bis zur Gesetzesänderung des Verwaltungsverfahrensgesetzes des Bundes (VwVfG) durch Art. 2 des Zweiten Gesetzes zur Änderung verwaltungsverfahrensrechtlicher Vorschriften vom 06. August 1998 (BGBl. I 1998, S. 2022) sowie der entsprechenden Änderung der Verwaltungsverfahrensgesetze der Länder durch parallele oder anschließende Änderungsgesetze der Länder verlangten § 44 Abs. 1 VwVfG und die gleichlautenden Vorschriften der Landesverwaltungsverfahrensgesetze, daß der Fehler „offenkundig" war. Aus der nunmehr veränderten Terminologie sollen sich jedoch keine rechtlichen Konsequenzen ergeben, denn es handele sich um eine sprachliche Bereinigung des Gesetzeswortlauts, ohne daß damit inhaltliche Änderungen verbunden wären, so *Schmitz/Olbertz*, NVwZ 1999, 126 (127); ebenso *Meyer*, in: Knack, VwVfG, § 44 Rn. 28 i.V.m. Rn. 3. Die bisherigen Erkenntnisse in Rechtsprechung und Literatur zu § 44 Abs. 1 VwVfG a.F. können daher weiter herangezogen werden, so auch *Schmitz/Olbertz*, NVwZ 1999, 126 (127).

[38] Vgl. z.B. OVG Koblenz, NVwZ 1990, 399 (399): „Ein Verstoß gegen das Bestimmtheitsgebot ist dann ein solch schwerwiegender und offenkundiger Fehler, wenn der Verwaltungsakt wegen des Verstoßes gegen das Bestimmtheitsgebot völlig unverständlich und undurchführbar wird".

[39] Vgl. *Kopp/Ramsauer*, VwVfG, § 44 Rn. 12; *Meyer*, in: Knack, VwVfG § 44 Rn. 28.

[40] Zwar dürfen bei dem fiktiven Durchschnittsbetrachter besondere Rechts- oder Fachkenntnisse nicht vorausgesetzt werden, doch darf von dem zu erwartenden durchschnittlichen Einblick eines Angehörigen des Personenkreises ausgegangen werden, dem der Betroffene angehört, vgl. *Meyer*, in: Knack, VwVfG § 44 Rn. 29.

diz, daß die Fehlerhaftigkeit sich - auch für die A als Betroffene - gerade nicht aufdrängte[41]. Der Fehler ist mithin nicht offensichtlich.

γ) Ergebnis der Wirksamkeitsprüfung

Da es an der Offensichtlichkeit des Fehlers fehlt, ist die Auflage im Bescheid vom 03.01.2000 zwar rechtswidrig, aber wirksam.

(3) Nichterfüllung der Auflage

A hat nicht dafür Sorge getragen, daß der Weg vor ihrer Gaststätte unbehindert passierbar ist, also hat sie die Auflage nicht erfüllt.

bbb) Verstreichen der gesetzten Frist

A hat die gesetzte Frist, welche ausreichend war, nicht eingehalten.

ccc) Ergebnis der Tatbestandsprüfung

Die Tatbestandsvoraussetzungen für den Widerruf nach § 15 Abs. 3 Nr. 2 GastG sind erfüllt.

bb) Fehlerfreie Ermessensausübung über den Widerruf

Weitere Voraussetzung für die Rechtmäßigkeit des Widerrufs ist, daß die Behörde von ihrem Ermessen, daß ihr nach § 15 Abs. 3 GastG ("kann" widerrufen werden) eingeräumt ist, in rechtmäßiger Weise Gebrauch gemacht hat. Dies ist dann nicht der Fall, wenn bei der Ermessenshandhabung, an die im Fall eines Widerrufs hohe Anforderungen zu stellen sind[42], gegen innere oder äußere Ermessensgrenzen verstoßen worden ist.

aaa) Verstoß gegen innere Ermessensgrenzen, § 114 S. 1 Alt. 1 VwGO

Ein Verstoß gegen innere Ermessensgrenzen liegt vor, wenn von der Ermessensermächtigung nicht zweckentsprechend Gebrauch gemacht worden ist. Das Ermessen ist nicht zweckgemäß gebraucht worden, wenn die Behörde das ihr eingeräumte Ermessen überhaupt nicht oder aus rechtlich zu mißbilligenden Motiven ausgeübt hat[43]. Anhaltspunkte für eine Ermessensunterschreitung oder einen Ermessensfehlgebrauch der Behörde mit Blick auf den Zweck der Widerrufsermächtigung sind indes nicht ersichtlich, so daß in-

> Wer Nichtigkeit annimmt, muß die Prüfung der Rechtswidrigkeit des Bescheides vom 07.09.2004 hier beenden und zu der Frage der Rechtsverletzung der A übergehen, da die Tatbestandsvoraussetzungen des § 15 Abs. 3 Nr. 2 GastG nicht vorliegen. Wer schlichte Rechtswidrigkeit vertritt, muß ferner untersuchen, ob die übrigen Tatbestandsvoraussetzungen des Widerrufs gegeben sind. Diesen Weg geht die Falldarstellung.

---

[41] Vgl. *Meyer*, in: Knack, VwVfG § 44 Rn. 29: Die schwere Fehlerhaftigkeit müsse ohne rechtliche Prüfung erkennbar sein.
[42] Vgl. *Meyer*, in: Knack, VwVfG, § 49 Rn. 38.
[43] Vgl. dazu *Brinktrine*, S. 115 f., zu den einzelnen Formen innerer Ermes-sensfehler ausführlich *Brinktrine*, S. 116 ff.

soweit die Entscheidung zum Widerruf nicht zu beanstanden ist.

bbb) Verstoß gegen äußere Ermessensgrenzen, § 114 S.1 Alt. 2 VwGO

(1) Verstoß gegen das Verbot der unzulässigen Rechtsausübung

Es könnte ein Verstoß gegen die äußere Ermessensgrenze der unzulässigen Rechtsausübung als Ausprägung des auch im öffentlichen Recht geltenden Grundsatzes von Treu und Glauben gegeben sein[44]. Danach ist es ermessensfehlerhaft, die Erlaubnis wegen der Nichterfüllung einer Auflage zu verlangen, die rechtswidrig ist und auf deren Aufhebung der Betroffenen nach §§ 48, 49 VwVfG NRW einen Anspruch hat, denn in diesem Fall könnte der Erlaubnisnehmer den sofortigen (Wieder)Erlaß der Erlaubnis ohne Auflage verlangen[45].

Dieses Resultat scheint im Widerspruch zu dem obigen Ergebnis zu stehen, daß keine Offensichtlichkeit des Fehlers i.S. des § 44 Abs. 1 VwVfG NRW gegeben ist. Zu bedenken ist aber, daß der Anknüpfungspunkt bei der Ermessensprüfung ein anderer ist. Bei der Nichtigkeit geht es um einen verständigen Durchschnittsbetrachter, hingegen darf bei der Kontrolle der Ermessensausübung das besondere juristische Wissen der Gewerbebehörden berücksichtigt werden[46].

Jedenfalls ist es auch nach allgemeiner Meinung ermessensfehlerhaft, bei offensichtlicher Rechtswidrigkeit einer Auflage von der Widerrufsmöglichkeit Gebrauch zu machen[47], daher dürfen aus einer Nichtbefolgung einer rechtswidrigen Auflage für den Gastwirt keine negativen Folgen gezogen werden[48]. Die Rechtswidrigkeit der an die A gerichteten Auflage ist nach den obigen Ausführungen unstreitig und für Rechtskundige wie die Gewerbeverwaltung auch von Anfang an klar erkennbar gewesen, folglich durften aus ihrer Nichtbefolgung für die A keine negativen Folgen gezogen werden. Die Behörde hat daher die äußere Ermessensschranke der unzulässigen Rechtsauübung miß-achtet und daher ermessensfehlerhaft gehandelt.

---

[44] Zu dieser Ermessensschranke vgl. *Kopp/Schenke*, VwGO, § 114 Rn. 44.

[45] Vgl. *Michel/Kienzle*, Gaststättengesetz, 11. Aufl., § 15 Rn. 10 (Diese Auffassung wird in der 14. Aufl. in dieser Klarheit nach einem Autorenwechsel nicht mehr vertreten, vgl. *Michel/Kienzle/Pauly*, GastG, 14. Aufl. § 15 Rn. 10, dort heißt es lediglich „kann ermessensfehlerhaft sein"), sowie in einem vergleichbaren Kontext *Papier*, Fälle, S. 176 f.

[46] Vgl. auch *Papier*, Fälle, S. 176 f.

[47] Vgl. *Kopp/Ramsauer*, VwVfG, § 49 Rn. 38 i.V.m. Rn. 37 mw.N; auf gleicher Linie bei Unbestimmtheit einer Auflage *Meyer*, in: Knack, VwVfG, § 49 Rn. 44.

[48] Vgl. auch *Michel/Kienzle*, GastG, 11.Aufl., § 15 Rn 10 (in der 14. Aufl. in dieser Klarheit nach einem Autorenwechsel nicht mehr enthalten, vgl. *Michel/Kienzle/Pauly*, GastG, 14. Aufl. § 15 Rn. 10).

(2) Verstoß gegen den Grundsatz der Verhältnismäßigkeit

Der Widerruf ist auch deshalb ermessensfehlerhaft, weil die Behörde, sofern sie - allerdings unzutreffend - von der Erfüllbarkeit der Auflage ausgegangen ist, vor dem Widerruf nicht zuvor die zwangsweise Durchsetzung der Auflage im Wege des Verwaltungszwangs versucht hat[50], denn ein Widerruf der Erlaubnis muß „ultima ratio" der behördlichen Reaktion sein[51]. Die Behörde hat durch den vorschnellen Widerruf der Gaststättenerlaubnis der A somit das Gebot der Erforderlichkeit nicht beachtet und mithin gegen das Übermaßverbot verstoßen.

Nach anderer Auffassung soll als Form der zwangsweisen Durchsetzung die Fristsetzung zur Erfüllung der Auflage genügen[49].

Die Behörde hat folglich das ihr eingeräumte Widerrufsermessen in mehrfacher Weise fehlerhaft gebraucht und ist daher den strengen Anforderungen, die an die Ermessenshandhabung bei einem Widerruf nach § 15 Abs. 3 GastG zu stellen sind, nicht gerecht geworden.

Selbst wenn man also der Behörde zugute hält, daß sie die Fehlerhaftigkeit der Auflage nicht erkannt hat, ist ihre Vorgehensweise gleichwohl ermessensfehlerhaft[52].

cc) Ergebnis der Prüfung der materiellen Rechtmäßigkeit

Der Bescheid ist wegen des Vorliegens von Ermessensfehlern folglich materiell rechtswidrig.

Zum Ende der Prüfung darf nicht vergessen werden, das Ergebnis der einzelnen Schritte der Untersuchung mitzuteilen.

d) Ergebnis der Rechtswidrigkeitsprüfung

Der Widerruf der Behörde ist wegen Ermessensmängeln offensichtlich rechtswidrig.

2. Rechtsverletzung

Durch den rechtswidrigen Widerruf wird die A in ihrer Berufsfreiheit, Art. 12 Abs. 1 GG, verletzt.

3. Ergebnis der summarischen Prüfung der Erfolgsaussichten

Da der Widerruf der Gaststättenerlaubnis offensichtlich rechtswidrig ist und die A in ihren Rechten verletzt, überwiegt das Suspensivinteresse der A gegenüber dem öffentlichen Interesse an der Vollziehung.

---

[49] So *Erichsen*, § 18 Rn. 17.
[50] Vgl. *Maurer*, § 11 Rn. 42; a.A. *Kopp/Ramsauer*, VwVfG, § 49 Rn. 39.
[51] Vgl. *Kopp/Ramsauer*, VwVfG, § 49 Rn.39.
[52] Zu weiteren Aspekten, die beim Widerruf wegen Nichterfüllung einer Auflage im Rahmen der Ermessensbetätigung zu beachten sind, wie etwa fehlendes Verschulden des Betroffenen, vgl. *Kopp/Ramsauer*, VwVfG, § 49 Rn. 39; *Meyer*, in: Knack, VwVfG, § 49 Rn. 38 ff.

III. Ergebnis der Begründetheitsprüfung

Der Antrag der A ist daher wegen der formellen Rechtswidrigkeit der Vollziehungsanordnung und wegen des Überwiegens des Suspensivinteresses begründet.

D. Gesamtergebnis

Da der Antrag von Frau A zulässig und begründet ist, wird er folglich Aussicht auf Erfolg haben.

Vertiefungshinweise:

Zu § 80 Abs. 2 Nr. 4, Abs. 3 VwGO:
Kaltenborn, Die formellen Anforderungen an eine Anordnung der sofortigen Vollziehbarkeit gem. § 80 Abs. 2 Nr. 4, Abs. 3 VwGO, DVBl. 1999, 828 ff.; *Schenke*, Probleme der Vollziehungsanordnung gemäß § 80 Abs. 2 Satz 1 Nr. 4, § 80 a Abs. 1 Nr. 1 und Abs. 2 VwGO, VerwArch 91 (2000), 587 ff.; *Tietje,* Die Heilung von Begründungsmängeln nach § 80 Abs. 3 Satz 1 VwGO im verwaltungsgerichtlichen Verfahren, DVBl. 1998, 124 ff.

Zum Widerruf wegen Nichterfüllung von Nebenbestimmungen:
Erichsen/Brügge, Der Widerruf von Verwaltungsakten nach § 49 VwVfG und der öffentlich-rechtliche Erstattungsanspruch, Jura 1999, 496 ff.; *Sarnighausen*, Widerruf aufgrund rechtswidriger Widerrufsvorbehalte nach § 49 Abs. 2 Nr. 1 Alt. 2 VwVfG?, NVwZ 1995, 563 ff.

Klausur Nr. 4**

"Kühler Grund"

Sachverhalt

Nachdem A vor einigen Monaten eine größere Erbschaft zugefallen ist, beabsichtigt er in seiner sächsischen Heimatstadt S, einer kreisfreien Stadt, ein leerstehendes Mehrfamilienhaus mit acht Wohneinheiten zu kaufen und die Wohnungen zu renovieren, um sie teils als Wohnungen, teils als Büroräume für Heilpraktiker, Makler und Psychologen zu vermieten. Zur Realisierung dieses Vorhabens hat A ein Grundstück im Auge, das im Gebiet des qualifizierten Bebauungsplanes „Kühler Grund" liegt. Das Plangebiet ist so bezeichnet worden, weil es an ein kleines, am Rande der Stadt S gelegenes Waldstück, den „Kühlen Grund", angrenzt. Das Plangebiet ist aufgrund der immer noch bestehenden Wohnungsnot in der Stadt S als ein reines Wohngebiet ausgewiesen worden.

Bei ersten Gesprächen des A mit Vertretern der Stadt S über die bauliche Nutzung des von A ausgesuchten Grundstücks vertreten diese die Auffassung, dass die von A vorgelegte Planung mit den Vorgaben des Bebauungsplanes im Widerspruch stehe und die beabsichtigte Nutzung daher nicht genehmigungsfähig sei. Insbesondere bestünden aus Sicht der Stadt S zwei Probleme: Zum einen verstoße die von A geplante Nutzungsänderung gegen den Gebietscharakter. Zum anderen sei A nicht in der Lage, die mit Blick auf die Größe des Gebäudes und den zu erwartenden Publikumsverkehr erforderlichen 8 Stellplätze auf dem Grundstück auszuweisen, sondern er könne allenfalls 3 Stellplätze zur Verfügung stellen.

Im Rahmen dieser Gespräche bringen die Vertreter von S einen für A überraschenden Vorschlag ins Spiel. Die Stadt S erklärt sich bereit, über das Problem der unzulässigen Nutzung hinwegzusehen und einen Dispens zu erteilen, wenn A damit einverstanden sei, einen noch zu beziffernden

Betrag für die Renovierung der Stadtbibliothek der Stadt S zu spenden. Außerdem sollen die fehlenden 5 Stellplätze durch Zahlung von je 500,- EUR pro Stellplatz abgelöst werden.

A ist von den Vorschlägen der Stadt S wenig begeistert, will jedoch sein Projekt nicht gefährden. Nach zähen Verhandlungen, in denen in erster Linie um die Höhe der Spende des A gestritten wird, schließen A und die Stadt S am 23.12.2003 eine als „Vertrag" bezeichnete schriftliche Vereinbarung über die Bebauung des Grundstücks, die unter anderem folgende Regelungen zum Inhalt hat:

§ 1 Gegenstand des Vertrages

Die Stadt S und A schließen einen Vertrag zur baulichen Nutzung des Grundstücks G im Gebiet des Bebauungsplans „Kühler Grund".

§ 2 Pflicht der Stadt S zur Genehmigungserteilung

Die Stadt S verpflichtet sich, innerhalb von 4 Wochen nach Vertragsschluss A die Genehmigung zur Nutzung eines dreigeschossigen Mehrfamilienhauses als Wohn- und Bürogebäude auf dem Grundstück G im Gebiet des Bebauungsplans „Kühler Grund" zu erteilen. Die Baugenehmigung wird unter anderem zum Inhalt haben, dass A vier Wohnungseinheiten als Büros vermieten darf und einen Dispens von der Einrichtung von fünf Stellplätzen erhält.

§ 3 Pflichten des A

A verpflichtet sich, innerhalb von drei Monaten nach Genehmigungserteilung für die Renovierung der Stadtbibliothek der Stadt S 5.000 ,- EUR an diese zu zahlen.

Des Weiteren verpflichtet sich A, innerhalb von sechs Monaten nach Genehmigungserteilung eine Ablöse von 2.500,- EUR für 5 Stellplätze zu zahlen.

Die Vertragsurkunde, welche bei der Stadt S auch für Verträge mit anderen Personen Verwendung findet, wird vom Leiter des Bauamtes der Stadt S in Vertretung für deren Bürgermeister und von A unterzeichnet.

Kurze Zeit darauf erteilt die Stadt S – wie im Vertrag festgelegt – dem A die Baugenehmigung zur Nutzung des Mehrfamilienhauses mit vier Wohnungen und vier Büros auf dem Grundstück G. A sind dagegen mittlerweile Bedenken gekommen, ob der gesamte Vertrag für ihn eine günstige Regelung darstellt, vor allem deshalb, weil die Vermietung des Hauses sehr langsam voranschreitet. A ist daher bereit, die 2.500,- EUR für die Stellplatzablösung zu bezahlen. Er teilt der Stadt S mit Schreiben vom 07. Juli 2004 mit, er sei nicht Willens, 5.000,- EUR für die Stadtbibliothek zu zahlen. Vielmehr habe er von vornherein einen Rechtsanspruch auf die Genehmigung der Nutzungsänderung gehabt.

Mit Schreiben vom 10. August 2004 teilt die Stadt S mit, dass sie auf die Zahlung der 5.000,- EUR für die Renovierung der Stadtbibliothek und auch der 2.500,- EUR für die Stellplatzablösung bestehe.

A erhebt daraufhin Ende August 2004 Klage vor dem örtlich zuständigen Verwaltungsgericht L mit dem Antrag festzustellen, dass er nicht zur Zahlung von 5.000,- EUR für die Renovierung der Stadtbibliothek verpflichtet sei.

Mit Aussicht auf Erfolg?

Bearbeitungshinweise:

Es ist davon auszugehen, dass für die Nutzungsänderung des Grundstücks G eine wirksame und bestandskräftige Zweckentfremdungsgenehmigung vorliegt.
Ferner ist zu unterstellen, dass der Betrag von 500,- EUR pro Stellplatz den Anforderungen des § 49 Abs. 2 SächsBO genügt.
Es ist der Bearbeitung die Sächsische Bauordnung in der Fassung vom 28. Mai 2004 zu Grunde zu legen.

Lösungsvorschlag

Die durch A erhobene Klage hat Erfolg, wenn der Verwaltungsrechtsweg eröffnet und die Klage zulässig und begründet ist.

A. Eröffnung des Verwaltungsrechtsweges

Vertretbar erscheint es ebenfalls, die Eröffnung des Verwaltungsrechtsweges in der Zulässigkeit zu prüfen. Der vorliegende Aufbau wurde jedoch aufgrund der sich aus § 17 a Abs. 2 GVG ergebenden Verweisungsmöglichkeit gewählt. Deshalb führt die Nichteröffnung des Verwaltungsrechtsweges nicht zu einer Unzulässigkeit der Klage. Vielmehr ergeht in diesem Fall ein Verweisungsbeschluss an das zuständige Gericht.

Mangels aufdrängender Sonderzuweisung ist der Weg zu den Verwaltungsgerichten nach § 40 Abs. 1 S. 1 VwGO unter der Voraussetzung eröffnet, dass es sich um eine öffentlich-rechtliche Streitigkeit nicht verfassungsrechtlicher Art ohne abdrängende Sonderzuweisung handelt.

Fraglich erscheint dabei allein, ob es sich um eine Streitigkeit handelt, welche dem öffentlichen Recht zuzuordnen ist. Dies ist dann zu bejahen, wenn die streitentscheidenden Normen dem öffentlichen Recht zuzuordnen sind[1]. Streitgegenständlich geht es vorliegend um die Überprüfung eines Vertrages auf dessen Rechtmäßigkeit. Demnach stellt sich die Frage, ob der zwischen der Stadt S und dem A geschlossene Vertrag dem öffentlichen Recht zuzuordnen ist. Nach verbreiteter Auffassung bestimmt sich die Rechtsnatur des Vertrages nach dessen Gegenstand[2]. Dieser ist aus dem Inhalt des Vertrages zu ermitteln, wobei es zur Beurteilung auf den Charakter der einzelnen vertraglichen Verpflichtungen ankommt[3].

Da Verträge sowohl auf dem Gebiet des Privat- als auch des öffentlichen Rechts geschlossen werden können, bildet die Frage der Einordnung des Vertrages bereits eine entscheidende Weichenstellung in der Klausur. Für den Fall, dass es sich um einen privatrechtlichen Vertrag handelt, wären die ordentlichen Gerichte zuständig.

Allerdings genügt es zur Einstufung eines Vertrages als öffentlich-rechtlich, dass die vertragliche Vereinbarung wenigstens eine nicht nur unwesentliche öffentlich-rechtliche Verpflichtung enthält, bzw. sich auch auf eine solche bezieht. Somit sind auch Mischverträge als dem öffentlichen Recht zugehörig anzusehen, so dass der Vertrag insgesamt als öffentlich-rechtlich einzuordnen ist[4].

Vorliegend steht ein zwischen der Stadt S und A geschlossener Vertrag in Streit, dessen Gegenstand die Erteilung einer Baugenehmigung gegen die Erbringung einer Gegenleistung durch A bildet. Dabei sind zumindest die Verpflichtung der Behörde zur Erteilung einer Baugenehmigung sowie die Verpflichtung des A zur Zahlung einer Stellplatzablöse als öffentlich-rechtlich einzustufen. Folglich geht es um einen Vertrag, der insgesamt dem öffentlichen Baurecht als Kernbereich des Öffentlichen Rechts zuzuordnen ist. Mithin handelt es sich um eine öffentlich-rechtliche Streitigkeit nicht verfassungsrechtlicher Art. Abdrängende Normen sind nicht ersichtlich.

---

[1] *Schenke*, Verwaltungsprozeßrecht, § 3 Rn. 104.
[2] Kopp/Schenke § 40 Rn. 25; *Schmidt Glaeser* Rn 50.
[3] Kopp/Ramsauer § 54 Rn. 28.
[4] *Maurer* § 14 Rn. 11.

Der Verwaltungsrechtsweg nach § 40 Abs. 1 S. 1 VwGO ist somit eröffnet.

B. Zulässigkeit

I. Statthafte Klageart

Es stellt sich zunächst die Frage, mit welcher verwaltungsgerichtlichen Klageart der A sein Rechtsschutzbegehren geltend machen kann. Die statthafte Klageart richtet sich nach dem Begehren des Klägers, §§ 86, 88 VwGO. Dem A geht es um die Feststellung, dass er nicht zur Zahlung von 5.000,- EUR für städtebauliche Erhaltungsmaßnahmen verpflichtet ist, so dass es sich um eine negative Feststellungsklage nach § 43 Abs. 1 VwGO, gerichtet auf die Feststellung des Nichtbestehens eines Rechtsverhältnisses, handelt. Aufgrund der in § 43 Abs. 2 VwGO verankerten Subsidiarität der Feststellungsklage ist diese nur dann statthaft, wenn das Klageziel nicht mit einer insoweit vorrangigen Leistungs- oder Gestaltungsklage erreicht werden kann[5]. Vorliegend gilt es allerdings zu beachten, dass die Durchsetzung von vertraglichen Ansprüchen durch die Behörde nicht durch Verwaltungsakt erfolgen darf[6], so dass durch die Erhebung einer negativen Feststellungsklage weder Widerspruchs- noch Klagefristen noch andere Sonderregelungen unterlaufen werden. Hat sich eine Behörde in einem Vertrag auf die Ebene des Bürgers begeben, so verliert sie vielmehr ihre Kompetenz zum Erlass eines Verwaltungsaktes[7]. Darüber hinaus gilt es zu berücksichtigen, dass aufgrund der Tatsache, dass A den Vertrag gerade als unwirksam ansieht, eine Parallele zu der Situation gegeben ist, in der über die Genehmigungspflichtigkeit einer Betätigung gestritten wird. Dabei stellt nur die Feststellungsklage ein geeignetes Instrument dar, um eine umfassende Klärung der Rechtslage zu ermöglichen[8].

Im Ergebnis steht demnach auch die in § 43 Abs. 2 VwGO verankerte Subsidiarität der Feststellungsklage deren Statthaftigkeit nicht entgegen, so dass die durch A erhobene negative Feststellungsklage statthaft ist.

Die Subsidiarität der Feststellungsklage dient insbesondere der Absicherung der besonderen Zulässigkeitsvoraussetzungen von Anfechtungs- und Verpflichtungsklage. Andernfalls wäre es aufgrund des in Art. 20 Abs. 3 GG verankerten Vorrangs des Gesetzes denkbar, immer eine Feststellungsklage zu erheben, da die Verwaltung aufgrund des Vorrangs des Gesetzes gezwungen ist, das Urteil selbstständig umzusetzen.

---

[5] *Schenke*, Verwaltungsprozeßrecht, § 10 Rn. 420.
[6] *Maurer* § 14 Rn. 55.
[7] *Maurer* § 14 Rn. 55.
[8] *Hufen* § 18 Rn. 9.

II. Allgemeines Feststellungsinteresse

Im Unterschied zum Verwaltungsprozess genügt im Zivilprozess nach § 256 Abs. 1 ZPO grundsätzlich ausschließlich ein rechtliches Interesse an einer alsbaldigen gerichtlichen Entscheidung. Das Feststellungsinteresse ist dort somit deutlich enger gefasst.

Die allgemeine Feststellungsklage ist nur unter der Voraussetzung zulässig, dass A ein berechtigtes Interesse an der baldigen Feststellung der Unwirksamkeit der Zahlungsverpflichtung besitzt. Hierfür genügt neben einem rechtlichen Interesse auch jedes Interesse wirtschaftlicher, ideeller kultureller oder persönlicher Art[9]. Vorliegend besteht die Stadt S auf einer Zahlung der 5.000,- EUR für die Renovierung der Stadtbibliothek, so dass A sowohl ein wirtschaftliches als auch ein rechtliches Interesse an der Klärung der Frage besitzt, ob sich ein entsprechender Anspruch der Stadt S aus dem zwischen den Parteien geschlossenen Vertrag ergibt.

III. Klagebefugnis § 42 Abs. 2 VwGO

Eine andere Auffassung hält das Vorliegen der Klagebefugnis bei der Feststellungsklage grundsätzlich mangels Regelungslücke für entbehrlich. § 42 Abs. 2 VwGO passe ausschließlich bei Klagen, deren Gegenstand eine auf ein Verhalten der Verwaltung zurückzuführende Rechtsverletzung des Klägers sei[10].

Darüber hinaus setzt eine zulässige Feststellungsklage zur Verhinderung von Popularklagen nach § 42 Abs. 2 VwGO analog voraus, dass A klagebefugt, das heißt möglicherweise in seinen subjektiven-öffentlichen Rechten verletzt ist. Demgegenüber genügt § 43 Abs. 1 VwGO aufgrund der sehr weiten Definition des Rechtsverhältnisses nicht, um Popularklagen zuverlässig auszuschließen[11]. Der A wird durch den Vertrag zu einer Zahlung verpflichtet, so dass zumindest die Verletzung von Art. 14 Abs. 1 GG möglich erscheint. Demnach kann die Streitfrage, ob § 42 Abs. 2 VwGO auf die Feststellungsklage Anwendung findet, dahinstehen. Jedenfalls ist A klagebefugt.

IV. Beteiligten- und Prozessfähigkeit

A ist als natürliche Person nach § 61 Nr. 1 Alt. 1 VwGO beteiligten- und nach § 62 Abs. 1 VwGO prozessfähig, Ferner ist die Stadt S als Gebietskörperschaft und damit juristische Person des öffentlichen Rechts gemäß § 61 Nr. 1 Alt. 2 VwGO beteiligten- und nach §§ 62 Abs. 3 VwGO, 51 Abs. 1 S. 2, Abs. 4 SächsGemO[12], vertreten durch den Oberbürgermeister, parteifähig.

---

[9] *Schmidt Glaeser* Rn. 341; *Kopp/Schenke* § 43 Rn. 23.
[10] *Schenke*, Verwaltungsprozeßrecht, § 10 Rn. 410.
[11] *Hufen* § 18 Rn. 40; a.A. *Schenke*, Verwaltungsprozeßrecht, § 14 Rn. 492.
[12] § 51 Abs. 1 SächsGemO: Der Bürgermeister ist Vorsitzender des Gemeinderates und Leiter der Gemeindeverwaltung. Er vertritt die Gemeinde.
§ 51 Abs. 4 SächsGemO: In kreisfreien Städten und großen Kreisstädten führt der Bürgermeister die Bezeichnung Oberbürgermeister.

IV. Zwischenergebnis

Die durch A erhobene Klage ist zulässig.

C. Begründetheit

Die durch A erhobene und gegen die Stadt S zu richtende negative Feststellungsklage ist dann begründet, wenn das durch A bestrittene Rechtsverhältnis in Form einer Pflicht des A zur Zahlung von 5.000,- EUR für die Renovierung der Stadtbibliothek nicht besteht, § 43 Abs. 1 VwGO.

Das Rechtsverhältnis besteht nicht, wenn der Vertrag insgesamt oder zumindest im Hinblick auf die Verpflichtung des A zur Zahlung von 5.000 EUR unwirksam ist. Maßgeblich ist dabei allein, ob rechtliche Gesichtspunkte gegeben sind, die zur Nichtigkeit des zwischen A und der Stadt S geschlossenen Vertrages führen, die schlichte Rechtswidrigkeit des Vertrages ist demgegenüber unerheblich.

Grundsätzlich ist die allgemeine Feststellungsklage gegen denjenigen zu richten, der Beteiligter des behaupteten oder bestrittenen Rechtsverhältnisses ist[13].

I. Wirksames Zustandekommen des Vertrages

Ein Anspruch der Stadt S gegen A auf Zahlung von 5.000 EUR kommt zunächst nur unter der Voraussetzung in betracht, dass zwischen der Stadt S und A ein wirksamer Vertrag zustande gekommen ist. Nach § 62 VwVfG i.V.m. §§ 145 ff BGB setzt dies grundsätzlich zwei korrespondierende Willenserklärungen voraus. Fraglich erscheint vorliegend allein, ob der bei Vertragsschluss handelnde Bauamtsleiter die nach §§ 62 VwVfG[16], 164 Abs. 1 BGB erforderliche Vertretungsmacht für die Stadt S besaß. Gemäß § 51 Abs. 1 S. 2 SächsGemO wird die Gemeinde grundsätzlich durch den Bürgermeister vertreten. Allerdings handelte der Bauamtsleiter hier als Vertreter des Bürgermeisters, welcher nach § 53 Abs. 2 SächsGemO[17] innerhalb der Gemeinde für

§ 57 VwVfG modifiziert die §§ 62 S. 2 VwVfG, 305 ff BGB dahingehend, dass er zu Warn- und Beweiszwecken die Schriftform anordnet. Hierfür genügt jedoch nach ständiger Rechtsprechung auch ein Telefax[14]. Darüber hinaus findet auch der sich aus § 126 Abs. 2 S. 1 BGB ergebende Grundsatz der Urkundeneinheit nach herrschender Meinung keine Anwendung[15].

---

[13] *Hufen* § 39 Rn. 2.
[14] Kopp/*Ramsauer* § 57 Rn. 10 i.V.m. § 37 Rn. 28.
[15] *Henneke*, in: Knack, VwVfG, § 57 Rn. 6; Kopp/*Ramsauer*, VwVfG, § 57 Rn. 9; a.A.: Ule/*Laubinger* § 69 Rn. 9.
[16] Hier immer i.V.m. § 1 SächsVorlVwVfG: Für die öffentlich-rechtliche Verwaltungstätigkeit des Freistaates Sachsen und der unter seiner Aufsicht stehenden Körperschaften [...] gilt das Verwaltungsverfahrensgesetz (VwVfG) vom 25. Mai 1976 [...] entsprechend, soweit nichts anderes bestimmt ist.
[17] § 53 Abs. 2 S. 1 SächsGemO: Der Bürgermeister erledigt in eigener Zuständigkeit die Geschäfte der laufenden Verwaltung und die ihm

den Abschluss des Vertrages als Geschäft der laufenden Verwaltung zuständig war. Rechtsvorschriften, die einer Übertragung der Vertragsschlussbefugnis auf den Bauamtsleiter entgegenstehen, sind nicht ersichtlich. Somit wurde der Bürgermeister wirksam durch den Bauamtsleiter vertreten[18].

Ferner wurde der Vertrag zwischen der Stadt S und A auch schriftlich geschlossen, so dass das in § 57 VwVfG angeordnete Schriftformerfordernis gewahrt wurde.

Im Ergebnis ist der zwischen der Stadt S und A geschlossene Vertrag somit grundsätzlich wirksam zustande gekommen.

II. Unwirksamkeit der Zahlungsverpflichtung zur Renovierung der Stadtbibliothek

Des Weiteren erscheint es allerdings denkbar, dass die Verpflichtung des A, an die Stadt S 5.000,- EUR für die Renovierung der Stadtbibliothek zu zahlen, als einzelne Verpflichtung unwirksam ist.

1. Nichtigkeit nach § 59 Abs. 2 VwVfG

a) Anwendbarkeit

Zunächst stellt sich dabei die Frage, ob § 59 Abs. 2 VwVfG auf den zwischen A und S geschlossenen Vertrag überhaupt anwendbar ist. Dies setzt voraus, dass es sich dabei um einen subordinationsrechtlichen Vertrag im Sinne des § 54 S. 2 VwVfG handelt. Dies ist nur dann der Fall, wenn sich A und die Stadt S im Über-/Unterordnungsverhältnis gegenüberstehen[19]. Die Stadt S wäre in der Lage gewesen, die erforderliche Baugenehmigung nebst Dispens auch ohne Vertrag mittels Verwaltungsaktes zu erteilen, so dass es sich bei dem zwischen A und S geschlossenen Vertrag um einen subordinationsrechtlichen Vertrag handelt. § 59 Abs. 2 VwVfG findet somit Anwendung.

---

sonst durch Rechtsvorschrift oder vom Gemeinderat übertragenen Aufgaben.
[18] Diese Vertretungsbefugnis ist nicht mit dem Vertretungserfordernis nach § 61 I 2 VwVfG zu verwechseln.
[19] *Henneke*, in: Knack, VwVfG § 54 Rn. 9.

b) § 59 Abs. 2 Nr. 4 VwVfG

Der zwischen A und der Stadt S geschlossene Vertrag ist nach § 59 Abs. 2 Nr. 4 VwVfG unter der Voraussetzung nichtig, dass sich die Stadt S darin eine unzulässige Gegenleistung versprechen lässt und damit gegen das sog. Koppelungsverbot verstößt[21].

Das in § 56 VwVfG verankerte Koppelungsverbot findet ausschließlich bei einer beiderseitigen Verpflichtung der Vertragsparteien (sog. echter Austauschvertrag) sowie bei einer einseitigen Leistungsverpflichtung des Bürgers (sog. hinkender Austauschvertrag) Anwendung. Demgegenüber ist die Norm bei einer ausschließlichen Leistungsverpflichtung der Behörde nicht anwendbar[20].

(1) § 56 Abs. 2 VwVfG

Nach § 56 Abs. 2 VwVfG darf für den Fall, dass der Bürger einen Anspruch auf die Leistung der Behörde hat, nur eine solche Gegenleistung des Bürgers vereinbart werden, die auch den Gegenstand einer Nebenbestimmung im Sinne des § 36 VwVfG bilden kann.

Somit stellt sich zunächst die Frage, ob vorliegend ein Anspruch auf die Leistung der Behörde und damit auf die Erteilung einer Baugenehmigung für die geplante Nutzungsänderung durch A besteht.

Ein solcher ergibt sich aus § 72 Abs. 1 SächsBO[22] unter der Voraussetzung, dass die formellen und materiellen Erteilungsvoraussetzungen für die Baugenehmigung vorliegen.

aa) Formelle Erteilungsvoraussetzungen

Die formellen Erteilungsvoraussetzungen liegen vor, insbesondere ist die Stadt S nach § 57 Abs. 1 Nr. 1, S. 2 SächsBO[23] zuständig.

bb) Materielle Erteilungsvoraussetzungen

Somit stehen allein die materiellen Erteilungsvoraussetzungen in Frage. Diese liegen nur dann vor, wenn das geplante Vorhaben des A, welches als Nutzungsänderung gemäß § 59 Abs. 1 SächsBO[24] mangels Vorliegens der Voraussetzungen der §§ 60, 61, 62 SächsBO[25] grundsätzlich einer

---

[20] *Maurer* § 14 Rn. 17.
[21] Kopp/*Ramsauer*, VwVfG § 56 Rn 16 f.
[22] § 72 Abs. 1 SächsBO: Die Baugenehmigung ist zu erteilen, wenn dem Vorhaben keine öffentlich-rechtlichen Vorschriften entgegen stehen, die im bauaufsichtlichen Genehmigungsverfahren zu prüfen sind.
[23] § 57 Abs. 1 Nr. 1 SächsBO: Bauaufsichtsbehörden sind die Landkreise und kreisfreien Städte als untere Bauaufsichtsbehörden.
§ 57 Abs. 2 SächsBO: Für den Vollzug dieses Gesetzes sowie anderer öffentlich-rechtlicher Vorschriften für die Errichtung, Änderung, Nutzungsänderung und Beseitigung sowie die Nutzung und die Instandhaltung von Anlagen ist die untere Bauaufsichtsbehörde zuständig, soweit nichts anderes bestimmt ist.
[24] § 59 Abs. 1 SächsBO: Die Errichtung, Änderung und Nutzungsänderung von Anlagen bedürfen der Baugenehmigung, soweit in den §§ 60 bis 62, 76 und 77 nichts anderes bestimmt ist.

Baugenehmigung bedarf, bauplanungs- und bauordnungsrechtlich zulässig ist.

(aaa) bauplanungsrechtliche Zulässigkeit

Die durch A geplante Nutzungsänderung besitzt bodenrechtliche Relevanz, so dass das Vorhaben den Anforderungen der §§ 29 ff BauGB entsprechen muss.

Dabei befindet sich das Grundstück des A im Bereich des qualifizierten Bebauungsplanes „Kühler Grund", demnach richtet sich die bauplanungsrechtliche Zulässigkeit nach § 30 Abs. 1 BauGB i.V.m. der BauNVO. Letztere stellt dabei nach ständiger Rechtsprechung einen selbstständigen Teil des Bebauungsplanes dar, vgl. § 1 Abs. 3 BauNVO.

Da es sich bei dem Plangebiet „Kühler Grund" um ein reines Wohngebiet handelt, richtet sich die Bebaubarkeit des Grundstücks nach § 3 BauNVO. Danach sind ausschließlich Wohngebäude zulässig, vgl. § 3 Abs. 2 BauNVO. Zwar enthält § 3 III BauNVO Ausnahmetatbestände, welche aber alle ausschließlich der Befriedigung der Bedürfnisse der Bevölkerung dienen. Somit ist die Errichtung eines Wohn- und Bürogebäudes grundsätzlich unzulässig.

Eine weitere Ausnahme von den Anforderungen der §§ 2 bis 9 BauNVO normiert § 12 BauNVO für Garagen und Stellplätze. Diese sind insbesondere für den durch die zugelassene Nutzung verursachten Bedarf zulässig.

Das durch A zu errichtende Wohn- und Bürogebäude ist allerdings dann nach § 13 BauNVO zulässig, wenn es der Berufsausübung freiberuflicher Träger oder ähnlicher Berufe dient. Vorliegend handelt es sich bei den potentiellen Nutzern des Bürogebäudes um Heilpraktiker, Makler und Psychologen und damit um Berufsgruppen, die den freien Berufen zumindest vergleichbar sind. Somit findet § 13 BauNVO vorliegend Anwendung.

Die geplante Nutzungsänderung ist allerdings trotz des Vorliegens der Voraussetzungen des § 13 BauNVO gleichwohl unzulässig, wenn § 15 BauNVO eingreift. Vorliegend ist weder ein Widerspruch mit der Eigenart des Baugebietes i.S.d. § 15 Abs. 1 S. 1 BauNVO noch sind Störungen i.S.d.

---

[25] § 60 SächsBO: Vorrang von Gestattungsverfahren; Keiner Baugenehmigung [...] nach diesem Gesetz bedürfen [...].
§ 61 SächsBO: Verfahrensfreie Bauvorhaben, Beseitigung von Anlagen; Verfahrensfrei sind [...].
§ 62 Abs. 1 SächsBO: Keiner Genehmigung bedarf unter den Voraussetzungen des Absatzes 2 die Errichtung, Änderung und Nutzungsänderung baulicher Anlagen, die keine Sonderbauten sind.
§ 62 Abs. 2 SächsBO: Nach Absatz 1 ist ein Vorhaben genehmigungsfrei gestellt, wenn (Nr. 1) es im Geltungsbereich eines Bebauungsplans im Sinne von § 30 Abs. 1 oder §§ 12, 30 Abs. 2 BauGB liegt.[...].

§ 15 Abs. 1 S. 2 BauNVO ersichtlich, so dass die Nutzung nach § 13 BauNVO zulässig ist.

Im Ergebnis entspricht das durch A geplante Vorhaben den Voraussetzungen des Bauplanungsrechts.

(bbb) bauordnungsrechtliche Zulässigkeit

Darüber hinaus hat A nur dann einen Anspruch auf die Erteilung der Baugenehmigung, wenn die geplante Nutzungsänderung auch den Anforderungen des Bauordnungsrechts entspricht.

Fraglich erscheint dabei allein die Vereinbarkeit mit § 49 Abs. 1 SächsBO[26]. Danach darf ein Vorhaben, bei dem Zu- und Abgangsverkehr zu erwarten ist, nur errichtet werden, wenn auch die erforderlichen Stellplätze zur Verfügung gestellt werden. Vorliegend sind für das zu errichtende Wohn- und Bürogebäude 8 Stellplätze erforderlich, von denen A nur 3 Stellplätze errichten kann. Folglich wäre das Vorhaben nach § 49 Abs. 1 SächsBO unzulässig.

Hiervon lässt § 49 Abs. 2 SächsBO[28] aber einen Dispens dann zu, wenn die Stellplätze aus tatsächlichen oder rechtlichen Gründen nicht zur Verfügung gestellt werden können. Dabei handelt es sich allerdings um eine Ermessensvorschrift. Somit besitzt der A nur dann einen Anspruch auf die Erteilung der gewünschten Baugenehmigung, wenn eine Ermessensreduzierung dahingehend gegeben ist, dass S zum Verzicht auf die Stellplatzherstellung und zur Akzeptanz einer Stellplatzablöse verpflichtet ist. Dabei kann sich diese Verpflichtung aufgrund der Tatsache, dass es für die Frage eines Anspruchs auf die Beurteilung der Rechtslage ohne den Vertragsschluss ankommt, nicht aus dem Vertrag

Bei der Auslegung der Normen des Bauordnungsrechts ist stets darauf zu achten, dass dieses anderes als das Bauplanungsrecht objekts-, nicht aber bodenbezogen sind. Vielmehr stellt das Bauordnungsrecht Gefahrenabwehrrecht dar[27].

---

[26] § 49 Abs. 1 SächsBO: Für Anlagen, bei denen ein Zu- oder Abgangsverkehr von Kraftfahrzeugen und Fahrrädern zu erwarten ist, sind Stellplätze, Garagen und Abstellmöglichkeiten für Fahrräder in dem erforderlichen Umfang auf dem Baugrundstück oder in zumutbarer Entfernung davon auf einem geeigneten Grundstück herzustellen, dessen Benutzung für diesen Zweck rechtlich gesichert wird. [notwendige Stellplätze].

[27] Brohm § 5 Rn. 3.

[28] § 49 Abs. 2 SächsBO: Ist die Herstellung der notwendigen Stellplätze aus tatsächlichen Gründen nicht oder nur unter großen Schwierigkeiten möglich, so kann die Gemeinde durch Satzung bestimmen, ob und in welcher Höhe je Stellplatz der zur Herstellung Verpflichtete stattdessen an die Gemeinde einen Geldbetrag zu zahlen hat (Ablöse). Die Höhe der Ablösebeträge richtet sich nach der Art der Nutzung und Lage der Anlage und darf 60 Prozent der durchschnittlichen Kosten eines Stellplatzes in diesem Gebiet, maximal 10.000,- EUR nicht übersteigen.

ergeben, sog. „vom Vertrag losgelöste Betrachtungsweise".[29] Eine Verpflichtung zum Dispens ergibt sich aber möglicherweise aus der Tatsache, dass die Stadt S durch ihr vorangegangenes Verhalten in Form der In-Aussicht-Stellung eines Dispenses bei den Vertragsverhandlungen einen Vertrauenstatbestand geschaffen hat. Darüber hinaus ist kein sachlicher Grund aus dem Sachverhalt ersichtlich, weshalb die Stellplatzpflicht nicht durch die Stellplatzablöse ersetzt werden kann. Demnach war die Stadt S verpflichtet, einen Dispens zu erteilen, so dass A ein Anspruch auf die begehrte Baugenehmigung zusteht.

cc) § 36 VwVfG

> Hier ist sicherlich eine andere Auffassung vertretbar. In diesem Fall müssten Sie dann unmittelbar die Vereinbarkeit der Gegenleistung mit § 56 I VwVfG prüfen, § 56 II VwVfG fände dann mangels Anspruchs des A auf die Erteilung der Baugenehmigung keine Anwendung. Dann wäre § 56 I VwVfG zu prüfen, wobei die Zahlung zu Gunsten der Stadtsanierung dann ebenfalls wegen Verstoßes gegen das sog. „Kopplungsverbot" unzulässig ist.

Somit kommt es entscheidend darauf an, ob die Zahlung des A an die Stadt S zum Zwecke der Stadtsanierung nach § 36 VwVfG angeordnet werden kann.

Den Maßstab zur Beantwortung dieser Frage bildet aufgrund des bestehenden Anspruchs des A auf die Erteilung der Baugenehmigung § 36 Abs. 1 VwVfG. Danach ist der Erlass von Nebenbestimmungen nur dann zulässig, wenn dies nach Rechtsvorschriften zugelassen ist oder der Sicherung der gesetzlichen Voraussetzungen des Verwaltungsaktes dient. Eine Zahlung des Bauherrn zu Gunsten der Stadtbibliothek ist dabei weder gesetzlich vorgesehen noch dient diese mangels unmittelbarer Vorhabenbezogenheit der Sicherstellung der Rechtmäßigkeit des Bauvorhabens. Es handelt sich vielmehr um einen Verstoß gegen das Kopplungsverbot.

dd) Ergebnis

Im Ergebnis ist die Zahlung zugunsten der Renovierung der Stadtbibliothek somit unzulässig, so dass die Zahlungspflicht wegen Verstoßes gegen § 59 Abs. 2 Nr. 4 i.V.m. § 56 Abs. 2 VwVfG nichtig ist.

2. Nichtigkeit nach § 59 Abs. 1 VwVfG i.V.m. §§ 305 ff BGB

Des Weiteren ist die Verpflichtung des A zur Zahlung von 5.000,- EUR möglicherweise deshalb nichtig, weil diese gegen die §§ 305 ff BGB verstößt. Dies setzt jedoch voraus, dass diese auf öffentlich-rechtliche Verträge Anwendung finden.

---

[29] *Bonk*, in: Stelkens/Bank/Sachs, VwVfG, § 56 Rn. 36.

Dies ergibt sich möglicherweise aus § 62 S. 1 VwVfG. Danach sind die Vorschriften des Bürgerlichen Gesetzbuches ergänzend auf öffentlich-rechtliche Verträge entsprechend anzuwenden, soweit sich aus dem VwVfG nichts anderes ergibt.

Eine Anwendung der Vorschriften über Allgemeine Geschäftsbedingungen auch auf öffentliche Verträge setzt allerdings voraus, dass die §§ 305 ff BGB nach ihrem Schutzzweck auf öffentlich-rechtliche Verträge anwendbar sind[30]. Die §§ 305 ff BGB sollen das strukturelle Ungleichgewicht zwischen Verwender und Vertragspartner ausgleichen[31]. Zwar besteht ein Solches gerade auch im Verhältnis des Bürgers zur öffentlichen Hand. Jedoch ist die öffentliche Hand über den in Art. 20 Abs. 3 GG verankerten Vorrang des Gesetzes gebunden, so dass bereits über das öffentliche Recht eine entsprechende Korrektur stattfindet[32].

Fraglich ist jedoch, ob sich nicht eine andere Bewertung aus der Tatsache ergibt, dass § 310 Abs. 4 BGB einige Verträge wie Gesellschafts-, Erb- oder Eheverträge ausdrücklich der Kontrolle der §§ 305 ff BGB entzieht, ohne jedoch den öffentlich-rechtlichen Vertrag zu erwähnen. Im Umkehrschluss erscheint es somit denkbar, dass diese auf öffentlich-rechtliche Verträge Anwendung finden. Dies berücksichtigt aber nicht hinreichend, dass es sich bei den dort aufgezählten Verträgen ausschließlich um solche des Privatrechts handelt. Sofern die Verweisung des § 62 S. 2 VwVfG die §§ 305 ff BGB ohnehin nicht erfasst, so wäre ein entsprechender Ausschluss der öffentlich-rechtlichen Verträge aus dem Kanon der §§ 305 ff BGB nicht erforderlich. Darüber hinaus könnten die §§ 305 ff BGB aufgrund der Besonderheiten des öffentlich-rechtlichen Vertrages ohnehin nur entsprechende Anwendung finden, eine Verweisung, wie sie § 310 Abs. 4 S. 2 BGB für das Arbeitsrecht kennt, findet sich für öffentlich-rechtliche Verträge demgegenüber nicht. Somit ist der Wortlaut des § 310 Abs. 4 BGB letztlich unergiebig.

Vielmehr besteht aufgrund der bereits aus dem öffentlichen Recht resultierenden Bindung der Verwaltung kein

Auch bei bisher unbekannten Problemen gilt es, die bekannten Auslegungsmethoden nach Wortlaut, Sinn und Zweck, Systematik und Historie anzuwenden, um so juristisches Verständnis zu demonstrieren.

---

[30] So *Geis* NVwZ 2002, 385, 386 der die Anwendbarkeit der §§ 305 ff BGB auf öffentlich-rechtliche Verträge uneingeschränkt bejaht; ebenso *Grziwotz* NVwZ 2002, 391, 394.
[31] *Heinrichs*, in: Palandt, BGB, Überbl. v. § 305 Rn. 7 f.
[32] *Maurer* § 20 Rn 2.

Bedürfnis, die §§ 305 ff BGB über § 62 S. 2 VwVfG auch auf öffentliche Verträge anzuwenden[33].

3. Nichtigkeit nach § 59 Abs. 1 VwVfG i.V.m. § 54 Abs. 1 VwVfG

Schließlich könnte die Verpflichtung zur Zahlung aber auch nach § 59 Abs. 1 VwVfG nichtig sein, wenn dadurch gegen das in § 54 VwVfG verankerte Vertragsformverbot verstoßen wurde. § 54 S. 1 VwVfG verbietet den Abschluss öffentlich-rechtlicher Verträge, wenn das Gesetz eine andere Handlungsform der Verwaltung, insbesondere den Erlass eines Verwaltungsaktes, zwingend vorschreibt. Dabei gilt es allerdings für den vorliegenden Fall zu berücksichtigen, dass der Vertrag nicht selbst die Baugenehmigung ausspricht, sondern lediglich eine Verpflichtung zur Genehmigungserteilung regelt. Demnach wird die Baugenehmigung nicht durch den Vertrag erteilt, ein Verstoß gegen § 54 VwVfG i.V.m. § 72 Abs. 1 SächsBO scheidet aus.

III. Rechtsfolge der Nichtigkeit des Zahlungsversprechens

Im Ergebnis ist der zwischen S und A geschlossene Vertrag im Hinblick auf die Zahlungsverpflichtung des A nichtig. Somit ist A nicht verpflichtet, 5.000 EUR für städtebauliche Erhaltungsmaßnahmen zu zahlen, die Klage ist begründet.

D. Gesamtergebnis

Die durch A erhobene Klage ist somit zulässig und begründet und hat demnach Erfolg.

Vertiefungshinweise:

Zu den verwaltungsgerichtlichen Klagearten:
Brüning, Christoph „Die Konvergenz der Zulässigkeitsvoraussetzungen der verschiedenen verwaltungsgerichtlichen Klagearten", JuS 2004, 882 ff.

---

[33] So auch im Ergebnis *Henneke*, in: Knack, VwVfG, § 62 Rn. 23.

Zum öffentlich-rechtlichen Vertrag:
Höfling, Wolfram; *Krams*, Günther „Der verwaltungsrechtliche Vertrag - Begriff, Typologie, Fehlerlehre", JuS 2000, 625 ff.

Weiterer Übungsfall zum öffentlich-rechtlichen Vertrag:
Kemmer, Iris „Die lästige Ampel", JA 2003, 136 ff.

Klausur Nr. 5***

Paparazzo im Villenviertel

Sachverhalt

Hobbyfotograf Karsten Knipps, der auch gelegentlich für eine regionale Zeitung tätig ist, durchstreift am 25. September 2003 die Stadt Stuttgart auf der Suche nach interessanten Impressionen für einen Stadtführer. Als er eine besonders schöne Jugendstilvilla fotografieren will, kommen aus dem Haus einige Polizeibeamten, die leicht bekleidete junge Damen und einige Herren abführen. Knipps macht in der Hoffnung, dadurch weitere Aufträge zu erlangen, vier dieser „Exklusiv-Fotos". Die Herren und einige der jungen Damen rufen empört, er solle das Fotografieren lassen. Der Polizeibeamte P geht auf Knipps zu und fordert ihn auf, das Fotografieren sofort zu unterlassen. Da in dem Haus der Prostitution nachgegangen werde, müsse er sich außerdem ausweisen. Unter leisem Protest zeigt Knipps seinen Presseausweis vor.

P fordert von Knipps die Herausgabe des Filmes, da – wie zu hören gewesen sei – die Damen und Herren nicht fotografiert werden wollten. Auch die Polizeibeamten wollten, als Familienväter, in dieser Sache nicht in der Zeitung erscheinen. Da Knipps sich dennoch weigert, den Film herauszugeben, wird dieser beschlagnahmt und ihm abgenommen. P erklärt gegenüber Knipps, man werde auf dem Polizeirevier den Film entwickeln und ihm die unverdächtigen Fotos zurückgeben; er könne sich gegen die Maßnahme schriftlich beschweren. Der Film wird noch am gleichen Tag entwickelt und die Fotos – mit Ausnahme der vier Fotos von der Jugendstilvilla – dem Knipps ausgehändigt.

Knipps wendet sich noch am gleichen Tag schriftlich gegen die Maßnahme. Die Polizei bestätigt am 7. Oktober 2003 unter Hinweis auf die Belange der betroffenen Damen und Herren sowie ihrer Rechte am eigenen Bild die Beschlagnahme des Films schriftlich und belehrt über die

Rechtsbehelfe. Nachdem Knipps am 9. Oktober 2003 Widerspruch eingelegt hat, hebt die Polizei die Beschlagnahme mit Schreiben vom 24. Oktober 2003 auf, da nach drei Wochen die Gefahr einer Veröffentlichung mangels Aktualität nicht mehr bestehe. Knipps erhält zugleich die vier Fotos von der Villa einschließlich Negativen zurück. Die Behörde lehnt in der Folgezeit eine Entscheidung über den Widerspruch ab, da dieser inzwischen erledigt sei. Deshalb erhebt Knipps am 28. Oktober 2004 Klage gegen das Land Baden-Württemberg beim Verwaltungsgericht Stuttgart, um die Rechtswidrigkeit von Beschlagnahme und Entwicklung des Filmes festgestellt zu bekommen.

Aufgabe:

Bereiten Sie die Entscheidung des Verwaltungsgerichts Stuttgart in einem Gutachten vor.

Lösungsvorschlag

Das Verwaltungsgericht Stuttgart wird der von Knipps erhobenen Klage stattgeben, wenn sie zulässig und begründet ist.

A. Zulässigkeit der Klage

Die Klage des Knipps ist zulässig, wenn der Verwaltungsrechtsweg eröffnet ist und die Sachentscheidungsvoraussetzungen vorliegen.

I. Eröffnung des Verwaltungsrechtswegs, § 40 VwGO

Mangels einer (aufdrängenden) Sonderzuweisung könnte der Verwaltungsrechtsweg nach § 40 Abs. 1 VwGO eröffnet sein.

1. Voraussetzungen des § 40 Abs. 1 VwGO

Das ist dann der Fall, wenn eine *öffentlich-rechtliche Streitigkeit* nichtverfassungsrechtlicher Art vorliegt.

Die Beteiligten streiten um die Rechtmäßigkeit von zwei Maßnahmen der Polizei. Polizeiliches Handeln kann auf der Grundlage des Polizeirechts oder des Strafprozessrechtes erfolgen. Die Abgrenzung erfolgt danach, ob es sich um eine Maßnahme der Repression (Strafverfolgung) oder der Prävention (Gefahrenabwehr) handelt. Bei Maßnahmen, die der Strafverfolgung *und* der Gefahrenabwehr dienen, ist der Schwerpunkt des Handelns maßgeblich.

Eine Straftat des Knipps liegt nicht vor; seine Fotos dienen auch nicht der Verfolgung von Straftaten anderer. Die Maßnahmen liegen also auf dem Gebiet der Gefahrenabwehr (Schutz der Rechte am eigenen Bild).

Demnach richtet sich die Rechtmäßigkeit dieser Maßnahmen nach Polizeirecht, das dem öffentlichen Recht angehört.

Die Streitigkeit ist auch *nichtverfassungsrechtlicher Art*, da keine Verfassungsorgane des Bundes oder der Länder bzw. Teile von diesen über die Anwendung spezifischen Verfassungsrechts streiten.

2. Rechtswegzuweisung nach § 40 Abs. 2 VwGO

Es könnte aber bezüglich der Entwicklung des Films eine Rechtswegzuweisung nach § 40 Abs. 2 S. 1 Alt. 2 VwGO vorliegen, wenn es sich um einen Anspruch aus Verwahrungsverhältnis handelt. Neben dem Anspruch auf Rückgabe der verwahrten Sache sind vor allem Schadensersatz- und Aufwendungsersatzansprüche erfasst, alle freilich beschränkt auf Ansprüche des Bürgers gegen den Staat.[1]

Knipps macht keinen Schadensersatz geltend, sondern will nur die Rechtswidrigkeit festgestellt haben. Darunter fällt auch eine Pflichtverletzung aus einem durch Beschlagnahme begründeten Verwahrungsverhältnis, die einen Schadensersatzanspruch auslösen kann. Wegen der historischen und systematischen Nähe mit Staatshaftungsansprüchen (Alt.1) ist die Rechtswegzuweisung nach § 40 Abs. 2 S. 1 Alt. 2 VwGO aber auf Schadensersatzansprüche selbst beschränkt und erfasst nicht Vorfragen für solche, wie hier die Rechtmäßigkeit der Maßnahme.

3. Zwischenergebnis:

Der Verwaltungsrechtsweg nach § 40 Abs. 1 VwGO ist eröffnet.

---

[1] *Schenke*, Verwaltungsprozeßrecht, Rn. 146; *Hufen*, § 11 Rn. 91 f.; *Rennert*, in: Eyermann, VwGO, § 40 Rn. 123.

II. Statthafte Klageart

Knipps begehrt die Feststellung, dass Beschlagnahme und Entwicklung des Films rechtswidrig waren. Für die Bestimmung der Klageart ist hier nach den verschiedenen Maßnahmen zu differenzieren.

Ausgangspunkt der Prüfung ist das (tatsächliche) Begehren des Klägers, vgl. § 88 VwGO.

1. Beschlagnahme des Films

Die Rechtswidrigkeit der Beschlagnahme des Films könnte im Wege der Feststellungsklage nach § 43 VwGO oder im Wege der Fortsetzungsfeststellungsklage nach § 113 Abs. 1 S. 4 VwGO festgestellt werden. Für die letztgenannte Klageart muss es sich um einen Verwaltungsakt handeln.

Die Bestätigung ist lediglich eine in § 37 Abs. 2 S. 2 LVwVfG geregelte schlichthoheitliche Maßnahme, die Beweiszwecken dient.[2]

a) Rechtsnatur der Beschlagnahme

Die Beschlagnahme ist eine polizeiliche Standardmaßnahme. Sie könnte ein Verwaltungsakt i.S.d. § 35 S. 1 LVwVfG sein, wenn es sich um eine *Regelung* handelt.[3]

Die tatsächliche Durchführung der Beschlagnahme ist ein Realakt, dem hier aber eine Anordnung vorgeschaltet war. Knipps wurde nämlich zur Herausgabe des Films, also zur Aufgabe des Gewahrsams daran verpflichtet, worin die Regelung zu sehen ist. Wegen der Weigerung des Knipps musste die Anordnung der Beschlagnahme durch Abnahme des Filmes vollstreckt werden.

Demnach ist die hier vorgenommene Beschlagnahme des Films ein Verwaltungsakt i.S.d. § 35 S. 1 LVwVfG.

b) Erledigung der Beschlagnahme

Die Erledigung ist sowohl in § 43 Abs. 2 LVwVfG als auch in § 113 Abs. 1 S. 4 VwGO enthalten. Letztere Norm bezieht sich allein auf einen bereits erlassenen belastenden VA.[4]

Allerdings könnte sich der Verwaltungsakt erledigt haben. Eine solche Erledigung liegt vor, wenn die Regelung aus tatsächlichen oder rechtlichen Gründen weggefallen ist, d.h. der Verwaltungsakt gegenstandslos geworden ist.[5] Dies kann nach der weiten Fassung des § 43 Abs. 2 LVwVfG durch Rücknahme, Widerruf oder anderweitige Aufhebung, durch Zeitablauf oder auf andere Weise geschehen.

---

[2] Vgl. *Kopp/Ramsauer*, VwVfG, § 37 Rn. 23.

[3] Die Beurteilung der Rechtsnatur einer Standardmaßnahmen bedarf einer differenzierten Betrachtung, vgl. *Würtenberger/Heckmann/Riggert*, Rn. 315–317; *Schenke*, Polizei- und Ordnungsrecht, Rn. 115 f.; *Schoch*, Polizei- und Ordnungsrecht, Rn. 193.

[4] Zur analogen Anwendung auf die Verpflichtungssituation: *Schenke*, Verwaltungsprozeßrecht, Rn. 330 ff.

[5] Zur Problematik einer Definition für die Erledigung i.S.d. § 113 Abs. 1 S. 4 VwGO vgl. *Kopp/Schenke*, VwGO, § 113 Rn. 102 mwN.

Die Erledigung des gegen Knipps gerichteten Verwaltungsaktes ist nicht bereits mit dem tatsächlichen Vollzug der Beschlagnahme eingetreten, da der Verwaltungsakt weiterhin als Rechtsgrund für das Behaltendürfen des Films wirkte. Dieser Rechtsgrund fiel erst mit dem Aufheben der Beschlagnahme und der Rückgabe der restlichen Fotos am 24. Oktober 2003 weg.

Die Aufhebung der Beschlagnahme nach § 33 Abs. 3 S. 1 PolG[6] kommt dem Widerruf nach § 49 Abs. 1 LVwVfG nahe, ist aber jedenfalls eine anderweitige Aufhebung i.S.d. § 43 Abs. 2 LVwVfG.

Da die Aufhebung erst nach Einlegung des Widerspruchs durch Knipps erfolgte, könnte es sich auch um eine Abhilfeentscheidung nach § 72 VwGO handeln. Dann müsste aber die Behörde *auf den Widerspruch* des Knipps entschieden haben, d.h. diesen für begründet erachtet haben. Die Behördenentscheidung erfolgte aber, da der Zweck der Beschlagnahme weggefallen war, § 33 Abs. 3 S. 1 PolG[7]. Die Behörde hat damit die Beschlagnahme selbst weiterhin als rechtmäßig behandelt, also den Widerspruch gerade nicht für begründet erachtet. Demnach handelt es sich nicht um eine Abhilfeentscheidung.

> Bereits in der Zulässigkeit muss hier entschieden werden, welchen Regelungs*inhalt* die Entscheidung der Behörde hat.

Die Beschlagnahme hat sich also am 24. Oktober 2003 nach § 43 Abs. 2 LVwVfG erledigt.

Die Erledigung ist bereits *vor* der Klageerhebung am 28. Oktober 2004 eingetreten, so dass eine Fortsetzungsfeststellungsklage nach § 113 Abs. 1 S. 4 VwGO nicht in Frage kommt. Allerdings könnte die Norm auf diese Konstellation analog angewendet werden.

c) analoge Anwendung des § 113 Abs. 1 S. 4 VwGO

Ob bei vorprozessual erledigten Verwaltungsakten eine Analogie möglich ist, wird unterschiedlich beurteilt.

Die Analogie kann nur darauf gestützt werden, dass für den vorprozessual erledigten Verwaltungsakt die VwGO keine Klageart regelt, mithin also eine Lücke vorliegt, die bereits wegen der Rechtsschutzgarantie in Art. 19 Abs. 4 GG geschlossen werden muss.

> Die rechtliche Einordnung der gegebenen Prozesssituation in das System der Klagearten ist umstritten.[8] Verschiedene Lösungen bedürfen nur einer entsprechenden Begründung.

Dann dürfte die allgemeine Feststellungsklage keine statthafte Klageart sein. Zunächst fragt sich, ob überhaupt ein feststellungsfähiges Rechtsverhältnis vorliegt. Der Ver-

---

[6] „Die Beschlagnahme ist aufzuheben, sobald ihr Zweck erreicht ist."
[7] Wortlaut in Fn. 6.
[8] Auch BVerwGE 109, 203 ändert daran nichts; zu Recht kritisch zur Methodik: *R.-P. Schenke*, NVwZ 2000, 1255 (1256).

waltungsakt selbst ist kein solches.[9] Allerdings ist der Verwaltungsakt nur der Abschluss eines Verwaltungsverfahrens; die Berechtigung zum Erlass des Verwaltungsaktes und zumindest die materiell-rechtlichen Voraussetzungen für diesen können ein feststellungsfähiges Rechtsverhältnis sein.[10]

Wird die Statthaftigkeit der allgemeinen Feststellungsklage bejaht, fällt allerdings der Rechtsschutz bei erledigten Verwaltungsakten auseinander. Dann würde der – vielleicht zufällige – Zeitpunkt der Erledigung klageartbestimmend sein und damit über die weiteren Sachentscheidungsvoraussetzungen entscheiden. Dem ist entgegenzuhalten, dass es typischerweise sich vorprozessual erledigende Verwaltungsakte mit erheblicher Grundrechtsrelevanz gibt, für die deshalb eventuell besondere Grundsätze gelten.[11] Doch auch diese Verwaltungsakte unterliegen den allgemeinen Anforderungen an Verwaltungsakte und die Fallgruppe ist doch eher begrenzt. So gehört die Beschlagnahme nicht dazu, deren Wirkung bis zu 6 bzw. 12 Monaten[12] anhalten kann.

Hier könnte aber die Subsidiaritätsklausel des § 43 Abs. 2 VwGO eingreifen, wenn die Klage nach § 113 Abs. 1 S. 4 VwGO auch darunter fällt.[13] Die Antwort hängt davon ab, ob diese Klage eher ein Unterfall der Anfechtungs- oder der Feststellungsklage ist.

Der Urteilstenor bei erfolgreicher Klage spricht mehr für letzteres, da lediglich eine nicht vollstreckbare Feststellung getroffen wird. Vom Wesen der Klage handelt es sich freilich mehr um eine fortgesetzte Anfechtungsklage, da Gegenstand die Rechtmäßigkeit eines inzwischen erledigten Verwaltungsaktes ist.

Aus historischen Gründen wird der Rechtsschutz gegen Verwaltungsakte vorwiegend über die Anfechtungsklage

---

[9] So ausdrücklich: *Würtenberger*, Verwaltungsprozeßrecht, Rn. 644 a.E.
[10] Vgl. *Schenke*, Verwaltungsprozeßrecht, Rn. 6; a.A. *Fechner*, NVwZ 2000, 121 (mwN).
[11] Vgl. BVerfG, NJW 1997, S. 2163; VGH Mannheim, VBlBW 1998, S. 109 f.
[12] Einige Polizeigesetze lassen eine Beschlagnahme von Wohnraum bis zu 12 Monate zu, z.B. § 27 Abs. 2 S. 3 sächsPolG.
[13] *Schenke*, Verwaltungsprozeßrecht, Rn. 325; a.A. *Pietzner*, VerwArch 84 (1993), 261 (280 ff.); *Pietzker*, in: Schoch/Schmidt-Aßmann/Pietzner, VwGO, § 42 Abs. 1 Rn. 86: Feststellungsklage nach § 43 VwGO; kritisch auch BVerwGE 109, 203 (209); das Urteil hat die Frage der Klageart aber offengelassen und lediglich zu den Fristen Stellung genommen (aaO 206 f.); anders die Vorinstanz: VGH Mannheim, DVBl 1998, 835 (836).

gewährt.[14] Streitgegenstand ist der Anspruch des Klägers gegen die Beklagte auf Aufhebung eines belastenden Verwaltungsaktes; Voraussetzungen sind die Rechtswidrigkeit des Verwaltungsaktes und die Rechtsverletzung des Klägers (vgl. § 113 Abs. 1 S. 1 VwGO). Die Rechtswidrigkeit des Verwaltungsaktes ist demnach ein Teil des Klagegegenstandes. Kann nun infolge Erledigung das eigentliche Klageziel, Aufhebung nicht mehr erreicht werden, so kann dieser ansonsten unselbständige Teil wiederaufleben und einer eigenständigen Feststellung unterliegen. Die Klage nach § 113 Abs.1 S. 4 VwGO ist also zwar vom Ausspruch her eine Feststellungsklage, aber vom Wesen ein Unterfall der Anfechtungsklage.[15]

Somit greift die Subsidiaritätsklausel des § 43 Abs. 2 VwGO ein. Wegen Art. 19 Abs. 4 GG ist die entstehende Lücke aber zu schließen. Infolge der Nähe zur Anfechtungsklage geschieht dies über eine analoge Anwendung des § 113 Abs. 1 S. 4 VwGO.

d) Zwischenergebnis

Bezüglich der Beschlagnahme des Films ist somit die Fortsetzungsfeststellungsklage nach § 113 Abs. 1 S. 4 VwGO analog die statthafte Klageart.

2. Entwicklung des Films

Des weiteren begehrt Knipps die Feststellung der Rechtswidrigkeit der Entwicklung des Films.

Diese Maßnahme muss zunächst rechtlich im Verhältnis zur Beschlagnahme selbstständig zu beurteilen sein. Die Beschlagnahme begründet ein öffentlich-rechtliches Verwahrungsverhältnis und die Verstrickung der beschlagnahmten Sache.[16] Die Entwicklung des Films dient nicht mehr der Begründung des Verwahrungsverhältnisses, sondern ist innerhalb desselben erfolgt. Die Rechtmäßigkeit dieser Maßnahme ist von der Beschlagnahme selbst gesondert zu beurteilen.[17]

---

[14] Bis 1945 war der Verwaltungsakt sogar meist rechtswegeröffnend, vgl. *Würtenberger*, Verwaltungsprozeßrecht, Rn. 45.

[15] So dezidiert *R.-P. Schenke*, NVwZ 2000, 1255 (1257 f.).

[16] Vgl. z.B. *Würtenberger/Heckmann/Riggert*, Rn. 392; *Schenke*, Polizeirecht, S. 212 Rn. 110.

[17] VGH Mannheim, DVBl 1998, 835 (836); *Würtenberger/Heckmann/Riggert*, Rn. 395 Fn. 318.

Auch hier könnte neben der allgemeinen Feststellungsklage eine Fortsetzungsfeststellungsklage in Betracht kommen, wenn Gegenstand ein erledigter Verwaltungsakt ist.

Die Filmentwicklung ist dann ein Verwaltungsakt nach § 35 S. 1 LVwVfG, wenn sie eine *Regelung* enthält. Rein äußerlich weist sie keinen eigenen Regelungsgehalt auf, sondern ist eine rein tatsächliche Handlung. Freilich muss auch sie hier vom Betroffenen – wie die Beschlagnahme selbst – geduldet werden. Die Entwicklung des Films erfolgt aber in Abwesenheit des Knipps, nach den oben entwickelten Grundsätzen ein wichtiger Grund gegen die Annahme eines VA; zum anderen ist diese Duldung nur Bestandteil des mittels Beschlagnahme begründeten Verwahrungsverhältnisses. Die dem Knipps bei der Beschlagnahme auferlegte Duldungspflicht wirkt insofern fort.

Für die Abgrenzung zwischen Verwaltungsakt und Realakt ist nur das Merkmal „Regelung" in § 35 LVwVfG von Interesse. Die anderen Merkmale sind unproblematisch und brauchen nicht gesondert erwähnt zu werden.

Die Entwicklung des Films ist also mangels Regelungsinhalt ein Verwaltungs-Realakt.[18]

Es könnte also die (allgemeine) Feststellungsklage nach § 43 VwGO statthaft sein, vorausgesetzt, dass ein konkretes, feststellungsfähiges Rechtsverhältnis vorliegt.

Das durch die Beschlagnahme begründete Verwahrungsverhältnis ist jedenfalls dann ein solches Rechtsverhältnis, wenn die polizeiliche Maßnahme – wie hier – Grundrechtsrelevanz besitzt (Art. 5 Abs. 1 S. 2 GG). Die Rechtmäßigkeit der Entwicklung des Films ist eine Frage der Rechte aus dem Verwahrungsverhältnis. Dass die Verwahrung nunmehr ein vergangenes, faktisch abgeschlossenes Rechtsverhältnis ist, steht dem nicht entgegen; auch dies kann Gegenstand einer Feststellungsklage sein.[20]

Auf die – nahezu einhellig abgelehnte – Rspr., dass neben einer Leistungsklage auch eine Feststellungsklage statthaft ist, wenn der Beklagte ein Träger öffentlicher Gewalt ist[19], darf hier nicht näher eingegangen werden. Diese Frage wird *nur* relevant, wenn noch eine Leistungsklage möglich ist, also die Subsidiaritätsklausel eingreift.

Der Statthaftigkeit der Feststellungsklage steht auch nicht die Subsidiarität nach § 43 Abs. 2 VwGO entgegen.[21] Die vor der Entwicklung des Films statthafte Unterlassungsklage würde zwar als allgemeine Leistungsklage der Feststellungsklage vorgehen.[22] Nachdem der Film entwickelt ist, kann infolge tatsächlicher Erledigung aber keine Unterlassungsklage mehr erhoben werden.

---

[18] VGH Mannheim, DVBl 1998, 836.
[19] Vgl. *Schenke*, Verwaltungsprozeßrecht, Rn. 420; *Hufen*, § 18 Rn. 10 f.; *Happ*, in: Eyermann, VwGO, § 43 Rn. 43; jeweils m.w.N.
[20] VGH Mannheim, DVBl 1998, 837.
[21] VGH Mannheim, DVBl 1998, 836 f.
[22] Vgl. *Schenke*, Verwaltungsprozeßrecht, Rn. 420; *Hufen*, § 18 Rn. 12; *Happ*, in: Eyermann, VwGO, § 43 Rn. 40.

3. Objektive Klagenhäufung

Knipps erhebt eine Klage mit zwei Klagebegehren (Anträgen). Diese objektive (kumulative) Klagenhäufung ist nach § 44 VwGO zulässig, wenn alle Klagebegehren gegen denselben Beklagten gerichtet sind, im Zusammenhang stehen und dasselbe Gericht zuständig ist.

Beklagter ist hier für beide Begehren das Land Baden-Württemberg. Der geforderte Zusammenhang kann rechtlicher oder tatsächlicher Art sein.[23] Beide Klagebegehren entspringen einem einheitlichen Lebensvorgang („Vorkommnisse an der Villa"); die zeitlich später erfolgte Entwicklung des Films steht jedenfalls rechtlich in der Folge des ersten Klagebegehrens (s.o.). Das Verwaltungsgericht Stuttgart ist nach §§ 45, 52 Nr. 5 VwGO auch für beide Begehren zuständig.

Die objektive Klagenhäufung ist also nach § 44 VwGO zulässig.

Für die Klagenhäufung empfiehlt sich häufig ein nach den verschiedenen Klagebegehren getrennter Aufbau. Hier sind beide Anträge auf Feststellung gerichtet, so dass die weiteren Sachentscheidungsvoraussetzungen gemeinsam behandelt werden können. Die Begründetheit muss auf jeden Fall gesondert geprüft werden.

III. Feststellungsinteresse

§ 43 Abs.1 letzter HS VwGO verlangt ebenso wie § 113 Abs. 1 S. 4 VwGO ein berechtigtes Interesse an der Feststellung bzw. an der baldigen Feststellung (§ 43 VwGO).

Die Behörde geht von der Rechtmäßigkeit ihrer Maßnahmen aus, würde also bei gleicher Situation wieder so handeln; auch will Knipps weiterhin Presse-„Aufträge" wahrnehmen. Für alle drei Feststellungsbegehren ergibt sich also das berechtigte Interesse des Knipps bereits aus der Gefahr der Wiederholung.

Da hier nach allen Ansichten ein Feststellungsinteresse vorliegt, braucht nicht erörtert zu werden, ob auch bei besonderer Grundrechtsrelevanz oder sich typischerweise vor Klageerhebung erledigenden Maßnahmen das Feststellungsinteresse gegeben ist.[24]

V. Klagebefugnis, § 42 Abs. 2 VwGO

1. Fortsetzungsfeststellungsklage

Die Klagebefugnis nach § 42 Abs. 2 VwGO ist bei der Fortsetzungsfeststellungsklage auf jeden Fall zu prüfen, da sie Sachentscheidungsvoraussetzung der ursprünglichen bzw. fingierten Anfechtungsklage ist.

Knipps ist als Adressat der Beschlagnahme möglicherweise in seinem durch Art. 14 Abs. 1 GG geschützten Ei-

Trotz Adressatentheorie sollten summarisch die speziellen subjektiven öffentlichen Rechte benannt werden.

---

[23] *Schenke*, Verwaltungsprozeßrecht, Rn. 73; *Hufen*, § 13 Rn. 18 f.; *Rennert*, in: Eyermann, VwGO, § 44 Rn. 9.

[24] So VGH Mannheim, DVBl 1998, 837; Ansätze dazu bei: BVerfG NJW 1997, 2163; anders (nur Wiederholungsgefahr) BVerwGE 109, 203 (209f.).

gentumsrecht oder in seiner Pressefreiheit nach Art. 5 Abs. 1 S. 2 GG verletzt und daher klagebefugt.

2. (Allgemeine) Feststellungsklage

Die Problematik einer analogen Anwendung von § 42 Abs. 2 VwGO auf die Feststellungsklage kann in einer Hausarbeit behandelt werden; in einer Klausur ist auf die Schwerpunkte zu achten.

Auch bei der allgemeinen Feststellungsklage soll das berechtigte Interesse an der Feststellung nicht ausreichen, sondern zusätzlich eine Klagebefugnis als Ausdruck des allgemeinen Rechtsgedankens: Ausschluss von Popularklagen erforderlich sein. § 42 Abs. 2 VwGO wird dabei analog angewendet.[25] Umstritten ist, ob dieser Zweck nicht durch eine Eingrenzung des feststellungsfähigen Rechtsverhältnisses erreicht werden kann und ob eine Lücke als Voraussetzung für die Analogie vorliegen.[26] Lediglich für „Körperschaftsverfassungsstreitigkeiten" wird auch in der Literatur eine Klagebefugnis gefordert.[27]

Hier kann der Streit aber dahinstehen. Denn Knipps kann sich evtl. auf Art. 14 Abs. 1 GG, jedenfalls auf Art. 5 Abs. 1 S. 2 GG („Pressefreiheit") berufen. Seine Klagebefugnis ist also gegeben.

V. Vorverfahren

Für die Feststellungsklage nach § 43 VwGO (Antrag 2) muss kein Vorverfahren durchgeführt worden sein.[28]

Da hier noch kein Vorverfahren abgeschlossen wurde, ist der Streit zu entscheiden.

Bei der Fortsetzungsfeststellungsklage ist umstritten, ob die ordnungsgemäße Durchführung eines Vorverfahrens Sachentscheidungsvoraussetzung ist.

Dafür spricht, dass es sich um eine fortgesetzte Anfechtungsklage handelt und deren besondere Voraussetzungen nicht umgangen werden dürfen. Daraus leitet sich ab, dass jedenfalls bei Erledigung *nach* Ablauf der Widerspruchsfrist die Fortsetzungsfeststellungsklage unzulässig ist, wenn der Kläger keinen Widerspruch eingelegt hat.[29] Der Verwaltungsakt ist mit Fristablauf bestandskräftig gewor-

---

[25] BVerwGE 100, 262 (271 mwN); *Happ*, in: Eyermann, VwGO, § 43 Rn. 4; a.A. *Schenke*, Verwaltungsprozeßrecht, Rn. 433; *Hufen*, § 18 Rn. 26 f.; *Würtenberger*, Verwaltungsprozeßrecht, Rn. 425 (*grds.* keine analoge Anwendung).

[26] Vgl. insb. *Kopp/Schenke*, VwGO, § 42 Rn. 63.

[27] *Hufen*, § 18 Rn. 29; *Würtenberger*, Verwaltungsprozeßrecht, Rn. 426 mwN.

[28] Anders im Beamtenrecht; vgl. § 126 Abs. 3 BRRG.

[29] Ganz h.M., vgl. *Schenke*, Verwaltungsprozeßrecht, Rn. 665; *Hufen*, § 18 Rn. 83; *Würtenberger*, Verwaltungsprozeßrecht, Rn. 650; *Fechner*, NVwZ 2000, 121 (123).

den und durch die Erledigung darf keine bereits ausgeschlossene Klagemöglichkeit wieder eröffnet werden.

Tritt hingegen die Erledigung vor Ablauf der Widerspruchsfrist ein, so soll die ordnungsgemäße Durchführung des Vorverfahrens nach der überwiegenden Meinung entbehrlich sein. Die Fortsetzungsfeststellungsklage stelle eine besondere Form der Feststellungsklage dar, § 68 VwGO gelte also nicht direkt und die Gefahr der Umgehung besonderer Voraussetzungen für die Anfechtungsklage bestehe nicht.[30]

Dem gegenüber gibt es Gründe, welche für die Durchführung eines Vorverfahrens auch in dieser Konstellation sprechen. So ist die mit dem Widerspruchsverfahren bezweckte Selbstkontrolle der Verwaltung ebenso nach Erledigung des Verwaltungsaktes, mit Wirkung für die Zukunft, möglich. Des weiteren können die Verwaltungsgerichte dadurch entlastet werden, ohne dass die Befriedungsfunktion leidet.[31]

Unter Umständen kann die Widerspruchsbehörde dem Bürger auch einen effektiveren Rechtsschutz gewähren.

Die Überprüfung der Zweckmäßigkeit bei Ermessensentscheidungen ist den Verwaltungsgerichten versperrt (§ 114 VwGO), den Widerspruchsbehörden aber ermöglicht. Die Feststellung der Zweckwidrigkeit wirkt zwar nicht mehr für den erledigten, kann aber für künftige Verwaltungsakte wirken. Die Ausgangsbehörde geht bei Nichtbeachtung der Auffassung der Widerspruchsbehörde ab deren Entscheidung das Risiko der Aufhebung ein. Gerade in Fällen sich typischerweise kurzfristig erledigender Verwaltungsakte kommt diesem Aspekt erhebliche Bedeutung zu, da andernfalls der Bürger niemals eine Zweckmäßigkeitskontrolle herbeiführen kann. Der Betroffene kann insofern durch ein Vorverfahren effektiveren Rechtsschutz erlangen.

Problematisch ist andererseits, ob die Verwaltung die Rechtswidrigkeit überhaupt verbindlich feststellen kann. Das Verwaltungsverfahrensrecht enthält lediglich eine Ermächtigung zur Feststellung der *Nichtigkeit* eines Verwal-

---

[30] St. Rspr., vgl. BVerwGE 26, 161 (165f.); 81, 226 (228f.); der Rspr. folgend: *Hufen*, § 18 Rn. 83 f.; *Würtenberger*, Verwaltungsprozeßrecht, Rn. 648.

[31] Insb. *Schenke*, Verwaltungsprozeßrecht, Rn. 666; *Kopp/Schenke*, VwGO, § 113 Rn. 127; *Schoch*, S. 247 ff.; den Widerspruch halten für statthaft auch: *Pietzner/Ronnellenfitsch*, § 31 Rn. 30, wobei maßgeblich auf das Wesen der Klage als „zurückgeschnittene Anfechtungsklage" abgestellt wird.

tungsaktes in § 44 Abs. 5 LVwVfG. Daraus wird im Umkehrschluss abgeleitet, der Widerspruchsbehörde sei die Feststellung der *Rechtswidrigkeit* verwehrt.[32] Dieses Argument greift allerdings zu kurz. Unabhängig davon, ob eine Ermächtigung für einen insoweit begünstigenden Verwaltungsakt überhaupt erforderlich ist[33], richtet sie sich nicht zwingend nach dem Verwaltungsverfahrensrecht. Mit der Einlegung des Widerspruchs sind nämlich vorrangig die Normen der VwGO heranzuziehen (vgl. § 79 LVwVfG). Das Widerspruchsverfahren ist damit aber nicht nur als objektives Rechtsbeanstandungsverfahren ausgestaltet, sondern soll auch subjektiven Rechtsschutz gewähren. Wird es von letzterem geboten, so muss die Widerspruchsbehörde auch die bloße Rechtswidrigkeit des Verwaltungsakt feststellen können, zumal als gegenüber der Aufhebung schwächeren Ausspruch. Grundlage dafür sind dann die §§ 68 ff. VwGO sowie § 113 Abs. 1 S. 4 VwGO in analoger Anwendung.

Zwar kommt einer verwaltungs*behördlichen* Entscheidung nicht die erhöhte Bindungswirkung zu, die einer verwaltungs*gerichtlichen* mit der Rechtskraft nach § 121 VwGO zukommt. Für einen nachfolgenden Amtshaftungsprozess spielt dies freilich eine geringe Rolle, da bei Erledigung vor Klageerhebung mangels Feststellungsinteresse auch keine Fortsetzungsfeststellungsklage erhoben werden kann.[34] Bezüglich der anderen Interessen für eine Fortsetzungsfeststellungsklage kommt es auf die Rechtskraftwirkung nach § 121 VwGO ebenfalls kaum an. Die Rehabilitierung kann genauso gut durch eine Feststellung der Widerspruchsbehörde erfolgen. Gegen die Wiederholungsgefahr hilft eine Entscheidung der – meist übergeordneten und weisungsberechtigten – Widerspruchsbehörde vielleicht in gleichem Maße wie ein Gerichtsurteil.[35]

Da das Vorverfahren also noch seine Funktionen erfüllen kann, rechtfertigt sich die Statthaftigkeit eines „Fortsetzungsfeststellungswiderspruchs". Daraus ergibt sich die

---

[32] Z.B. *Rennert*, in: Eyermann, VwGO, § 68 Rn. 4; skeptisch zur Befugnis, eine solche Feststellung zu treffen: *Sachs*, in: Stelkens/Bonk/Sachs, VwVfG § 44 Rn. 207.

[33] Eine Ermächtigung für die Handlungs*form* Verwaltungsakt fordert *Sachs*, in: Stelkens/Bonk/Sachs, VwVfG § 44 Rn. 54, 207.

[34] BVerwGE 81, 226 (228); 92, 172 (176); 106, 295 (298); zust. *Schenke*, Verwaltungsprozeßrecht, Rn.585 a.E.; *Kopp/Schenke*, VwGO, § 113 Rn. 136 mwN in Fn. 197; *Hufen*, § 18 Rn. 78; *Würtenberger*, Verwaltungsprozeßrecht Rn. 656; a.A. *Kopp*, JZ 1992, 1079.

[35] Vgl. auch *Pietzner/Ronnellenfitsch*, § 31 Rn. 30.

Notwendigkeit seiner Durchführung auch in der Konstellation des vorprozessual erledigten Verwaltungsaktes.

Knipps hat rechtzeitig Widerspruch gegen die Beschlagnahme eingelegt, über den allerdings nicht entschieden wurde. Das macht freilich seine Klage nicht unzulässig. Das Widerspruchsverfahren kann noch bis zur letzten mündlichen Verhandlung ordnungsgemäß beendet werden.[36] Sollte die Widerspruchsbehörde dies weiterhin nicht tun, kann das nicht dem Knipps zum Nachteil gereichen; dann ist dieser Zulässigkeitsmangel von der Behörde zu verantworten (Vgl. § 75 VwGO).

Das Vorverfahren ist also noch durchzuführen.

VI. Klagefrist

Für die Fortsetzungsfeststellungsklage ist auch das Erfordernis der Einhaltung einer Klagefrist umstritten.

Soweit es sich um eine wirklich fortgesetzte Anfechtungsklage handelt, ergibt sich das Bestehen einer Klagefrist schon daraus, dass die Sachentscheidungsvoraussetzungen der ursprünglichen Klageart vorliegen müssen. Andernfalls würde dem Kläger durch die Erledigung eine Klagemöglichkeit wieder eingeräumt, die er bereits verloren hatte. Gleiches gilt, wenn die Erledigung vor Klageerhebung, aber nach Ablauf der Klagefrist gemäß § 74 VwGO eingetreten ist.

Die Frage könnte anders zu beurteilen sein, wenn sich der Verwaltungsakt – wie hier schon vor Ablauf der Klagefrist erledigt hat. Die Klagemöglichkeit ist nämlich noch nicht durch Verfristung verloren. Die Situation könnte vielmehr derjenigen bei der allgemeinen Feststellungsklage nach § 43 VwGO entsprechen, die ebenfalls keiner Fristbindung unterliegt.[37]

---

[36] Vgl. z. B. *Kopp/Schenke*, VwGO, § 68 Rn. 3.
[37] BVerwGE 109, 203 (207); a.A. VGH Mannheim, DVBl 1998, 835 (836).

Auch insofern kommt es also darauf an, ob die hier erhobene Klage eher einer Anfechtungs- oder einer Feststellungsklage entspricht. Diesbezüglich wurde bereits oben ausgeführt, dass die Fortsetzungsfeststellungsklage mehr der Anfechtungsklage entspricht. Wird die Durchführung eines Vorverfahrens auch in der hier gegebenen Konstellation für notwendig erachtet, so ergibt sich die Notwendigkeit der Einhaltung der Klagefrist bereits aus § 74 Abs. 1 VwGO analog.[42] Das bedeutet bei fehlender Rechtsbehelfsbelehrung – wie meistens in diesen Fällen gegeben –, daß die Klage der Jahresfrist nach § 58 Abs. 2 VwGO unterliegt.[43]

Vorliegend ist seit dem erledigenden Ereignis am 24. Oktober 2003 schon mehr als ein Jahr vergangen, da die Klage am 28. Oktober 2004 erhoben wurde. Die Jahresfrist beginnt aber nicht unbedingt mit dem erledigenden Ereignis zu laufen, sondern erst wenn der Kläger zuverlässig Kenntnis von der Erledigung des Widerspruchs erhält. Dies erfolgte aber erst nach dem 24. Oktober 2003, als die Behörde ihm mitteilte, dass der Widerspruch sich erledigt habe.

Somit ist die Klagefrist des § 74 Abs. 1 VwGO analog i.V.m. § 58 Abs. 2 VwGO gewahrt.

VII. Passive Prozessführungsbefugnis

1. Fortsetzungsfeststellungsklage

Die Regelung der passiven Prozessführungsbefugnis in § 78 VwGO findet bei der Fortsetzungsfeststellungsklage analoge Anwendung, da diese zumindest fiktiv eine ursprüngliche Anfechtungs- bzw. Verpflichtungsklage ist und keine Gründe gegen die analoge Anwendung sprechen.

Der Rechtsträger der Polizeibehörden wie des Polizeivollzugsdienstes ist das Land Baden-Württemberg, gegen das die Klage nach § 78 Abs. 1 Nr. 1 VwGO analog zu richten ist.

Wer die Durchführung eines Vorverfahrens für nicht notwendig hält, muss sich hier mit der Fristbindung ausführlich auseinandersetzen.[38] Dabei sind insb. folgende Aspekte zu berücksichtigen. Verwaltungsgerichtliche Klagen sind nur fristgebunden, wenn ihr Gegenstand ein VA ist.[39] Auch das Feststellungsinteresse kann nach erheblichem Zeitablauf geringer sein,[40] die Klage sich als rechtsmissbräuchlich erweisen. Gilt aber andererseits keine Klagefrist[41], so hängt die Frist, innerhalb derer die Klage noch zulässig ist, von den Umständen des Einzelfalles ab. Es besteht also für beide Parteien Rechtsunsicherheit.

Zur umstrittenen Einordnung des § 78 VwGO siehe bereits oben Fall 2 (S. 14).

Da der Polizeivollzugsdienst gehandelt hat, gilt gleiches für die Länder des Trennungsprinzipes.[44]

---

[38] Vgl. zusammenfassend dazu *R.-P. Schenke*, NVwZ 2000, 1255 (1256f.).

[39] Vgl. auch VGH Mannheim, DVBl 1998, 835 (836).

[40] Darauf hatte insb. VGH Mannheim, DVBl 1998, 835 (836), abgestellt.

[41] VGH Mannheim, DVBl 1998, 835 (836), hatte bei fehlender Rechtsbehelfsbelehrung die Jahresfrist des § 58 Abs. 2 VwGO als Grenze angenommen.

[42] Vgl. *Pietzner/Ronnellenfitsch*, § 11 Rn. 17, § 31 Rn. 29 f.

[43] VGH Mannheim, DVBl 1998, 835 (836).

[44] Vgl. i.E. *Würtenberger/Heckmann/Riggert*, Rn. 118; *Schenke*, Polizeirecht Rn. 10 f.; *Schoch*, Polizei- und Ordnungsrecht, Rn. 263 f.

2. (Allgemeine) Feststellungsklage

Bei der allgemeinen Feststellungsklage besitzt die passive Prozessführungsbefugnis derjenige, von dem der Kläger behauptet, er sei der gegnerische Teil des festzustellenden Rechtsverhältnis.

Ein Recht zur Entwicklung des Filmes kann sich nur aus einem durch die Beschlagnahme begründeten Verwahrungsverhältnis ergeben (s.o.). Die Verwahrung erfolgte bei der Polizei, das Verwahrungsverhältnis ist also mit deren Rechtsträger, dem Land Baden-Württemberg, zustande gekommen.

Die Klage ist also ebenfalls gegen das Land Baden-Württemberg zu richten.

VIII. Rechtsschutzbedürfnis

Knipps hat seine Klage vor allem auch deshalb erst nach einem Jahr erhoben, da er auf den Ausgang des Widerspruchsverfahrens gewartet hat. Da die Verzögerung also auch durch die Polizei verursacht wurde, liegt kein Rechtsmissbrauch vor; Knipps hat also ein Rechtsschutzbedürfnis.

Hier empfiehlt sich ausnahmsweise ein Satz zum allgemeinen Rechtsschutzbedürfnis, da der erledigte Verwaltungsakt bereits mehr als ein Jahr zurückliegt.

IX. Zwischenergebnis:

Die Klagen des Knipps sind somit zulässig.

B. Begründetheit der Klage

Die Begründetheit ist wegen der verschiedenen Klagearten nach Anträgen getrennt zu beurteilen. Zunächst ist die Beschlagnahme des Films zu prüfen.

I. Beschlagnahme des Films

Der Fortsetzungsfeststellungsantrag des Knipps ist begründet, wenn die Beschlagnahme seines Fotoapparates durch die Polizei Baden-Württemberg rechtswidrig gewesen ist und er dadurch in seinen Rechten verletzt ist, § 113 Abs. 1 S. 1, S. 4 VwGO analog.

Die Beschlagnahme ist rechtswidrig, wenn ihr die erforderliche Ermächtigungsgrundlage fehlt, sie an formellen, unheilbaren Mängeln leidet, die Voraussetzungen der Ermächtigungsgrundlage nicht vorgelegen haben oder die Polizei ihr Ermessen rechtsfehlerhaft betätigt hat.

1. Ermächtigungsgrundlage

Zumindest für Eingriffe in Freiheit und Eigentum bedarf die Verwaltung einer Ermächtigungsgrundlage (Vorbehalt des Gesetzes).

a) Landespressegesetz

In Betracht kommen die §§ 13 f. LPresseG. In ihrem Anwendungsbereich sind sie eine abschließende Regelung („Polizeifestigkeit" des Presserechts[45]).

Das Landespressegesetz erfasst insbesondere Druckwerke i.S.d. § 7 Abs. 1 LPresseG. Darunter fallen „alle mittels der Buchdruckerpresse oder eines sonstigen zur Massenherstellung geeigneten Vervielfältigungsverfahrens hergestellten und zur Verbreitung bestimmten Schriften, besprochenen Tonträger, bildlichen Darstellungen mit und ohne Schrift, Bildträger und Musikalien mit Text oder Erläuterungen."[46] Ein belichteter, nicht entwickelter Film in der Kamera ist kein Druckwerk in diesem Sinne, das LPresseG daher nicht anwendbar.[47]

b) Polizeigesetz

Innerhalb des Polizeigesetzes gehen die besonders geregelten Standardmaßnahmen als leges speciales der Generalklausel in §§ 3, 1 PolG[48] vor.

Die eigentlichen Grundrechtseingriffe erfolgen erst bei der Anwendung der Norm. Auch die formelle Verfassungsmäßigkeit ist unproblematisch gegeben.

Hier ist § 33 PolG einschlägig, der speziell die Beschlagnahme von Sachen regelt.

Die Regelung des § 33 PolG ist auch verfassungsgemäß. Insbesondere sind die geschützten Rechtsgüter so hochran-

---

[45] Vgl. allgemein: *Gornig*, JuS 1999, 1167–1171; Erwiderung von *Schwabe*, in: JuS 2000, 623.

[46] *Ehlers*, JuS 1983, 869 (873); VG Karlsruhe, NJW 1980, 1708 (1709); *Sedelmeier*, in: Löffler, Presserecht, § 7 LPresseG, Rn. 29 ff.

[47] *Ehlers*, aaO; VG Karlsruhe, aaO; OVG Koblenz, DVBl. 1998, 101 (102); tendenziell a.A. *Sedelmeier*, aaO, § 7 LPresseG, Rn. 29 ff., insb. 31.

[48] § 3: „Die Polizei hat innerhalb der durch das Recht gesetzten Schranken zur Wahrnehmung ihrer Aufgaben diejenigen Maßnahmen zu treffen, die ihr nach pflichtgemäßem Ermessen erforderlich erscheinen." § 1 Abs. 1: „Die Polizei hat die Aufgabe, von dem einzelnen und dem Gemeinwesen Gefahren abzuwehren, durch die die öffentliche Sicherheit oder Ordnung bedroht wird, und Störungen der öffentlichen Sicherheit oder Ordnung zu beseitigen, soweit es im öffentlichen Interesse geboten ist. Sie hat insbesondere die verfassungsmäßige Ordnung und die ungehinderte Ausübung der staatsbürgerlichen Rechte zu gewährleisten."

gig, dass sie auch eine Beschränkung der Eigentumsfreiheit nach Art. 14 GG grundsätzlich rechtfertigen können.

2. Formelle Rechtswidrigkeit der Maßnahme

Die Maßnahme ist formell rechtswidrig, wenn eine unzuständige Stelle gehandelt hat, das notwendige Verfahren oder die Form nicht beachtet wurden.

Der Polizeivollzugsdienst ist neben den Polizeibehörden für die Durchführung von Standardmaßnahmen zuständig, § 60 Abs. 2, 3 PolG[49].

An Verfahrenserfordernissen kommt zunächst die Anhörung nach § 28 Abs. 1 LVwVfG in Betracht. Eine solche hat hier stattgefunden, K hatte während des Gesprächs Gelegenheit zur Äußerung.

Bezüglich des P könnte die Besorgnis der Befangenheit i.S.d. § 20 Abs. 1 S. 2 LVwVfG bestehen, da er die Veröffentlichung der Fotos auch in eigenem Interesse verhindern wollte. Allerdings könnte Gefahr im Verzug nach § 20 Abs. 3 LVwVfG bestanden haben. Nach Sachlage war kein rechtzeitiges Eingreifen anderer Personen möglich. Es waren alle Polizeibeamten betroffen und ohne sofortiges Einschreiten wäre der Zweck vereitelt oder wesentlich erschwert worden.

Das Verfahren ist also ordnungsgemäß durchgeführt worden.

An Formvorschriften muss die Belehrungspflicht nach § 33 Abs. 2 S. 1 PolG beachtet werden. Bereits P hat Knipps über den Grund der Beschlagnahme aufgeklärt. Die Benennung der möglichen Rechtsbehelfe erfolgte jedenfalls in der schriftlichen Bestätigung vom 7. Oktober 2003. P hatte Knipps immerhin auch schon im Zusammenhang mit der Filmentwicklung auf die Möglichkeit hingewiesen, sich schriftlich zu beschweren.

Die bei einem mündlichen Verwaltungsakt nach § 37 Abs. 2 S. 2 LVwVfG[50] erforderliche schriftliche Bestätigung liegt hier am 7. Oktober 2003 vor.

§ 33 Abs. 2 S. 1 PolG ist lex specialis zu § 39 LVwVfG, der für mündliche Verwaltungsakte keine Begründungspflicht vorsieht.

---

[49] „(2) Der Polizeivollzugsdienst nimmt – vorbehaltlich anderer Anordnungen der Polizeibehörde – die polizeilichen Aufgaben wahr, wenn ein sofortiges Tätigwerden erforderlich erscheint.
(3) Der Polizeivollzugsdienst kann in eigener Zuständigkeit polizeilich Aufgaben wahrnehmen, soweit es sich um Maßnahmen nach § 20 Abs. 1, 2, 4 und 5, §§ 26 bis 33, § 37, § 42 Abs. 2, § 43 Abs. 1 und 3, § 44 sowie nach § 15 des Landesdatenschutzgesetzes handelt."
[50] Die Vorschrift dient vorrangig Beweiszwecken, vgl. z.B. *Kopp/Ramsauer*, VwVfG, § 37 Rn. 23.

Die Beschlagnahme war somit formell rechtmäßig.

3. Materielle Rechtswidrigkeit der Maßnahme

Die Beschlagnahme müsste auch materiell rechtmäßig gewesen sein, d.h. die Tatbestandsvoraussetzungen müssen vorgelegen haben.

a) *Tatbestand des § 33 Abs. 1 PolG*

Die Beschlagnahme nach § 33 Abs. 1 PolG erfasst zwei Fälle, von denen vorliegend nur die Nr. 1 in Frage kommt. Danach kann eine Sache „zum Schutz eines einzelnen oder des Gemeinwesens gegen eine unmittelbar bevorstehende Störung der öffentlichen Sicherheit oder Ordnung oder zur Beseitigung einer bereits eingetretenen Störung" beschlagnahmt werden. Zunächst muss ein Schutzgut betroffen sein. In Betracht kommt vorrangig die Öffentliche Sicherheit.

aa) Öffentliche Sicherheit

Das Schutzgut „Öffentliche Sicherheit" umfasst die in der objektiven Rechtsordnung begründeten Verhaltenspflichten, die Einrichtungen und Veranstaltungen des Staates sowie die subjektiven Rechte und Rechtsgüter des Einzelnen.[51]

Die Funktionsfähigkeit der Polizei als Einrichtung des Staates kann zwar grundsätzlich auch geschützt werden, wenn auch meist hinter der grundrechtlich garantierten Pressefreiheit zurückstehend.[52] Hier wird aber nicht auf eine drohende Beeinträchtigung künftiger Polizeieinsätze abgestellt, sondern auf die Belange der abgeführten Damen und Herren sowie der Polizeibeamten selbst.

Als Belang kommt hier das „Recht am eigenen Bild" in Frage, das durch die §§ 22, 23 KunstUrhG geschützt ist. Die Ausnahme nach § 23 KunstUrhG greift nicht ein, da keine Personen der Zeitgeschichte betroffen sind. Die §§ 22, 23 KunstUrhG sind Teil der objektiven Rechtsordnung und ordnen Verhaltenspflichten an, so dass das Schutzgut „öffentliche Sicherheit" betroffen ist.

bb) Unmittelbar bevorstehende Störung

Eine Störung liegt bei Verletzung der geschützten Güter vor. Diese Verletzung muss unmittelbar bevorstehen. Damit

---

[51] Vgl. i. E. *Schoch*, Polizei- und Ordnungsrecht, Rn. 66–78; *Würtenberger/Heckmann/ Riggert*, Rn. 272 ff.
[52] *Würtenberger*, Polizeirecht, Rn. 176, 183.

ist die Beschlagnahme von einer besonders qualifizierten Gefahrensituation abhängig gemacht.[53]

Knipps beabsichtigt die Veröffentlichung der „Exklusivfotos", wodurch die Rechte der betroffenen Personen am eigenen Bild verletzt würden. Spätestens durch Vorlage des Presseausweises trat die in der Absicht liegende Gefahr für den Polizeibeamten P nach außen erkennbar hervor. Die Gefahr hätte sich ohne das Eingreifen des P auch mit hinreichender Wahrscheinlichkeit realisiert. Die erforderliche zeitliche Nähe ist ebenfalls gegeben, da das Vorkommnis tagesaktuell ist und damit bereits am nächsten, spätestens am übernächsten Tag in der Presse erschienen wäre.

Eine unmittelbar bevorstehende Störung der öffentlichen Sicherheit liegt demnach vor.

cc) Störereigenschaft des Knipps

K ist als der Fotograf der problematischen Bilder unzweifelhaft Verhaltensstörer nach § 6 Abs. 1 PolG[54].

dd) Der Tatbestand ist also erfüllt.

Die Bestimmung der Gefahr erfolgt nach der „ex ante"-Einschätzung des Handelnden. Dass Knipps nur gelegentlich für die Presse arbeitet, spielt keine Rolle, zumal er die Absicht der Veröffentlichung hatte. Ansonsten wäre eine „Anscheinsgefahr" zu prüfen gewesen.

b) Ermessensausübung

Die Beschlagnahme steht im Ermessen der Behörde. Dieses ist gemäß § 5 PolG[55] auszuüben. Neben einer ermessensfehlerfreien Störerauswahl, die mangels weiterer Störer hier vorlag, muss die Maßnahme insbesondere verhältnismäßig sein. Sie müsste also zunächst überhaupt geeignet sein, das verfolgte Ziel zu erreichen.

aa) Geeignetheit der Maßnahme

Die Verletzung der Rechte aus dem KunstUrhG sollte abgewehrt werden. Durch die Wegnahme des Films wurde die Gefahr wirksam beseitigt, da eine Veröffentlichung durch Knipps zunächst nicht mehr möglich und später nicht mehr interessant war.

---

[53] Vgl. i.E. *Schoch*, Polizei- und Ordnungsrecht, Rn. 99 f.; *Würtenberger/ Heckmann/ Riggert*, Rn. 415.

[54] „Wird die öffentliche Sicherheit oder Ordnung durch das Verhalten von Personen bedroht oder gestört, so hat die Polizei ihre Maßnahmen gegenüber demjenigen zu treffen, der die Bedrohung oder die Störung verursacht hat."

[55] „(1) Kommen für die Wahrnehmung einer polizeilichen Aufgabe mehrere Maßnahmen in Betracht, so hat die Polizei die Maßnahme zu treffen, die den einzelnen und die Allgemeinheit voraussichtlich am wenigsten beeinträchtigt.
(2) Durch eine polizeiliche Maßnahme darf kein Nachteil herbeigeführt werden, der erkennbar außer Verhältnis zu dem beabsichtigten Erfolg steht."

bb) Erforderlichkeit der Maßnahme, § 5 Abs. 1 PolG
Die Maßnahme muß des weiteren auch erforderlich sein, d.h. es durfte kein gleich geeignetes, aber geringer belastendes Mittel geben.

Da hier nur ein Teil des Films die Beschlagnahmevoraussetzungen erfüllt, wäre eine Beschränkung der Beschlagnahme auf diese Teile denkbar. Tatsächlich ist aber keine Trennung in die Teile, welche die Voraussetzungen erfüllen, und die, bei denen dies nicht der Fall ist, möglich gewesen. In Betracht wäre nur gekommen, den Film gemeinsam zu entwickeln und die Filmteile, für die keine Beschlagnahmevoraussetzungen vorlagen, sofort zurückzugeben. Ein solches Vorgehen war mangels Zustimmung des K aber nicht möglich.

Die Beschlagnahme ist also auch erforderlich gewesen.

cc) Angemessenheit, §5 Abs. 2 PolG

> Statt des Begriffs Angemessenheit wird häufig auch „Verhältnismäßigkeit im engeren Sinne" verwendet.

Schließlich müsste die Maßnahme auch angemessen sein. Mangels eines eindeutigen verfassungsrechtlichen Vorranges eines der Rechtsgüter hat eine Abwägung zwischen der durch die Maßnahme verletzten Pressefreiheit nach Art. 5 Abs. 1 S. 2 GG und dem allgemeinen Persönlichkeitsrecht der Betroffenen aus Art. 2 Abs. 1, Art. 1 Abs. 1 GG stattzufinden.

Dabei ist zu differenzieren zwischen den Polizeibeamten und den abgeführten Damen und Herren.

Die Polizeibeamten haben lediglich in Erfüllung ihrer Dienstpflicht an der Festnahme vor der Villa teilgenommen. Diese Umstände sind auch für den Zeitungsleser sofort erkennbar. Ab dem Alter, in dem ihre Kinder Zeitung lesen, müsste es auch möglich sein, diesen zu vermitteln, dass ihre Väter und Mütter nur dienstlich an der Sache beteiligt waren. Außerdem besteht ein erhebliches öffentliches Interesse an einer Transparenz von Polizeieinsätzen[56], die nur durch die Presse gesichert werden kann. Etwas anderes gilt nur dann, wenn konkrete Beamte diffamiert werden (sollen), was hier aber nicht der Fall ist.

Was die abgeführten Damen und Herren betrifft, sieht dies anders aus. Bei ihnen wird öffentlich gemacht, dass sie der Prostitution nachgehen oder als „Freier" Bordelle besuchen. Beides ist gesellschaftlich nicht so anerkannt, dass man davon ausgehen kann, das Verhalten sei keine ehrenrührige Tatsache. Diesen Eingriff in das Persönlichkeits-

---

[56] *Würtenberger*, Polizeirecht, Rn. 176; *Würtenberger/Heckmann/Riggert*, Rn. 395.

recht müssen sich die Betroffenen, die keine Personen der Zeitgeschichte sind, auch nicht von der Presse gefallen lassen. Letztlich überwiegen hier also die allgemeinen Persönlichkeitsrechte die Pressefreiheit.
Die Maßnahme ist also verhältnismäßig gewesen.

c) Aufhebung der Maßnahme
Mit dem Wegfall des mit der Beschlagnahme verfolgten Zweckes ist die Maßnahme nach § 33 Abs. 3 PolG[57] aufzuheben. Dies ist hier geschehen.

4. Zwischenergebnis
Die Beschlagnahme war somit rechtmäßig.

II. Entwicklung des Films
Der Feststellungsantrag des Knipps ist begründet, wenn die Polizei Baden-Württemberg ihm gegenüber kein Recht zur Entwicklung des Films gehabt hat, § 43 Abs. 1 VwGO.

Ein Recht zur Entwicklung des Filmes hatte die Polizei nur, wenn für ihr Handeln eine rechtliche Grundlage vorhanden war.

1. Rechtliche Grundlage
Eine rechtliche Grundlage für das Polizeihandeln könnte sich zunächst aus dem Polizeigesetz ergeben.

a) Polizeigesetz
Die Regelung in § 33 PolG über die Beschlagnahme ermächtigt allerdings nur zur Beschlagnahme selbst; Folgemaßnahmen richten sich nach anderen Rechtsvorschriften.

Mangels spezieller Regelungen könnte die polizeiliche Generalklausel in §§ 3, 1 PolG[58] die Filmentwicklung tragen. Dann müsste aber von dem Film eine konkrete Gefahr für die Schutzgüter ausgehen. Nach der Beschlagnahme des ganzen Films gehen allerdings auch von dem Teil, bei dem die Beschlagnahmevoraussetzungen vorlagen, keine Gefahren mehr für die Persönlichkeitsrechte aus, da Knipps mangels Gewahrsam keine Veröffentlichung der Bilder vornehmen konnte.

---

[57] Wortlaut in Fn. 6.
[58] Wortlaut in Fn. 48.

Also trägt auch die Generalklausel die Entwicklung des Films nicht.

b) Verwahrungsverhältnis

Ein Recht zur Filmentwicklung könnte sich schließlich aus dem durch die Beschlagnahme zustande gekommenen Verwahrungsverhältnis ergeben.

Aus dem Verwahrungsverhältnis kann abgeleitet werden, dass der Verwahrer zu solchen Maßnahmen berechtigt, u.U. sogar verpflichtet ist, die für die Erhaltung der verwahrten Sache notwendig sind.

Durch die Entwicklung wird ein Film zwar nicht gerade zerstört, denn es ist die Bestimmung des Films, physisch in Bilder umgewandelt zu werden. Sie ist aber auch keine notwendige Erhaltungsmaßnahme. Ansonsten ist der Verwahrer zu keinen über die bloße Aufbewahrung hinausgehenden Maßnahmen berechtigt.

Allerdings unterliegt ein öffentlich-rechtliches Verwahrungsverhältnis auch dem Grundsatz der Verhältnismäßigkeit. Zur Wahrung dieser Verhältnismäßigkeit könnte die Polizei auch befugt sein, einen beschlagnahmten Film zu entwickeln, um die ungefährlichen Teile dem Eigentümer möglichst bald zurückzugeben.

Dann müsste aber die Entwicklung des Films ein geringer belastender Eingriff sein als das Behalten des ganzen Films. Ist der Adressat der Beschlagnahme einverstanden, um die ungefährlichen Fotos umgehend zurückzuerhalten, so ist dies sicherlich der Fall. Der Adressat kann ihm vielleicht wichtigere Fotos sehr viel schneller zurückerhalten als ohne dies Vorgehen.

Anders könnte es aber liegen, wenn der Adressat nicht einverstanden ist. Auf beschlagnahmten Filmen sind auch persönliche Motive des Fotografen wiedergegeben, deren Einsicht durch die Polizei das Persönlichkeitsrecht des Fotografen bzw. der Fotografierten verletzt. Auch weisen die Fotos u.U. einen künstlerischen Gehalt auf, der durch die eigenhändige Entwicklung erst hervorgerufen oder verstärkt werden soll, so dass durch die Fremdentwicklung sogar in den besonders intensiv geschützten *Werkbereich* des Künstlers eingegriffen würde. Diese Eingriffe sind bei fehlender Zustimmung nicht durch den Schutz anderer hochrangiger Rechtsgüter zu rechtfertigen. Die Fotos dienen ja gerade nicht der Abwehr von Gefahren für die Schutzgüter. Diesen sehr belastenden Eingriffen steht der längere Zeitraum gegenüber, in dem die Fotos vorenthalten werden, die die Be-

---

Auch für die Verwahrung nach öffentlichem Recht können zivilrechtliche Prinzipien herangezogen werden.

schlagnahme rechtfertigten. Ob der Adressat aber auf diese Fotos lieber warten will als die genannten Eingriffe hinzunehmen, bleibt in dieser Konstellation ihm überlassen.

2. Zwischenergebnis

Die Polizei Baden-Württemberg hat also kein Recht zur Entwicklung des Films gehabt.

Eine Rechtsverletzung ist bei der allgemeinen Feststellungsklage nicht Voraussetzung der Begründetheit.

III. Ergebnis

Die Klage des Knipps ist nur insoweit begründet, als er die Feststellung begehrt, dass die Entwicklung des Films rechtswidrig gewesen ist. Ansonsten ist die Klage zulässig, aber unbegründet.

Die Klage hat somit nur teilweise Erfolg.

Vertiefungshinweise:

Rechtsprechung: BVerwGE 109, 203–211 = NVwZ 2000, 63–65 = VBlBW 2000, 22–24; Vorinstanz: VGH Mannheim, VBlBW 1998, 109 = DVBl 1998, 835; Folgeurteil: VGH Mannheim, VBlBW 2001, 102.

Literatur: *Eckstein*, Polizei beschlagnahmt Pressefotos, VBlBW 2001, 97; *Ehlers*, Öffentliches Recht: Die polizeiliche Wegnahme eines Films, JuS 1983, 869 ff.; *Fechner*, Die Rechtswidrigkeitsfeststellungsklage, NVwZ 2000, 121 ff.; *Gornig*, Zur Polizeifestigkeit der Pressefreiheit – OVG Frankfurt/ Oder, NJW 97, 1387, in: JuS 1999, 1167–1171; *Schenke, Ralf-Peter*, Neue Wege im Rechtsschutz gegen vorprozessual erledigte Verwaltungsakte?, NVwZ 2000, 1255 ff.

Klausur Nr. 6***

Unangenehme Überraschungen

Sachverhalt

A aus Chemnitz muß sich wegen eines ernsten Leidens einer Operation in einer Spezialklinik des Leipziger Universitätsklinikums unterziehen. Er fährt mit seinem Wagen, welcher ein amtliches Kennzeichen der Stadt Chemnitz hat, am 24. Juni 2004 nach Leipzig. Nach einiger Sucherei findet er einen Parkplatz in der S.-Straße, welche in der Nähe der Klinik liegt. Dort stellt er sein Auto ab und begibt sich anschließend für eine mehrwöchige stationäre Behandlung in das Krankenhaus.

Am frühen Morgen des 28. Juni 2004, einem Montag, stellen Arbeiter der Stadt Leipzig zur Vorbereitung eines großen, erstmalig veranstalteten Straßenfestes („Leipziger Sommernächte"), das vom 03. bis 11. Juli 2004 dauern soll, in der ganzen S.-Straße mobile Halteverbotsschilder auf. Als am Freitag, dem 02.07.04, dem Vorabend der „Leipziger Sommernächte", das Auto des A um 18.00 Uhr immer noch an seinem Platz steht, veranlaßt die Politesse P, eine Bedienstete der Stadt Leipzig, daß das Fahrzeug des A - wie es die Routine vorsieht - trotz einer in der Nähe gelegenen Abstellmöglichkeit vom Abschleppunternehmen U auf den städtischen Betriebshof abgeschleppt wird.

Als A am 12. Juli aus dem Krankenhaus entlassen wird, sucht er vergeblich nach seinem Fahrzeug. A befürchtet, daß sein Wagen gestohlen wurde, doch auf seine Anfrage verweist ihn die Polizei zu seiner Überraschung an den städtischen Betriebshof. Dort wird ihm ein Kostenbescheid über 275,- € (200,- € Abschleppkosten, 75,- € Unterstellkosten) vorgelegt. Zähneknirschend zahlt A den geforderten Betrag, wenn auch unter lautstarkem Protest über soviel „Behördenwillkür", weil er sein Auto zurückerhalten möchte. Anderntags legt er gegen den Kostenbescheid schriftlich Widerspruch beim Oberbürgermeister der Stadt Leipzig ein.

A führt aus, er könne kaum glauben, was ihm da widerfahren sei, denn er habe sein Auto ordnungsgemäß abgestellt. Von dem später aufgestellten Parkverbot habe er nichts wissen können, schließlich sei er kein Hellseher. Überdies hätte die Stadt nicht gleich abschleppen dürfen, sondern erst mittels des Kennzeichens Erkundigungen über den Halter einholen sollen; dann wäre es ihm möglich gewesen, ein Familienmitglied mit dem Wegfahren des Fahrzeugs zu beauftragen.

Hat ein Widerspruch des A gegen den Kostenbescheid Aussicht auf Erfolg?

Lösungsvorschlag

Die übliche Standardformel, der Widerspruch ist erfolgreich, wenn er zulässig und begründet ist, löst in Prüferkreisen mitunter Mißfallen aus, weil diese Formel keinerlei weiterführenden Aussagewert besitzt. Um sich von anderen Bearbeitern positiv abzuheben, kann es hilfreich sein, auf die gängige Formel ganz zu verzichten oder einen Eingangssatz mit mehr Substanz zu verwenden.

Der Widerspruch des A ist erfolgreich, wenn die Zulässigkeitsvoraussetzungen des Widerspruchsverfahrens vorliegen und sich der Verwaltungsakt in der Sache als rechtswidrig oder unzweckmäßig erweist.

Die einzelnen Zulässigkeitsvoraussetzungen des Widerspruchs und die Reihenfolge ihrer Prüfung werden in den verschiedenen Lehrbuchdarstellungen zum Verwaltungsprozeßrecht nicht einheitlich behandelt. Die nachfolgende Abhandlung der Widerspruchsvoraussetzungen folgt der Darstellung bei von Mutius[1] und Schenke[2].

A. Zulässigkeit des Widerspruchs des A

I. Formgerechte Einlegung des Widerspruchs, § 70 Abs. 1 S. 1 VwGO

A hat schriftlich Widerspruch erhoben, eine formgerechte Widerspruchseinlegung liegt daher vor.

---

[1] *Von Mutius*, S. 154 (158 ff.).
[2] *Schenke*, Verwaltungsprozeßrecht, Rn. 649 i.V.m. Rn. 651a.

II. Vorliegen einer Streitigkeit, für die der Verwaltungsrechtsweg eröffnet wäre, analog § 40 Abs. 1 S. 1 VwGO

Erste Voraussetzung ist, daß die Streitigkeit zwischen A und der Stadt L öffentlich-rechtlicher Natur ist. Eine öffentlich-rechtliche Streitigkeit liegt vor, wenn die Streitigkeit nach Maßgabe öffentlichen Rechts zu entscheiden ist. Gestritten wird um die Rechtmäßigkeit gefahrenabwehrender Maßnahmen auf der Grundlage des Polizei- und Ordnungsrechts. Diese Normen zählen unbestritten zu den Materien des öffentlichen Rechts, so daß Maßnahmen auf ihrer Basis öffentlich-rechtlichen Charakter haben; die Streitigkeit über die Rechtmäßigkeit der Maßnahmen ist folglich öffentlich-rechtlicher Natur.

Da die Streitigkeit auch nichtverfassungsrechtlicher Art ist und des weiteren keine abdrängenden Sonderzuweisungen einschlägig sind, sind die Voraussetzungen des § 40 Abs. 1 VwGO erfüllt. Der Verwaltungsrechtsweg wäre mithin eröffnet.

Wenn die Frage der Eröffnung des Verwaltungsrechtsweges wie hier keinerlei Probleme aufwirft, ist sie zügig abzuhandeln. Längere Ausführungen zu diesem Komplex verzeichnen die Arbeit.

III. Statthaftigkeit des Widerspruchs gemäß § 68 VwGO

Der Widerspruch des A ist gemäß § 68 Abs. 1 VwGO statthaft, wenn die von der Behörde ergriffene Maßnahme ein Verwaltungsakt i.S. des § 35 des Verwaltungsverfahrensgesetzes des Bundes (VwVfG), auf das § 1 des Vorläufigen Verwaltungsverfahrensgesetzes für den Freistaat Sachsen (SächsVwVfG)³ verweist, ist und das Widerspruchsverfahren nicht durch gesetzliche Anordnung ausgeschlossen ist. Fraglich ist also zunächst, ob der *Kostenbescheid* ein Verwaltungsakt ist. Durch den Kostenbescheid hat der OBM der Stadt Leipzig, eine Behörde, im Außenverhältnis für den Einzelfall des A die verbindliche Regelung auf dem Gebiet des öffentlichen Rechts, nämlich des Polizei- und Ordnungsrechts, mit dem Inhalt getroffen, daß A 275,- € zahlen muß. Der Kostenbescheid erfüllt folglich die Merk-

Nicht gefragt ist hier nach der Rechtsnatur des Abschleppvorgangs; die in diesem Zusammenhang ergriffenen Maßnahmen sind lediglich Voraussetzungen für die Frage der Rechtmäßigkeit des Kostenbescheides.

---

³ § 1 SächsVwVfG: Für die öffentlich-rechtliche Verwaltungstätigkeit der Behörden des Freistaates Sachsen und der seiner Aufsicht unterstehenden Körperschaften, Anstalten und Stiftungen des öffentlichen Rechts gilt bis zum Inkrafttreten des Verwaltungsverfahrensgesetzes für den Freistaat Sachsen das Verwaltungsverfahrensgesetz (VwVfG) vom 25. Mai 1976 (BGBl. I S. 1253), zuletzt geändert durch Artikel 7 § 3 des Gesetzes vom 12. September 1990 (BGBl. I S. 2002), in seiner jeweils geltenden Fassung entsprechend, soweit nicht in den §§ 2 und 3 dieses Gesetzes etwas anderes bestimmt wird.

male des § 35 S. 1 VwVfG und ist mithin ein Verwaltungsakt.

Der Widerspruch gegen Kostenbescheide respektive das Handeln des OBM ist auch nicht aufgrund besonderer gesetzlicher Vorschriften oder nach § 68 Abs. 1 S. 2 VwGO entbehrlich.

Der Widerspruch des A ist mithin statthaft.

IV. Einlegung des Widerspruchs bei der zuständigen Behörde

Die beliebte Frage nach der zuständigen Widerspruchsbehörde ist zwar für einen behördlichen Entscheider von großer Bedeutung[4], sie bedarf hier aber keiner Erörterung, denn sie ist für A bedeutungslos, da er den Weg des gesetzlich vorgesehenen „Normalfalls" des § 70 Abs. 1 S. 1 VwGO beschritten hat. Nach dieser Vorschrift wird vom Widerspruchsführer nämlich lediglich verlangt, daß er den Widerspruch bei der erlassenden Behörde einlegt[5]. Wer über den Widerspruch letztendlich zu entscheiden hat, braucht den Widerspruchsführer nicht zu kümmern. Entscheidet eine unzuständige Widerspruchsbehörde über den Widerspruch, ist die Widerspruchseinlegung dennoch zulässig[6]. Die Frage der Zuständigkeit der Widerspruchsbehörde ist somit im Fall des § 70 Abs. 1 Satz 1 VwGO keine Zulässigkeitsvoraussetzung des Widerspruchsverfahrens[7].

A hat auch bei der den Verwaltungsakt erlassenden Behörde und damit bei der nach § 70 Abs. 1 S. 1 VwGO zuständigen Behörde Widerspruch erhoben.

---

[4] Dementsprechend breiten Raum widmen etwa *Pietzner/Ronellenfitsch*, §37 diesem Problem.

[5] Vgl. dazu *Hufen*, § 6 Rn. 64 i.V.m. 54; *Würtenberger*, Verwaltungsprozeßrecht, Rn. 299; *Pietzner/Ronellenfitsch*, § 29 Rn. 7.

[6] Vgl. BVerwG, DVBl. 1964, 357 (358); BVerwG, NVwZ 1987, 320 (320).

[7] Die Zuständigkeit der Widerspruchsbehörde ist nur insoweit Zulässigkeitsvoraussetzung des Widerspruchsverfahrens, als ihre Wahl vom Willen des Widerspruchsführes abhängt, so zutreffend *Pietzner/ Ronellenfitsch*, § 29 Rn. 7.

V. Beteiligtenbezogene Zulässigkeitsvoraussetzungen

Zweifel an der Beteiligtenfähigkeit des A gemäß § 79 VwVfG i.V.m. § 11 VwVfG oder an seiner Handlungsfähigkeit nach § 79 VwVfG i.V.m. § 12 VwVfG sind nicht gegeben, so daß auch die beteiligtenbezogenen Voraussetzungen vorliegen.

Von manchen Autoren wird daher – konsequent und zutreffend – ein Verzicht auf die Erörterung der Frage nach der zuständigen Widerspruchsbehörde im Falle des § 70 Abs. 1 S. 1 VwGO vertreten[8]. Nach anderer Auffassung sollen auch bei Vorliegen des Regelfalls des § 70 Abs. 1 S. 1 VwGO einige Bemerkungen zur Widerspruchsbehörde nicht schaden können, weil die Entscheidung über den Widerspruch Sachentscheidungsvoraussetzung der anschließenden Klage ist[9]. Die letztere Bemerkung ist zwar richtig, jedoch ist eine vorsorgliche Prüfung der Zuständigkeit der Widerspruchsbehörde nach der hier vertretenen Auffassung inkonsequent und auch überflüssig, weil sie die Bearbeitung einer Widerspruchsklausur nicht vorantreibt, sondern lediglich Wissen des Bearbeiters ohne konkreten Fallbezug präsentiert.

Diese Voraussetzungen sind in der Regel unproblematisch und bedürfen an sich keiner Erwähnung; sie werden hier aber aus didaktischen Gründen in der gebotenen Kürze angesprochen. Aus Gründen der Vollständigkeit des Prüfungsschemas sei darüber hinaus noch erwähnt, daß in Vertretungsfällen auch noch die Frage der ordnungsgemäßen Vollmacht für Bevollmächtigte und Beistände gemäß § 79 VwVfG i.V.m. § 14 VwVfG zu untersuchen ist.

---

[8] So etwa von *Schenke*, Verwaltungsprozeßrecht, Rn. 651 i.V.m. 649; *von Mutius*, S. 154 (158 ff.).

[9] Vgl. *Hufen*, § 6 Rn. 54. Ob die Zuständigkeit der Widerspruchsbehörde an erster Stelle geprüft werden sollte, so *Pietzner/Ronellenfitsch*, § 29 Rn. 7, zwischen Statthaftigkeit und Widerspruchsfrist, so *Weides*, S. 256, oder besser erst am Ende der Ausführungen zur Zulässigkeit des Widerspruchs, so beispielsweise *Hufen*, § 6 Rn. 64, ist umstritten, aber letztendlich ohne sachliche Bedeutung.

VI. Widerspruchsbefugnis analog § 42 Abs. 2 VwGO

Widerspruchsbefugt ist, wer im Sinne von § 42 Abs. 2 VwGO geltend machen kann, durch die Maßnahme in seinen Rechten verletzt zu sein[11]. A wird mit einer Zahlungspflicht belegt und ist daher zumindest in seinem Grundrecht der allgemeinen Handlungsfreiheit nach Art. 2 Abs. 1 GG beeinträchtigt. Er ist daher widerspruchsbefugt.

Nach anderer Auffassung bedarf das Erfordernis der Widerspruchsbefugnis einer genaueren Begründung als der einer undifferenzierten Analogie zu § 42 Abs. 2 VwGO, da sich – so der zutreffende Hinweis – der Prüfungsumfang des Widerspruchsverfahrens auf die Recht- und Zweckmäßigkeit erstrecke. Wegen dieser erweiterten behördlichen Prüfungskompetenz könne sich die Widerspruchsbefugnis bereits aus der Unzweckmäßigkeit begründen, was insbesondere für Ermessensverwaltungsakte von Bedeutung sei[10]. Da dieser Ansatz zur Begründung der Widerspruchsbefugnis und zu den Anforderungen an den Vortrag des Widerspruchsführers hier aber zu keinerlei abweichenden Ergebnissen gelangt, darf die Frage letztendlich im Lösungsvorschlag unerörtert bleiben, denn Streitfragen sollten in einer Klausur nur diskutiert werden, wenn sich Divergenzen in der Lösung ergeben.

VII. Widerspruchs(Sachbescheidungsinteresse)

Fraglich ist, ob A noch ein Interesse an einer Widerspruchsentscheidung über den Kostenbescheid geltend machen kann. Dies könnte zweifelhaft sein, wenn und soweit sich der Kostenbescheid durch die Zahlung des geforderten Betrages erledigt hat. Erledigung im verwaltungsprozessualen Sinne ist gegeben, wenn die Aufhebung des Verwaltungsaktes sinnlos ist[12]. Keine Erledigung in diesem Sinne liegt aber jedenfalls vor, wenn der angefochtene Verwaltungsakt rechtlich oder tatsächlich noch irgendeine unmittelbar belastende Wirkung für den Widerspruchsführer entfaltet. Eine solche Fortwirkung kann auch der bereits vollzogene oder erfüllte Verwaltungsakt entfalten, insbesondere dann, wenn er noch die Grundlage für einen anderen Verwaltungsakt bildet oder sich sonst noch belastend auf den Widerspruchsführer auswirkt[13]. So liegt es hier: Die Zahlung führt nicht zur Erledigung des Kostenbescheides[14], weil dieser – auch im Falle der Rechtswidrigkeit – den Rechtsgrund für das Behaltendürfen der von A geleisteten Zahlung bildet[15] und die Stadt L vor einem öffentlich-rechtlichen Erstattungsanspruch[16] des A schützt, so daß von diesem Kostenbescheid noch belastende Wirkungen ausgehen[17]. Wird er jedoch aufgehoben, kann A die Rückzahlung des Geldes ver-

---

[10] Näher zu dieser Sicht der Widerspruchsbefugnis z.B. *Geis*, in: Sodan/Ziekow, VwGO, § 69 Rn. 53; *Lorenz*, § 19 Rn. 44; *Pietzner/Ronellenfitsch*, § 35 Rn.3 ff.
[11] So *Hufen*, § 6 Rn. 24.
[12] So *Kopp/Schenke*, VwGO, § 113 Rn. 102.
[13] Vgl. *Spannowsky*, in: Sodan/Ziekow, VwGO, § 113 Rn. 148.
[14] Vgl. BVerwG, NVwZ 1984, 168 (168); *Schmidt*, in: Eyermann, VwGO, § 113 Rn. 81.
[15] Vgl. *Maurer*, § 29 Rn. 24.
[16] Dazu *Maurer*, § 29 Rn. 20 ff.
[17] Eine Erledigung in einem solchen Fall ebenfalls ablehnend *Spannowsky*, in: Sodan/Ziekow, VwGO, § 113 Rn.150.

langen. Folglich hat A auch ein Interesse an der Aufhebung des Kostenbescheides.

VIII. Widerspruchsfrist

Die Widerspruchsfrist beträgt nach § 70 Abs. 1 S. 1 VwGO einen Monat nach Bekanntgabe. A hat bereits am nächsten Tag gegen den Kostenbescheid Widerspruch eingelegt, so daß die Frist gewahrt ist.

Da alle Zulässigkeitsvoraussetzungen erfüllt sind, ist der Widerspruch des A mithin zulässig.

Sofern einmal durch die Fallumstände von Bedeutung, ist vor der Widerspruchsfrist noch die Frage des Rechtsbehelfsverzichts beziehungsweise einer eventuellen Rücknahme des Widerspruchs zu diskutieren.

B. Begründetheit des Widerspruchs

Der Widerspruch des A ist begründet, wenn der Erlaß des Kostenbescheides rechtswidrig oder unzweckmäßig war und den A in seinen Rechten verletzt.

I. Rechtswidrigkeit des Kostenbescheides

Der Kostenbescheid gegen A ist rechtswidrig, wenn die von der Verwaltung geltend gemachten Kosten für das Abschleppen und das Verbringen des PKW nicht erhoben werden durften, weil der Kostenerhebung rechtswidrige Maßnahmen zugrunde liegen (1.) oder die Maßnahmen zwar rechtmäßig sind, aber für sie keine Kostenerstattung verlangt werden darf, oder wenn die spezifischen Rechtmäßigkeitsvoraussetzungen für den Erlaß von Kostenbescheiden nicht eingehalten worden sind (2.).

Gängig ist es, die Prüfung mit der Frage nach der Rechtsgrundlage für den Kostenbescheid zu beginnen und anschließend die Voraussetzungen zum Erlaß des Kostenbescheides zu prüfen. Bei dieser Vorgehensweise ergibt sich jedoch immer ein Schachtelaufbau, weil innerhalb der Prüfung der Rechtmäßigkeit des Kostenbescheides auch die Rechtmäßigkeit des Abschleppens geprüft werden muß.
Einen anderen Aufbau, der diese Schachtelung vermeidet, praktizieren z.B. Gornig/Jahn. Sie prüfen zuerst die Rechtmäßigkeit der einzelnen Abschleppmaßnahmen als Vorbedingungen des Kostenbescheides und anschließend die weiteren Rechtmäßigkeitsvoraussetzungen für den Erlaß des Kostenbescheides[18]. Dieses Vorgehen hat den Vorteil, dass die Darstellung der sachlichen Probleme im Zusammenhang mit dem Abschleppen von Fahrzeugen klarer gerät. Aus diesem Grund verfolgt der Lösungsvorschlag einen ähnlichen Aufbau; dies ist jedoch – das muß man sagen – keine „übliche" Methode.

---

[18] Vgl. *Gornig/Jahn*, S. 241 ff.

1. Rechtmäßigkeit der ergriffenen Maßnahmen

Die Erörterung der Rechtsgrundlage für die Kostenerstattung wird – wie soeben begründet – bewußt zurückgestellt, weil die verschiedenen möglichen Ermächtigungen zum Abschleppen ihrerseits in Kombination mit unterschiedlichen Ermächtigungen zur Kostenerhebung auftreten[19].

Erste Voraussetzung für die Rechtmäßigkeit des Kostenbescheides ist, daß die Maßnahmen, das Fahrzeug abzuschleppen und auf den Betriebshof zu verbringen, rechtmäßig sind, denn für rechtswidrige Abschleppmaßnahmen der Polizei besteht – unabhängig von der konkreten Rechtsgrundlage des Kostenerstattungsanspruchs – keine Kostenerstattungspflicht[20].

Da hier mehrere Ermächtigungen in Betracht kommen, ist es aufbautechnisch geschickter, jede Ermächtigungsnorm mit formeller und materieller Rechtmäßigkeit durchzuprüfen als getrennte Blöcke von formeller und materieller Rechtmäßigkeit zu bilden.

a) Rechtmäßigkeit der Abschleppmaßnahme

aa) Ermächtigung zum Abschleppen aus § 44 Abs. 2 StVO

Rechtsgrundlage für das Abschleppen könnte zunächst § 44 Abs. 2 StVO sein. § 44 Abs. 2 StVO ermächtigt jedoch nicht zu Maßnahmen, sondern ist nach seinem klaren Wortlaut eine reine Zuständigkeitsregelung. Diese Norm ist daher keine Ermächtigung für die Abschleppmaßnahme[21].

Die sogenannten Standardmaßnahmen sind vor der polizeilichen Generalklausel zu prüfen[22].

Zu diesem Komplex werden ganz unterschiedliche Auffassungen und Lösungsansätze vertreten[23], auf die hier nicht in der erforderlichen Breite eingegangen werden kann.

bb) Ermächtigung zum Abschleppen aus § 26 Abs. 1 SächsPolG[24]

Als weitere Ermächtigung für das Abschleppen kommt § 26 Abs. 1 SächsPolG in Betracht. Dazu ist Voraussetzung, daß das Abschleppen eines PKW als Sicherstellung zu qualifizieren ist. Sicherstellung liegt vor, wenn dem bisherigen Inhaber der Sachherrschaft diese entzogen und eine tatsächliche Sachherrschaft der Polizei über die Sache begründet wird[25]. Zu dieser notwendigen, aber nicht hinreichenden Voraussetzung muß zusätzlich aber noch auch das Erfordernis eines Gewahrsamswillens der Polizei hinzutreten[26].

Damit ist noch nicht entschieden, ob nicht im Verbringen zum Betriebshof der Stadt eine Sicherstellung liegt.

Danach ist keine Sicherstellung gegeben, wenn es der Polizei primär darum geht, das Fahrzeug von seinem derzeitigen Standort zu entfernen. So lag es hier: Durch das Ab-

---

[19] Vgl. dazu im einzelnen die Vorauflage, S. 94 – 97.
[20] Vgl. allgemein *Gornig/Jahn*, S. 241; speziell zum Erfordernis der Rechtmäßigkeit bei der Ersatzvornahme *Schenke*, Polizeirecht, Rn. 355.
[21] Ausführlicher zum Ganzen *Gornig/Jahn*, S. 242.
[22] Vgl. *Schenke*, Polizeirecht, Rn. 76 i.V.m. 21; *Schoch*, Polizeirecht, Rn. 53.
[23] Siehe dazu näher *Schenke*, Polizeirecht, Rn. 109 ff; *Götz*, Rn. 311 ff.; *Schoch*, Rn. 240 f.
[24] § 26 Abs. 1 SächsPolG: Die Polizei kann eine Sache sicherstellen, wenn dies erforderlich ist, um den Eigentümer oder den rechtmäßigen Inhaber der tatsächlichen Gewalt vor Verlust oder Beschädigung der Sache zu schützen.
[25] Vgl. *Schenke*, Polizeirecht, Rn. 109.
[26] So auch *Rachor*, Rn. 654, 673.

schleppen sollte in erster Linie die Straße für das Volksfest frei gemacht werden. Im Abschleppen selbst liegt daher keine Sicherstellung[27].

cc) Ermächtigung zum Abschleppen im Wege der Ersatzvornahme nach §§ 24 Abs. 1 SächsVwVG[30] i.V.m. § 30 Abs. 1 SächsPolG[31]

Die Prüfung der Ersatzvornahme folgt im Grundsatz den Aufbauvorschlägen von *Wagner/Ruder*[28] und *Schenke*[29].

aaa) Formelle Voraussetzungen der Ersatzvornahme

(1) Zuständigkeit der handelnden Behörde

Ernstlich problematisch hinsichtlich der formellen Rechtmäßigkeit ist allein, ob die Politesse P als Bedienstete der Stadt L zuständig für das Abschleppen war. Die Zuständigkeit der P als Bedienstete der Stadt L ergibt sich aus § 4 Abs. 1 Nr. 2 SächsVwVG[32], wenn die Stadt L zuständig für die Aufstellung des mobilen Halteverbotsschilds, welches ein Verwaltungsakt nach § 35 S. 2 Alt. 3 VwVfG ist[33], war[34]. Zuständig für die Aufstellung von Verkehrszeichen sind gemäß § 44 Abs. 1 StVO die Straßenverkehrsbehörden; dies sind die nach Landesrecht zuständigen unteren Verwaltungsbehörden oder die Behörden, denen durch Landesrecht Aufgaben der Straßenverkehrsbehörde zugewiesen sind. Da die in Sachsen erlassene Straßenverkehrszuständigkeitsordnung (StVZuVO)[35] diese fallrelevante Frage des Vollzuges

---

[27] Ebenso *Knemeyer*, Rn. 252; *Rachor*, Rn. 654, 673; *Gornig/Jahn*, S. 243 f

[28] Vgl. *Wagner/Ruder*, Rn. 608 ff.

[29] Vgl. *Schenke*, Polizeirecht, Rn. 281 ff.

[30] § 24 Abs. 1 SächsVwVG: Wird die Verpflichtung, eine Handlung vorzunehmen, deren Vornahme durch einen anderen möglich ist (vertretbare Handlung), nicht erfüllt, so kann die Vollstreckungs-behörde auf Kosten des Vollstreckungsschuldners einen anderen mit der Vornahme der Handlung beauftragen oder die Handlung selbst vornehmen.

[31] § 30 Abs. 1 SächsPolG: Die Polizei wendet unmittelbaren Zwang nach den Vorschriften dieses Gesetzes, andere Zwangsmittel nach den Vorschriften des Sächsischen Verwaltungsvollstreckungsgesetzes an.

[32] § 4 Abs. 1 S. 1 Nr. 2 SächsVwVG: Vollstreckungsbehörden sind ... 2. für sonstige Verwaltungsakte die Behörden, die die Verwaltungsakte erlassen haben.

[33] Vgl. BVerwGE 59, 221 (224 ff.); *Henneke*, in: Knack, VwVfG, § 35 Rn. 129; *Maurer*, § 9 Rn. 36.

[34] Vgl. in diesem Zusammenhang auch *Hentschel*, § 44 StVO Rn. 3: Für die Vollstreckung der durch Vorschriftenzeichen der StVO gegebenen Anordnungen sei die für ihre Aufstellung zuständige Behörde zuständig.

[35] Verordnung der Sächsischen Staatsregierung und des Sächsischen Staatsministeriums für Wirtschaft und Arbeit zur Bestimmung der

der StVO nicht explizit regelt, war die P als Bedienstete der Stadt L dann zuständig, wenn die Stadt L untere Verwaltungsbehörde im Sinne des § 44 Abs. 1 S. 1 StVO ist. Untere Verwaltungsbehörden im Sinne bundes- und landesrechtlicher Vorschriften sind im Freistaat Sachsen entweder gemäß § 3 Abs. 3 der Gemeindeordnung für den Freistaat Sachsen (SächsGemO)[36] die kreisfreien Städte oder nach § 2 Abs. 5 der Landkreisordnung für den Freistaat Sachsen (SächsLKrO)[37] die Landratsämter. Die Stadt L ist eine kreisfreie Stadt. Sie ist somit untere Verwaltungsbehörde im Sinne des § 44 Abs. 1 S. 1 StVO[38] und folglich für die Aufstellung zuständig. Da die P Bedienstete der Stadt L ist und auch als Angehörige der Behörde OBM, des nach § 51 Abs. 1 SächsGemO[39] i.V.m. § 53 Abs. 1 und 3 Satz 1 SächsGemO[40] zuständigen Organs der Stadt L tätig wurde, hat sie als Bedienstete der nach § 4 Abs. 1 Nr. 2 SächsVwVG für die Vollstreckung zuständigen Behörde gehandelt. Sie war daher sachlich für das Abschleppen zuständig.

(2) Anhörung

Von einer vorherigen Anhörung des A konnte gemäß § 28 Abs. 2 Nr. 5 VwVfG abgesehen werden.

Die formellen Voraussetzungen für den Vollzug liegen vor.

---

[36] Zuständigkeiten auf dem Gebiet des Straßenverkehrswesens vom 30. August 2001 (SächsGVBl. S. 659).

§ 3 Abs. 3 SächsGemO: Die Kreisfreien Städte sind, soweit nichts anderes bestimmt ist, untere Verwaltungsbehörden im Sinne bundes- und landesrechtlicher Vorschriften.

[37] § 2 Abs. 5 SächsLKrO: Die Landratsämter sind, soweit nichts anderes bestimmt ist, untere Verwaltungsbehörden im Sinne bundes- und landesrechtlicher Vorschriften.

[38] Zu der Frage, ob die Aufgabenübertragung durch § 3 Abs. 3 SächsGemO den Anforderungen des Art. 85 Abs. 1 SächsVerf genügt, vgl. die kritischen Anmerkungen von *Krüger/Apitz*, LKV 1998, 90 (91 f., 93 ff.).

[39] § 51 Abs. 1 SächsGemO: Der Bürgermeister ist Vorsitzender des Gemeinderats und Leiter der Gemeindeverwaltung. Er vertritt die Gemeinde.

[40] § 53 Abs. 1 SächsGemO: Der Bürgermeister ist für die sachgemäße Erledigung der Aufgaben und den ordnungsgemäßen Gang der Gemeindeverwaltung verantwortlich und regelt die innere Organisation der Gemeindeverwaltung.

§ 53 Abs. 3 Satz 1 SächsGemO: Weisungsaufgaben erledigt der Bürgermeister in eigener Zuständigkeit, soweit gesetzlich nichts anderes bestimmt ist; dies gilt nicht für den Erlaß von Rechtsverordnungen.

bbb) Materielle Voraussetzungen der Ersatzvornahme

(1) Vorliegen eines Grundverwaltungsaktes

Voraussetzung für eine rechtmäßige Ersatzvornahme ist, daß ein Grundverwaltungsakt gegeben ist, der von dem Pflichtigen, also dem A, nicht befolgt worden ist.

Ein Grundverwaltungsakt könnte in Form des Verkehrszeichens Nr. 283 (mobiles Halteverbotsschild) gegeben sein. Nach der sogenannten Verkehrszeichenrechtsprechung enthalten Halteverbote zugleich ein Gebot, das Fahrzeug zu entfernen[41]. Voraussetzung für die Wirksamkeit des Zeichens ist aber, daß es dem A bekannt gemacht worden ist.

Die Bekanntgabe von Verwaltungsakten, zu denen jedenfalls auch Verkehrszeichen gehören, die ein Ge- oder Verbot zum Inhalt haben[42], richtet sich grundsätzlich nach § 41 VwVfG, sofern nicht für einzelne Materien spezialgesetzliche Regelungen vorrangig anzuwenden sind. Eine spezialgesetzliche Regelung für die Bekanntgabe von Verkehrszeichen könnte in § 41 Abs. 3 S. 1 VwVfG i.V.m. § 45 Abs. 4 StVO i.V.m. § 39 Abs. 1, 1a StVO normiert sein. Diese Vorschriften beziehen sich auf die Aufstellung von Verkehrszeichen und regeln folglich spezifisch die Wirksamkeitserfordernisse von Verkehrszeichen. Dementsprechend werden Verkehrszeichen durch Aufstellung bekannt gemacht[43].

Gegen diese Argumentation des BVerwG ist eingewandt worden, daß auch für Allgemeinverfügungen wie Verkehrszeichen das Erfordernis der individuellen Bekanntgabe gelte[42]. Wer eine allgemeine Möglichkeit der Kenntnisnahme ausreichen lassen wolle, rücke Verkehrszeichen in die Nähe von Rechtsnormen und verändere damit den Begriff der Allgemeinverfügung[43].

---

[41] Vgl. BVerwG, NJW 1978, 656 (656 f.); *Schenke*, Polizeirecht, Rn. 112, sowie referierend *Koch/Niebaum*, JuS 1997, 312 (313 m.w.N).

[42] Verkehrszeichen werden als Allgemeinverfügungen nach § 35 S. 2 Alt. 3 VwVfG eingestuft, vgl. statt vieler *P. Stelkens/U. Stelkens*, in: Stelkens/Bonk/Sachs, VwVfG, § 35 Rn. 241.

[43] So BVerwG DVBl. 1998, 93 (93); ebenso *Manssen*, DVBl. 1997, 633 (635): Bekanntgabe von Verkehrszeichen erfolge gemäß § 41 Abs. 3 S. 1 VwVfG i.V.m. § 45 Abs. 4 StVO i.V.m. § 39 StVO durch Aufstellen; gleicher Ansicht des weiteren auch *Henneke*, in Knack, VwVfG, § 41 Rn. 28; *Kopp/Ramsauer*, VwVfG, § 41 Rn. 6 und 49 sowie § 35 Rn. 112a; *P. Stelkens/U. Stelkens*, in: Stelkens/Bonk/Sachs, VwVfG, § 35 Rn. 243.

Wer sich diesen Einwänden anschließen will oder die Figur einer besonderen Bekanntmachungsbegriffs in der StVO nicht bejahen möchte, der muß mit beachtlichen Stimmen in der Literatur[44] und der Rechtsprechung[45] zu dem Ergebnis kommen, daß das Verkehrszeichen dem abwesenden Verkehrsteilnehmer nicht wirksam bekanntgemacht worden ist. Da dann kein vollziehbarer Verwaltungsakt gegenüber A vorliegt, scheidet die Ersatzvornahme aus. Der Klausurbearbeiter hat dann aber die Voraussetzungen einer unmittelbaren Ausführung nach § 6 Abs. 1 SächsPolG zu prüfen. Weil das vom BVerwG vertretene Ergebnis durchaus umstritten ist, wird diese Prüfung in einem Anhang als Alternativlösung vorgestellt.	Zweifel an der wirksamen Bekanntgabe des Schildes gegenüber A könnten aber darin bestehen, daß A bei Aufstellung nicht anwesend war. Auch nach den obengenannten Vorschrift ist nämlich nach bisheriger Auffassung für die wirksame Bekanntgabe von Verkehrszeichen grundsätzlich erforderlich, daß sie ein durchschnittlicher Kraftfahrer bei Einhaltung der nach § 1 StVO erforderlichen Sorgfalt schon mit einem raschen und beiläufigen Blick erfassen kann[46], sog. Sichtbarkeitsprinzip[47]. Dies vermochte der A jedoch nicht, da er das konkrete Zeichen nicht sehen konnte, weil es bei seiner Ankunft noch gar nicht aufgestellt war. Das Zeichen könnte dem A gleichwohl wirksam bekanntgegeben worden sein, wenn die individuelle Kenntnisnahme entbehrlich ist. Dies ist der Fall, wenn es nicht auf die subjektive Kenntnisnahme der Verkehrsteilnehmers, sondern lediglich auf die *Eigenschaft als Verkehrsteilnehmer* ankommt. Dafür spricht, daß die Wirkung der Aufstellung von Verkehrszeichen anderen Formen öffentlicher Bekanntmachung wie etwa § 41 Abs. 5 VwVfG i.V.m. § 15 Abs. 3 S. 2 und 3 VwZG oder § 74 Abs. 5 VwVfG entspricht, die ebenfalls nicht auf die persönliche Kenntnisnahme abstellen[48]. Mithin äußern Verkehrszeichen ihre Rechtswirkung gegenüber jedem Verkehrsteilnehmer schon durch die Aufstellung an sich, so daß es auf individuelle Kenntnisnahme des Verkehrsteilnehmers nicht ankommt[49]. Verkehrszeichen werden daher auch demjenigen gegenüber wirksam, der im Zeitpunkt der Aufstellung nicht zugegen ist. Folglich spielt es auch keine Rolle, wenn die Aufstellung erst nach dem Parken des Fahrzeugs erfolgt.

Fraglich ist nach den Ergebnissen der bisherigen Prüfung somit nur noch, ob A auch Verkehrsteilnehmer war. Verkehrsteilnehmer ist nach § 1 StVO nicht nur derjenige,

---

[44] Die Wirksamkeit der Bekanntgabe eines nachträglich aufgestellten Verkehrszeichens gegenüber Abwesenden wird abgelehnt von *Schenke*, Polizeirecht, Rn. 113; *Koch/Niebaum*, JuS 1997, 312 (315).

[45] Vgl. z.B. VGH Mannheim, NJW 1991, 1698 (1698 f.); OVG Hamburg, NJW 1992, 1909; DÖV 1995, 783 (783);VG Leipzig, LKV 1998, 39 (39).

[46] Zum Vorstehenden BVerwG DVBl. 1998, 93 (93).

[47] Vgl. *Kopp/Ramsauer*, VwVfG, § 41 Rn. 6 und 49 sowie § 35 Rn. 112a.

[48] So BVerwG, DVBl. 1998, 93 (93); ebenso *Hendler*, JZ1997, 782 (783) mit weiteren Beispielen.

[49] So ausdrücklich BVerwG, DVBl. 1998, 93 (93); ebenso *P. Stelkens/ U. Stelkens*, in: Stelkens/Bonk/Sachs, VwVfG § 35 Rn. 245; *Friauf*, Rn. 145; *Bitter/Konow*, NJW 2001, 1386 (1390). Differenzierend *Kopp/Ramsauer*, VwVfG, § 41 Rn. 49.

der sich im Straßenverkehr bewegt, sondern auch der Halter eines am Straßenrand geparkten Fahrzeugs, solange er Inhaber der tatsächlichen Gewalt ist[50]. Dies war bei A der Fall, da er jederzeit Zugriff auf sein Fahrzeug hatte.

Da A als Verkehrsteilnehmer anzusehen ist, wurde ihm das Verkehrszeichen gemäß § 41 Abs. 3 S. 1 VwVfG i.V.m. § 45 Abs. 4 StVO i.V.m. § 39 Abs. 1, 1a StVO wirksam bekannt gemacht[51]. Folglich liegt in der Aufstellung des Zeichens 283 ein Verwaltungsakt, der vollzogen werden könnte, vor.

(2) Vollstreckbarkeit des Grundverwaltungsaktes

Dieser Verwaltungsakt ist gemäß § 2 S. 1 Nr. 2 SächsVwVG[52] vollstreckbar, wenn er unanfechtbar geworden ist oder wenn die aufschiebende Wirkung eines Rechtsbehelfs kraft Gesetzes entfällt oder die sofortige Vollziehung angeordnet worden ist. Es könnte ein Fall der sofortigen Vollziehbarkeit kraft Gesetzes nach § 80 Abs. 2 Nr. 2 VwGO vorliegen. Nach dieser Vorschrift entfällt die aufschiebende Wirkung bei unaufschiebbaren Anordnungen und Maßnahmen von Polizeivollzugsbeamten. Zwar sind Verkehrszeichen keine Maßnahmen von Polizeivollzugsbeamten, doch ist wegen ihrer Funktionsgleichheit mit den Maßnahmen von Polizeivollzugsbeamten § 80 Abs. 2 Nr. 2 VwGO analog anwendbar[53], so daß Verkehrszeichen sofort vollziehbar sind. Mithin ist der in der Aufstellung des Zeichens 283 liegende Verwaltungsakt auch vollstreckbar.

(3) Rechtmäßigkeit des Grundverwaltungsaktes

Ob der Grundverwaltungsakt auch rechtmäßig[54] oder bloß wirksam[55] sein muß, kann offenbleiben, da jedenfalls keine Gesichtspunkte ersichtlich sind, die gegen die Rechtmäßigkeit der Aufstellung des mobilen Halteverbotsschildes ersichtlich sind.

Mithin lagen auch die materiellen Voraussetzungen für den Einsatz des Zwangsmittels der Ersatzvornahme vor.

---

[50] So BVerwG DVBl. 1998, 93 (93); differenzierend *Becker*, JA 2000, 677 (680).

[51] Vgl. BVerwG, DVBl. 1998, 93 (94).

[52] § 2 S. 1 Nr. 2 SächsVwVG: Ein Verwaltungsakt kann vollstreckt werden, wenn er ... 2. unanfechtbar geworden ist, ein gegen ihn gerichteter Rechtsbehelf kraft Gesetzes keine aufschiebende Wirkung hat oder seine sofortige Vollziehung angeordnet worden ist, ...

[53] Vgl. *Schenke,* Polizeirecht, Rn. 286 i.V.m. 112; *Friauf*, Rn. 145; *Pietzner/Ronellenfitsch*, § 54 Rn. 15 m.w.N.

[54] So z.B. *Götz*, Rn. 382; *Knemeyer*, Rn. 358.

[55] So etwa *Schenke*, Polizeirecht, Rn. 283.

ccc) Ordnungsgemäße Anwendung des Zwangsmittels Ersatzvornahme

(1) Zulässigkeit des Zwangsmittels Ersatzvornahme

Mittels des Zwangsmittels der Ersatzvornahme können gemäß § 24 Abs. 1 SächsVwVG nur vertretbare Handlungen vollstreckt werden. Die Beseitigung eines PKW ist eine Handlung, die keinen höchstpersönlichen Charakter hat[56]. Sie ist daher eine vertretbare Handlung, so daß die Ersatzvornahme das richtige Zwangsmittel ist.

(2) Rechtmäßige Androhung der Ersatzvornahme

Grundsätzlich ist nach § 20 Abs. 1 S. 1 SächsVwVG[57] erforderlich, daß die Ersatzvornahme schriftlich unter Angabe einer Frist zuvor angedroht wird, wobei nach § 20 Abs. 5 SächsVwVG[58] auch die voraussichtlichen Kosten anzugeben sind. Dies war jedoch entbehrlich, da die Voraussetzungen des § 21 SächsVwVG[59] vorlagen, denn die Ersatzvornahme war zur Beseitigung einer bereits eingetretenen Störung, nämlich der Mißachtung des Wegfahrgebots, erforderlich.

(3) Rechtmäßige Festsetzung

Da nach sächsischem Landesrecht eine Festsetzung des Zwangsmittels gemäß § 22 Abs. 2 SächsVwVG[60] nur für das Zwangsgeld ausdrücklich vorgeschrieben ist, bedurfte es für die Ersatzvornahme keiner ausdrücklichen Festsetzung[61]. Mithin können Bedenken wegen einer etwaigen fehlenden oder fehlerhaften Festsetzung nicht erhoben werden[62].

(4) Rechtmäßige Anwendung

α) Richtiger Vollstreckungsschuldner

A ist als Fahrer respektive Halter des Wagens Adressat des Wegfahrgebots und damit auch Pflichtiger nach § 3 Abs. 1

---

[56] Vgl. *Wagner/Ruder*, Rn. 658.

[57] § 20 Abs. 1 S. 1 SächsVwVG: Zwangsmittel sind vor ihrer Anwendung von der Vollstreckungsbehörde schriftlich anzudrohen.

[58] § 20 Abs. 5 SächsVwVG: Wird Ersatzvornahme angedroht, so sind in der Androhung die voraussichtlichen Kosten anzugeben.

[59] § 21 SächsVwVG: Von § 3 Abs. 3, §§ 5, 8, 9, und 20 Abs. 1 kann abgewichen werden, soweit dies zur Verhinderung einer unmittelbar bevorstehenden Störung der öffentlichen Sicherheit oder zur Beseitigung einer bereits eingetretenen Störung erforderlich ist.

[60] § 22 Abs. 2 SächsVwVG: Das Zwangsgeld ist vor der Beitreibung schriftlich festzusetzen.

[61] Vgl. *Wagner/Ruder*, Rn. 627.

[62] Zu einer möglicherweise divergierenden Betrachtung, wenn das Landesrecht die Festsetzung nicht als entbehrlich betrachtet, *Becker*, JA 2000, 677 (678 mit Fn.9, 680).

Nr. 1 SächsVwVG[63], da er die Erfüllung dieser Leistung schuldet.

β) Ermessensfehlerfreie Anwendung des Zwangsmittels

Ermessensfehler hinsichtlich der *Auswahl* des Zwangsmittels Ersatzvornahme sind nicht ersichtlich. Zu prüfen ist aber, ob durch die *Anwendung* der Ersatzvornahme gegen die Ermessensschranke des Übermaßverbotes verstoßen worden ist. Der Grundsatz der Verhältnismäßigkeit ist verletzt, wenn sich die Ersatzvornahme als ungeeignet oder nicht erforderlich oder als unverhältnismäßig im engeren Sinne erweist.

αα) Geeignetheit

An der Geeignetheit des Zwangsmittels der Ersatzvornahme bestehen keine Zweifel.

ββ) Erforderlichkeit

Der Einsatz des Zwangsmittels könnte aber nicht erforderlich gewesen sein. Die Erforderlichkeit ist insbesondere dann zu verneinen, wenn das Fahrzeug des A auf andere Weise beseitigt werden konnte. In diesem Zusammenhang fragt sich, ob die P nicht eine Halteranfrage hätte durchführen müssen, da an dem PKW ein gültiges Kennzeichen angebracht war. Dem ist mit dem BVerwG entgegenzuhalten, daß angesichts des auswärtigen Kennzeichens solche Bemühungen wegen zu geringer Erfolgsaussichten nicht veranlaßt waren[64]. Ein Verstoß gegen den Grundsatz der Erforderlichkeit ist daher nicht gegeben.

γγ) Angemessenheit

Fraglich ist aber, ob durch das Abschleppen das Gebot der Angemessenheit mißachtet worden ist. Dieses Gebot jedenfalls schon dann verletzt, wenn das Fahrzeug des A von einem Tag auf den anderen abgeschleppt worden ist. In Fällen nachträglich aufgestellter Halteverbotsschilder wird nämlich verlangt, daß zwischen dem Aufstellen des Schildes und der Vollstreckungsmaßnahme mindestens zwei, nach anderer Auffassung sogar vier Tage verstrichen sind[65].

---

[63] § 3 Abs. 1 Nr. 1 SächsVwVG: Als Vollstreckungsschuldner kann in Anspruch genommen werden, wer 1. eine Leistung aufgrund des zu vollstreckenden Verwaltungsakts schuldet ...

[64] Vgl. BVerwG DVBl. 1998, 93 (93 f.). Auf gleicher Linie *Schoch*, Polizeirecht, Rn. 107.

[65] Vgl. BVerwG, DVBl. 1998, 93 (94): vier Tage, OVG Hamburg, DÖV 1995, 783 (784): drei Werktage mit einem dazwischenliegenden Sonn-

Durch diese Schonfrist[66] soll dem Umstand Rechnung getragen werden, daß das Fahrzeug vor der Aufstellung des Verkehrszeichens ordnungsgemäß geparkt wurde. Diese Schonfrist ist aber eingehalten worden, da zwischen der Aufstellung des mobilen Halteverbotsschildes am 28.06.04 und der Abschleppmaßnahme am 02.07.04 vier Werktage verstrichen sind.

Fraglich ist aber, ob eine solche Schonfrist dem Verhältnismäßigkeitsprinzip überhaupt ausreichend Rechnung trägt. Dagegen spricht, daß keine gesetzliche Pflicht besteht, sich um sein ordnungsgemäß geparktes Fahrzeug in regelmäßigen Abständen zu kümmern. Auf der anderen Seite ist aber zu sehen, daß kein Straßenbenutzer darauf vertrauen kann, daß die Verkehrszeichen und Verkehrseinrichtungen unverändert bestehen bleiben[67]. Vielmehr muß bei den komplexen Verhältnissen des sich ständig verdichtenden Straßenverkehrs mit einer Änderung der konkreten straßenrechtlichen Verkehrsregelung gerechnet werden[68]. Eine Schonfrist trägt aber gerade den konfligierenden Interessen Rechnung, denn sie berücksichtigt sowohl das Interesse des sich ursprünglich rechtmäßig verhaltenden Verkehrsteilnehmers als auch das öffentlichen Interesse an einer situationsbezogenen Verkehrsregelung, die auf sich ständig wandelnde Situationen im Straßenverkehr reagieren können muß[69]. Folglich ist durch die Schonfrist dem Grundsatz der Verhältnismäßigkeit Genüge getan.

Ein Verstoß gegen den Grundsatz der Verhältnismäßigkeit ist somit nicht ersichtlich.

Da alle Voraussetzungen für die ordnungsgemäße Anwendung des Zwangsmittels beachtet worden sind, ist die Art und Weise der Vollstreckung ordnungsgemäß erfolgt.

Zwischenergebnis: Das Abschleppen im Wege der Ersatzvornahme war rechtlich zulässig.

---

[66] oder Feiertag; VGH Kassel, NJW 1997, 1023 (1023): drei Werktage; OVG Münster, NVwZ-RR 1996, 59 (59): 48 Stunden.
Dazu auch *Schoch*. Polizeirecht, Rn. 108; *Hendler*, JZ 1997, 782 (783).
[67] Vgl. BGH, NJW 1970, 1126 (1127).
[68] Vgl. *Hendler*, JZ 1997, 782 (783); ebenso *Bitter/Konow*, NJW 2001, 1386 (1391).
[69] Vgl. dazu auch OVG Münster, NVwZ-RR 1996, 59 (59).

b) Rechtmäßigkeit der Verbringung zum städtischen Betriebshof

In Betracht kommt eine Sicherstellung nach § 26 Abs. 1 SächsPolG. Danach kann die Polizei eine Sache sicherstellen, um den Eigentümer vor Verlust oder Beschädigung zu schützen. Eine konkrete Gefahr für die zu schützende Sache muß nicht bestehen. Es genügt, daß nach allgemeiner Gefahrenprognose ein Schaden entstehen kann[71]. Es ist nicht auszuschließen, daß das Auto des A im Gedränge des Volksfestes durch Passanten beschädigt (z.B. Abbrechen des Seitenspiegels, Lackkratzer) werden konnte.

Auch die übrigen Sicherstellungsvoraussetzungen wie etwa richtiger Adressat sind gegeben[72]. Problematisch ist jedoch, ob ein Ermessensfehler im Wege eines Verstoßes gegen den Grundsatz der Verhältnismäßigkeit gegeben ist. Wegen der hohen Kosten für den Eigentümer ist eine Sicherstellung nur dann zulässig, wenn keine Möglichkeit besteht, das Fahrzeug in geringem Abstand vom bisherigen Standort abzustellen[73]. Diese Möglichkeit war hier aber gegeben. Das Auto des A hätte nicht sichergestellt werden dürfen, so daß die Verbringung zum städtischen Betriebshof nicht rechtmäßig war.

Diese Aufspaltung wirkt etwas gekünstelt, erleichtert aber das Verständnis der rechtlichen Zusammenhänge[70].

2. Sonstige Rechtmäßigkeitsvoraussetzungen des Kostenbescheides

a) Ermächtigung zum Erlaß des Kostenbescheides

Die Ermächtigung zum Erlaß des Kostenbescheides über 275,- € ergibt sich aus § 1 SächsVwKG i.V.m. §§ 24 Abs. 1, Abs. 3, 4 Abs. 1 S. 3 SächsVwVG i.V.m. § 30 Abs. 1 SächsPolG

b) Formelle Voraussetzungen

Die formellen Voraussetzungen nach § 1 SächsVwVG i.V.m. § 4 Abs. 1 Nr. 2 SächsVwVG i.V.m. §§ 60 Abs. 1[74],

---

[70] Wie hier *Schoch*, JuS 95, 506; *Schenke*, Polizeirecht, Rn. 113 f.; *Gornig/Jahn*, S. 241 mit S. 250.
[71] Vgl. *Gornig/Jahn*, S. 250.
[72] Näher *Gornig/Jahn*, S. 250 f.
[73] *Schenke*, Polizeirecht, Rn. 113.
[74] § 60 Abs. 1 SächsPolG: Für die Wahrnehmung der polizeilichen Aufgaben sind die Polizeibehörden zuständig, soweit gesetzlich nicht anderes bestimmt ist.

64 Abs. 1 Nr. 3 resp. Nr. 4 SächsPolG[75] sind eingehalten worden.

c) Materielle Voraussetzungen

aa) Richtiger Adressat

A ist als Halter und Eigentümer des PKW der richtige Adressat des Kostenbescheides gemäß § 3 Abs. 1 Nr. 1 SächsVwVG.

bb) Rechtmäßige Maßnahmen

Die obige Prüfung hat ergeben, daß lediglich die Abschleppmaßnahme rechtmäßig war. Der Kostenbescheid ist also nur in Höhe von 200,- € rechtmäßig, nicht aber in Höhe von 75,- € für die Unterstellung des Fahrzeugs.

cc) Ermessensfehler

Aus diesem Grund ist auch das Übermaßverbot im Hinblick auf die konkrete Behördenentscheidung nicht zu prüfen; allenfalls könnte man die Verfassungswidrigkeit des § 24 Abs. 3 SächsVwVG problematisieren[76].

Eine Prüfung auf Ermessensfehler erübrigt sich, da die Beitreibung der Kosten der Ersatzvornahme und somit der Erlaß eines Kostenbescheides nach § 24 Abs. 3 VwVG („Die Kosten der Ersatzvornahme ... *werden* von der Vollstreckungsbehörde durch Leistungsbescheid festgesetzt") i.V.m. § 4 Abs. 1 S. 3 SächsVwVG zwingende Rechtsfolge des Gesetzes ist; es bestand daher kein Entscheidungsspielraum der Behörde[77].

Ergebnis:

Der Kostenbescheid ist in Höhe von 75,- € rechtswidrig.

II. Zweckwidrigkeit

Gesichtspunkte, die eine Zweckwidrigkeit der angesprochenen Maßnahmen ergeben, sind nicht ersichtlich.

III. Rechtsverletzung

Der A ist durch den teilweise rechtswidrigen Kostenbescheid in seinem Recht aus Art. 2 Abs. 1 GG verletzt.

---

[75] § 64 Abs. 1 Nr. 3 resp Nr. 4 SächsPolG: Allgemeine Polizeibehörden sind ... 3. die Landratsämter und die Kreisfreien Städte als Kreispolizei-behörden, 4. die Gemeinden als Ortspolizeibehörden.

[76] Vgl. *Schoch,* JuS 1995, 504 (508).

[77] Vgl. *Schenke,* Polizeirecht, Rn. 354; *Sailer,* Rn. 84 und Rn. 46; ebenso OVG Münster, NVwZ-RR 1996, 59 (59 f.) für die Rechtslage in Nordrhein-Westfalen; a.A. für das sächsische Landesrecht *Wagner/Ruder,* Rn. 718: Kostengeltendmachung stehe im pflichtgemäßen Ermessen.

Gesamtergebnis:

Der Widerspruch ist in Höhe von 75,- € begründet. die Widerspruchsbehörde wird den Kostenbescheid gemäß § 113 Abs. 1 S. 2 VwGO analog teilweise aufheben.

Anhang:

Alternativlösung bei Ablehnung einer wirksamen Bekanntgabe des Verkehrsschildes

dd) Unmittelbare Ausführung

Die Polizei könnte das Abschleppen eventuell auf die Ermächtigung des § 6 Abs. 1 SächsPolG[80] (unmittelbare Ausführung) stützen.

aaa) Formelle Erfordernisse der unmittelbaren Ausführung

Die P war als Bedienstete der Stadt nach § 60 Abs. 1, § 59 Nr. 1[81], § 64 Nr. 4 SächsPolG sachlich, örtlich und instanziell zuständig. Auch die übrigen Erfordernisse sind eingehalten. Die unmittelbare Ausführung war formell rechtmäßig.

Wie oben erwähnt, wird hier in einem Anhang die Prüfung der unmittelbaren Ausführung für diejenigen vorgestellt, die der Argumentation des BVerwG nicht folgen wollen[78]. Diese wird zeigen, daß sich die Ergebnisse im konkreten Fall nicht unterscheiden. Da dies auch in anderen Fallgestaltungen beim Abschleppen von PKW häufig der Fall ist, hat sich das OVG Münster dazu veranlaßt gesehen, auf die Angabe der exakten Rechtsgrundlage zu verzichten[79] – eine Praxis, die der Bearbeiter einer Examensklausur allerdings nicht folgen darf.

bbb) Materielle Erfordernisse der unmittelbaren Ausführung

(1) Zulässigkeit einer Maßnahme nach § 3 Abs. 1 PolG[82]

Die Vorschrift des § 6 Abs. 1 SächsPolG berechtigt die Polizei, in den von ihr erfaßten Konstellationen einzuschreiten, wenn zusätzlich die Voraussetzungen derjenigen Ermächtigung gegeben sind, aufgrund derer im Fall der Er-

Wer die Ersatzvornahme ablehnt, muß in der Gliederung folgerichtig mit dd) fortfahren.

---

[78] Um Mißverständnissen vorzubeugen sei aber ausdrücklich darauf hingewiesen, daß sich der Bearbeiter in der Klausur *entweder* für die Ersatzvornahme *oder* für die unmittelbare Ausführung entscheiden muß; die zusätzliche Erörterung der unmittelbaren Ausführung wird nur aus didaktischen Gründen aufgenommen.

[79] Vgl. OVG Münster, NVwZ-RR 1996, 59 (59).

[80] § 6 Abs. 1 SächsPolG: Die unmittelbare Ausführung einer Maßnahme durch die Polizei ist nur zulässig, wenn der polizeiliche Zweck durch Maßnahmen gegen die in den §§ 4 und 5 bezeichneten Personen nicht oder nicht rechtzeitig erreicht werden kann. Der von der Maßnahme Betroffene ist unverzüglich zu unterrichten.

[81] § 59 Nr. 1 SächsPolG: Die Organisation der Polizei umfaßt 1. die Polizeibehörden.

[82] § 3 Abs. 1 SächsPolG: Die Polizei kann innerhalb der durch das Recht gesetzten Schranken die erforderlichen Maßnahmen treffen, um eine im einzelnen Falle bestehende Gefahr für die öffentliche Sicherheit oder Ordnung abzuwehren, soweit die Befugnisse der Polizei nicht besonderes geregelt sind.

reichbarkeit des Verantwortlichen hätte gehandelt werden können[83]. Diese Ermächtigung war hier § 3 Abs. 1 Sächs PolG.

Danach ist zunächst erforderlich, daß eine Gefahr für die öffentliche Sicherheit oder Ordnung vorliegt. Ein Verstoß gegen das Verkehrszeichen kann hier nicht herangezogen werden, da es dem A nicht wirksam bekanntgemacht wurde. Eine Gefahr für die öffentliche Sicherheit liegt jedoch in einer Gefährdung von Individualrechtsgütern. Das Fahrzeug des A bildet für die Besucher des Straßenfestes ein Hindernis, an dem sich im zu erwartenden Gedränge des Straßenfestes Menschen verletzen können. Mithin ist eine Gefahr für die öffentliche Sicherheit gegeben.

Auch das Einschreitermessen ist fehlerfrei ausgeübt worden. Eine Maßnahme nach § 3 Abs. 1 SächsPolG war daher zulässig.

Der Veranstalter des Straßenfestes ist hingegen kein Störer[84].

(2) Verantwortlichkeit des A und korrekte Störerauswahl

A ist als Eigentümer des Wagens Verantwortlicher i.S. des § 5 SächsPolG[85]. Seine Heranziehung war auch ermessensfehlerfrei, da Maßnahmen gegen ihn den schnellsten Erfolg versprachen.

(3) Verantwortliche nicht oder nicht rechtzeitig erreichbar

Weiterhin ist Voraussetzung der unmittelbaren Ausführung, daß A nicht respektive nicht rechtzeitig erreichbar war. A befand sich nicht in der Nähe des Wagens. Es gab auch keine Anhaltspunkte für die P, wo A sich aufhalten könnte. Er war daher nicht erreichbar. In diesem Zusammenhang fragt sich aber, ob die P nicht eine Halteranfrage hätte durchführen müssen, da an dem PKW ein gültiges Kennzeichen angebracht war. Dem ist mit dem BVerwG entgegenzuhalten, daß angesichts des auswärtigen Kennzeichens solche Bemühungen wegen zu geringer Erfolgsaussichten nicht veranlaßt waren[86]. Folglich war A als Verantwortlicher nicht erreichbar.

---

[83] So *Kugelmann*, DÖV 1997, 153 (154); VG Leipzig, LKV 1998, 39 (39).

[84] Vgl. BVerwG DVBl. 1999, 93 (94).

[85] § 5 SächsPolG: Wird die öffentliche Sicherheit oder Ordnung durch den Zustand einer Sache bedroht oder gestört, so hat die Polizei ihre Maßnahmen gegenüber dem Eigentümer oder gegenüber demjenigen zu treffen, der die tatsächliche Gewalt über die Sache ausübt.

[86] Vgl. BVerwG, DVBl. 1998, 93 (93 f.).

(4) Vertretbarkeit der Handlung

Unmittelbar ausgeführt werden können nur vertretbare Handlungen[87]. Die Beseitigung eines PKW ist eine Handlung, die keinen höchstpersönlichen Charakter hat. Sie ist daher eine vertretbare Handlung.

(5) Übermaßverbot

Ein Verstoß gegen den Grundsatz der Verhältnismäßigkeit aufgrund sonstiger Gesichtspunkte durch die unmittelbare Ausführung ist nicht ersichtlich, da die Schonfrist von vier Tagen eingehalten wurde.

Hier gelten dieselben Gesichtspunkte wie bei der Ersatzvornahme, auf die hier verwiesen wird; sie müßten in entsprechender Breite ausgeführt werden.

Die unmittelbare Ausführung war daher auch materiell rechtmäßig.

Zwischenergebnis:

Das Abschleppen kann auf eine unmittelbare Ausführung gestützt werden.

b) Rechtmäßigkeit der Verbringung zum städtischen Betriebshof

Siehe hierzu die Ausführungen in der Hauptlösung.

Hier ergeben sich keine Unterschiede zum Hauptlösungsvorschlag.

2. Sonstige Rechtmäßigkeitsvoraussetzungen des Kostenbescheides

a) Ermächtigung zum Erlaß des Kostenbescheides

Die Ermächtigung zum Erlaß des Kostenbescheides über 275,- € ergibt sich aus § 6 Abs. 2 SächsPolG[88] i.V.m. § 29 Abs. 1 S. 3 SächsPolG (Kosten der unmittelbaren Ausführung plus Kosten der Sicherstellung).

Weil die Ersatzvornahme abgelehnt und die unmittelbare Ausführung bejaht, muß auf eine andere Ermächtigung zum Erlaß des Kostenbescheides zurückgreifen.

b) Formelle Voraussetzungen

Die formellen Voraussetzungen nach § 1 SächsVwG i.V.m. § 4 Abs. 1 Nr. 2 SächsVwVG i.V.m. § 64 Abs. 1 Nr. 4 SächsPolG sind eingehalten worden.

c) Materielle Voraussetzungen

aa) Richtiger Adressat

A ist als Halter und Eigentümer des PKW der richtige Adressat des Kostenbescheides.

---

[87] Vgl. *Kugelmann*, DÖV 1997, 153 (154).
[88] § 6 Abs. 2 SächsPolG: Entstehen der Polizei durch die unmittelbare Ausführung einer Maßnahme Kosten, so sind die in den §§ 4 und 5 bezeichneten Personen zu deren Ersatz verpflichtet.

bb) Rechtmäßige Maßnahmen

Die obige Prüfung hat ergeben, daß lediglich die Abschleppmaßnahme rechtmäßig war. Der Kostenbescheid ist also nur in Höhe von 200,- € rechtmäßig, nicht aber in Höhe von 75,- € für die Unterstellung des Fahrzeugs.

cc) Ermessensfehler

Aus diesem Grund ist auch das Übermaßverbot im Hinblick auf die konkrete Behördenentscheidung nicht zu prüfen; allenfalls könnte man – wie schon bei der Ersatzvornahme – die Verfassungswidrigkeit des § 6 Abs. 2 Sächs PolG problematisieren[89].

Eine Prüfung auf Ermessensfehler erübrigt sich, da die Beitreibung der Kosten und somit der Erlaß eines Kostenbescheides nach § 6 Abs. 2 SächsPolG („sind zum Ersatz der Kosten verpflichtet"), § 4 Abs. 1 S. 3 SächsVwVG zwingende Rechtsfolge des Gesetzes ist; es bestand daher kein Entscheidungsspielraum der Behörde[90].

Ergebnis:

Der Kostenbescheid ist in Höhe von 75,- € rechtswidrig.

Gesamtergebnis:

Das Gesamtergebnis der Alternativlösung ist also mit dem des Hauptlösungsvorschlages identisch.

Der Widerspruch ist in Höhe von 75,- € begründet. Die Widerspruchsbehörde wird den Kostenbescheid gemäß § 113 Abs. 1 S. 2 VwGO analog teilweise aufheben.

Anmerkung:

Der Fall ist angelehnt an die Entscheidungen des BVerwG DVBl. 1998, 93; OVG Münster, NvwZ-RR 1996, 59 und VGH Mannheim, NJW 1991, 1698.

Vertiefungshinweise:

Zur Bekanntgabe von Verkehrszeichen:
Bitter/Konow, Bekanntgabe und Widerspruchsfrist bei Verkehrszeichen, NJW 2001, 1386 ff.; *Koch/Niebaum*, "Ich sehe was, was Du nicht siehst" - Entscheidungsrezension von OVG Münster, NVwZ-RR 1996, 59 -, JuS 1997, 312 ff.;

---

[89] Zur etwaigen Verfassungswidrigkeit gebundener Vorschriften im Bereich der Beitreibung von Kosten polizeilicher Maßnahmen näher *Schoch*, JuS 1995, 504 (508).

[90] Vgl. *Schenke*, Polizeirecht, Rn. 354, 358; *Köhler*, BayVBl. 1999, 582 (587); *Sailer*, Rn. 46 und Rn. 83; ebenso OVG Münster, NVwZ-RR 1996, 59 (59 f.) für die Rechtslage in Nordrhein-Westfalen; a.A. VGH Mannheim, NJW 1991, 1698 (1698) für Baden-Württemberg; VGH Kassel, NJW 1997, 1023 (1023) für Hessen; für SachsenVG Leipzig, LKV 1998, 39 (39): Die Entscheidung, ob ein Zustandsstörer zum Ersatz der Kosten einer unmittelbaren Ausführung einer Maßnahme herangezogen wird, stehe im pflichtgemäßen Ermessen der Behörde.

Manssen, Anordnungen nach § 45 StVO im System des Verwaltungsrechts und des Verwaltungsprozeßrechts, DVBl. 1997, 633 ff.

Zur unmittelbaren Ausführung:
Kugelmann, Unmittelbare Ausführung und sofortige Anwendung von Verwaltungszwang durch die Polizei, DÖV 1997, 153 ff.

Zu Abschleppfällen:
Becker, Das Abschleppen verbotswidrig geparkter Fahrzeuge als Klausurproblem, JA 2000, 677 ff.; *Fischer*, Das polizeiliche Abschleppen von Kraftfahrzeugen, JuS 2002, 446 ff.; *Michaelis*, Das Abschleppen von Kraftfahrzeugen, Jura 2003, 298 ff.

Klausur Nr. 7**

Gefahr durch wilde Tauben

Sachverhalt

In der kreisfreien Stadt W hat in letzter Zeit die Taubenpopulation erheblich zugenommen. Die stark gestiegenen Verunreinigungen an den historischen Gebäuden der Stadt, aber auch die gestiegenen Kosten für die Reinigung auf den Straßen führten zu erheblichen Diskussionen in der lokalen Presse und zur Forderung, die Stadt möge endlich handeln.

Nachdem im Stadtrat verschiedene Alternativen erwogen wurden, wie man dem Problem beikommen kann, erläßt der Stadtrat am 24. Februar 2004 auf Vorschlag des Oberbürgermeisters Dr. Willibalt A folgende „Verordnung," welche die nach Art. 45 Abs. 2, 50 Abs. 2 LStVG notwendigen Angaben enthält und ordnungsgemäß bekannt gemacht wird.

„Aufgrund von Art. 16 Abs. 1 LStVG wird verordnet:
§ 1 Das Füttern von verwilderten Tauben ist innerhalb der Stadt W verboten. Zuwiderhandlungen können mit einer Geldbuße von 10 bis 500 € geahndet werden.
§ 2 Die Eigentümer von Grundstücken innerhalb der Stadt W, die Nutzungsberechtigten und ihre Vertreter haben Maßnahmen der Gemeinde oder deren Beauftragter zur Beseitigung der Nistplätze und Vergrämung verwilderter Tauben zu dulden.
§ 3 Diese Verordnung tritt am 1. März 2004 in Kraft und hat eine Geltungsdauer von fünf Jahren."

Der Taubenzüchter Günter G hält zahlreiche Brieftauben. Am 27. Juni 2004 kommen Mitarbeiter der Stadt zu Günter G, da sie von der Straße aus festgestellt haben, dass unter dem Dach ein Nistplatz von verwilderten Tauben liegt. Als sie Günter G auffordern, diesen Nistplatz zu beseitigen, weigert er sich.

Aufgrund dieses Vorfalls erlässt die Stadtverwaltung W mit Schreiben vom 12. Juli 2004 einen Bescheid, in dem Günter G auferlegt wird, die Beseitigung des Nistplatzes unter dem Dach seines Hauses zu dulden.

Der von Günter G dagegen am 19. Juli 2004 eingelegte Widerspruch wird von der Regierung von Unterfranken am 13. August 2004 zurückgewiesen. Günter G erhebt am 17. August 2004 Klage beim Verwaltungsgericht W.

Hat die Klage des Günter G Aussicht auf Erfolg?

Lösungsvorschlag

Die Klage des Günter G hat Aussicht auf Erfolg, wenn sie zulässig und begründet ist.

A. Zulässigkeit der Klage

Die Klage des Günter G ist zulässig, wenn der Verwaltungsrechtsweg gegeben ist und die Sachentscheidungsvoraussetzungen vorliegen.

I. Eröffnung des Verwaltungsrechtsweges, § 40 VwGO

Da keine Sonderzuweisung vorliegt, müsste der Verwaltungsrechtsweg nach § 40 Abs. 1 VwGO eröffnet sein.

Ob eine *öffentlich-rechtliche Streitigkeit* vorliegt, richtet sich nach dem Streitgegenstand, d.h. regelmäßig nach dem Rechtscharakter der streitentscheidenden Normen. Vorliegend werden dem Günter G von der Stadt W Pflichten auferlegt, die aus der städt. VO abgeleitet werden. Die Frage der Rechtmäßigkeit dieser Verordnung und der aus ihr abgeleiteten Pflichten beantwortet sich nach Sicherheitsrecht. Dieses berechtigt bzw. verpflichtet lediglich einen Träger hoheitlicher Gewalt als solchen, gehört mithin dem öffentlichen Recht an.

Die Streitigkeit ist auch *nichtverfassungsrechtlicher Art*, da keine Verfassungsorgane des Bundes oder der Länder bzw. Teile von diesen über die Anwendung spezifischen Verfassungsrechtes streiten.

II. Statthafte Klageart

Günter G begehrt, nicht den Nistplatz unter seinem Dach beseitigen zu müssen. Dem steht das Schreiben der Stadtverwaltung W vom 12. Juli 2004 entgegen, in dem Günter G dies auferlegt wird. Das Schreiben ist auf die Setzung einer Rechtsfolge gerichtet, enthält also eine Regelung im Sinne des Art. 35 S. 1 BayVwVfG und ist daher ein (belastender) Verwaltungsakt. Um sein Ziel zu erreichen, muss Günter G diesen (belastenden) Verwaltungsakt beseitigen lassen. Für dieses Klageziel ist die Anfechtungsklage nach § 42 Abs. 1 Alt. 1 VwGO die statthafte Klageart.

Gegenstand der Klage ist der Bescheid vom 12. Juli 2004. Die Rechtmäßigkeit der Verordnung wird nur *incidenter* geprüft.

III. Klagebefugnis, § 42 Abs. 2 Alt. 1 VwGO

Für Günter G als Adressaten eines belastenden Verwaltungsaktes ergibt sich die Klagebefugnis nach § 42 Abs. 2 Alt. 1 VwGO, da er jedenfalls in seinem Recht der allgemeinen Handlungsfreiheit verletzt ist, das aus Art. 2 Abs. 1 GG bzw. Art. 101 BayVerf hergeleitet wird.

IV. Vorverfahren, § 68 Abs. 1 VwGO

Ein Vorverfahren i.S.d. § 68 Abs. 1 VwGO wurde erfolglos durchgeführt.

V. Klagefrist, § 74 Abs. 1 VwGO

Die Klagefrist nach § 74 Abs. 1 VwGO von einem Monat nach Zustellung des Widerspruchsbescheides ist ebenfalls eingehalten.

VI. Passive Prozessführungsbefugnis

Die passive Prozeßführungsbefugnis bestimmt sich gemäß § 78 Abs. 1 VwGO nach dem Rechtsträger der handelnden Behörde. Hier ist die Klage gegen die Kreisfreie Stadt W zu richten, deren Behörde den Bescheid erlassen hat.

Der Freistaat Bayern hat *nicht* von der Ermächtigung in § 78 Abs. 1 Nr. 2 VwGO Gebrauch gemacht.

VII. Beteiligungsfähigkeit

Günter G ist als natürliche Person, die Stadt W als juristische Person des öffentlichen Rechts beteiligungsfähig nach § 61 Nr. 1 VwGO.

Die Beteiligungsfähigkeit sollte erst dann geprüft werden, wenn die Beklagte feststeht.

VIII. Weitere Sachentscheidungsvoraussetzungen

Auf die Punkte ist nur einzugehen, wenn sie *ausnahmsweise* problematisch sind.

Das Verwaltungsgericht W ist nach §§ 45, 52 Nr. 3 VwGO sachlich und örtlich zuständig. Die Klage muß in der Form der §§ 81, 82 VwGO erhoben worden sein.

IX. Zwischenergebnis

Die Klage des Günter G ist zulässig.

B. Begründetheit der Klage

Die Klage des Günter G ist begründet, wenn der Bescheid der Stadt W vom 12. Juli 2004 rechtswidrig und Günter G dadurch in seinen Rechten verletzt wird, § 113 Abs. 1 S. 1 VwGO.

Der Bescheid der Stadt W ist dann rechtswidrig, wenn er sich nicht auf Ermächtigungsgrundlagen stützen kann, die ihrerseits mit höherrangigem Recht vereinbar sind, er gegebenenfalls den Anforderungen dieser Ermächtigungsgrundlagen in formeller oder materieller Hinsicht nicht entspricht oder ein etwa bestehender Ermessensspielraum nicht in rechtmäßiger Weise von der Stadt W genutzt wurde.

I. Ermächtigungsgrundlage

Die Ermächtigungsgrundlage für die Duldungsverpflichtung könnte in § 3 städt.VO liegen, die durch den Bescheid lediglich konkretisiert wird.

Die Verordnung selbst enthält aber keine ausdrückliche Ermächtigung zur verwaltungsrechtlichen *Durchsetzung* der Duldungspflicht aus § 3 städt.VO. Auf welcher Grundlage dieses erfolgen kann, ist umstritten.

Nach einer Meinung enthalten Ge- oder Verbotsnormen auch immer implizit die Ermächtigung zur verwaltungsrechtlichen Durchsetzung.[1] Dem wird entgegengehalten, daß dies nicht mit dem Vorbehalt des Gesetzes vereinbar sei, der auch hinsichtlich der Durchsetzung von Ge- oder

---

[1] *Würtenberger/Heckmann//Riggert*, Rn. 734 – zumindest für gesetzeswiederholende Verfügungen – (ein Stützen auf die polizeirechtliche Generalklausel sei allerdings auch zulässig, vgl. Rn. 462); BVerwG, NJW 1977, 772; BayVGH, NJW 1981, 2077; nach *Maurer*, § 10 Rn. 5 mwN, bedarf es grds. für die Handlungs-*form* Verwaltungsakt keiner besonderen Ermächtigung, sondern lediglich für den Inhalt desselben.

Verboten Geltung beanspruchen müsse.² Der Grundsatz vom Vorbehalt des Gesetzes steht allerdings einer Ermächtigung durch Verordnung nicht entgegen, da Rechtsverordnungen wegen Art. 80 GG, Art. 55 Nr. 2 S. 3 BayVerf ihrerseits auf einer formell-gesetzlichen Grundlage beruhen und durch diese inhaltlich determiniert werden.³

Auf jeden Fall kommt als Ermächtigungsgrundlage für solche „unselbständigen" bzw. „konkretisierenden" Verfügungen die Generalklausel in Artt. 6, 7 LStVG⁴ in Betracht. Unter den unbestimmten Rechtsbegriff der „öffentlichen Sicherheit" fallen nämlich neben der „Unversehrtheit von Leben, Gesundheit, Ehre, Freiheit und Vermögen der Bürger" auch die Unversehrtheit der Rechtsordnung und der staatlichen Einrichtungen.⁵ Die Generalklausel schützt also die gesamte Rechtsordnung, zu der auch eine rechtmäßige Verordnung gehört. Der Verstoß gegen ein Ge- oder Verbot in einer solchen – Rechtsnorm im materiellen Sinne – ist zugleich eine Störung der öffentlichen Sicherheit.⁶

Im Ergebnis liegen beide Meinungen kaum auseinander. Der Einwand, es bestehe keine konkrete Gefahr, ist stets ausgeschlossen. Entweder ist die Gefahr schon durch den Verstoß gegen das Ge- oder Verbot gegeben oder die Verfügung konkretisiert die Verordnung und es kommt auf das Vorliegen einer Gefahr nicht an.⁷

Dem Rückgriff auf die Generalklausel ist der Vorzug zu geben. Verstöße gegen Verbote können durch das jeweilige Gesetz bzw. die Verordnung mittels Ordnungswidrigkeits- oder Straftatbeständen sanktionsbewehrt sein; derartige

> Wer die Verordnung als ausreichende Ermächtigungsgrundlage ansieht, muß bereits hier deren Vereinbarkeit mit höherrangigem Recht prüfen.

---

² *v. Mutius*, JURA 1986, 649 (652 r.Sp.); der Sache nach auch *Osterloh*, JuS 1983, 280 (281); vgl. auch BVerwG, NJW 1980, 1970; BVerwG, NJW 1981, 242 – jeweils zu Maßnahmen gegen die Zweckentfremdung von Wohnraum.

³ Vgl. z.B. *Maurer*, § 6 Rn. 8; speziell zu Bayern: *Schweiger*, in: Nawiasky/Schweiger/Knöpfle, Verfassung des Freistaates Bayern, Art. 55 Rn. 6c.

⁴ Art. 6: „Die Gemeinden, Landratsämter, Regierungen und das Staatsministerium des Innern haben als Sicherheitsbehörden die Aufgabe, die öffentliche Sicherheit und Ordnung durch Abwehr von Gefahren und durch Unterbindung und Beseitigung von Störungen aufrechtzuerhalten." Art. 7 enthält Befugnisnormen für die Sicherheitsbehörden.

⁵ *Schoch*, Polizei- und Ordnungsrecht, Rn. 67; *Schenke*, Polizeirecht, Rn. 30; *Würtenberger*, Polizeirecht, Rn. 180.

⁶ *v. Mutius*, JURA 1986, 649 (652 r.Sp.); *Osterloh*, JuS 1983, 280 (281); *Schoch*, JuS 1995, 221; *ders.*, Polizei- und Ordnungsrecht, Rn. 69; *Schenke*, Polizeirecht, Rn. 35 f.; *Würtenberger*, Polizeirecht, Rn. 185.

⁷ So auch *Würtenberger/Heckmann/Riggert*, Rn. 735; vgl. auch *Wolf/Stephan*, PolG BW, § 10 Rn. 15.

Sanktionen können aber auch nicht enthalten sein. In jedem Fall eine verwaltungsrechtliche Durchsetzung als implizit in der Norm selbst gewollt anzusehen, ist rechtstheoretisch schwerlich zu begründen. Dem gegenüber ist systematisch der Zweck der Generalklausel, die gesamte Rechtsordnung sicherheitsrechtlich durchzusetzen. Ferner können so auch die rechtsstaatlichen Sicherungsmechanismen einer einheitlichen Handhabung unterworfen werden.

Als Ermächtigungsgrundlage ist also die sicherheitsbehördliche Generalklausel nach Art. 6, 7 LStVG heranzuziehen. Diese ist nach nahezu einhelliger Meinung verfassungskonform, insbesondere aufgrund der jahrzehntelangen gefestigten Rechtsprechung hinreichend bestimmt.[8]

II. Formelle Rechtswidrigkeit

Als nächstes darf der Bescheid nicht in formeller Hinsicht rechtswidrig gewesen sein. Das ist dann der Fall, wenn die zuständige Behörde gehandelt und dabei Form und Verfahren beachtet hat.

Die Stadt W ist als Sicherheitsbehörde gemäß Art. 6 LStVG[9] *sachlich* und auf ihrem Stadtgebiet *örtlich* für den Erlaß der sicherheitsbehördlichen Verfügung zuständig.

Hinsichtlich der Ordnungsmäßigkeit des Verfahrens und der Einhaltung der Form gibt es keine Zweifel.

III. Materielle Rechtswidrigkeit

Der Bescheid ist materiell rechtswidrig, wenn die Voraussetzungen der sicherheitsbehördlichen Generalklausel nicht vorliegen, d.h. keine konkrete Gefahr für die bzw. eine Störung der öffentlichen Sicherheit und/oder Ordnung besteht.

Zur von der öffentlichen Sicherheit erfaßten Rechtsordnung gehört auch eine Verordnung. Ein Verstoß gegen diese ist zugleich eine Störung der öffentlichen Sicherheit. Der Bescheid muß sich also, um rechtmäßig zu sein, inhaltlich im Rahmen der Verordnung halten, und diese muß ihrerseits formell und materiell rechtmäßig sein.

1. (Inhaltliche) Vereinbarkeit mit der Verordnung

Der Bescheid ist inhaltlich von § 3 städt.VO gedeckt.

---

[8] *Schenke*, Polizeirecht, Rn. 28; *Würtenberger*, Polizeirecht, Rn. 178.
[9] Wortlaut in Fn. 4.

2. Formelle Rechtmäßigkeit der Verordnung

Für die Rechtmäßigkeit ist ferner Voraussetzung, daß die konkretisierten abstrakten Pflichten der Verordnung ihrerseits rechtmäßig sind. Es ist also zuerst die formelle Rechtmäßigkeit der städtischen Verordnung zu prüfen.

Dabei muß zunächst die Zuständigkeit der Stadt W zum Erlaß der Verordnung, also die Verbandskompetenz gegeben sein. Ferner muß der Stadtrat die Organkompetenz besitzen und schließlich muß das Verfahren sowie die vorgeschriebene Form beim Erlaß der Verordnung beachtet worden sein.

a) Verbandskompetenz

Die Verbandskompetenz besitzt die Stadt W, wenn sie sachlich, örtlich und instanziell zuständig ist.

aa) Sachliche Zuständigkeit

Die sachliche Zuständigkeit für den Erlass einer Verordnung ergibt sich nicht generalklauselartig aus dem LStVG, sondern bedarf einer speziellen Regelung.

Als Ermächtigung für die Duldungsverpflichtung wurde Art. 16 Abs. 1 S. 2 Nr. 2 LStVG[10] herangezogen, der die Verpflichtung zweifelsohne deckt.

bb) Örtliche und instanzielle Zuständigkeit

Örtlich ist jede Sicherheitsbehörde für ihren Dienstbezirk oder Teilen davon zuständig. Die Verordnung soll nur für das Stadtgebiet von W gelten, die örtliche Zuständigkeit der Stadt W ist also gegeben.

Bezüglich der *instanziellen* Zuständigkeit gilt nach Art. 44 LStVG, dass die unteren Sicherheitsbehörden für ihr Gebiet primär zuständig sind.

Vorliegend ist also die kreisfreie Stadt W – als Sicherheitsbehörde nach Art. 6 LStVG – sowohl örtlich als auch sachlich als auch instanziell zuständig, sie hat mithin die *Verbandskompetenz*.

---

[10] „Zur Verhütung von Gefahren für das Eigentum und zum Schutz der öffentlichen Reinlichkeit können die Gemeinden Verordnungen über die Bekämpfung verwilderter Tauben erlassen. In den Verordnungen kann insbesondere bestimmt werden, daß ... 2. die Eigentümer von Grundstücken, die Nutzungsberechtigten und ihre Vertreter Maßnahmen der Gemeinde oder deren Beuftragter zur Beseitigung der Nistplätze und Vergämung verwilderter Tauben zu dulden haben."

b) Organkompetenz

Für die Organkompetenz innerhalb der Stadt W regelt Art. 42 Abs. 1 S. 1 LStVG, dass für den Erlaß von Verordnungen, obwohl sie nach S. 2 dem übertragenen Wirkungskreis angehören, nicht der Bürgermeister sondern der Gemeinderat zuständig ist. Vorliegend wurde die Verordnung vom Stadtrat W erlassen.

c) Verfahren

An der Ordnungsmäßigkeit des Beschlussverfahrens nach Artt. 47–52 BayGO bestehen keine Zweifel.

d) Form

Formvorschriften sind zunächst in Art. 45 Abs. 2 und Art. 50 Abs. 2 LStVG enthalten.

Die Verfassungsmäßigkeit des Art. 45 Abs. 2 LStVG muß vor derjenigen des Gesetzes im übrigen geprüft werden, weil davon eine Anforderung der formellen Rechtmäßigkeit der Verordnung abhängt.

Nach Art. 45 Abs. 2 LStVG soll die besondere Rechtsgrundlage in der Verordnung angegeben werden. Es gilt also kein unbedingtes Zitiergebot. Fraglich ist, ob dies mit höherrangigem Recht vereinbar ist.

Art. 55 Nr. 2 BayVerf enthält keine Regelung über das Zitieren der Rechtsgrundlage. Ein Verstoß gegen den Gewaltenteilungsgrundsatz, der von dem in Art. 3 Abs. 1 BayVerf verankerten Rechtsstaatsprinzip umfasst wird, liegt nicht vor, da sich die Verordnung auf eine gültige Rechtsgrundlage stützen kann.[11]

Art. 45 Abs. 2 LStVG könnte des weiteren gegen Bundesverfassungsrecht verstoßen. Da Verfahrens- und Formvorschriften grundsätzlich in die Kompetenz der Länder fallen, kann allerdings nur ein Verstoß gegen die Homogenitätsklausel in Art. 28 Abs. 1 i.V.m. Art. 80 Abs. 1 S. 3 GG in Frage kommen. Dann müsste Art. 80 Abs. 1 S. 3 GG eine besondere Ausprägung des Rechtsstaatsprinzips sein. Die Kenntnis der Rechtsgrundlage ist für die Rechtsanwendung zwar ohne Zweifel von großer Bedeutung; die Rechtsanwendung erfolgt aber letztlich durch die Gerichte. Diese müssen das Vorliegen einer tauglichen und gültigen Rechtsgrundlage eigenständig prüfen. Für die gerichtliche wie für die parlamentarische Kontrolle ist das Zitieren lediglich eine Erleichterung. Das Gebot des Art. 80 Abs. 1 S. 3 GG hat auch – anders als dasjenige des Art. 19 Abs. 1 S. 2 GG – keine „Besinnungsfunktion" für den Gesetzgeber.

---

[11] Vgl. dazu: BayVerfGH, VGHE 10, 95; *Schweiger*, in: Nawiasky/Schweiger/Knöpfle, Verfassung des Freistaates Bayern, Art. 55 Rn. 6d.

Art. 45 Abs. 2 LStVG ist also verfassungsgemäß.[12]

Die städtische Verordnung entspricht dem Gebot des Art. 45 Abs. 2 LStVG, aber nicht den Anforderungen der Nr. 23 VollzBek. Danach soll das ermächtigende Gesetz *mit Datum und Fundstelle* angegeben werden. Diese Vorschrift dient allerdings nur der weiteren Erleichterung der Rechtsanwendung und vor allem der Rechtskontrolle und ist ebenfalls als Soll-Vorschrift ausgestaltet. Der Verstoß gegen eine solche macht die Verordnung zwar rechtswidrig, aber nicht anfechtbar oder nichtig. Der Verstoß kann lediglich im Wege der Kommunalaufsicht mit dem Ziel der Beseitigung gerügt werden.

Die gleichfalls erforderliche Amtliche *Bekanntmachung* erfolgte entsprechend Art. 51 Abs. 1 LStVG i.V.m. Art. 26 BayGO, § 1 BekanntmachungsV.

e) Zwischenergebnis

Der § 3 städt.VO ist formell rechtmäßig.

3. Materielle Rechtswidrigkeit der Verordnung

Die Voraussetzungen für die materielle Rechtmäßigkeit der Verordnung ergeben sich aus der jeweiligen Ermächtigungsgrundlage, hier aus Art. 16 Abs. 1 LStVG. Darüber hinaus muss die Verordnung gemäß Art. 45 Abs. 1 LStVG insbesondere mit den Gesetzen und Verordnungen einer höheren Behörde vereinbar sein.

a) Voraussetzungen des Art. 16 Abs. 1 LStVG

Nach Art. 16 Abs. 1 S. 1 LStVG können zur Verhütung von Gefahren für das Eigentum und zum Schutz der öffentlichen Reinlichkeit Verordnungen über die Bekämpfung verwilderter Tauben erlassen werden. Art. 16 Abs. 1 S. 2 Nr. 2 LStVG[13] ermächtigt insbesondere zur Bestimmung der Duldungsverpflichtung bei der Beseitigung der Nistplätze.

aa) Tatbestand des Art. 16 Abs. 1 LStVG

§ 3 städt.VO entspricht mit dem Gebot, die Beseitigung der Nistplätze zu dulden, dem Tatbestand des Art. 16 Abs. 1 S. 2 Nr. 2 LStVG.

---

[12] So auch *Mößle*, in: Gallwas/Mößle, Rn. 846 f.; a.A. *Maunz*, in: Maunz/Dürig, GG, Art. 80 GG Rn. 44, der auch Art. 80 Abs. 1 S. 3 GG als von Art. 28 Abs. 1 GG erfaßt ansieht.

[13] Wortlaut in Fn. 10.

Des weiteren müssen die genannten Gefahren abgewehrt werden sollen. Im Gegensatz zu den Befugnissen für Einzelmaßnahmen nach Art. 7 LStVG muss keine konkrete Gefahr vorliegen. Verordnungen sind „polizeiliche Gebote oder Verbote, die für eine unbestimmte Anzahl von Fällen an eine unbestimmte Anzahl von Personen gerichtet sind"; sie dienen der Abwehr von *abstrakten* Gefahren für die in Art. 6 LStVG genannten Rechtsgüter. Eine abstrakte Gefahr liegt vor, wenn „in typischen Fällen aus bestimmten Arten von Handlungen oder Zuständen mit einer gewissen Wahrscheinlichkeit Gefahren erwachsen können".[14]

Nach den bisherigen Erfahrungen hat die erhöhte Taubenpopulation zur Steigerung der Verunreinigungen an historischen Gebäuden geführt. Es liegt also sowohl eine bereits realisierte Gefahr für das Eigentum an den Gebäuden als auch für die öffentliche Reinlichkeit. Um diese Gefahren effektiv abzuwehren, wurde die Verordnung erlassen. Der Tatbestand des Art. 16 Abs. 1 LStVG ist also erfüllt.

bb) Ermessensbetätigung

Die Grundrechte sind objektive Schranken des Ermessens und wirken auf die Ermessenserwägungen ein.[15] Aufbautechnisch ist es auch möglich, die Vereinbarkeit mit Grundrechten zusammen mit der Ermessensausübung nach der Prüfung der Verfassungsmäßigkeit des Gesetzes zu behandeln. Hier wurde beides getrennt, da die Vereinbarkeit mit dem GG von Art. 45 Abs. 1 LStVG gefordert wird.

Schließlich ist der Erlass einer Verordnung nach Art. 16 Abs. 1 LStVG grundsätzlich in das Ermessen der Sicherheitsbehörde gestellt, es sei denn das Wohl der Allgemeinheit erfordert zwingend deren Erlass, Art. 46 Abs. 1 LStVG.

Es muss also sowohl bezüglich des „Ob" des Erlasses der Verordnung als auch bezüglich des „Wie" eine fehlerfreie Ermessensausübung vorliegen. Es wurde vom Stadtrat aufgrund der konkret benannten Entwicklung ein Handlungsbedarf attestiert, wobei ausschließlich die Abwehr von Gefahren eine Rolle spielte. Auch hat der Stadtrat verschiedene Handlungsalternativen erwogen und sich schließlich aufgrund der Gefahren für diese Lösung entschieden. Beide Entscheidungen waren also am Zweck der Ermächtigung orientiert.

cc) Zwischenergebnis

Die Voraussetzungen des Art. 16 Abs. 1 LStVG sind gegeben.

---

[14] Vgl. *Wolf/Stephan*, PolG BW § 10 Rn. 15.
[15] Vgl. *Maurer*, § 7 Rn. 23; *Ossenbühl*, Rechtsquellen, § 10 Rn. 18; *Wolff/Bachof/Stober*, Bd. 1, § 31 Rn. 50.

b) Verfassungsmäßigkeit des ermächtigenden Gesetzes

Des weiteren muss allerdings das ermächtigende Gesetz verfassungsgemäß sein.

Art. 80 Abs. 1 S. 2 GG verlangt, dass die Ermächtigung zum Erlaß von Rechtsverordnungen nur durch Gesetz erteilt werden kann, das *Inhalt, Zweck und Ausmaß* der erteilten Ermächtigung bestimmt. Die Bayerische Verfassung enthält zwar keine ausdrückliche Vorschrift diesen Inhalts. Gleichwohl ist anerkannt, dass sich diese Anforderungen für Bayern aus dem in Art. 3 Abs. 1 S. 1 BayVerf verankerten Rechtsstaatsprinzip bzw. über Art. 28 Abs. 1 i.V.m. Art. 80 Abs. 1 S. 2 GG ergeben.[17]

Die Verfassungsmäßigkeit einer Landesverordnungsermächtigung richtet sich grds. nach der Bayerischen Verfassung, nicht nach dem Art. 80 GG.[16]

Die gesetzliche Ermächtigung für die Verordnung findet sich in Art. 16 Abs. 1 LStVG.

Dieses Gesetz muss zunächst formell verfassungsgemäß sein. Für den Erlass des Landesstraf- und Verordnungsgesetzes hat der Freistaat Bayern die Gesetzgebungskompetenz (Art. 70 GG); an der Ordnungsgemäßheit des Gesetzgebungsverfahrens und der Einhaltung der Form ergeben sich keine Zweifel.

In materieller Hinsicht müssen Inhalt, Zweck und Ausmaß hinreichend bestimmt sein.[18] Zweifel am Vorliegen dieser Anforderung beim Art. 16 Abs. 1 LStVG gibt es allerdings nicht. Die Ermächtigung determiniert hinreichend konkret den Erlass einer entsprechenden Verordnung.

Das ermächtigende Gesetz verletzt selbst keine Grundrechte, da es dem Schutz von Eigentum und Gesundheit dient. Diese Rechtsgüter vermögen sich gegenüber anderen Grundrechten durchzusetzen. Die Abwägung zwischen etwaig betroffenen Grundrechten ist bei der Einzelentscheidung vorzunehmen.

Das ermächtigende Gesetz ist also formell und materiell verfassungsgemäß.

c) Vereinbarkeit der städt.VO mit einfachem Landesrecht

§ 3 städt.VO muss des weiteren mit allen höherrangigen Rechtsvorschriften vereinbar sein, Art. 45 Abs. 1 LStVG.

---

[16] *Maurer*, § 13 Rn. 4.

[17] Vgl. *Meder*, Verfassung des Freistaates Bayern, Art. 55 Rn. 12; *Schweiger*, in: Nawiasky/Schweiger/Knöpfle, Verfassung des Freistaates Bayern, Art. 55 Rn. 6e.

[18] Dazu z.B. *Bauer*, in: Dreier, GG, Bd. 2, Art. 80 Rn. 27 ff.

Dazu zählen auch Verordnungen übergeordneter Behörden, die es allerdings für den geregelten Sachverhalt nicht gibt.

d) Vereinbarkeit der städt. VO mit der BayVerf

Als nächstes ist die Vereinbarkeit der Regelung in § 3 städt. VO mit der Bayerischen Verfassung zu prüfen.

Maßstab ist vor allem das Grundrechte aus Art. 101 BayVerf sowie das in Art. 3 Abs. 1 S. 1 BayVerf verankerte Rechtsstaatsprinzip.

Das einschlägige Grundrecht in Art. 2 Abs. 1 GG ist im wesentlichen inhaltsgleich mit dem Art. 101 BayVerf, so dass sich eine eigenständige Prüfung erübrigt.	*aa) Grundrecht aus Art. 101 BayVerf* In Betracht kommt ein Verstoß gegen die allgemeine Handlungsfreiheit, das Auffanggrundrecht aus Art. 101 BayVerf. Art. 101 BayVerf verbürgt wie Art. 2 Abs. 1 GG die Freiheit von ungesetzlichem Zwang, also ein Recht darauf, dass die Behörden Eingriffe in die Freiheitssphäre unterlassen, die sich nicht auf eine gesetzliche Grundlage stützen können. Er schützt zwar vor der Anwendung eines *ungültigen* Gesetzes, aber nicht vor jeder *unrichtigen* Anwendung eines gültigen Gesetzes, wobei unter die Gesetze in diesem Sinn auch Gesetze im materiellen Sinne wie auf gesetzlicher Grundlage erlassene Rechtsverordnungen fallen.[19] Die städtische VO muss also im übrigen verfassungsgemäß sein. Hier bleibt nur noch das Rechtsstaatsprinzip zu prüfen.

bb) Rechtsstaatsprinzip

Das Rechtsstaatsprinzip gebietet, dass Rechtsnormen, vor allem wenn sie belastend wirken, hinreichend bestimmt sind (Grundsatz der Normenklarheit und -bestimmtheit).

§ 3 städt.VO ist mit seinem engen Wortlaut hinreichend bestimmt, da der Bürger vorhersehen kann, wann ihn die Norm betrifft und wie er Verstöße dagegen vermeiden kann.

e) Grundsatz der Verhältnismäßigkeit

Schließlich fragt sich, ob § 3 städt. VO verhältnismäßig ist. Durch ihn sollen Gefahren für das Eigentum sowie Gesundheitsgefahren abgewehrt werden. Die *Eignung* der VO zu diesem Zweck ist gegeben.

Auch ist kein geringeres, aber gleich geeignetes Mittel zur Zweckerreichung ersichtlich.

---

[19] *Meder,* Verfassung des Freistaates Bayern, Art. 101 Rn. 6; BayVerfGH, VGHE 41, 83 (87 f.).

Schließlich ist § 3 städt. VO in Anbetracht der abzuwehrenden Gefahren und der eher geringen Belastung für den Betroffenen verhältnismäßig im engeren Sinn.

f) Zwischenergebnis

Die Verordnung der Stadt W ist also materiell rechtmäßig.

In dem Verstoß gegen § 2 städt. VO durch Günter G liegt eine Störung der öffentlichen Sicherheit.

4. Ermessensausübung

Die Duldungsverpflichtung steht schließlich im Ermessen der Behörde. Neben einer ermessensfehlerfreien Störerauswahl, die mangels weiterer Störer hier vorlag, muss die Maßnahme insbesondere verhältnismäßig sein, Art. 8 LStVG. Sie müsste also zunächst überhaupt geeignet sein, das verfolgte Ziel zu erreichen.

aa) Geeignetheit der Maßnahme

Zweck des Bescheides ist auch die Verhütung von Gefahren für das Eigentum und zum Schutz der öffentlichen Reinlichkeit. Durch das Beseitigen des Nistplatzes kann dieses Ziel zumindest gefördert werden.

bb) Erforderlichkeit der Maßnahme, Art. 8 Abs. 1 LStVG

Die Maßnahme muss des weiteren auch erforderlich sein, d.h. es durfte kein gleich geeignetes, aber geringer belastendes Mittel geben.

Als geringer belastende Mittel sind hier nur Verzicht auf die Beseitigung oder eine Überwachung des Nistplatzes durch Günter G denkbar. Beides wäre aber nicht gleich geeignet zur Zielerreichung.

cc) Angemessenheit, Art. 8 Abs. 2 LStVG

Schließlich müsste die Maßnahme auch angemessen sein. Mangels eines eindeutigen verfassungsrechtlichen Vorranges eines der Rechtsgüter hat eine Abwägung zwischen dem durch die Maßnahme verletzten Eigentumsrecht des Günter G nach Art. 14 GG und den Eigentumsrechten anderer bzw. der Gesundheit anderer nach Art. 2 Abs. 2 S. 1 GG stattzufinden.

> Statt des Begriffs Angemessenheit wird häufig auch „Verhältnismäßigkeit im engeren Sinne" verwendet.

Da einerseits der Eingriff in das Eigentumsrecht des G eher gering ist, andererseits aber der angerichtete Schaden für die anderen Rechtsgüter erheblich sein kann, steht die Maßnahme nicht erkennbar außer Verhältnis zu dem beabsichtigten Erfolg.

Die Maßnahme ist also verhältnismäßig gewesen.

5. Zwischenergebnis

Der Bescheid der Stadt W vom 12. Juli 2004 ist auch materiell rechtmäßig.

IV. Ergebnis

Die Klage des Günter G hat keine Aussicht auf Erfolg.

Vertiefungshinweise:

von Mutius, Die Generalklausel in Polizei- und Ordnungsrecht, Jura 1986, 649 ff.; *Osterloh*, Erfordernis gesetzlicher Ermächtigung für Verwaltungshandeln in der Form des Verwaltungsakts?, JuS 1983, 280 ff.

Klausur Nr. 8**

Sozialstadt S

Sachverhalt

Die Große Kreisstadt S hat eine verhältnismäßig hohe Arbeitslosigkeit. Nachdem in der bundesweiten Öffentlichkeit eine heftige Diskussion über „arbeitslose Faulenzer" entbrannt ist, beschließt der Ortsverband der X-Partei in S, daß nun endlich gehandelt werden müsse.

Die Fraktion der X-Partei, die im Gemeinderat von S ein Drittel der Sitze innehat, stellt beim Oberbürgermeister (OBM) Dr. A den Antrag, die Ausgaben der Stadt für Sozialhilfe, aber auch die Notwendigkeit gesetzlicher Regelungen zur Kürzung der Arbeitslosenhilfe als Thema auf die Tagesordnung spätestens der übernächsten Gemeinderatssitzung zu setzen. OBM Dr. A weigert sich, das Thema „Kürzungen der Arbeitslosenhilfe" auf die Tagesordnung zu setzen, da dies keine Angelegenheit der Stadt sei und deshalb auch der Gemeinderat darüber nicht debattieren dürfe. Die Stadträte der X-Fraktion möchten dies nicht hinnehmen und erheben vor dem zuständigen Verwaltungsgericht Klage. Der OBM habe überhaupt kein Recht, einen Antrag zur Tagesordnung abzulehnen, immerhin habe man über diese Frage noch nie debattiert; außerdem könne er nicht die Stadt „selbstherrlich wie ein Monarch" regieren.

Die Sitzung verläuft nicht ohne Konflikte, da die Stadträtin C aus der X-Fraktion während der Rede des Stadtrates D aus der Z-Fraktion diesem zuruft, man könne ja im Osten sehen, wohin der Kommunismus führe; „herumlungernde Gestalten" wolle sie jedenfalls nicht in S haben. Nach einem erfolglosen Ordnungsruf verweist OBM Dr. A die Stadträtin C für den weiteren Verlauf aus dem Sitzungsraum. Auf den Protest der Stadträtin C erklärte Dr. A, er befürchte weitere „Ausfälle" der Stadträtin. Stadträtin C klagt vor dem zuständigen Verwaltungsgericht, da sie sich zu Unrecht aus dem Sitzungsraum ausgeschlossen fühlt und auch für die Zukunft derartige Sitzungsausschlüsse befürchtet. Angesichts der labilen Mehrheitsverhältnisse im Gemeinderat sei diese Gefahr nicht hinnehmbar. Auch sei es inakzeptabel, daß der OBM ihr nicht wenigstens Gelegenheit gegeben habe, als Zuhörerin im Sitzungsraum zu bleiben.

Aufgabe:

Beurteilen Sie die Erfolgsaussichten der erhobenen Klagen.

Lösungsvorschlag

1. Teil: Klage der X-Stadträte

Die Klage der X-Stadträte hat Aussicht auf Erfolg, wenn sie zulässig und begründet ist.

A. Zulässigkeit der Klage

Die Klage der X-Stadträte ist zulässig, wenn der Verwaltungsrechtsweg eröffnet ist und die Sachentscheidungsvoraussetzungen vorliegen.

I. Eröffnung des Verwaltungsrechtsweges, § 40 VwGO

Mangels einer Sonderzuweisung könnte der Verwaltungsrechtsweg nach § 40 Abs. 1 VwGO eröffnet sein.

Das ist dann der Fall, wenn eine *öffentlich-rechtliche Streitigkeit* nichtverfassungsrechtlicher Art vorliegt.

Dann müsste um die Rechtsfolgen aus der Anwendung öffentlich-rechtlicher Vorschriften gestritten werden. Gegenstand des Streites sind die organschaftlichen Befugnisse und Pflichten innerhalb des Organs Gemeinderat; es handelt sich also um einen Rechtsstreit im *Innenbereich* einer öffentlich-rechtlichen Körperschaft. Streitentscheidende Vorschriften sind dabei die §§ 34 Abs. 1, 43 Abs. 1 bwGemO,[1] die lediglich die Organe oder Organteile der jeweiligen Körperschaft berechtigen oder verpflichten. Die Streitigkeit ist also öffentlich-rechtlich.

---

[1] Wortlaut des § 34 unten in Fn. 16, 17.

Eine Streitigkeit *nichtverfassungsrechtlicher Art* erfordert, daß Verfassungsorgane des Bundes oder der Länder bzw. verfassungsrechtlich verselbständigte Teile von diesen um *staats*verfassungsrechtliche Rechte und/oder Pflichten streiten (doppelte Verfassungsunmittelbarkeit).

Beim Kommunal*verfassungsstreit* sollte man diesen Prüfungspunkt ansprechen.

Hier streiten aber Organe der Gemeinde oder Teile von diesen über die Auslegung *unter*verfassungsrechtlicher Normen, so daß eine Streitigkeit nichtverfassungsrechtlicher Art i.S.d. § 40 Abs. 1 S. 1 VwGO gegeben ist.

II. Statthafte Klageart

Die X-Stadträte begehren, daß der OBM bestimmte Themen auf die Tagesordnung spätestens der übernächsten Gemeinderatssitzung setzt. Sie begehren also eine Leistung, so daß eine Leistungsklage, entweder Verpflichtungsklage bei Vorliegen eines VA oder die allgemeine Leistungsklage einschlägig wären.

Die Klagearten der VwGO sind grundsätzlich auf Verhältnisse des *Außenrechts*kreises zugeschnitten, so dass ihre Anwendbarkeit auf inner- oder intraorganschaftliche Streitigkeiten problematisch ist. Aus diesem Grund wird eine Klageart sui generis für solche Körperschaftsverfassungsstreitigkeiten vorgeschlagen.[2] Die Einordnung eines Klagebegehrens in die der allgemeinen Prozesslehre entstammenden Klagearten (d.s. Leistungsklage, Gestaltungsklage, Feststellungsklage) ist allerdings ohne weiteres möglich. Eine Klageart sui generis ist hier also ein Fremdkörper und obendrein nicht notwendig. Zudem müsste innerhalb einer solchen „einheitlichen" Klageart wiederum differenziert werden, so dass mit ihr nichts gewonnen ist. Es ist also eine am Klagebegehren orientierte Einordnung in die klassischen Klagearten erforderlich.[3]

Ob es sich nun um eine Verpflichtungsklage oder eine allgemeine Leistungsklage handelt, hängt davon ab, ob die Erstellung der Tagesordnung durch den Bürgermeister ein Verwaltungsakt i.S.d. § 35 LVwVfG ist.

Die Erstellung der Tagesordnung setzt zwar eine Rechtsfolge im Einzelfall, es fehlt aber an der von § 35 LVwVfG vorausgesetzten *Außenwirkung*, da keine *persönlichen* Rechte von Organwaltern betroffen sind, sondern nur

---

[2] So insb. die frühere Rspr. des OVG Münster, vgl. OVGE 27, 258 (260 ff.).

[3] H.M.; vgl. VGH Mannheim, VBlBW 1989, 96; *Hufen*, § 21 Rn. 11 f.; *Würtenberger*, Verwaltungsprozeßrecht, Rn. 675; *Stern*, Rn. 263 f.

die Stadträte als Träger eines innerorganisatorischen Rechts. Auch fehlt es an der *Behördeneigenschaft* des Bürgermeisters, da er hier nicht gemäß § 1 Abs. 2 LVwVfG im Außenrechtskreis Aufgaben öffentlicher Verwaltung wahrnimmt.[4]

Mangels Verwaltungsaktsqualität der Erstellung der Tagesordnung scheidet also die Verpflichtungsklage aus, so dass die allgemeine Leistungsklage für das Leistungsbegehren die statthafte Klageart ist.

Denkbar ist noch die Erhebung einer allgemeinen Feststellungsklage. Diese scheitert zwar an der Subsidiaritätsklausel des § 43 Abs. 2 VwGO; die Klausel soll aber nach einer Meinung nicht im Kommunalverfassungsstreit gelten, da das unterliegende Organ auch ohne Vollstreckungsdruck der gerichtlichen Feststellung folgen werde.[5] Zwar unterliegen Träger hoheitlicher Gewalt der Bindung des Art. 20 Abs. 3 GG, freilich ohne dem stets Rechnung zu tragen; jedenfalls aber widerspricht diese Auffassung dem eindeutigen Wortlaut des § 43 Abs. 2 S. 1 VwGO.[6]

> Die Feststellungsklage ist hier erst am Schluss anzusprechen, da sie gegenüber dem Klägerbegehren einen geringeren Rechtsschutz gewährt (keine Vollstreckbarkeit!). Sie kann also – bejaht man überhaupt ihre Statthaftigkeit – nur eine Option des Klägers sein.

III. Klagebefugnis

Der Streit, ob auch für die allgemeine Leistungsklage eine Klagebefugnis nach § 42 Abs. 2 VwGO analog oder nur allgemein eine Prozessführungsbefugnis vorliegen muss,[7] kann dahinstehen, da die Antragstellungsbefugnis der Stadträte bzgl. der Tagesordnung in § 34 Abs. 1 S. 4 bwGemO[8] ausdrücklich normiert ist und die Möglichkeit der Verletzung dieses „Statusrechts" der X-Stadträte gegeben ist. Sie besitzen also auf jeden Fall eine Klagebefugnis.

---

[4] A.A. *Schenke,* Verwaltungsprozeßrecht, Rn. 228, der die Ablehnung als Verwaltungsakt charakterisiert.

[5] Z.B. *Gern,* Kommunalrecht Baden-Württemberg, Rn. 426; Grundlage dieser Auffassung ist die Rspr., vgl. BVerwGE 36, 179 (181 f.); 51, 69 (75); *BVerwG,* NJW 1997, 2534 (2535 mwN).

[6] Ganz h. L.; vgl. i.E. *Würtenberger,* Verwaltungsprozeßrecht, Rn. 674, 415 f.; *Schenke,* Verwaltungsprozeßrecht, Rn. 420; *Hufen,* § 18 Rn. 10–12; a.A. die Rspr. (siehe Fn. 5).

[7] Die h.M. nimmt jedenfalls für den Kommunalverfassungsstreit das Erfordernis des Vorliegens einer Klagebefugnis analog § 42 Abs. 2 VwGO an; vgl. *Schenke,* Verwaltungsprozeßrecht Rn. 492; *Hufen* § 18 Rn. 29.

[8] Wortlaut in Fn. 16.

IV. Passive Prozessführungsbefugnis

Bei der allgemeinen Leistungsklage gilt mangels gesonderter Regelung der passiven Prozessführungsbefugnis grundsätzlich das Rechtsträgerprinzip.

In einem Kommunalverfassungsstreit würde das bedeuten, dass die Klage stets gegen die Körperschaft selbst und nicht gegen Organ oder Organteil zu richten wäre. Dann wird es aber problematisch, wer im Falle der Verurteilung zur Leistung diese zu erfüllen hat bzw. erfüllen kann. Richtet sich das Klagebegehren gegen ein vertretungsberechtigtes Organ, z.B. den Bürgermeister, so kann seine Verpflichtung zur Leistungserfüllung aus seiner Handlungsbefugnis für die Körperschaft abgeleitet werden. Ansonsten stellt sich aber die Frage, woraus eine solche Verpflichtung zu entnehmen ist. Insoweit könnte lediglich eine allgemeine Treuepflicht aller Organe oder Organteile gegenüber der Körperschaft herangezogen werden. Unausgesprochen steht hinter der Auffassung, die auch im Kommunalverfassungsstreit die passive Prozessführungsbefugnis nach dem Rechtsträgerprinzip bestimmt[9], die Erwartung, ein Träger hoheitlicher Gewalt werde ohne weiteres einem gerichtlichen Urteil Folge leisten.[10]

Statt dessen ist jedoch der Kommunalverfassungsstreit vom Konflikt um individuelle Rechte und Befugnisse geprägt, so dass richtigerweise derjenige die passive Prozessführungsbefugnis besitzt, dem die Kompetenz zusteht, das Klägerbegehren zu erfüllen.[11] Dies entspricht auch der Konstellation im verfassungsrechtlichen Organstreitverfahren.

Die passive Prozessführungsbefugnis besitzt hier somit der OBM Dr. A.

V. Beteiligungsfähigkeit

Fraglich ist die Beteiligungsfähigkeit der Beteiligten.

Nach § 61 Nr. 1 VwGO sind natürliche oder juristische Personen beteiligungsfähig.

Zwar sind die Stadträte der X-Fraktion und auch der OBM natürliche Personen. Aber hier streiten sie nicht in ihrer Eigenschaft als Personen, die gegenüber dem Staat Rechtsschutz nachsuchen, sondern als Teile eines Organes

> Die Beteiligungsfähigkeit sollte man erst prüfen, wenn der Klagegegner feststeht.

---

[9] Insb. VGH München, NVwZ-RR 1990, 99.
[10] Vgl. zu dieser Argumentation auch unter V. mit Nachweisen in Fn. 6.
[11] *Rausch* JZ 1994, 696 (701 mwN); für eine analoge Anwendung des § 78 VwGO: *Gern*, VBlBW 1989, 449 (451).

innerhalb des staatlichen Bereiches. Sie sind also nicht nach § 61 Nr. 1 VwGO beteiligungsfähig.[12]

Eine Beteiligungsfähigkeit könnte sich aber aus § 61 Nr. 2 VwGO ergeben. Danach sind Vereinigungen beteiligungsfähig, *soweit* ihnen ein Recht zustehen kann. Darunter fallen nicht nur teilrechtsfähige Organisationen wie oHG oder KG (vgl. §§ 124, 161 HGB), sondern alle „Organisationen", die Zuordnungssubjekt eines Rechtssatzes sind, der in Bezug auf den konkreten Streitgegenstand Rechte oder Pflichten begründen kann.[13]

In den Ländern, in denen die Fraktionen – anders als in Baden-Württemberg – mit eigenen Rechten ausgestattet sind,[14] ist bei einer Klage der Fraktion § 61 Nr. 2 VwGO einschlägig.[15]

Allerdings ist auch § 61 Nr. 2 VwGO auf den Außenrechtskreis und nicht auf den Innenrechtskreis einer Körperschaft zugeschnitten. Zudem streiten vorliegend nur Einzelpersonen (OBM Dr. A) bzw. eine nicht mit eigenen Rechten ausgestattete Personenmehrheit (X-Stadträte), so dass schon dem Wortlaut nach („Vereinigungen") § 61 Nr. 2 VwGO nicht anwendbar ist.

§ 61 Nr. 2 VwGO könnte allerdings auf Organe oder Organteile analog angewendet werden, wenn eine planwidrige Regelungslücke sowie eine vergleichbare Interessenlage vorliegen würden.

Das könnte dann der Fall, wenn zwischen den Beteiligten ein inner- oder intraorganschaftliches Rechtsverhältnis bestehen würde.

Die Organteile sind Adressaten von Rechten, in concreto: § 34 Abs. 1 S. 4 bwGemO[16] für die Stadträte sowie § 34 Abs. 1 S. 5, 6 und § 43 Abs. 1 bwGemO[17] für den Bürgermeister. Den Rechten korrespondieren auf der anderen Seite Pflichten. Die wechselseitigen Berechtigungen bzw. Verpflichtungen dürfen aber nicht lediglich dem reibungslosen Funktionsablauf innerhalb der Körperschaft dienen. Dem

---

[12] H.M., vgl. *Würtenberger*, Verwaltungsprozeßrecht, Rn. 670; *Schenke*, Verwaltungsprozeßrecht, Rn. 457; *Hufen*, § 18 Rn. 8; a.A. *Dolde*, 427; *Rausch*, JZ 1994, 696 (699); VGH Mannheim, DÖV 1980, 573.

[13] *Würtenberger*, Verwaltungsprozeßrecht, Rn. 215; *Schenke*, Verwaltungsprozeßrecht, Rn. 461; *Hufen*, § 18 Rn. 24.

[14] Vgl. § 36a hessGO; § 39b ndsGO; § 56 nwGO.

[15] VGH Kassel, DVBl. 1995, 931 f.

[16] „Auf Antrag eines Viertels der Gemeinderäte ist ein Verhandlungsgegenstand auf die Tagesordnung spätestens der übernächsten Sitzung des Gemeinderats zu setzen."

[17] § 34 Abs. 1 S. 5, 6: „Die Verhandlungsgegenstände müssen zum Aufgabengebiet des Gemeinderats gehören. Sätze 3 und 4 gelten nicht, wenn der Gemeinderat den gleichen Verhandlungsgegenstand innerhalb der letzten sechs Monate bereits behandelt hat."
§ 43 Abs. 1: „Der Bürgermeister bereitet die Sitzungen des Gemeinderats und der Ausschüsse vor und vollzieht die Beschlüsse."

steht entgegen, dass jedenfalls die kommunalen Organe ähnlich den Parlamenten auf einen pluralistischen Willensbildungsprozess angelegt sind, mithin Interessenkonflikte auch innerhalb dieser Organe vorhanden sind. Das alles spricht dafür, dass ein interorganschaftliches Rechtsverhältnis zwischen den Beteiligten vorliegt.

Die Lösung der angelegten Interessenkonflikte bedarf einer gerichtlichen Entscheidung, die nur durch die Verwaltungsgerichte erfolgen kann. Entgegen dem Bestreben der VwGO, alle öffentlich-rechtlichen Streitigkeiten nichtverfassungsrechtlicher Art der Verwaltungsgerichtsbarkeit zuzuordnen, enthält die VwGO aber keine Regelung. Es liegt also auch eine planwidrige Regelungslücke vor, so dass § 61 Nr. 2 VwGO für diese Fälle analog anzuwenden ist.

Auch bei anderen Körperschaftsverfassungsstreitigkeiten (Universitäten, Sozialversicherungsträger etc.) wird für die Beteiligungsfähigkeit regelmäßig § 61 Nr. 2 VwGO analog angewendet.

Sowohl die X-Stadträte als auch der OBM sind also beteiligungsfähig nach § 61 Nr. 2 VwGO analog.

VI. (Allgemeines) Rechtsschutzbedürfnis

Allgemein entfällt das Rechtsschutzbedürfnis dann, wenn der Kläger das mit der Klage verfolgte Ziel auf andere, offensichtlich einfachere und näherliegende Weise erreichen kann.

Das (allgemeine) Rechtsschutzbedürfnis fehlt nur ausnahmsweise. Beim Kommunalverfassungsstreit besteht allerdings die alternative Möglichkeit des kommunalaufsichtlichen Einschreitens.

Hier könnte ein Einschreiten der staatlichen Rechtsaufsichtsbehörde in Frage kommen. Dieses kann bei rechtswidrigen Maßnahmen der Verwaltung, insoweit auch der Kommunalorgane oder -organteile, auch von den Mitgliedern der X-Fraktion veranlasst werden.

Allerdings bietet ein aufsichtsbehördliches Einschreiten keinen vergleichbaren Rechtsschutz. Für die Kommunalaufsicht gilt nämlich das Opportunitätsprinzip; deshalb besteht kein subjektives Recht auf Einschreiten der Rechtsaufsichtsbehörde.

Die X-Stadträte können also ihr Klagebegehren nicht auf einfachere und näherliegende Weise erreichen; sie besitzen das Rechtsschutzbedürfnis.

VII. weitere Sachentscheidungsvoraussetzungen

Für die allgemeine Leistungsklage bestehen grundsätzlich keine Fristen; die Klage muss den Anforderungen der §§ 81, 82 VwGO entsprechen. Das zuständige Verwaltungsgericht bestimmt sich nach den §§ 45, 52 Nr. 5 VwGO.

Hier kann mangels Angaben im Sachverhalt nur auf die einschlägigen Normen verwiesen werden.

VIII. Zwischenergebnis

Die Klage der Stadträte der X-Fraktion im Gemeinderat der Stadt S ist somit zulässig.

B. Begründetheit der Klage

Die Klage der X-Stadträte ist begründet, wenn ihnen gegen den OBM Dr. A ein Rechtsanspruch darauf zusteht, dass dieser den beantragten Tagesordnungspunkt in einer der nächsten Gemeinderatssitzungen berücksichtigt.

Ein solcher Anspruch könnte sich aus § 34 Abs. 1 S. 4 bwGemO[18] ergeben. Dann müsste dessen Tatbestand in formeller und materieller Hinsicht vorliegen.

I. Formelle Tatbestandsvoraussetzungen

In formeller Hinsicht verlangt § 34 Abs. 1 S. 4 bwGemO zunächst das Stellen eines förmlichen *Antrages*, was hier erfolgt ist.

Auch die des weiteren erforderliche *Antragsberechtigung* des Gemeinderats liegt vor.

Hinter dem Antrag müssen ferner ein Viertel der Stadträte stehen. Die Fraktion der X-Partei stellt ein Drittel der Sitze im Gemeinderat, so dass das erforderliche *Quorum* ebenfalls erfüllt ist.

Schließlich muss noch die *Sperrfrist* des § 34 Abs. 1 S. 6 bwGemO beachtet werden. Über den Antragsgegenstand wurde nicht in den letzten sechs Monaten verhandelt, so dass auch dieses Erfordernis erfüllt ist.

Die formellen Tatbestandsvoraussetzungen liegen also vor.

II. Materielle Tatbestandsvoraussetzungen

Die materiellen Tatbestandsvoraussetzungen ergeben sich aus § 34 Abs. 1 S. 5, 6 bwGemO[19].

Zunächst darf der Verhandlungsgegenstand nicht bereits in den letzten sechs Monate behandelt worden sein. Dies ist vorliegend gegeben.

Des weiteren muss aber der Verhandlungsgegenstand *materiell* zum Aufgabengebiet des Gemeinderates gehören

---

[18] Wortlaut in Fn. 16.
[19] Wortlaut in Fn. 17.

und dem Bürgermeister eine Prüfungskompetenz bezüglich der Verhandlungsgegenstände zukommen.

1. Aufgabengebiet der Gemeinde

Das Erfordernis, dass der Verhandlungsgegenstand in das Aufgabengebiet des Gemeinderats fallen muss, umfasst die Verbandskompetenz der Stadt sowie die Organkompetenz des Gemeinderates.

a) Organkompetenz des Gemeinderates

Nach § 24 Abs. 1 S. 1 bwGemO ist der Gemeinderat für alle Angelegenheiten der Stadt zuständig, die nicht in die ausschließliche Kompetenz des Bürgermeisters fallen.

Die Gewährung oder „Kürzung der Arbeitslosenhilfe" fällt nicht unter die Aufgaben der unteren Verwaltungsbehörde, so dass sie nicht in die ausschließliche Kompetenz des Bürgermeisters nach § 13 Abs. 3 LVG[20] fällt. Es liegt auch kein Geschäft der laufenden Verwaltung oder eine andere Ausnahme nach § 44 Abs. 2 oder 3 bwGemO[21] vor:

Die Organkompetenz des Gemeinderates ist also gegeben.

b) Verbandskompetenz der Stadt S

Die Verbandskompetenz erfasst die Befassungs- und Erledigungskompetenz aller „Angelegenheiten der örtlichen Gemeinschaft" i.S.d. Art. 28 Abs. 2 S. 1 GG; Art. 71 Abs. 1 S. 2 LV[22]; § 2 Abs. 1 bwGemO[23].

Solche Angelegenheiten sind diejenigen Bedürfnisse und Interessen, die in der örtlichen Gemeinschaft wurzeln oder auf sie einen spezifischen Bezug haben.

---

[20] „Die Aufgaben der unteren Verwaltungsbehörde werden in den Stadtkreisen und Großen Kreisstädten vom Bürgermeister ... als Pflicht-aufgaben nach Weisung erledigt."

[21] Abs. 2: „Der Bürgermeister erledigt in eigener Zuständigkeit die Geschäfte der laufenden Verwaltung und die ihm sonst durch Gesetz oder vom Gemeinderat übertragenen Aufgaben. ..."
Abs. 3: „Weisungsaufgaben erledigt der Bürgermeister in eigener Zuständigkeit, soweit gesetzlich nichts anderes bestimmt ist; ..."; die Aufgaben der unteren Verwaltungsbehörde sind Weisungsaufgaben nach §

[22] „Sie (d.s. die Gemeinden, d. Bearb.) verwalten ihre Angelegenheiten im Rahmen der Gesetze unter eigener Verantwortung."

[23] „Die Gemeinden verwalten in ihrem Gebiet alle öffentlichen Aufgaben allein und unter eigener Verantwortung, soweit die Gesetze nichts anderes bestimmen."

Die Garantien der kommunalen Selbstverwaltung geben aber nicht nur *positiv* die Befassungs- und Erledigungskompetenz für diese Angelegenheiten, sondern sind auch ein *negativer* Kompetenztitel. Für überörtliche Angelegenheiten fehlt den Kommunen nämlich jede *eigenständige* Kompetenz; diese Angelegenheiten nimmt sie nur wahr, *soweit* sie ihr vom Staat übertragen worden sind. Im übertragenen Wirkungskreis kommt der Stadt auch nur eine *Befassungs*kompetenz zu, wenn Rechtspositionen betroffen sind. Dafür ist aber ein individuelles, sachlich mögliches Betroffensein der gemeindlichen Aufgaben notwendig.[24]

Konkret soll hier die Notwendigkeit gesetzlicher Regelungen zur Kürzung der Arbeitslosenhilfe erörtert werden. Die Gesetzgebungskompetenz für die Arbeitslosenhilfe liegt gemäß Art. 74 Abs. 1 Nr. 12 GG beim Bund, von der er durch das SGB-III (früher: AFG) Gebrauch gemacht hat. Die Arbeitslosenhilfe wird ferner von einer bundesunmittelbaren Körperschaft des öffentlichen Rechtes mit eigenem Verwaltungsunterbau, der Bundesanstalt für Arbeit, verwaltet. Sowohl die Gesetzgebungs- als auch die Verwaltungskompetenz für den beantragten Verhandlungsgegenstand liegen also beim Bund und nicht bei der Stadt.

Eine Befassungskompetenz könnte sich also nur dann ergeben, wenn Rechtspositionen der Stadt S betroffen wären. Das Problem Arbeitslosigkeit besteht aber nicht nur in der Stadt S, sondern in allen Städten und Gemeinden. Auch kann nicht angenommen werden, dass die Arbeitslosigkeit in der Stadt S so exorbitant ist, dass ein konkretes Betroffensein vorliegt; auch nicht unter Berücksichtigung der insgesamt guten baden-württembergischen Verhältnisse, da bei einer bundesweiten Aufgabe auch auf die gesamtdeutschen Verhältnisse abzustellen ist. Gleiches gilt zwangsläufig auch für das Anliegen, durch finanzielle Sanktionen zur Arbeitsplatzannahme zu veranlassen, unabhängig davon, ob dieses Mittel tauglich ist. Ferner liegt auch keine konkrete Gesetzesinitiative oder gar ein Gesetzentwurf vor, der besondere Auswirkungen auf die Stadt S befürchten lässt. Rechtspositionen, sofern sie nicht den Kernbereich des Selbstverwaltungsrechts berühren, können aber allenfalls durch geplante Gesetze, nicht durch die bloße Untätigkeit des Gesetzgebers betroffen werden.

---

[24] BVerfGE 79, 127; BVerwG, NVwZ 1991, 682; VGH Mannheim, VBlBW 1988, 217; VGH München, NVwZ-RR 1990, 497.

Die Stadt S ist also nicht in ihren Rechtspositionen betroffen.

Auch aus der *demokratischen Legitimation* des Gemeinderats lassen sich keine weiteren Befugnisse herleiten, denn auch Beschlüsse des Gemeinderates sind Ausübung gesetzlich gebundener öffentlicher Gewalt. Der Gemeinderat besitzt kein allgemeines politisches Mandat.

Der Gemeinderat hat also keine Befassungskompetenz für das Thema „Notwendigkeit gesetzlicher Regelungen zur Kürzung der Arbeitslosenhilfe".

2. Prüfungskompetenz des Bürgermeisters

Schließlich ist noch zu prüfen, ob und in welchem Umfang der Bürgermeister eine Prüfungskompetenz bei der Erstellung der Tagesordnung hat und ob er diese ggf. ordnungsgemäß gehandhabt hat.

Dem Bürgermeister kommt in seiner Eigenschaft als Vorsitzendem des Gemeinderates grundsätzlich auch eine Prüfungskompetenz für Anträge zur Tagesordnung zu.[25] Diese Prüfungskompetenz erstreckt sich aber nicht nur auf das Vorliegen der formellen Voraussetzungen, sondern auch auf das Vorliegen der Verbands- und Organkompetenz. Auch der Oberbürgermeister ist bei seiner Amtsführung an Recht und Gesetz gebunden, damit aber auch an die verfassungsrechtliche bzw. gesetzliche Kompetenzordnung.

Verneint er das Vorliegen zumindest einer Befassungskompetenz, so muss er den Antrag ablehnen; ihm kommt bei der Erstellung der Tagesordnung insoweit *kein* Ermessens- oder Beurteilungsspielraum zu.[26] Er kann der Stadt keine ihr ansonsten nicht zustehende Kompetenz eröffnen. Die Prüfungskompetenz wurde also durch den OBM Dr. A ordnungsgemäß gehandhabt.

III. Ergebnis

Der Verhandlungsgegenstand „Notwendigkeit gesetzlicher Regelungen zur Kürzung der Arbeitslosenhilfe" gehört nicht zum Aufgabengebiet des Gemeinderats. Die Ablehnung des Antrags der Mitglieder der X-Fraktion durch den OBM Dr. A war also rechtmäßig.

Die Klage ist somit zulässig, aber unbegründet.

---

[25] Das läßt sich aus allgemeinen Grundsätzen über die Sitzungsleitung bzw. aus der „Natur der Sache" herleiten.
[26] VGH Mannheim, NVwZ 1984, 659 (661).

2. Teil: Klage der Stadträtin C

Die Klage der Stadträtin C hat Aussicht auf Erfolg, wenn sie zulässig und begründet ist.

A. Zulässigkeit der Klage

Die Klage der Stadträtin C ist zulässig, wenn der Verwaltungsrechtsweg eröffnet ist und die Sachentscheidungsvoraussetzungen vorliegen.

I. Eröffnung des Verwaltungsrechtswegs, § 40 VwGO

Mangels einer Sonderzuweisung könnte der Verwaltungsrechtsweg nach § 40 Abs. 1 VwGO eröffnet sein. Das ist dann der Fall, wenn eine öffentlich-rechtliche Streitigkeit nichtverfassungsrechtlicher Art vorliegt.

Gegenstand des Streites ist auch hier die organschaftliche Befugnis bzw. Pflicht innerhalb des Organs Gemeinderat. Streitentscheidend sind dabei § 36 Abs. 1 S. 2, Abs. 3 S. 1 i.V.m. § 42 Abs. 1 S. 1 bwGemO[27], die lediglich Organe oder Organteile der jeweiligen Körperschaft berechtigen oder verpflichten. Die Streitigkeit ist also öffentlich-rechtlich. Sie ist auch nichtverfassungsrechtlicher Art (siehe bereits 1. Teil A. I.).

II. Statthafte Klageart

C begehrt, zukünftig einen Ausschluss von den Sitzungen des Gemeinderates durch den OBM Dr. A zu vermeiden.

Der Verweis aus dem Sitzungsraum ist kein anfechtbarer Verwaltungsakt, da die C in ihrer Eigenschaft als Stadträtin, also innerorganschaftlich, betroffen ist. Eine Anfechtungsklage scheidet also aus.[28] Als statthafte Klageart kommt aber die allgemeine Feststellungsklage nach § 43 VwGO in Betracht.

Die Befugnis des Bürgermeisters zum Verweis aus dem Sitzungsraum bzw. zum Ausschluss von der Sitzung ist ein feststellungsfähiges Rechtsverhältnis. Die Feststellungsklage ist allerdings gegenüber Leistungs- und Gestaltungskla-

---

[27] Betr. Verhandlungsleitung des (Ober-)Bürgermeisters in der Gemeinderatssitzung; näheres siehe unten B. I.
[28] Siehe dazu ausführlich oben 1. Teil A. II.

ge subsidiär, § 43 Abs. 2 VwGO. Mit der bloßen Aufhebung der Ordnungsmaßnahme des OBM Dr. A wäre die von C befürchtete Wiederholung nicht ausgeschlossen.[29] Einer Leistungsklage auf Unterlassen solcher Ordnungsmaßnahmen in der Zukunft steht die mangelnde Vollstreckbarkeit entgegen. Für letztere muss der Urteilstenor bezüglich der zu unterlassenden Handlung hinreichend konkret sein. C kann aber wegen der Vielgestaltigkeit der Konstellationen nicht konkret zu unterlassende Ordnungsmaßnahmen benennen.

Die (allgemeine) Feststellungsklage ist also die statthafte Klageart.

III. Feststellungsinteresse, § 43 Abs. 1 letzter HS VwGO

Die Stadträtin C muss ein Interesse an der baldigen Feststellung haben. Dafür genügt jedes Interesse, sei es rechtlicher, wirtschaftlicher oder ideeller Art.

Aufgrund der Umstände kann C sich hier auf Wiederholungsgefahr berufen. Die Äußerung des OBM Dr. A, er befürchte weitere Ausfälle, bezog sich zwar auf die betreffende Sitzung, zeigt aber zugleich, dass er bei C offenbar davon ausgeht, sie habe sich nicht unter Kontrolle. Es ist der C nicht zuzumuten, erneut einen Verweis wegen eines „Ausfalls" zu erhalten, ohne dass die Befugnis des OBM Dr. A gerichtlich geklärt ist. Die von ihr vorgebrachten labilen Mehrheitsverhältnisse verstärken ihr Feststellungsinteresse. Zwar ist es vornehmlich das Interesse der betroffenen Fraktion, bei Abstimmungen möglichst vollzählig anwesend zu sein, aber auch für C selbst können gerade labile Mehrheitsverhältnisse eine größere Chance bedeuten, ihre politischen Überzeugungen besser durchzusetzen.

Die Stadträtin C besitzt also das notwendige Feststellungsinteresse.

IV. Klagebefugnis, § 42 Abs. 2 VwGO analog (s.o.)

Als organschaftliches Recht könnte der C ein der Pflicht nach § 36 Abs. 3 bwGemO korrespondierendes *Recht* zur Teilnahme an Gemeinderatssitzungen zustehen. Die Stadträtin C besitzt also die Klagebefugnis.

---

[29] Hier käme mangels VA nur eine allgemeine Gestaltungsklage in Frage; deren Statthaftigkeit wird überwiegend abgelehnt; dafür plädiert mit einer ausführlichen Darstellung *Stumpf*, BayVBl 2000, 103–110.

V. Passive Prozessführungsbefugnis

Die passive Prozessführungsbefugnis liegt beim OBM Dr. A (s.o. 1. Teil A. IV.).

VI. Beteiligungsfähigkeit, § 61 VwGO

Die Stadträtin C sowie der OBM Dr. A sind beteiligungsfähig nach § 61 Nr. 2 VwGO in analoger Anwendung (siehe bereits 1. Teil A. V.).

VII. (Allgemeines) Rechtsschutzbedürfnis

Die Stadträtin C kann ihr Klagebegehren nicht auf einfachere und näherliegende Weise erreichen, insbesondere nicht durch Einschaltung der Rechtsaufsichtsbehörde (s.o. 1. Teil A. VI.). Die Stadträtin C besitzt also das Rechtsschutzbedürfnis.

VIII. Weitere Sachentscheidungsvoraussetzungen

Für die Feststellungsklage bestehen grundsätzlich keine Fristen; die Klage muss den Anforderungen der §§ 81, 82 VwGO entsprechen. Das zuständige Verwaltungsgericht bestimmt sich nach den §§ 45, 52 Nr. 5 VwGO.

IX. Zwischenergebnis

Die Klage der Stadträtin C gegen OBM Dr. A ist zulässig.

B. Begründetheit der Klage

Die Klage der Stadträtin C ist begründet, wenn der OBM Dr. A ihr gegenüber nicht befugt war, sie von der Sitzung des Gemeinderates auszuschließen und aus dem Sitzungsraum zu verweisen.

Das ist dann der Fall, wenn die Voraussetzungen des § 36 Abs. 3 S. 1 bwGemO nicht vorgelegen haben.

I. Voraussetzungen

Nach § 36 Abs. 3 S. 1 bwGemO kann ein Gemeinderat bei grober Ungebühr oder wiederholten Verstößen gegen die Ordnung durch den Vorsitzenden des Gemeinderates aus dem Sitzungsraum verwiesen werden. Dem Vorsitzenden kommt also ein Ermessensspielraum bei seiner Entscheidung zu. Von den Voraussetzungen müssen zunächst die formellen gegeben sein.

1. Formelle Voraussetzungen

Zuständig für den Verweis aus dem Sitzungsraum ist der Vorsitzende. Vorsitzender des Gemeinderates ist nach § 42 Abs. 1 S. 1 bwGemO der Bürgermeister, hier also OBM Dr. A.

Besondere Vorschriften für das zu beachtende Verfahren oder die Form des Verweisens gibt es nicht.

Fraglich ist aber, ob der Bürgermeister die Stadträtin hätte anhören müssen. § 28 LVwVfG ist direkt nicht anwendbar, da die Entscheidung kein Verwaltungsakt ist. Eine Anhörungspflicht könnte sich aber aus allgemeinen Rechtsstaatsgrundsätzen oder dem innerorganschaftlichen Verhältnis ergeben. Vorliegend wurde allerdings der Stadträtin C Gelegenheit zur Äußerung, resp. zum Protest gegeben, so dass die Frage einer etwaigen Pflicht dahingestellt bleiben kann.

2. Materielle Voraussetzungen

Ein Verweis kann nur bei grober Ungebühr oder wiederholten Verstößen gegen die Ordnung erfolgen.

Grobe Ungebühr kann bei Verletzung der gegenüber dem Gemeinderat gebotenen Achtung oder bei vorsätzlich *grober* Störung der Ordnung gegeben sein.[30]

Bei einfachen Verstößen gegen die Ordnung erfordert ein Verweis mehrfach aufeinanderfolgende Ordnungsverstöße.[31] Als weitere Voraussetzungen ergeben sich daraus, dass vorangegangene Verstöße durch einen Ordnungsruf gerügt worden sein müssen und dass grundsätzlich der Verweis aus dem Sitzungsraum angedroht wurde.[32]

Die Stadträtin C hat mit ihren Bemerkungen einen unsachlichen Zwischenruf gemacht. Weder gibt es zwischen dem Kommunismus und der Arbeitsmarktproblematik einen direkten sachlichen Zusammenhang noch dürfen Arbeitslose als „herumlungernde Gestalten" verunglimpft werden. Allerdings stellen diese Bemerkungen insofern keine grobe

---

[30] *Kunze/Bronner/Katz*, Gemeindeordnung B-W, § 36 Rn. 15.
[31] *Gern*, Kommunalrecht Baden-Württemberg, Rn. 263.
[32] *Kunze/Bronner/Katz*, Gemeindeordnung B-W, § 36 Rn. 16.

Ungebühr dar, als nicht Bürgermeister oder andere Stadträte Gegenstand der Beschimpfung sind.[33]

Es handelt sich also nur um einen „einfachen" Ordnungsverstoß. Damit ist für die Rechtmäßigkeit des Verweises neben einer im Ordnungsruf enthaltenen vorangegangenen Rüge grundsätzlich auch die Androhung des Verweises aus dem Sitzungsraum erforderlich. Dr. A hat zwar der Stadträtin C vorher bereits einen Ordnungsruf erteilt, der erfolglos geblieben war, d.h. es kam zu mindestens einem weiteren Ordnungsverstoß seitens der C. Den Verweis aus dem Sitzungsraum hat er ihr aber nicht angedroht.

Sinn und Zweck der Androhung ist es, der Betroffenen etwaige Konsequenzen eines weiteren Ordnungsverstoßes vor Augen zu führen. Eine Androhung kann also entbehrlich sein, wenn aufgrund der Intensität des Ordnungsverstoßes die Konsequenzen offensichtlich sind.[34] Dann liegt im übrigen auch eine starke Nähe zur groben Ungebühr vor, bei der ja keine Androhung erforderlich ist. Das Erfordernis der Androhung ist zwar nicht im Gesetz geregelt, ergibt sich aber letztlich aus Rechtsstaatsgesichtspunkten. Bevor gegen jemanden ein Ordnungsmittel – wie auch ein sonstiges Zwangsmittel – ergriffen wird, soll der Betroffene darauf hingewiesen werden, um sein Verhalten entsprechend einrichten und etwaige Sanktionen vorhersehen zu können. Bei aller Problematik der Äußerungen von C ist eher davon auszugehen, dass es keine so schwerwiegenden Störungen der Ordnung sind, dass sie einen Verweis ohne vorherige Androhung rechtfertigen können.

Mangels vorheriger Androhung ist also der Verweis der Stadträtin C aus dem Sitzungsraum durch den OBM Dr. A rechtswidrig.

---

[33] Zum Inhalt grober Ungebühr: *Kunze/Bronner/Katz*, Gemeindeordnung B-W, § 36 Rn. 15.
[34] Vgl. *Kunze/Bronner/Katz*, Gemeindeordnung B-W, § 36 Rn. 16 a.E.

II. Ergebnis

Die Klage der Stadträtin C ist zulässig und begründet.

Wer anderer Ansicht ist, muss noch prüfen, ob Dr. A die C nicht lediglich auf die Zuschauerbank hätte verweisen und ihr damit ein Weiterverfolgen der Sitzung ermöglichen können. Der Verweis erfolgt aber gemäß § 36 Abs. 3 S. 1 bwGemO *aus dem Sitzungsraum*, nicht nur aus der Sitzung. Ein Verbleib auf der Zuschauerbank ist nur bei Befangenheit eines Stadtrates möglich[35]; die Befangenheit stört nämlich nicht den Ablauf der Sitzung.

Vertiefungshinweise:

Rechtsprechung: BVerwG, NVwZ 1991, 682 (Befassungskompetenz); VG Dresden, SächsVBl 1996, 286; OVG Bautzen, SächsVBl 1997, 13 (Klagebefugnis)

Literatur: *Dolde*, Die Beteiligungsfähigkeit im Verwaltungsprozeß (§ 61 VwGO), in: System des verwaltungsgerichtlichen Rechtsschutzes. Festschrift für Christian-Friedrich Menger, 1985, S. 423 ff.; *Erichsen/Biermann*, Der Kommunalverfassungsstreit, JURA 1997, 157 ff.

---

[35] Vgl. VwV zur GemO zu § 18 Nr. 4: „Ein wegen Befangenheit ... ausgeschlossenes Mitglied ... muss bei einer öffentlichen Sitzung die Sitzung verlassen; er muss sich dazu deutlich räumlich von dem Gremium ent-fernen, kann aber in dem für die Zuhörer bestimmten Teil des Sitzungsraumes bleiben."

Klausur Nr. 9**

Die strenge Aufsicht

Sachverhalt

Die noch junge, aber in der Mitgliederzahl stetig zunehmende „Gute-Menschen-Partei" (G-M-Partei) plant nach ersten spektakulären Erfolgen in anderen Bundesländern zur Verbesserung ihrer Mitgliederstruktur in Sachsen die Abhaltung ihres Parteitages in der kreisfreien Stadt S. Der Rat der Stadt S ist einhellig über dieses Vorhaben entsetzt, da er die G-M-Partei im Einklang mit Einschätzungen des Landesverfassungsschutzes als eine extremistische Partei einstuft, die auf die Überwindung der freiheitlich-demokratischen Grundordnung des Grundgesetzes und ihre Ersetzung - laut Parteiprogramm der G-M-Partei - „durch eine Herrschaft der wahrhaft Edlen, Hilfreichen und Guten" abzielt, mit der „die egalitäre Diktatur der Schwachen, Schlechten und Ungebildeten" abgelöst werden soll. Zu den wahrhaft Edlen, Hilfreichen und Guten zählen nach dem Programm der G-M-Partei nur diejenigen Mitbürger, die sich den Ideen der „großen Menschen der Vergangenheit" sowie den „erleuchteten Schriften" des Parteigründers G verbunden fühlen und welche „durch die von dem Meister angeordneten Prüfungen rein an Körper, Geist und Seele geworden sind". Die Prüfungen werden von einem Aufnahmekomitee der G-M-Partei durchgeführt, ein Anspruch auf Mitgliedschaft besteht nicht. Allen anderen Einwohnern der Bundesrepublik Deutschland soll nach einem eventuellen Sieg der G-M-Partei auf Bundesebene solange jede weitere Mitwirkung an politischen Entscheidungen verwehrt werden, bis auch sie zu den „wahrhaft Edlen, Hilfreichen und Guten" gehören.

Der Stadtrat der Stadt S will diese Vorstellungen nicht unterstützen und faßt daher einstimmig folgenden Beschluß:

„Der Oberbürgermeister (OBM) wird angewiesen, alle rechtlichen Möglichkeiten auszuschöpfen, um in S Parteitage der G-M-Partei zu verhindern. Die Verwaltung wird angewiesen, die Benutzung städtischer Räumlichkeiten oder Flächen durch die G-M-Partei, deren Gliederungen oder Mitglieder zu verweigern. Der OBM als Oberste Polizeibehörde wird beauftragt, jedwede Werbung mit antidemokratischen Parolen im Stadtbild von S zu verhindern. Die stadteigene ‚Stadtreklame-GmbH' wird angewiesen, derartige Werbeaufträge zurückzuweisen. Die Verwaltung wird beauftragt, das Hotel- und Gaststättengewerbe von S zu ersuchen, Beherbergungs- oder Bewirtungsverträge mit der G-M-Partei, ihren Gliederungen oder Mitgliedern zu verweigern."

Unter Hinweis auf diesen Beschluß teilt die Stadt S dem örtlichen Verband der G-M-Partei in S mit, daß eine Überlassung städtischer Räume oder Flächen an die G-M-Partei nicht in Frage komme. Dagegen legt die G-M-Partei keinen Rechtsbehelf ein. Sie wendet sich statt dessen mit einer Aufsichtsbeschwerde an das Regierungspräsidium (RP) des Regierungsbezirks R, in dem die Stadt S liegt.

Nach Prüfung des Vorgangs beanstandet das RP den Ratsbeschluß als rechtswidrig und ordnet an, ihn binnen sechs Wochen aufzuheben. Ferner droht es für den Fall der Untätigkeit die Ersatzvornahme an.

Die Stadt S ist über diese „Förderung" verfassungsfeindlicher Kräfte durch das RP enttäuscht und erhebt gegen die Beanstandung durch das RP nach erfolglosem Vorverfahren Klage vor dem örtlich zuständigen Verwaltungsgericht. Mit Aussicht auf Erfolg?

Lösungsvorschlag

1. Teil: Die Klage der Stadt S gegen die Beanstandung

Zu Beginn der Fallerörterung ist von den Bearbeitern zu erkennen, daß hier drei Maßnahmen der Aufsichtsbehörde im Raume stehen:
- die Beanstandung des Stadtratsbeschlusses durch das RP,
- das mit der Beanstandung verbundene Verlangen, den Beschluß des Stadtrats binnen sechs Wochen aufzuheben, (Das Verlangen nach einer Aufhebung ist von der Beanstandung getrennt zu betrachten, weil es sich um zwar aufeinanderfolgende, aber doch unterschiedliche Verfahrensschritte handelt[1], nach anderer Meinung soll der Beanstandung keine eigenständige Bedeutung zukommen und allein das Aufhebungsverlangen von Bedeutung sein[2]. Nicht ganz eindeutig sind einige kommunalrechtliche Darstellungen, die zwischen Beanstandung und Aufhebungsbegehren nicht trennscharf differenzieren[3]) und schließlich
- die Androhung der Ersatzvornahme.

Zwar ist die Fallfrage ein wenig mißverständlich formuliert (Klage gegen die „Beanstandung"), der kundige Bearbeiter wird jedoch erkennen, daß der Gemeinde an einer umfassenden Klärung der Rechtsfragen gelegen ist. Die Gemeinde wendet sich somit sowohl gegen die eigentliche Beanstandung als auch gegen das Aufhebungsbegehren und die Androhung der Ersatzvornahme.

---

[1] Vgl. *Kopp/Schenke*, VwGO, Anh. § 42 Rn. 34.
[2] Vgl. zum Ganzen näher *Kallerhoff*, NWVBl. 1996, 53 (55 m.w.N.).
[3] Vgl. etwa *Gern*, Deutsches Kommunalrecht, Rn. 812.

A. Zulässigkeit der Klage gegen die Beanstandung

I. Eröffnung des Verwaltungsrechtsweges, § 40 Abs. 1 S. 1 VwGO

1. Öffentlich-rechtliche Streitigkeit

Auf die Abgrenzung zwischen Privatrecht und öffentlichem Recht ist in der gebotenen Kürze einzugehen. Nicht erforderlich ist es, sämtliche gängigen Theorien zu erörtern. Vielmehr entscheidet man sich für eine Theorie, die zu praktikablen Lösungen führt.

Eine öffentlich-rechtliche Streitigkeit liegt vor, wenn die Streitigkeit nach Maßgabe öffentlichen Rechts zu entscheiden ist. Sie ist nach Maßgabe öffentlichen Rechts zu entscheiden, wenn die streitentscheidenden Normen ausschließlich den Staat oder eine seiner Untergliederungen berechtigen oder verpflichten, sogenannte modifizierte Subjektstheorie[4].

Die Frage Rechts- oder Fachaufsicht braucht an dieser Stelle noch nicht umfassend behandelt zu werden, da sie für die Bestimmung des Rechtsweges nicht von Bedeutung ist.

Dies ist der Fall, da um die Rechtmäßigkeit von Aufsichtsmaßnahmen gestritten wird, die sich entweder auf die Bestimmungen der §§ 114 ff. der SächsGemO oder auf die Aufsichtsbefugnisse nach dem SächsPolG stützen. Mithin handelt es sich um eine öffentlich-rechtliche Streitigkeit.

2. Nichtverfassungsrechtlicher Art

Da an dem Rechtsstreit weder ausschließlich Rechtssubjekte beteiligt sind, die ihre Rechte und Pflichten unmittelbar aus dem Verfassungsrecht ableiten, noch das streitige Rechtsverhältnis materiell-rechtlich entscheidend vom Verfassungsrecht geformt ist[5], handelt es sich bei dieser Streitigkeit um eine Streitigkeit nichtverfassungsrechtlicher Art.

3. Sonderzuweisungen an andere Gerichtsbarkeiten

Zuweisungen an Gerichte eines anderen Rechtszweiges sind nicht einschlägig.
Der Verwaltungsrechtsweg ist mithin eröffnet.

II. Bestimmung der einschlägigen Rechtsschutzform („Klageart")

In Betracht kommt eine Anfechtungsklage der Stadt gemäß § 42 Abs. 1 VwGO. Dazu ist zunächst Voraussetzung, daß es sich bei der Beanstandung der Aufsichtsbehörde um einen Verwaltungsakt handelt. Das erste Merkmal der Verwaltungsaktsdefinition des § 35 S. 1 des Verwaltungsver-

---

[4] Dazu statt vieler *Maurer,* § 3 Rn. 17 f.
[5] Zu diesen Erfordernissen, die als doppelte Verfassungsunmittelbarkeit bezeichnet werden, näher *Stern,* Rn. 115 u. 116.

fahrensgesetzes des Bundes (VwVfG)⁶, welches in diesem Zusammenhang näherer Prüfung bedarf, ist das Kriterium „auf Außenwirkung gerichtet". Die Bestimmung der Außenwirkung einer Aufsichtsmaßnahme erfolgt nach der Art der von der Gemeinde wahrgenommen Aufgabe, folgt also der Unterscheidung von eigenem Wirkungskreis bzw. weisungsfreien Aufgaben einerseits und übertragenem Wirkungskreis bzw. Aufgaben zur Erfüllung nach Weisung andererseits⁷. Aufsichtsmaßnahmen der übergeordneten Behörde sind nach herrschender Meinung - unabhängig vom Vorliegen des dualistischen oder monistischen Aufgabenmodells im jeweiligen Landesrecht - jedenfalls dann Verwaltungsakte, wenn sie die Gemeinde in ihren Selbstverwaltungsangelegenheiten betreffen⁸, weil die Gemeinde insoweit - im Gegensatz zu der Wahrnehmung von Weisungsaufgaben - dem Staat als eigene Rechtspersönlichkeit gegenübertritt⁹.

Auf den konkreten Fall bezogen bedeutet dies, daß die Aufsichtsmaßnahme des RP dann Außenwirkung hat und folglich insoweit Verwaltungsaktsqualität besitzt, wenn sie den Kreis der weisungsfreien Aufgaben der Stadt S betrifft. Die Vergabe von gemeindeeigenen Hallen und Flächen ist „klassische" Selbstverwaltungsaufgabe einer Gemeinde¹⁰, so daß eine Bestimmung der Aufsichtsbehörde über die Vergabemodalitäten in den eigenen Wirkungskreis der Stadt S eingreift, mithin erfüllt die Beanstandung das Verwaltungsaktsmerkmal „auf Außenwirkung gerichtet".

Fraglich aber ist, ob die Beanstandung eine „Regelung" enthält. Unter einer Regelung versteht man eine rechtsverbindliche Anordnung, eine Willenserklärung, die auf die Setzung einer Rechtsfolge gerichtet ist¹¹. Nach einer in der Literatur vertretenen Auffassung soll es der kommunal-

An dieser Stelle ist es daher erforderlich, auf die Frage der Selbstverwaltungsgarantie und der Einordnung der aufsichtlichen Maßnahme (Rechts- oder Fachaufsicht) einzugehen.

---

⁶ Anzuwenden aufgrund § 1 des Vorläufigen Verwaltungsverfahrensgesetzes für den Freistaat Sachsen (SächsVwVfG).
⁷ Vgl. dazu *Seewald*, Rn. 365 f.; *Wolff/Bachof/Stober*, Bd. 3, § 94 Rn. 128, 173.
⁸ Vgl. statt vieler *P. Stelkens/U. Stelkens*, in: Stelkens/Bonk/Sachs, VwVfG, § 35 Rn. 107; *Kopp/Ramsauer*, VwVfG, § 35 Rn. 99, jeweils m.w.N.
⁹ Vgl. BVerwGE 19, 121 (122 f.); 52, 313 (315); *Pietzcker*, in: Schoch/Schmidt-Aßmann/Pietzner, VwGO, § 42 Abs. 1 Rn. 56; *Wolff/Bachof/Stober*, Bd. 3, § 94 Rn. 173; *Gern*, Sächsisches Kommunalrecht, Rn. 924, 957 i.V.m. 964.
¹⁰ Vgl. *Gern*, Sächsisches Kommunalrecht, Rn. 237; *Seewald*, Rn. 99.
¹¹ So *Maurer*, § 9 Rn. 6.

aufsichtlichen Beanstandung am Regelungsgehalt fehlen[12], weil sie als bloß vorbereitende Maßnahme unselbständiges Teilstück des Aufhebungsverfahrens sei[13]. Dieser Ansicht ist jedoch mit der überwiegenden Meinung in Rechtsprechung[14] und Schrifttum[15] entgegenzuhalten, daß die Beanstandung die Regelung enthält, daß das beanstandete Verhalten rechtswidrig und deshalb zu ändern ist[16]. Zudem stellt sie eine Rechtmäßigkeitsvoraussetzung für weitere aufsichtsbehördliche Maßnahmen dar[17]. Aus diesen Gründen erfüllt die Beanstandung auch die Anforderungen des Merkmals „Regelung". Mithin ist die Beanstandung des RP ein Verwaltungsakt.

Da die Stadt auch die Aufhebung des Verwaltungsakts „Beanstandung" begehrt, liegen sämtliche Voraussetzungen der Anfechtungsklage vor. Die Anfechtungsklage nach § 42 Abs. 1 VwGO ist daher die statthafte Klageart.

III. Besondere Sachentscheidungsvoraussetzungen der Anfechtungsklage

1. Geltendmachung einer Rechtsverletzung („Klagebefugnis"), § 42 Abs. 2 VwGO

Gemäß § 42 Abs. 2 VwGO ist die Anfechtungsklage nur dann zulässig, wenn die Stadt S geltend machen kann, daß sie in ihren Rechten verletzt ist. Ein eigenes Recht der Gemeinde ergibt sich aus Art. 28 Abs. 2 GG: Die Bewirtschaftung und Vergabe gemeindeeigener Einrichtungen und Räumlichkeiten steht der Stadt S als ein Selbstverwaltungsrecht zu. Folglich besitzt die Stadt S die erforderliche Klagebefugnis.

---

[12] So etwa *P. Stelkens/U. Stelkens*, in: Stelkens/Bonk/Sachs, VwVfG, § 35 Rn. 107.
[13] Zu diesem Argument näher *Kallerhoff*, NWVBl. 1996, 53 (55).
[14] Vgl. BVerwGE 89, 260 (261 f.): Einordnung der Beanstandung als VA mittelbar abzuleiten aus der Anwendung des § 113 Abs. 1 S. 4 VwGO; für VA-Charakter der Beanstandung auch VG Dessau, LKV 2000, 551 (551 f.); OVG Münster, OVGE 35, 246.
[15] Vgl. *Kopp/Schenke*, VwGO, Anh. § 42 Rn. 34; *Gern*, Deutsches Kommunalrecht, Rn. 812; *Oexmann*, S. 97 ff.
[16] Vgl. *Salzwedel*, VVDStRL 22 (1965), 206 (250).
[17] So *Kopp/Schenke*, VwGO, Anh. § 42 Rn. 34.

2. Vorverfahren

Ein Vorverfahren ist nicht nach § 68 Abs. 1 S. 2 VwGO entbehrlich, da es eine Regelung wie § 123 GO-NW[18] in Sachsen nicht gibt. Laut Sachverhalt ist ein Vorverfahren durchgeführt worden, das aber erfolglos blieb.

3. Klagefrist

Von der Einhaltung der Klagefrist des § 74 Abs. 1 VwGO ist mangels anderslautender Angaben im Sachverhalt auszugehen.

Die Klage der Stadt S ist daher zulässig.

B. Begründetheit der Klage

Die Anfechtungsklage der Stadt S ist gemäß § 113 Abs. 1 S. 1 VwGO begründet, wenn die Beanstandung des Beschlusses durch das RP rechtswidrig ist und die Stadt S dadurch in ihren Rechten verletzt ist.

In der Klausur sollte die Einstiegsnorm § 113 Abs. 1 S. 1 VwGO nicht vergessen werden, da sie das gerichtliche „Prüfprogramm" für die Anfechtungsklage enthält.

I. Rechtswidrigkeit der Beanstandung

Die Beanstandung ist rechtswidrig, wenn sie durch unrichtige Anwendung geltenden Rechts zustande gekommen ist.

1. Ermachtigungsnorm

Erste Voraussetzung für eine rechtmäßige Beanstandung ist, daß eine gesetzliche Grundlage für die belastende Maßnahme gegeben ist. Rechtsgrundlage für den Eingriff des Regierungspräsidiums in das Selbstverwaltungsrecht der Stadt ist § 114 Abs. 1 S. 1 SächsGemO[20].

Es empfiehlt sich, die Frage der einschlägigen Ermächtigungsnorm vor der formellen Rechtswidrigkeit zu prüfen, da von der Bestimmung der gesetzlichen Eingriffsgrundlage die Zuständigkeit und eventuelle besondere Verfahrensanforderungen abhängen[19].

---

[18] § 123 GO-NW: „Maßnahmen der Aufsichtsbehörde können unmittelbar mit der Klage im Verwaltungsstreitverfahren angefochten werden."

[19] Vgl. *Schwerdtfeger*, Rn. 64.

[20] § 114 Abs. 1 S. 1 SächsGemO: „Die Rechtsaufsichtsbehörde kann Beschlüsse und Anordnungen der Gemeinde, die das Gesetz verletzen, beanstanden und verlangen, dass sie von der Gemeinde binnen einer angemessenen Frist aufgehoben oder abgeändert werden."

2. Formelle Rechtmäßigkeit der Beanstandung

Die Beanstandung ist dann formell rechtswidrig, wenn Zuständigkeits- oder Verfahrensvorschriften mißachtet worden sind.

a) Zuständigkeit

Die Beanstandung durch das RP ist dann rechtswidrig, wenn das RP sachlich, örtlich oder instanziell unzuständig ist.

aa) Das RP ist nach § 111 Abs. 1 SächsGemO[21] i.V.m. § 112 Abs. 1 S. 1 SächsGemO[22] sachlich zuständig, wenn es sich bei der Beanstandung um eine Maßnahme der Rechtsaufsicht handelt. Die Bewirtschaftung gemeindeeigener Einrichtungen fällt in den Selbstverwaltungsbereich, so daß allein Maßnahmen der Rechtsaufsicht zulässig sind. Die sachliche Zuständigkeit ist daher gegeben.

bb) Das Regierungspräsidium ist nach § 112 Abs. 1 S. 1 SächsGemO als Rechtsaufsichtsbehörde für kreisfreie Städte instanziell zuständig.

cc) Auch ein Verstoß gegen die Vorschriften der örtlichen Zuständigkeit ist nicht ersichtlich, so daß ein Verstoß gegen Zuständigkeitsvorschriften nicht vorliegt.

Die Vorschriften über die Zuständigkeit sind eingehalten.

b) Verfahren und Form der Beanstandung

Das Erfordernis der Schriftlichkeit der Beanstandung[23] ist eingehalten. Im übrigen sind keine Probleme ersichtlich.

Auf die Frage der angemessenen Frist zur Aufhebung des Beschlusses ist erst im Rahmen der Klage gegen die Aufforderung zur Aufhebung einzugehen.

c) Sonstige formelle Fehler

Etwaige andere formelle Rechtsverstöße durch die Aufsichtsbehörde sind nicht ersichtlich.

Die Beanstandung ist formell rechtmäßig.

---

[21] § 111 Abs. 1 SächsGemO: Die Aufsicht beschränkt sich darauf, die Gesetzmäßigkeit der Verwaltung sicherzustellen (Rechtsaufsicht), soweit gesetzlich nichts anderes bestimmt ist.

[22] § 112 Abs. 1 S. 1 SächsGemO: Rechtsaufsichtsbehörde für kreisangehörige Gemeinden ist das Landratsamt als untere Verwaltungsbehörde, für Kreisfreie Städte das Regierungspräsidium.

[23] Vgl. *Gern*, Sächsisches Kommunalrecht, Rn. 924.

3. Materielle Rechtmäßigkeit der Beanstandung

Die Beanstandung ist nur dann rechtmäßig, wenn
   erstens die Beschlüsse oder Anordnungen des Stadtrats der Stadt S das Gesetz verletzen
   und
   zweitens das RP von seinem Aufsichtsermessen („kann" beanstanden) in rechtsfehlerfreier Weise Gebrauch gemacht hat.

a) Rechtswidrigkeit des Beschlusses des Stadtrats
aa) Formelle Rechtswidrigkeit
aaa) Der Beschluß ist bereits dann rechtswidrig, wenn der Stadtrat sachlich unzuständig war, den OBM zu beauftragen, möglicherweise strafbare Werbung der G-M-Partei zu verhindern.

Zur *Verfolgung* von Straftaten (hier eventuell § 130 Abs. 1 Nr. 2, Abs. 2 Nr. 1 a) - d) StGB, nicht aber §§ 86, 86 a StGB, da hierzu der SV keine konkreten Ausführungen enthält) bei Anfangsverdacht ist nach 152 Abs. 1 StPO allein die Staatsanwaltschaft berufen. Insoweit ist der Stadtrat also unzuständig. Der Beschluß des Stadtrats kann jedoch so interpretiert werden, daß nicht repressive Maßnahmen, sondern allein präventive Maßnahmen vom OBM ergriffen werden sollen. Fraglich ist daher, ob eine solche Anweisung an den OBM zulässig ist.

bbb) Zu prüfen ist, ob der Stadtrat zum Erlaß von Weisungen an den OBM auf dem Gebiet des Polizei- und Ordnungsrechts sachlich zuständig ist. Dies wäre nur dann der Fall, wenn das SächsPolG dem Stadtrat entsprechende Befugnisse zuweist.

Die präventive Abwehr von Gefahren für die öffentliche Sicherheit oder Ordnung ist Aufgabe der Gemeinde, vgl. § 64 Abs. 1 Nr. 4 SächsPolG[24] i.V.m § 1 Abs. 1 SächsPolG[25]. Doch kann der Gemeinderat dem OBM keine Weisungen

---

[24] § 64 Abs. 1 Nr. 4 SächsPolG: Allgemeine Polizeibehörden sind ... 4. die Gemeinden als Ortspolizeibehörden.

[25] § 1 Abs. 1 SächsPolG: Die Polizei hat die Aufgabe, von dem Einzelnen und dem Gemeinwesen Gefahren abzuwehren, durch die die öffentliche Sicherheit oder Ordnung bedroht wird und Störungen der öffentlichen Sicherheit oder Ordnung zu beseitigen, soweit es im öffentlichen Interesse geboten ist. Sie hat insbesondere 1. die freiheitliche demokratische Grund-ordnung zu schützen und die ungehinderte Ausübung der Grundrechte und der staatsbürgerlichen Rechte zu gewährleisten, 2. Straftaten zu verhindern und vorbeugend zu bekämpfen und 3. Vorbereitungen zu treffen, um künftige Gefahren abwehren zu können.

erteilen, da die Wahrnehmung dieser Aufgabe als einer Weisungsaufgabe (vgl. § 64 Abs. 2 SächsPolG[26]) der OBM grundsätzlich in eigener Zuständigkeit erledigt, § 53 Abs. 3 S. 1 SächsGemO[27]. Befugnisse des Stadtrates können nach § 53 Abs. 3 S. 1 SächsGemO allenfalls beim Erlaß von Rechtsverordnungen oder Satzungen bestehen. Da der Beschluß des Stadtrates aber keine Satzungsqualität aufweist, bleibt es daher bei der alleinigen Zuständigkeit des OBM für den Vollzug des SächsPolG. Soweit das Auftreten der G-M-Partei gegen Polizei- und Ordnungsrecht verstoßen kann, ist der Stadtrat mithin ebenfalls nicht zuständig.

Zwischenergebnis: Für die Erteilung des Auftrags an den OBM, Werbung der G-M-Partei zu verhindern, ist der Stadtrat sachlich unzuständig. Der Beschluß ist daher formell rechtswidrig.

bb) Materielle Rechtswidrigkeit

> Da im Gutachten die Rechtslage umfassend zu prüfen ist, darf die Untersuchung nicht mit dem Ergebnis der formellen Rechtswidrigkeit des Beschlusses enden, sondern hat sich auch der Frage der materiellen Rechtmäßigkeit des Verwaltungshandelns zu stellen.

Der Beschluß des Stadtrats ist materiell rechtswidrig, wenn er gegen höherrangiges Recht verstößt. Es könnte ein Verstoß gegen Art. 21 GG i.V.m. Art. 3 Abs. 1 GG, § 5 PartG (Grundsatz der „Chancengleichheit der Parteien") vorliegen.

---

[26] § 64 Abs. 2 SächsPolG: Die Aufgaben der Kreis- und Ortspolizeibehörden sind Weisungsaufgaben; das Weisungsrecht ist im Rahmen der gesetzlichen Vorschriften unbeschränkt.

[27] § 53 Abs. 3 S. 1 SächsGemO: Weisungsaufgaben erledigt der Bürgermeister in eigener Zuständigkeit, soweit gesetzlich nichts anderes bestimmt ist; dies gilt nicht für den Erlass von Rechtsverordnungen und Satzungen.

aaa) Ein Verstoß gegen den Grundsatz der Chancengleichheit der Parteien könnte durch die Weigerung der Stadt S gegeben sein, der G-M-Partei die Benutzung städtischer Räumlichkeiten oder Flächen zu gewähren. Der Grundsatz der Chancengleichheit der Parteien gebietet es nämlich unter anderem, alle Parteien bei der Vergabe von Stadthallen und ähnlichen öffentlichen Einrichtungen gleich zu behandeln[31]. Folglich ist dieser Grundsatz dann mißachtet worden, wenn die politische Tätigkeit der G-M-Partei willkürlich beschränkt worden ist, weil für die Versagung der Nutzung öffentlicher Einrichtungen der Stadt S kein sachlicher Grund angeführt werden kann. Sachliche Versagungsgründe für die Zulassung zu öffentlichen Einrichtungen sind unter anderem Terminüberschneidungen (die öffentliche Einrichtung ist bereits an andere Benutzer vergeben), eine zu geringe Kapazität der Einrichtung für die geplante Veranstaltung oder eine aus der Vergangenheit bekannte Unzuverlässigkeit des Antragstellers bei der Nutzung der Einrichtung (Herbeiführen von Beschädigungen etc.) sowie konkrete Anhaltspunkte, daß die veranstaltende Partei bei der Nutzung der Einrichtung Rechtsbrüche begehen wird[32]. Solche Gesichtspunkte macht die Stadt jedoch nicht geltend, sondern der eigentliche Versagungsgrund ist die (vermeintliche) Verfassungswidrigkeit der G-M-Partei. Die bloße Möglichkeit der Verfassungswidrigkeit einer Partei reicht als Versagungsgrund aber nicht aus, da die G-M-Partei (noch) nicht durch rechtskräftige Entscheidung des Bundesverfassungsgerichts verboten worden ist[33]. Als nicht verbotene Partei hat die G-M-Partei vielmehr das Recht, sich

Auf die Frage, ob ein Anspruch der G-M-Partei auf Zugang zu den Einrichtungen der Stadt S aufgrund Art. 21 i.V.m. Art. 3 Abs. 1 GG, § 5 PartG oder – weil der Ortsverband der G-M-Partei tätig geworden sein könnte – aus § 10 Abs. 2 SächsGemO[28] besteht, ist hier nicht näher einzugehen, da es für die Rechtmäßigkeit der Beanstandung bereits genügt, wenn die Ablehnung des Zugangs rechtswidrig war.

Mit dem Verhalten der Stadt S bis zu einem gewissen Grade vergleichbar ist die zur Zeit kontrovers diskutierte Praxis von Geldinstituten, Bankkonten von Parteien wegen der vermeintlichen Verfassungswidrigkeit einer Partei zu kündigen. Ob diese Kündigungen wirksam sind oder wegen Verstoßes gegen § 138 BGB i.V.m. Art. 21 Abs. 1 und 3 Abs. 1 GG als rechtswidrig betrachtet werden müssen, ist umstritten[29]. Jedenfalls für öffentlich-rechtlich organisierte Geldinstitute dürften jedoch auch verfassungsrechtliche Beschränkungen aus den Grundsätzen der Parteienfreiheit und der Chancengleichheit der Parteien hinsichtlich des Kündigungsrechts abzuleiten sein[30].

---

[28] § 10 Abs. 2 SächsGemO: „Die Einwohner sind im Rahmen der bestehenden Vorschriften berechtigt, die öffentlichen Einrichtungen der Gemeinde nach gleichen Grundsätzen zu benutzen, und verpflichtet, die Gemeindelasten mitzutragen."

[29] Die Rechtmäßigkeit der Kündigungen bejahend *Eicholt,* NJW 2001, 1400 (1400 f.); OLG Köln, NJW 2001, 452; OLG Brandenburg, NJW 2001, 450; LG Frankfurt/Oder, NJW 2001, 82; für Rechtwidrigkeit auch mit Blick auf die Vorgaben des Art. 21 GG und § 5 PartG hingegen *Boemke,* NJW 2001, 43 (44 f.); OLG Dresden, NJW 2001, 1433 (1433).

[30] So jetzt auch BGH, NJW 2003, 1658 (1659).

[31] Vgl. BVerwG, DVBl. 1992, 430 (431).

[32] Vgl. zu letzterem Aspekt VGH Kassel, NJW 1993, 2331 (2332); BayVGH, NJW 1989, 2491 (2492).

[33] Vgl. BVerfGE 47, 198 (228); BVerwG, NVwZ 1999, 991 (993); *Ipsen,* in: Sachs, GG, Art. 21 Rn. 144 f., 148.

dem Bürger so darzustellen, wie es ihrem Selbstverständnis entspricht[34].

Die Stadt S ist auch nicht dazu berufen, die - möglicherweise gegebene - Verfassungswidrigkeit[35] der G-M-Partei in eigener Verantwortung festzustellen, da nach Art. 21 Abs. 2 GG insoweit ein Entscheidungsmonopol des Bundesverfassungsgerichts besteht, es ist hier das sogenannte „Parteienprivileg" zu beachten[36]. Dieses Entscheidungsmonopol des BVerfG schließt ein diese Entscheidung vorweg-nehmendes administratives Einschreiten gegen den Bestand einer Partei aus, das mit dem vermeintlichen verfassungswidrigen Verhalten der Partei begründet wird[37]. Mag dieses Verhalten auch noch so feindlich gegenüber der freiheitlich-demokratischen Grundordnung sein, so darf die Partei in ihrer politischen Aktivität gleichwohl rechtlich nicht behindert werden, soweit sie ihrerseits mit erlaubten Mitteln arbeitet[38]. Mithin liegt in der durch keinen sachlichen Grund gestützten Weigerung der Stadt S, die G-M-Partei zu ihren öffentlichen Einrichtungen zuzulassen, ein Verstoß gegen Art. 21 i.V.m. Art. 3 Abs. 1 GG, § 5 PartG.

bbb) Ein Verstoß gegen den Grundsatz der Chancengleichheit der Parteien könnte des weiteren in der Aufforderung an die Verwaltung liegen, auf private Werbegesellschaften sowie das private Beherbergungsgewerbe einzuwirken, keine Verträge mit der G-M-Partei zu schließen. Diese Aufforderung eines Trägers öffentlicher Gewalt an private Dritte ist rechtswidrig, wenn sie einen Aufruf zu einem rechtswidrigen Boykott darstellt. In der Aufforderung an Private, keine Verträge mit der G-M-Partei wegen ihrer politischen Vorstellungen einzugehen, liegt eine Verrufserklärung und somit ein Boykottaufruf. Im Gegensatz zu der

---

[34] Vgl. BVerfGE 40, 287 (292).

[35] Ein Indiz für die Verfassungswidrigkeit der G-M-Partei liegt in der Unvereinbarkeit des Programms mit dem Demokratieprinzip des Grundgesetzes: Da die G-M-Partei andere Bürger als die „wahrhaft Edlen, Hilfreichen und Guten" von der Teilhabe am politischen Willensbildungsprozeß ausschließen will, verstößt sie hiermit gegen den Grundsatz der Gleichheit der Staatsbürger, Art. 33 Abs. 1, 3 Abs. 1 GG und speziell gegen den Grundsatz der Allgemeinheit der Wahl, Art. 38 Abs. 1 S. 1 GG (sofern die G-M-Partei überhaupt Wahlen zuläßt).

[36] Vgl. näher VGH Mannheim, NJW 1990, 136 (137 f.); *Degenhart*, Staatsrecht I, Rn. 82.

[37] Vgl. BVerfG, NJW 2001, 2076 (2077); BVerwG, NVwZ 1999, 991 (993).

[38] Vgl. BVerfGE 47, 130 (139); 47, 198 (228); BVerfG, NJW 2001, 2076 (2077).

Meinungsäußerungsfreiheit Privater sind derartige Äußerungen von Trägern öffentlicher Gewalt nicht nur dann rechtswidrig, wenn sie das Ausnutzen einer wirtschaftlichen Machtstellung bedeuten[39], sondern schon dann, wenn sie eine Verhaltensweise darstellen, welche rechtlich nicht zu billigen ist[40]. Die Stadt S ist gemäß ihrer Bindung an Gesetz und Recht, Art. 20 Abs. 3 GG, gehalten, bis zur Feststellung der Verfassungswidrigkeit der G-M-Partei durch das Bundesverfassungsgericht diese Partei wie andere Parteien zu behandeln. Das Recht nicht verbotener politischer Parteien auf Chancengleichheit im Wettbewerb mit anderen Parteien ist ein wesentlicher Bestandteil der demokratischen Grundordnung[41]. Die Aufforderung an die Verwaltung, auf private Werbegesellschaften sowie das private Beherbergungsgewerbe einzuwirken, stellt jedoch einen Aufruf zur Verweigerung von Vertragsabschlüssen allein aus politischen Gründen dar. Da durch den Boykottaufruf in den politischen Meinungskampf einseitig eingegriffen werden soll, geht ein solcher Aufruf auch weit über das hinaus, was als sogenannte „öffentliche Warnung" durch einen Träger öffentlicher Gewalt zulässig wäre[42]. Eine rechtliche Grundlage für diesen Aufruf ist nicht gegeben. Die vermeintliche Verfassungswidrigkeit der G-M-Partei läßt sich - wie oben dargelegt - nicht als Rechtfertigungsgrund für eine Ungleichbehandlung und somit auch nicht für diesen Aufruf anführen. Der Aufruf der Stadt S verletzt dadurch das Recht der G-M-Partei auf Chancengleichheit.

Sowohl die Verweigerung der Vergabe städtischer Einrichtungen als auch der Aufruf stehen nicht im Einklang mit höherrangigem Recht. Der Beschluß ist somit auch materiell rechtswidrig.

Der Beschluß des Stadtrats ist daher sowohl formell als auch materiell rechtswidrig.

---

[39] Vgl. BVerfGE 25, 256 (264 ff.) („Blinkfuer").
[40] Vgl. VGH Mannheim, NJW 1990, 136 (137).
[41] Vgl. BVerfGE 40, 287 (293).
[42] Zum Charakter und zur Zulässigkeit von Warnungen der öffentlichen Hand, die vor allem im Zusammenhang mit staatlichen Äußerungen zur Gefährlichkeit von Religionsgemeinschaften oder industriellen Produkten diskutiert worden sind, siehe statt vieler *Maurer*, § 15 Rn. 8 ff.

b) Fehlerfreie Ermessensausübung der Rechtsaufsichtsbehörde

Die in vielen Lehrbuchdarstellungen übliche Einteilung in Ermessensüberschreitung, Ermessensunterschreitung und Ermessensfehlgebrauch entspricht nicht der gesetzlichen Formulierung des § 114 S. 1 VwGO, welche die Verwaltungsgerichte als Prüfungsmaßstab der Ermessenskontrolle heranzuziehen haben[43]. Dementsprechend wird hier der vom Gesetz vorgegebene Prüfungsaufbau nachvollzogen.

Weitere Voraussetzung für die Rechtmäßigkeit der Beanstandung ist, daß die Rechtaufsichtsbehörde von ihrem Ermessen in rechtmäßiger Weise Gebrauch gemacht hat. Das Ermessen ist gemäß § 114 S. 1 VwGO dann fehlerhaft betätigt worden, wenn das RP sein Ermessen nicht dem Zweck der Ermächtigung gemäß gebraucht (unter unter aa)) oder die gesetzlichen Grenzen des Ermessensspielraums überschritten (nachfolgend unter bb)) hat.

Wäre das RP nicht tätig geworden, so stellt sich die in Prüfungsarbeiten beliebte Frage, ob die G-M-Partei einen Anspruch auf Einschreiten der Rechtsaufsichtsbehörde hat. Nach allgemeiner Meinung existiert ein solcher Anspruch des Bürgers nicht, ja es soll nicht einmal ein Anspruch auf ermessensfehlerfreie Entscheidung gegeben sein, da das Aufsichtsverfahren allein im öffentlichen Interesse bestehe[44].
Da das RP hier aber eingeschritten ist, braucht auf dieses Problem nicht eingegangen zu werden. Es wäre im Gegenteil sogar schädlich, wollte der Bearbeiter auf diese Weise zeigen, über welch umfangreiches Wissen er verfügt.

aa) Das Ermessen ist nicht dem Zweck der Ermächtigung gemäß gebraucht worden, wenn das RP das ihm eingeräumte Ermessen überhaupt nicht oder aus rechtlich zu mißbilligenden Motiven ausgeübt hat. Zweck des Rechtsaufsichtsermessens ist es, im öffentlichen Interesse sicherzustellen, daß das der Gemeinde eingeräumte Recht auf Selbstverwaltung nur im Rahmen der Gesetze wahrgenommen wird und die von den Gemeinden ausgeübt öffentliche Gewalt die Bindung an Recht und Gesetz beachtet[45]. Es ist aus dem Sachverhalt nicht erkennbar, daß das RP sich von zweckfremden Motiven hat leiten lassen. Insbesondere ist ein Handeln der Rechtsaufsichtsbehörde nicht dadurch ausgeschlossen, daß ein Bürger seine Rechte im Rechtsmittelverfahren verfolgen kann, wenn wie hier eine Aufsichtsmaßnahme im öffentlichen Interesse erforderlich ist[46]. Das RP durfte daher einschreiten, obwohl der G-M-Partei Rechtsschutzmöglichkeiten gegen das Gebaren des Stadtrates zur Verfügung standen bzw. stehen.

bb) Die Rechtsaufsichtsbehörde hat auch die äußeren Grenzen ihres Ermessensspielraums eingehalten. Vor allem ist auch das im rechtsaufsichtlichen Verhältnis anwendbare Übermaßverbot[47] beachtet worden.

Die Ausübung ihres Ermessens war daher rechtmäßig.

---

[43] Zu den verschiedenen Ermessensfehlerlehren im deutschen Verwaltungsrecht siehe näher *Brinktrine*, S. 105 ff.

[44] Vgl. dazu *Hegele/Ewert*, S. 206 f.

[45] Vgl. *Lübking/Vogelgesang*, Rn. 119 i.V.m. Rn. 60.

[46] Vgl. VGH Mannheim, NJW 1990, 136 (138); ebenso *Hegele/Ewert*, S. 206.

[47] Vgl. *Gern*, Deutsches Kommunalrecht, Rn. 804.

4. Ergebnis der rechtlichen Prüfung der Beanstandung

Die Beanstandung durch das RP war folglich nicht rechtswidrig.

II. Rechtsverletzung der Gemeinde

Da die Beanstandung rechtmäßig war, ist die Stadt S nicht in ihren Rechten verletzt

Es ist nicht mehr erforderlich, auf diese Frage näher einzugehen, da die Beanstandung des RP rechtmäßig ist.

2. Teil: Klage gegen das Verlangen, den Beschluß aufzuheben

A. Zulässigkeit

Der Verwaltungsrechtsweg ist nach den Ausführungen oben eröffnet. Die Klage ist als Anfechtungsklage statthaft, denn die Aufforderung, den Beschluß aufzuheben, ist ein Verwaltungsakt[51]. Die übrigen Zulässigkeitsvoraussetzungen sind ebenfalls gegeben.

Das Verlangen, den Beschluß aufzuheben, darf nicht mit einer Anordnung i.S. des § 115 SächsGemO[48] verwechselt werden. Während das Aufhebungsverlangen auf rechtswidriges Tun reagiert und ihm lediglich kassatorische Wirkung zukommt, kann durch eine Anordnung die Gemeinde dazu angehalten werden, ihren öffentlich-rechtlichen Verpflichtungen nachzukommen[49]. Das Anordnungsrecht ist also das auf gemeindliches Unterlassen bezogene Gegenstück zur Beanstandung[50].

B. Begründetheit

Die Klage ist begründet, wenn die Aufforderung zur Beschlußaufhebung unter formellen oder materiellen Mängeln leidet. Fraglich ist allein, ob die formelle Voraussetzung des § 114 Abs. 1 S. 1 SächsGemO eingehalten worden ist. Nach dieser Vorschrift ist erforderlich, daß das RP eine angemessene Frist zur Überprüfung und Korrektur des Beschlusses durch die Gemeinde gesetzt hat. Angemessenheit ist gegeben, wenn das zuständige Gemeindeorgan sich über Inhalt oder Tragweite des Beschlusses unter Prüfung der einschlägigen Sach- oder Rechtsfragen unterrichten und Abhilfe-

---

[48] § 115 SächsGemO: Erfüllt die Gemeinde die ihr obliegenden Pflichten nicht, kann die Rechtsaufsichtsbehörde anordnen, dass die Gemeinde innerhalb einer angemessenen Frist die notwendigen Maßnahmen durchführt.

[49] Näher zum Charakter des Anordnungsrechts *Kallerhoff*, NWVBl. 1996, 53 (56); *Gern*, Sächsisches Kommunalrecht, Rn. 928.

[50] Vgl. *Schmidt-Aßmann*, Rn. 42.

[51] Vgl. *Kallerhoff*, NWVBl. 1996, 53 (55).

maßnahmen treffen kann[52]. Dies wird in der Regel innerhalb einer Frist von zwei Wochen für möglich erachtet[53]. Innerhalb eines Zeitraums von sechs Wochen ist sogar eine fundierte Prüfung der Sachfragen durch die Stadt S möglich, so daß das Erfordernis der angemessen Frist durch das RP eingehalten worden ist.

Weitere formelle oder materielle Mängel der Aufforderung, den Beschluß aufzuheben, sind nicht ersichtlich. Die Klage ist unbegründet.

3. Teil: Klage gegen die Androhung der Ersatzvornahme

Abschließend ist kurz auf die Klage gegen die Androhung der Ersatzvornahme nach § 116 SächsGemO[54] einzugehen.

Auch hier ist die Anfechtungsklage die zulässige Klageart, da die Androhung der Ersatzvornahme als weitere Maßnahme der Rechtsaufsicht ebenfalls als VA angesehen wird[55].

Die Klage ist jedoch unbegründet, da die Beanstandung respektive die Anordnung, den Beschluß aufzuheben (als „Grundverfügung" für die Ersatzvornahme), rechtmäßig sind und ein Ermessensfehler hinsichtlich der Androhung nicht erkennbar ist[56].

Gesamtergebnis:

Die Klagen der Stadt S sind zwar zulässig, aber allesamt unbegründet.

---

[52] Vgl. *Hegele/Ewert*, S. 205f.; *Gern*, Deutsches Kommunalrecht, Rn. 812.

[53] Vgl. zur Frist näher *Lübking/Vogelgesang*, Rn. 196.

[54] § 116 SächsGemO: Kommt die Gemeinde einer Anordnung der Rechtsaufsichtsbehörde nach den §§ 113 bis 115 nicht innerhalb der bestimmten Frist nach, kann die Rechtsaufsichtsbehörde die Anordnung an Stelle und auf Kosten der Gemeinde selbst durchführen oder einen Dritten mit der Durchführung beauftragen.

[55] So zu verstehen sind etwa die Ausführungen von *Hegele/Ewert*, S. 212.

[56] Die Ersatzvornahme ist sogar vorher anzudrohen, vgl. dazu näher *Lübking/Vogelgesang*, Rn. 236.

Anmerkung:

Dem Fall liegt die Entscheidung des VGH Baden-Württemberg in NJW 1990, 136 ff. zugrunde.

Vertiefungshinweise:

Zur Kommunalaufsicht im allgemeinen:
Franz, Die Staatsaufsicht über die Kommunen, JuS 2004, 937 ff.; *Knemeyer,* Rechtsaufsicht als Vertrauensaufsicht, BayVBl. 1999, 193 ff.; *Oebbecke,* Kommunalaufsicht – nur Rechtsaufsicht oder mehr?, DÖV 2001, 406 ff.

Speziell zur Beanstandung:
Kallerhoff, Das kommunalaufsichtliche Beanstandungs- und Aufhebungsrecht in der Rechtsprechung des OVG NW, NWVBl. 1996, 53 ff.

Speziell zu Rechtsschutzfragen:
Ehlers, Rechtsschutz der Gemeinden gegen Aufsichtsmaßnahmen, Jura 1988, 337 ff.

Zum Zulassungsanspruch politischer Parteien zu öffentlichen Einrichtungen:
März, Überlassung von Räumen durch Körperschaften des öffentlichen Rechts an Parteien oder politische Gruppierungen, BayVBl. 1992, 97 ff.; *Vollmer,* Inhalt und Umfang des Zulassungsanspruchs politischer Parteien zu den kommunalen öffentlichen Einrichtungen, DVBl. 1989, 1087 ff.

Klausur Nr. 10***

Streit um die Erstreckungssatzung

Sachverhalt

In konsequenter Umsetzung der - im Jahr 2003 zum Teil bereits verwirklichten - Vorstellungen zur kommunalen Gebietsreform im Freistaat Sachsen beschließt der sächsische Landtag am 25.08.2003 auch das Gesetz zur Regelung der Stadt-Umland-Verhältnisse im Bereich der Kreisfreien Stadt S (Stadt-Umland-Gesetz S). Art. 1 des Stadt-Umland-Gesetzes S [SUG-S] enthält das Gesetz zur Eingliederung von Gemeinden und Gemeindeteilen in die Stadt S und anderen Gemeinden (Eingliederungsgesetz S [EGG-S]).

In § 6 EGG-S heißt es, daß das zum Zeitpunkt der Eingliederung der Gemeinden und Gemeindeteile gemäß § 1 [i. e. des EGG-S] in diesen geltende Ortsrecht fortgilt, bis es durch neues Ortsrecht ersetzt wird oder aus anderen Gründen außer Kraft tritt. § 7 Abs. 1 EGG-S bestimmt, daß die Gemeindenamen der gemäß § 1 Abs. 1 [i. e. des EGG-S] einzugliedernden Gemeinden Ortsteilnamen der Stadt S werden. Nach § 7 Abs. 2 EGG-S werden - sofern eine gemäß § 1 Abs. 1 EGG-S einzugliedernde Gemeinde abweichend von § 7 Abs. 1 EGG-S über mehrere benannte Ortsteile verfügt – die Ortsteilnamen der einzugliedernden Gemeinden Ortsteilnamen der Stadt S. Nach Art. 8 S. 2 des SUG-S treten diese namentlich genannten Bestimmungen des EGG-S am 01.01.2004 in Kraft.

Gegen ihre Eingliederung in die Stadt S zum 01.01.2004 wendet sich die Gemeinde A-dorf, die aus den namentlich benannten Ortsteilen A-dorf, B-hausen, C-feld und D-tal besteht, mit einem Antrag auf einstweilige Anordnung an den Sächsischen Verfassungsgerichtshof mit dem Ziel, ihre Eingemeindung in die Stadt S bis zu einer Entscheidung des Verfassungsgerichtshofs über ein noch einzuleitendes Normenkontrollverfahren auf kommunalen Antrag zu verhindern. Der Verfassungsgerichtshof beschließt am

02.11.2003, daß bis zur Entscheidung über das noch einzuleitende Kontrollverfahren auf kommunalen Antrag gegen das Gesetz zur Regelung der Stadt-Umland-Verhältnisse im Bereich der Kreisfreien Stadt S keine aufschiebbaren Entscheidungen oder Maßnahmen getroffen werden dürfen, die der Antragstellerin im Falle ihres Obsiegens die Wiederherstellung ihrer Selbständigkeit unzumutbar erschweren oder ihr nicht wiedergutzumachende Nachteile einbringen würde. Im übrigen wird der Antrag zurückgewiesen.

Vor und nach dem Beschluß des SächsVerfGH bietet die Stadt S die Aufnahme von Verhandlungen zwischen ihr und der Gemeinde A-dorf über eine freiwillige Eingliederung der betroffenen Gemeinde an. Verhandlungen werden jedoch nicht aufgenommen, weil die Gemeinde A-dorf den Erhalt ihrer Selbständigkeit erhofft. Auch ein letztes, bis zum 15.12.2003 befristetes Verhandlungsangebot der Stadt S wird von der Gemeinde A-dorf nicht angenommen, sondern mit Empörung zurückgewiesen.

Die Fraktionen der drei im Rat der Stadt S vertretenen Parteien wollen sich von soviel Widerspenstigkeit gleichwohl nicht in ihrer Entscheidung beeinflussen lassen. Sie sind sich allesamt einig, daß aus Gründen der Rechtsanwendungsgleichheit und Rechtssicherheit keine Sonderrechte für die ehemalige Gemeinde A-dorf gemacht werden sollen und beschließen deshalb, wie schon in einem Beschluß vom Dezember 2003 angekündigt, in der abendlichen Sitzung vom 05.02.2004 einstimmig, das Ortsrecht der Stadt S auf die eingegliederte ehemalige Gemeinde A-dorf zu erstrecken. Zu diesem Zweck wird folgende Erstreckungssatzung beschlossen (vollständiger Wortlaut):

„Satzung über das Inkrafttreten von Satzungsrecht der Stadt S in der mit Gesetz vom 25. August 2003 eingegliederten Gemeinde A-dorf

§ 1 In dem Ortsteil A-dorf gelten ab dem 01.01.2004 die in der Anlage aufgeführten Satzungen, Verordnungen und Richtlinien der Stadt S. Die Anlage ist Bestandteil der Satzung.

§ 2 Das bisherige Ortsrecht der Gemeinde A-dorf bleibt unberührt, soweit es nicht den in der Anlage genannten Satzungen, Verordnungen und Richtlinien der Stadt S widerspricht.

§ 3 Die Satzung über die Entschädigung von ehrenamtlich Tätigen gilt nicht für den Ortschaftsrat des Ortsteiles A-dorf. Für die Entschädigung der Mitglieder des Ortschafts-

rates wird die bisherige Regelung der Gemeinde A-dorf angewandt.
§ 4 Die Satzung tritt am Tag nach der öffentlichen Bekanntgabe in Kraft."

Das in der Anlage der Erstreckungssatzung im einzelnen aufgeführte Ortsrecht der Stadt S umfaßt mehr als 40 Satzungen und Verordnungen, unter anderem etwa die Polizeiverordnung über öffentliche Sicherheit und Ordnung in der Stadt S, die Satzung über die Erhebung von Gebühren für den Rettungsdienst der Stadt S, die Abfallwirtschaftsgebührensatzung sowie die Hundesteuersatzung. Die Erstreckungssatzung für die eingegliederte Gemeinde A-dorf soll nach den Vorstellungen der Ratsfraktionen am 15.02.2004 im Amtsblatt der Stadt S öffentlich bekannt gemacht werden.

Im Einklang mit dem EGG-S wird außerdem die Hauptsatzung der Stadt S geändert. Diese soll nunmehr wie folgt lauten (Auszug):

§ 23 Gliederung des Stadtgebietes
Gemäß § 70 SächsGemO ist das Stadtgebiet in 10 Stadtbezirke eingeteilt:
...
3. Alt-Nord (mit den Ortsteilen ..., ..., ..., ...) sowie mit A-dorf,
...

§ 26 Ortschaftsverfassung
(1) ...
(2) In A-dorf, ..., ..., ... wird die Ortschaftsverfassung gemäß § 8 SUG-S in Verbindung mit den Bestimmungen der §§ 65 bis 69 SächsGemO eingeführt.
(3) ...

Oberbürgermeister O hat jedoch aus mehreren Gründen Zweifel, ob die beschlossene „Satzung über das Inkrafttreten von Satzungsrecht der Stadt S in der mit Gesetz vom 25. August 2003 eingegliederten Gemeinde A-dorf" rechtmäßig ist. Zum einen hat er Bedenken, daß die Erstreckungssatzung keine Angaben zu der Satzungsermächtigung enthält. Damit – so die Position des O – werde gegen das verfassungsrechtliche Zitiergebot des Art. 80 Abs. 1 S. 3 GG verstoßen.

Des weiteren meint er, die Satzung entfalte verbotene Rückwirkungen. Zur Begründung seiner Ansicht trägt er vor, das zum Zeitpunkt der Eingliederung der Gemeinde A-dorf geltende Ortsrecht gelte für dieses Gebiet nach § 6 EGG-S bis zum Tage der öffentlichen Bekanntmachung der Erstreckungssatzung fort. Ein rückwirkendes Außerkraftsetzen bestehenden Ortsrechts widerspreche sowohl der Vorschrift des § 6 EGG-S als auch dem Schutz des Vertrauens in geltendes Recht.

Ferner ist er skeptisch, ob die Satzung dem rechtstaatlichen Gebot der Normenklarheit entspricht, weil er glaubt, daß § 7 Abs. 2 EGG-S mißachtet worden sei.

Schließlich nimmt er an, die Satzung sei auch deshalb nicht wirksam, weil – wie sich zwischenzeitlich ergeben habe – der für die Sicherheit und damit auch für den Verschluß der Türen zuständige Beamte B der Stadt S, der erst seit kurzem für die Stadt S tätig und mit den Abläufen bei Gemeinderatssitzungen noch nicht so vertraut sei, ohne sein, des O, Wissen den einzigen am Abend geöffneten Zugang zum Sitzungssaal des Rates kurz nach Beginn der Ratssitzung am 05.02.2004 aufgrund eines nicht mehr aufklärbaren Irrtums abgesperrt habe. Dadurch hätten mehrere interessierte Bürger, die sich etwas verspätet hatten, die Sitzung des Stadtrates nicht besuchen können, so daß ein Verstoß gegen die Vorschriften über die Öffentlichkeit von Ratssitzungen gegen sei. Gemäß § 52 Abs. 2 S. 1 der Gemeindeordnung für den Freistaat Sachsen (SächsGemO)[1] widerspricht O daher am 08.02.2004 dem Satzungsbeschluß und weigert sich außerdem, die Erstreckungssatzung gemäß § 4 Abs. 3 S. 1 SächsGemO[2] auszufertigen und bekanntzumachen.

Die drei Fraktionen im Stadtrat der Stadt S wollen dies nicht hinnehmen. Bevor sie allerdings weitere rechtliche Schritte unternehmen, insbesondere im Verfahren nach § 52 Abs. 2 S. 4 SächsGemO[3] in drei Wochen nochmals die Erstreckungssatzung mit demselben Inhalt beschließen, fragen sie kurzfristig bei Rechtsanwalt R an, ob die "Satzung über das Inkrafttreten von Satzungsrecht der Stadt S in der mit Gesetz vom 25. August 2003 eingegliederten Gemeinde

---

[1] § 52 Abs. 2 S. 1 SächsGemO: Der Bürgermeister muss Beschlüssen des Gemeinderats widersprechen, wenn er der Auffassung ist, dass sie rechtswidrig sind; er kann ihnen widersprechen, wenn er der Auffassung ist, dass sie für die Gemeinde nachteilig sind.

[2] § 4 Abs. 3 S. 1 SächsGemO: Satzungen sind durch den Bürgermeister auszufertigen und öffentlich bekanntzumachen.

[3] § 52 Abs. 2 S. 4 SächsGemO: Gleichzeitig ist unter Angabe der Widerspruchsgründe eine Sitzung einzuberufen, in der erneut über die Angelegenheit zu beschließen ist; diese Sitzung hat spätestens drei Wochen nach der ersten Sitzung stattzufinden.

A-dorf" entgegen den Bedenken des O rechtmäßig ist und wie sie in dieser Angelegenheit weiter verfahren sollten.

Welchen Rat wird Rechtsanwalt R in dieser Angelegenheit den Fraktionen geben?

Bearbeitervermerk:

1. Gehen Sie davon aus, daß durch den Erlaß der Erstreckungssatzung das vom SächsVerfGH statuierte Gebot zum "Wohlverhalten" gegenüber der eingegliederten Gemeinde nicht berührt wird.
2. Des weiteren sind Rechtsfragen, die sich aus dem vom SächsVerfGH statuierten Gebot zum "Wohlverhalten" gegenüber der eingegliederten Gemeinde ergeben könnten, nicht zu prüfen.

Lösungsvorschlag

Rechtsanwalt R wird den Fraktionen den Rat erteilen, die Satzung in der nach § 52 Abs. 2 S. 1 SächsGemO i.V.m. § 52 Abs. 2 S. 4 SächsGemO erforderlichen Ratssitzung nochmals unverändert zu beschließen, wenn die Satzung in ihrer jetzigen Fassung formell und materiell rechtmäßig ist. Anderenfalls wird er dem Stadtrat geeignete Vorschläge unterbreiten, wie den festgestellten formellen und materiellen Mängeln abgeholfen werden kann. Voraussetzung und Grundlage für beide Vorgehensweisen ist, daß eine Prüfung der formellen und materiellen Rechtmäßigkeit der „Satzung über das Inkrafttreten von Satzungsrecht der Stadt S in der mit Gesetz vom 25. August 2003 eingegliederten Gemeinde A-dorf" in ihrer derzeitigen Fassung vorgenommen wird.

In anderen Schemata[4] wird die Frage der Ermächtigungsnorm als Bestandteil der materiellen Rechtmäßigkeit behandelt. Es empfiehlt sich aber, die Frage der Ermächtigung an den Beginn der Prüfung zu stellen. Wie bei der Prüfung von Verwaltungsakten überzeugt nämlich die Überlegung, daß formelle und materielle Anforderungen durch die Ermächtigung (mit) bestimmt werden und deshalb nicht isoliert von ihr untersucht werden können[5].

In einigen Fällen, insbesondere bei besonders intensiven Grundrechtseingriffen, kann dem vom Verbandsvolk gewählten Verbandsgesetzgeber keine Satzungsautonomie verliehen werden bzw. reicht die Satzungsautonomie nicht aus; in diesen Konstellationen hat das staatliche Parlament zu entscheiden[6].

A. Verfassungsmäßige Verleihung der Satzungsautonomie durch Gesetz

Erste Voraussetzung der Rechtmäßigkeit der Erstreckungssatzung ist, daß eine gesetzliche Verleihung der Satzungsbefugnis gegeben ist. Die gesetzliche Befugnis der Stadt S zum Erlaß einer Erstreckungssatzung für das Gebiet der eingegliederten Gemeinde A-dorf ergibt sich aus § 6 EGG-S i.V.m. Art. 28 Abs. 2 GG. Bedenken gegen die Verfassungsmäßigkeit der Satzungsermächtigung, insbesondere mit Blick auf den Vorbehalt des Gesetzes, bestehen nicht, da die in der Erstreckungssatzung in Bezug genommenen Satzungen wie Gebührensatzungen oder Steuersatzungen ihrerseits auf spezialgesetzlichen Regelungen beruhen[7]. Die Stadt S durfte daher eine auf § 6 EGG-S gestützte Erstreckungssatzung erlassen.

B. Formelle Rechtmäßigkeit des Satzungsbeschlusses

I. Angabe der Ermächtigungsnorm

Im übrigen sind Fehler bei der Angabe von Satzungsermächtigungen unschädlich; entscheidend ist allein, daß tatsächlich eine Rechtsgrundlage für die Satzung gegeben ist[8].

Die Satzung ist bereits dann formell rechtswidrig, wenn die Angabe der in der Erstreckungssatzung fehlenden Satzungsermächtigung im Satzungstext durch Rechtsvorschriften zwingend geboten ist. Die SächsGemO enthält keine Regel über die Angabe von Satzungsermächtigungen, so daß insoweit kein Verstoß gegeben ist. Es fragt sich aber, ob

---

[4] Das hier verwendete Prüfungsschema der Rechtmäßigkeit einer kommunalen Satzung orientiert sich an die Ausführungen von *Schwerdtfeger*, Rn. 427 ff.
[5] Vgl. *Schwerdtfeger*, Rn. 64.
[6] Vgl. *Schwerdtfeger*, Rn. 431.
[7] Zu dem Erfordernis spezialgesetzlicher Regelung bei Eingriffen in Freiheit und Eigentum der Bürger näher *Schmidt-Aßmann*, Rn. 96.
[8] Vgl. BVerwG, NJW 1974, 2301 (2301).

die Vorschrift des Art. 80 Abs. 1 S. 3 GG auch für Satzungen Anwendung findet. Die Anwendbarkeit dieser Norm für kommunale Satzungen wird wegen der rechtlichen Unterschiede zwischen Verordnung und Satzung durchweg abgelehnt[9]: Eine Verordnung sei staatliches Recht, welches von der *Exekutive* kraft gesetzlicher Ermächtigung erlassen werde. Die Satzung hingegen sei nichtstaatliches Recht, *eigenes* Recht eines öffentlich-rechtlichen Verbandes in *Selbstverwaltungsangelegenheiten*. Diese eigene Rechtssetzungsgewalt sei vom Staat verliehen. Eine Satzung werde von der Legislative des Verbandes (z. B. Gemeinderat) erlassen, nicht von seiner Exekutive (z. B. Bürgermeister). Aus diesen Gründen erlange Art. 80 Abs. 1 GG für Satzungen keine Geltung[10].

Folglich ist das Fehlen der Angabe der Satzungsermächtigung unschädlich und führt nicht zur formellen Rechtswidrigkeit. Gleichwohl wird Rechtsanwalt R aus Gründen der Rechtsstaatlichkeit und der Bürgernähe empfehlen, die Ermächtigung für die Satzung zu zitieren.

Ein solches Zitat könnte etwa lauten: „Auf der Grundlage des § 4 der Gemeindeordnung für den Freistaat Sachsen i.d.F. der Bekanntmachung vom 18.03.2003 (Sächs. GVBl. 2003, S. 55), dem Gesetz zur Regelung der Stadt-Umland-Verhältnisse im Bereich der Kreisfreien Stadt S (Stadt-Umand-Gesetz S) vom 25.08. 2003 sowie aufgrund der in den nachstehend aufgeführten Satzungen genannten Ermächtigungen hat der Stadtrat der Stadt S am [Tag der nächsten Stadtratssitzung] 2004 folgende Satzung beschlossen:".

II. Rechtmäßiges Normsetzungsverfahren

1. Zuständigkeit des Rates zum Satzungsbeschluß

Die Zuständigkeit des Rates der Stadt S zum Beschluß von Erstreckungssatzungen folgt aus § 6 EGG-S i.V.m. §§ 28 Abs. 1[11], 41 Abs. 2 Nr. 3[12], 53 Abs. 2[13] SächsGemO.

---

[9] Vgl. BVerfGE 33, 125 (156 ff.); *Gern*, Sächsisches Kommunalrecht, Rn. 282; *Schwerdtfeger*, Rn. 428 i.V.m. 399.

[10] Vgl. zu dieser Begründung *Schwerdtfeger*, Rn. 399.

[11] § 28 Abs. 1 SächsGemO: Der Gemeinderat legt die Grundsätze der Verwaltung für die Gemeinde fest und entscheidet über alle Angelegenheiten der Gemeinde, soweit nicht der Bürgermeister kraft Gesetzes zuständig ist oder ihm der Gemeinderat bestimmte Angelegenheiten überträgt.

[12] § 41 Abs. 2 Nr. 3 SächsGemO: Auf beschließende Ausschüsse kann nicht übertragen werden die Beschlussfassung über ... 3. Satzungen, anderes Ortsrecht und Flächennutzungspläne...

[13] § 53 Abs. 2 S. 3 SächsGemO: Der Gemeinderat kann die Erledigung von Angelegenheiten, die er nicht auf beschließende Ausschüsse übertragen kann (§ 41 Abs. 2), auch nicht auf den Bürgermeister übertragen.

2. Ordnungsgemäßes Beschlußverfahren

Es empfiehlt sich, fernliegende Verstöße gegen Verfahrensvorschriften erst gar nicht anzusprechen, sondern sogleich auf die relevante Vorschrift zuzusteuern.

Das Verfahren über den Beschluß der Satzung am 05.02.2004 war nicht rechtmäßig, wenn zwingende Vorschriften über das einzuhaltende Verfahren bei Ratsbeschlüssen mißachtet worden sind und dieser Verstoß nicht geheilt worden ist. Ernsthaft in Betracht kommt allein ein Verstoß gegen das Erfordernis der Öffentlichkeit von Ratssitzungen gemäß § 37 Abs. 1 S. 1 SächsGemO[14], da kein Beschluß über die Nichtöffentlichkeit der Sitzung gefaßt wurde.

a) Verletzung des Öffentlichkeitsgrundsatzes

Das Erfordernis der Öffentlichkeit der Sitzung des Gemeinderates verlangt, daß die Verhandlung in Räumen stattfinden muß, zu denen grundsätzlich jedermann der Zugang offensteht. Der öffentliche Zugang ist gegeben, wenn es grundsätzlich allen Interessierten nach einheitlichen Grundsätzen ermöglicht wird, den Sitzungsraum zu betreten und sich darin aufzuhalten[15]. Diese Zugangsmöglichkeit muß nicht nur zur Beginn der Gemeinderatssitzung, sondern während der ganzen Dauer der Sitzung bestehen[16].

Bedenken gegen die Einhaltung dieser Vorgaben ergeben sich hier aus der vorzeitigen Schließung des Eingangs durch den Beamten der Stadt S. Durch die vorzeitige Schließung konnten verspätete Besucher nicht an der Sitzung teilhaben. Es bestand mithin ein Zugangshindernis. Dieses Zugangshindernis tatsächlicher Art ist nach der Rechtsprechung indes nur dann beachtlich und führt zu einer Verletzung des Öffentlichkeitsgebotes, wenn dem Stadtrat oder seinem Vorsitzenden das Hindernis bekannt war oder bei Beachtung der nötigen Sorgfalt bekannt sein mußte[17].

---

[14] § 37 Abs. 1 S. 1 SächsGemO: Die Sitzungen des Gemeinderats sind öffentlich, sofern nicht das öffentliche Wohl oder berechtigte Interessen Einzelner eine nichtöffentliche Verhandlung erfordern.

[15] Vgl. *Gern*, Sächsisches Kommunalrecht, Rn. 513.

[16] Vgl. *Gern*, Deutsches Kommunalrecht, Rn. 466.

[17] Vgl. dazu näher *Gern*, Deutsches Kommunalrecht, Rn. 466.

Weder dem Stadtrat noch dem O war das Zugangshindernis bekannt. Eine Verletzung des Öffentlichkeitsgebots aufgrund positiver Kenntnis des Zugangshindernisses ist daher nicht gegeben. Es fragt sich aber, ob der gemäß § 38 Abs. 1 SächsGemO[20] für die ordnungsgemäße Durchführung der Ratssitzungen zuständige O die nötige Sorgfalt bei seiner Sitzungsleitung beachtet hat. Bei der Überwachung von Untergebenen ist nach den hier anzuwendenden beamtenrechtlichen Grundsätzen die nötige Sorgfalt dann beachtet und der Vorgesetzte entlastet, wenn der Beamte in die konkrete Aufgabe eingewiesen und angelernt worden ist, so daß er den übertragenen Aufgabenbereich wahrnehmen kann[21]. Hinweise und Unterweisungen müssen gegebenenfalls – insbesondere bei Beginn einer Tätigkeit – mehrfach gegeben werden. Fraglich ist mithin, ob O sich mit dem Hinweis entlasten kann, daß ihm das Zugangshindernis unbekannt gewesen sei. Die Möglichkeit der Entlastung ist nämlich dann nicht anzunehmen, wenn O mit einem Fehlverhalten des B rechnen mußte. O war nach seinen eigenen Angaben bekannt, daß B seine Tätigkeit bei der Stadt S erst vor kurzer Zeit aufgenommen hatte und mit den Modalitäten von Ratssitzungen noch nicht vertraut war. Es bestand für O daher hinreichender Anlaß, die Handlungen eines unerfahrenen Mitarbeiters nochmals zu kontrollieren. Insbesondere hätte O sich bei Beachtung der gebotenen Sorgfalt vergewissern müssen, daß der unerfahrene B die Zugänge zum Sitzungszimmer nicht verschließt. O hat die gebotene Sorgfalt daher nicht beachtet und kann sich also auf seine Unkenntnis von der Existenz eines Zugangshindernisses nicht berufen. Folglich liegt ein Verstoß gegen das Öffentlichkeitsgebot vor.

Ohne Bedeutung in diesem Zusammenhang ist es, daß die Mitglieder des Stadtrates an dem Zugangshindernis „schuldlos" sind. Es kommt nach dem Gesetz allein darauf an, daß objektiv ein Zugangshindernis besteht.

O ist nach § 51 Abs. 1 S. 1 SächsGemO[18] Leiter der Gemeindeverwaltung und gemäß § 53 Abs. 4 SächsGemO[19] Vorgesetzter des B; er ist für die Beaufsichtigung des B zuständig.

---

[18] § 51 Abs. 1 S. 1 SächsGemO: Der Bürgermeister ist Vorsitzender des Gemeinderats und Leiter der Gemeindeverwaltung.

[19] § 53 Abs. 4 SächsGemO: Der Bürgermeister ist Vorgesetzter, Dienstvorgesetzter und oberste Dienstbehörde der Gemeindebediensteten.

[20] § 38 Abs. 1 SächsGemO: Der Bürgermeister eröffnet und schließt die Sitzungen und leitet die Verhandlung des Gemeinderats. Er übt die Ordnungsgewalt und das Hausrecht aus. Der Bürgermeister kann die Verhandlungsleitung an einen Gemeinderat abgeben.

[21] Vgl. *Scheerbarth/Höffken/Bauschke/Schmidt*, S. 207.

b) Heilung des Verstoßes gegen den Öffentlichkeitsgrundsatz

aa) Heilung nach § 4 Abs. 4 SächsGemO

Des weiteren könnte noch auf § 4 Abs. 4 S. 2 Nr. 3 SächsGemO[22] hingewiesen werden, welcher eine Heilung der fehlerbehafteten Satzung durch Fristablauf bei Widerspruch des Bürgermeisters wegen Gesetzwidrigkeit ausschließt, doch betrifft dieser Widerspruch die Satzung in ihrer Gesamtheit und ist nicht spezifisch auf die Verletzung des Öffentlichkeitsgebots bezogen, so daß es der Lösungsvorschlag in diesem Zusammenhang mit der Erwähnung von § 4 Abs. 4 S. 2 Nr. 2 SächsGemO bewenden läßt.

Unabhängig von dem Umstand, daß die Jahresfrist des § 4 Abs. 4 S. 1 SächsGemO[23] noch nicht abgelaufen ist, kann eine Heilung durch schlichtes Verstreichenlassen dieses Zeitraumes auch deshalb nicht eintreten, weil Verstöße gegen die Vorschriften über die Öffentlichkeit von Sitzungen nach § 4 Abs. 4 S. 2 Nr. 2 SächsGemO[24] trotz Ablauf der Jahresfrist nicht geheilt werden. Der Satzungsbeschluß bleibt in jedem Fall rechtswidrig.

bb) Heilung aufgrund anderer Vorschriften

Eine Heilung aufgrund anderer Vorschriften, insbesondere des EGG-S, ist nicht ersichtlich.

Damit ist aber noch nicht entschieden, daß sich die Erstreckungssatzung inhaltlich ändern muß; ergeben sich in materieller Hinsicht keine Beanstandungen, kann der Stadtrat die Satzung in der derzeitigen Fassung nochmals beschließen.

c) Ergebnis

Die Vorschrift des § 37 Abs. 1 S. 1 SächsGemO wurde verletzt. Dies führt bereits für sich allein betrachtet zur Nichtigkeit des Satzungsbeschlusses[25]. Rechtsanwalt R wird daher schon aus diesem Grund zur Wiederholung des Satzungsbeschlusses unter Beachtung der Vorschriften über die Öffentlichkeit von Sitzungen raten.

---

[22] § 4 Abs. 4 S. 2 Nr. 3: Dies gilt nicht, wenn ... 3. der Bürgermeister dem Beschluß nach § 52 Abs. 2 wegen Gesetzwidrigkeit widersprochen hat, ...

[23] § 4 Abs. 4 S. 1 SächsGemO: Satzungen, die unter Verletzung von Verfahrens- oder Formvorschriften zustandegekommen sind, gelten ein Jahr nach ihrer Bekanntmachung als von Anfang gültig zustandegekommen.

[24] § 4 Abs. 4 S. 2 Nr. 2 SächsGemO: Dies gilt nicht, wenn ... 2. Vorschriften über die Öffentlichkeit der Sitzungen, die Genehmigung oder die Bekanntmachung der Satzung verletzt worden sind,...

[25] Zur Nichtigkeit als Rechtsfolge bei der Verletzung des Öffentlichkeitsgebotes siehe *Gern*, Sächsisches Kommunalrecht, Rn. 524; *Tettinger*, Rn. 152 i.V.m. 88; allgemein zur Nichtigkeit von Satzungen bei Verstößen gegen wesentliche Verfahrensvorschriften *Schmidt-Aßmann*, Rn. 98.

III. Kein Verstoß gegen die Methodik der Entscheidungsfindung (keine Mängel beim Normsetzungsvorgang)[26]

Mängel der Entscheidungsfindung im Vorgang der Normsetzung wie z. B. unzureichende Informationserhebung, fehlerhafte Gewichtung von abwägungserheblichen Belangen oder unsachliche Motive sind dem Sachverhalt nicht zu entnehmen, ein Verstoß gegen die Methodik der Entscheidungsfindung liegt nicht vor.

Ob subjektive Vorstellungen und Motive des Gemeinderats überhaupt beachtlich sein sollen oder ob es allein auf den objektiv fehlerfreien Willen, wie er in der Satzung niedergelegt ist, ankommt, ist umstritten[27]; diese Streitfrage kann hier aber offen bleiben, da etwaige Mängel der Willensbildung nicht erkennbar sind.

C. Materielle Rechtmäßigkeit der beschlossenen Erstreckungssatzung

I. Beachtung der Grenzen der verliehenen Satzungsautonomie[28]

Die Erstreckungssatzung regelt ausschließlich Fragen, die im Zusammenhang mit der Eingliederung der Gemeinde A-dorf stehen und hält sich damit in den Grenzen der verliehenen Autonomie.

Problematisch sind in diesem Zusammenhang vor allem solche Fälle, in denen die Gemeinde beispielsweise aufgrund von § 4 Abs. 1 Sächs-GemO[29], Art. 28 Abs. 2 GG Satzungen zu Fragen erlässt, die keine „eigenen Angelegenheiten" der Gemeinden sind, so z. B. die Regelung staatlicher Aufgaben (etwa Erlaß von Werbeverboten durch Satzung)[30].

II. Kein Verstoß gegen höherrangiges Recht

1. Verstoß gegen das Rückwirkungsverbot

Die Erstreckungssatzung könnte gegen das verfassungsrechtlich verankerte Verbot der Rückwirkung von Rechtsnormen verstoßen.

a) Vorliegen einer Rückwirkung

Zunächst ist zu klären, ob und in welchem Umfang die Erstreckungssatzung Rückwirkungen entfaltet. Die Erstreckungssatzung ist am 05.02.2004 beschlossen worden und sollte am 15.02.2004 bekanntgemacht werden. Ihr Gel-

---

[26] Zu diesem Erfordernis näher *Schwerdtfeger*, Rn. 434.
[27] Zum Streitstand vgl. *Gern*, Deutsches Kommunalrecht, Rn. 300.
[28] Zu diesem Erfordernis näher *Schwerdtfeger*, Rn. 437.
[29] § 4 Abs. 1 SächsGemO: Die Gemeinden können die weisungsfreien Angelegenheiten durch Satzung regeln, soweit Gesetze oder Rechtsvorschriften keine Vorschriften enthalten. Weisungsaufgaben können durch Satzung geregelt werden, wenn ein Gesetz hierzu ermächtigt.
[30] Dazu ausführlich *Gern*, Deutsches Kommunalrecht, Rn. 64; *Schmidt-Aßmann*, Rn.14 ff.

tungsbeginn ist aber der 01.01.2004. Sie wirkt mithin zeitlich zurück.

b) Form der Rückwirkung

Diese Unterscheidung ist von Bedeutung, da sich aus der Qualifizierung der einzelnen Anordnungen der Erstreckungssatzung unterschiedliche Anforderungen an die Rechtmäßigkeit ergeben[31].

Fraglich ist aber, um welche Form von Rückwirkung es sich dabei handelt. Zu prüfen ist, ob die Erstreckungssatzung respektive jede einzelne der in Bezug genommenen Satzung eine echte oder unechte Rückwirkung entfaltet bzw. – zieht man die Terminologie des zweiten Senats des Bundesverfassungsgerichts heran – ob eine Rückwirkung oder lediglich eine tatbestandliche Rückanknüpfung gegeben ist[32].

aa) Definition der verschiedenen Formen der Rückwirkung

Nach der Rechtsprechung des ersten Senats des Bundesverfassungsgerichts ist dann eine echte Rückwirkung gegeben, wenn eine Rechtsnorm nachträglich ändernd in abgewickelte, der Vergangenheit angehörige Tatbestände eingreift[33], also abgeschlossene Rechtsbeziehungen nachträglich veränderten Bedingungen unterwirft[34]. Unechte Rückwirkung liegt vor, wenn vom Normgeber in Tatbestände eingegriffen wird, die in der Vergangenheit begonnen wurden, jedoch noch nicht abgeschlossen sind, wenn also die Norm für noch andauernde Tatbestände mit Wirkung für die Zukunft erstmalige oder veränderte Rechtsfolgen vorsieht[35].

Hingegen entfaltet eine Rechtsnorm nach der Rechtsprechung des zweiten Senats des Bundesverfassungsgerichts dann Rückwirkung, „wenn der Beginn ihres zeitlichen Anwendungsbereichs normativ auf einen Zeitpunkt festgelegt ist, der vor dem Zeitpunkt liegt, zu dem die Norm gültig geworden ist"[36]. Hierbei handelt es sich um eine strikt formale Betrachtung[37]. Demgegenüber betrifft die tatbestandliche Rückanknüpfung „nicht den zeitlichen, sondern den sachlichen Anwendungsbereich einer Norm. Die Rechtsfol-

---

[31] So auch *Degenhart*, Staatsrecht I, Rn. 369; *Wernsmann*, JuS 1999, 1177 (1178).

[32] Zu den verschiedenen Auffassungen der beiden Senate des Bundesverfassungsgerichts näher *Brüning*, NJW 1998, 1525 (1525 ff.).

[33] BVerfGE 30, 392 (401 ff.); 88, 384 (401 f.); *Wolff/Bachof/Stober*, Bd. 1, § 27 Rn. 7.

[34] Vgl. *Sachs*, in: Sachs, GG, Art. 20 Rn. 133.

[35] Vgl. aus der Judikatur statt vieler BVerfGE 76, 256 (348); 89, 48 (66 f.); aus dem Schrifttum *Sachs*, in: Sachs, GG, Art. 20 Rn. 136; *Degenhart*, Staatsrecht I, Rn. 369.

[36] BVerfGE 72, 200 (241); BVerfG NJW 1998, 1547 (1548); siehe dazu aus dem Schrifttum *Brüning*, NJW 1998, 1525 (1526).

[37] Vgl. *Schwerdtfeger*, Rn. 415.

gen eines Gesetzes treten erst nach Verkündung der Norm ein, deren Tatbestand erfaßt aber Sachverhalte, die bereits vor der Verkündung ‚ins Werk gesetzt' worden sind. ... [Diese Tatbestände] unterliegen weniger strengen Beschränkungen als die Rückbewirkung von Rechtsfolgen"[38]. Die Fälle, die bisher unter dem Begriff unechte Rückwirkung diskutiert wurden, fallen somit aus dem Anwendungsbereich des Rückwirkungsverbots heraus[39].

bb) Rückwirkungskonstellationen in der Erstreckungssatzung

Soweit die Erstreckungssatzung die Polizeiverordnung der Stadt S auch für den Zeitraum 01.01.2004 bis zur späteren Bekanntgabe für anwendbar erklärt, kommt eine echte Rückwirkung in Betracht, weil unter Umständen Tatbestände normiert werden, die in der Polizeiverordnung der eingegliederten Gemeinde A-dorf nicht enthalten waren und eine Verletzung dieser ordnungsrechtlichen Pflichten nunmehr als Ordnungswidrigkeiten verfolgt und mit einem Bußgeld belegt werden kann. Entsprechendes gilt für andere Satzungen der Stadt S, sofern sie bislang nicht geregelte Ordnungswidrigkeitstatbestände enthalten.

Soweit die Erstreckungssatzung Gebührensatzungen der Stadt S für den Zeitraum 01.01.2004 bis zur späteren Bekanntgabe für anwendbar erklärt, kann eine echte Rückwirkung auch aus anderen Gründen in Betracht kommen. Dies ist etwa dann der Fall, wenn von der eingegliederten Gemeinde A-dorf eine Verwaltungsleistung erbracht worden ist, die mit ihrer Durchführung abgeschlossen ist, so z.B. ein Krankentransport oder eine Löschaktion der Feuerwehr. In diesen Fällen ist eine konkrete Gebühr in einer konkreten Höhe für eine einmalige und abgeschlossene Verwaltungsleistung entstanden. Wird diese Gebühr für eine in der Zeit vom 01.01.2004 bis zum Zeitpunkt der Bekanntgabe erbrachte Leistung nachträglich erhöht, wird in einen in der Vergangenheit abgewickelten Tatbestand eingegriffen.

Soweit die Erstreckungssatzung Steuersatzungen der Stadt S, deren Veranlagungszeitraum noch nicht abgeschlossen ist, oder Gebührensatzungen für laufende bzw.

Eine Schwierigkeit der Beantwortung der Frage, ob die Erstreckungssatzung echte oder unechte Rückwirkung entfaltet – respektive Fälle einer Rückwirkung oder lediglich einer tatbestandlichen Rückanknüpfung sind[40] –, liegt in dem Umstand begründet, daß die Erstreckungssatzung in der Anlage auf höchst unterschiedliche Satzungsformen Bezug nimmt. Die Beantwortung kann daher nicht einheitlich geschehen; vielmehr ist zwischen den verschiedenen in Bezug genommenen Satzungen zu differenzieren.

---

[38] BVerfG, NJW 1998, 1547 (1548).
[39] So *Gern*, Deutsches Kommunalrecht, Rn. 288.
[40] Da die vom zweiten Senat eingeführten Kategorien in der Sache kaum von der traditionellen Unterscheidung abweichen, so *Sachs*, in: Sachs, GG, Art. 20 Rn. 132 m.w.N., wird den nachfolgenden Erörterungen im Lösungsvorschlag die herkömmliche Unterscheidung zugrunde gelegt.

andauernde Verwaltungsleistungen der Stadt S für anwendbar erklärt haben, kommt eine unechte Rückwirkung bzw. tatbestandliche Rückanknüpfung in Betracht.

Soweit Organisationssatzungen für anwendbar erklärt worden sind und es an einer Belastung der Bürger fehlt, greift das Rückwirkungsverbot nicht ein.

c) Zulässigkeit der Rückwirkung

Satzungen können nach allgemeiner Meinung grundsätzlich auch mit rückwirkender Kraft erlassen werden. Soweit Satzungen keine Belastungen des Bürgers enthalten, ist die Rückwirkung zulässig[41]. Problematisch ist mithin allein die Zulässigkeit von *belastenden* Rückwirkungen durch die Erstreckungssatzung der Stadt S.

aa) Die Zulässigkeit von echten Rückwirkungen im Hinblick auf Art. 103 Abs. 2 GG

Soweit die Erstreckungssatzung die Polizeiverordnung der Stadt S auch für den Zeitraum 01.01.2004 bis zum Zeitpunkt der Bekanntgabe für anwendbar erklärt, kommt ein Verstoß gegen das absolute Rückwirkungsverbot des Art. 103 Abs. 2 GG in Betracht. Voraussetzung einer Verletzung des absoluten Rückwirkungsverbots ist allerdings, daß die Polizeiverordnung der Stadt S erstens Tatbestände normiert, die in den Polizeiverordnungen der eingegliederten Gemeinde nicht enthalten sind, und zweitens eine Verletzung dieser ordnungsrechtlichen Pflichten als Ordnungswidrigkeit eingestuft wird, die mit einem Bußgeld belegt werden kann. Der Anwendungsbereich des Art. 103 Abs. 2 GG ist in diesen Fällen eröffnet, weil zur Bestrafung im Sinne des Art. 103 Abs. 2 GG jede staatliche Maßnahme, die „eine mißbilligende hoheitliche Reaktion auf ein schuldhaftes Verhalten" enthält, zählt[42] und damit auch Ordnungsstrafen unter Art. 103 Abs. 2 GG fallen[43]. Liegt ein Verstoß gegen das absolute Rückwirkungsverbot vor, ist die Erstreckung insoweit unzulässig und die Satzung (teil)nichtig.

---

[41] So *Gern,* Deutsches Kommunalrecht, Rn. 288; vgl. auch *Wolff/Bachof/Stober,* Bd. 1, § 27 Rn. 10; *Degenhart,* Staatsrecht I, Rn. 373.

[42] Siehe BVerfGE 22, 186 (203); 42, 261 (262).

[43] Vgl. BVerfGE 81, 132 (135); *Kunig,* in: von Münch/Kunig, GG, Bd. 3, Art. 103 Rn. 19.

bb) Die Zulässigkeit von echten Rückwirkungen im Hinblick auf das allgemeine rechtsstaatliche Rückwirkungsverbot

Sofern die Erstreckungssatzung in den oben aufgezeigten Konstellationen sonstige echte belastende Rückwirkung entfaltet, kann diese gleichwohl ausnahmsweise zulässig sein. Eine echte Rückwirkung ist nach der Rechtsprechung des ersten Senats des Bundesverfassungsgerichts[44] zulässig, wenn der einzelne kein schutzwürdiges Vertrauen am Fortbestand der bisherigen Regelung hat oder zwingende Gründe des gemeinen Wohls die Rückwirkung erfordern[45]. Anders gewendet ist eine echte Rückwirkung mithin zulässig, wenn ein begründetes Vertrauen der Betroffenen in die Fortgeltung des Rechtssatzes nicht enttäuscht wird. Dies ist unter anderem dann der Fall[46], wenn

- Unrecht behoben wird,
- durch Ablauf oder Ungültigkeit einer gesetzlichen Regelung vor deren Neuregelung entstandene rechtsleere Zeiten überbrückt,
- unvollständige oder unklare Normen berichtigt,
- ungeordnete Schwebezustände bereinigt werden,
- die Betroffenen schon zu dem Zeitpunkt, auf den der Eintritt der Rechtsfolge von der Norm zurückbezogen wird, mit einer solchen Regelung haben rechnen müssen[47],
- den Betroffenen durch die Rückwirkung kein beachtlicher Nachteil entsteht[48], und schließlich wenn
- die Rückwirkung durch zwingende, dem Gebot der Rechtssicherheit übergeordnete Gründe des gemeinen Wohls gerechtfertigt ist[49,50].

---

[44] Der zweite Senat des Bundesverfassungsgerichts hat bislang Kriterien für seine formell bestimmte Rückwirkung nicht im einzelnen ausgearbeitet; bei Sachverhaltsidentität kann man jedenfalls die Grundsätze der vom ersten Senat entwickelten Grundsätze zur echten Rückwirkung anwenden, so *Schwerdtfeger*, Rn. 415; auf gleicher Linie *Sachs*, in: Sachs, GG, Art. 20 Rn. 132.

[45] Vgl. *Gern*, Deutsches Kommunalrecht, Rn. 288.

[46] Zu weiteren Fallkonstellationen einer zulässigen Rückwirkung siehe *Wolff/Bachof/Stober*, Bd. 1, § 27 Rn. 11.

[47] Vgl. BVerfGE 72, 200 (258 ff.), BVerfG NJW 1998, 1547 (1548); *Sachs*, in: Sachs, GG, Art. 20 Rn. 134.

[48] Vgl. BVerfGE 30, 367 (389); 95, 64 (87); *Sachs*, in: Sachs, GG, Art. 20 Rn. 135.

[49] Vgl. BVerfGE 72, 200 (260); 88, 384 (404); *Sachs*, in: Sachs, GG, Art. 20 Rn. 135; *Schwerdtfeger*, Rn. 415.

Eine echte Rückwirkung der Erstreckungssatzung könnte vor allem wegen fehlenden Vertrauensschutzes zulässig sein. An einem Fortbestand des alten Ortsrechts mußten bereits mit Verkündigung des EGG-S Zweifel angebracht sein. Spätestens aber mit dem Beschluß des Sächsischen Verfassungsgerichtshofs mußten die Einwohner der Gemeinde A-dorf damit rechnen, daß ihr Ortsrecht zum 01.01.2004 außer Kraft gesetzt werden konnte. Auch der öffentlich zugängliche Beschluß der Stadt S vom Dezember 2003, der die erklärte Absicht enthielt, Ortsrecht der S zum 01.01.2004 in Kraft zu setzen, verdeutlichte den Einwohnern der einzugliedernden Gemeinde A-dorf, daß ihr altes Ortsrecht keinen Bestand mehr haben konnte. Es war ihnen daher zuzumuten, sich auf eine eventuell veränderte Rechtslage ab dem 01.01.2004 einzustellen.

Gegen die grundsätzliche Zulässigkeit der Rückwirkung könnte in diesem Fall auch nicht der Einwand erhoben werden, rechtmäßige Satzungen dürften nicht durch eine andere rechtmäßige Satzung ersetzt werden[50], Dieses Verbot betrifft eine andere Konstellation, da es sich auf den Austausch von Satzungen durch ein und demselben Satzungsgeber bezieht. Bei Eingemeindungen verändert sich jedoch der Satzungsgeber, und diesem neuen, nunmehr zuständigen Satzungsgeber muß es möglich sein, sein Satzungsrecht auf die eingegliederten Gemeinden zu übertragen, da anderenfalls die Gefahr einer Rechtszersplitterung durch unterschiedliches Ortsrecht in den einzelnen Ortsteilen besteht und dies die Fehleranfälligkeit des Verwaltungsvollzuges erhöht; insoweit ist auch das Wohl der Allgemeinheit berührt.

Dieser Betrachtung steht auch § 6 EGG-S nicht entgegen. Diese Norm bestimmt lediglich, daß altes Ortsrecht grundsätzlich vorläufig weitergilt. Die Vorschrift enthält aber weder ein implizites noch ein ausdrückliches Verbot, Ortsrecht der S zum 01.01.2004 rückwirkend in Kraft zu setzen. Sie bestimmt vielmehr ausdrücklich, daß altes Ortsrecht außer Kraft treten kann; zum genauen Zeitpunkt des Außerkrafttretens sagt sie jedoch nichts. Die Annahme eines generellen Rückwirkungsverbots wäre auch im Hinblick auf Art. 8 SUG-S widersprüchlich, da dort explizit die Zugehörigkeit der ehemaligen Gemeinde A-dorf zur Stadt S zum 01.01.2004 festgelegt wird.

d) Ergebnis

Soweit ein Fall des Art. 103 Abs. 2 GG gegeben ist, ist die Satzung rechtswidrig und damit nichtig. Im übrigen ist die echte oder unechte Rückwirkung der Erstreckungssatzung nach den Vorgaben des rechtsstaatlichen Rückwirkungsverbots grundsätzlich nicht zu beanstanden. Die vorgebrachten Einwände des O vermögen insbesondere wegen des Fehlens eines schutzwürdigen Vertrauenstatbestandes der Einwohner der Gemeinde A-dorf nicht zu überzeugen. Rechtsanwalt R wird daher mit Blick auf den möglichen Verstoß gegen Art. 103 Abs. 2 GG dem Stadtrat vorschlagen, die Polizeiverordnung der Stadt S und alle Ordnungswidrigkeits-

---

[50] Vorstehende Aufzählung unter Rückgriff auf *Degenhart*, Staatsrecht I, Rn. 374; *Schwerdtfeger*, Rn. 415; *Wolff/Bachof/Stober*, Bd. 1, § 27 Rn. 11; *Ossenbühl*, Rechtsquellen, § 8 Rn. 6; *Gern*, Deutsches Kommunalrecht, Rn. 288.

[51] Zu diesem Verbot OVG Münster, NVwZ-RR 1991, 664 (664 ff.).

zeiverordnung der Stadt S und alle Ordnungswidrigkeitstatbestände in den Satzungen der Stadt S erst ab dem Zeitpunkt der Bekanntmachung in Kraft zu setzen.

2. Verstoß gegen den Grundsatz der Normenklarheit

Die Erstreckungssatzung in der Fassung vom 05.02.2004 könnte des weiteren gegen den Grundsatz der Normenklarheit verstoßen.

a) Anforderungen des Grundsatzes der Normenklarheit

Der Grundsatz der Normenklarheit verlangt, daß die Norm in ihren Voraussetzungen und in ihrem Inhalt so formuliert ist, daß die von ihr Betroffenen die Rechtslage erkennen und ihr Verhalten danach einrichten können[53]; die Adressaten müssen wissen, wozu sie verpflichtet bzw. berechtigt werden[54]. Das Gebot der Normenklarheit ist in der Regel insbesondere dann nicht beachtet, wenn die Rechtsnorm in sich widersprüchlich und oder zu kompliziert gefaßt ist[55].

Der Grundsatz der Normenklarheit verlangt indes nicht, daß eine Norm überhaupt keine Auslegungsprobleme aufwerfen darf. Dem Klarheits- ist ebenso wie dem Bestimmtheitserfordernis insbesondere auch dann genügt, wenn etwaige Interpretationsprobleme mit herkömmlichen juristischen Auslegungsmethoden bewältigt werden können[57]. Jedoch gehen verbleibende Unklarheiten und Unvollständigkeiten zu Lasten des Normgebers[58].

In der Verfassungsrechtslehre spricht man vielfach in einem Atemzug vom Gebot zur Klarheit und Bestimmtheit von Normen. Gleichwohl handelt es sich um zwei verschiedene Anforderungen an die Formulierung von Rechtsnormen. Bei der Bestimmtheit geht es vorrangig um die Frage, ob Gesetzesbegriffe zu vage oder unbestimmt sind, so daß die Regelungsinhalt nicht erkennbar ist; bei der Normenklarheit hingegen in erster Linie um die Verständlichkeit des Rechtssatzes[52].

Diese für Gesetze entwickelten Grundsätze gelten auch für andere geschriebene Rechtsquellen, namentlich für kommunale Satzungen[56].

---

[52] Zu dieser Unterscheidung näher *Sarcevic*, SächsVBl. 1999, 252 (256).
[53] Vgl. BVerfGE 21, 73 (79); 52, 1 (41).
[54] Vgl. *Wolff/Bachof/Stober*, Bd.1, § 28 Rn. 15.
[55] Vgl. *Sarcevic*, SächsVwBl. 1999, 252 (256).
[56] Vgl. BVerwG NVwZ 1990, 867 (867 f.); *Stober*, S. 272; *Gern*, Deutsches Kommunalrecht, Rn. 252.
[57] Vgl. BVerfGE 83, 130 (145); 90, 1(16 f.).
[58] Vgl. *Wolff/Bachof/Stober*, Bd. 1, § 28 Rn. 15.

b) Vorliegen einer Unklarheit in der Erstreckungssatzung

Erste Voraussetzung ist danach, daß eine sprachliche Unklarheit in der Satzung gegeben ist. Unklarheiten können unter anderem aus Regelungswidersprüchen zwischen verschiedenen Bestimmungen der Satzung folgen. Ein solcher Widerspruch könnte zwischen der Satzungsüberschrift und § 2 der Satzung einerseits und § 1 Satz 1 und § 3 Satz 1 der Satzung andererseits bestehen. Gemäß der Satzungsüberschrift sollte Satzungsrecht der Stadt S in der eingegliederten *Gemeinde* A-dorf in Kraft treten. § 2 der Satzung bestimmt, daß das bisherige Ortsrecht der *Gemeinde* A-dorf unberührt bleibt, soweit es nicht den in der Anlage genannten Satzungen, Verordnungen und Richtlinien widerspricht. Mit diesen Regelungen gehen § 1 Satz 1 und § 3 Satz 1 der Satzung nicht konform. Nach dem Wortlaut von § 1 Satz 1 der Satzung gelten die in der Anlage aufgeführten Satzungen, Verordnungen und Richtlinien der Stadt S nur für den *Ortsteil* A-dorf. § 3 Satz 1 der Satzung regelt, daß die Satzung (der Stadt S) über die Entschädigung von ehrenamtlich Tätigen nicht für den Ortschaftsrat des *Ortsteiles* A-dorf gilt.

Die Verwendung der Bezeichnung „Ortsteil A-dorf" in § 1 Satz 1 und § 3 Satz 1 der Satzung führt zu Unklarheiten, da die ehemalige Gemeinde A-dorf bis zu ihrer Eingliederung aus verschiedenen Ortsteilen, nämlich aus den Ortsteilen A-dorf, B-hausen, C-feld und D-tal, bestand und diese einzelnen Ortsteile gemäß § 7 Abs. 2 des EGG-S unter ihren Ortsteilnamen Ortsteile der Stadt S werden. Dies hat zur Folge, daß der *Ortsteil* A-dorf mit der *Gemeinde* A-dorf in rechtlicher und räumlicher Hinsicht nicht voll-, sondern nur teilidentisch ist. Es besteht mithin ein terminologischer Widerspruch zwischen verschiedenen Bestimmungen der Satzung.

c) Keine Auflösung des Widerspruchs durch Auslegung

Weitere Voraussetzung eines Verstoßes gegen das Gebot der Normenklarheit ist nach dem oben ausgeführten, daß die aufgezeigte Unklarheit mit Hilfe der juristischen Auslegungsregeln nicht aufgelöst werden kann. Dies ist dann der Fall, wenn auch nach Anwendung des überkommenen Kanons von Auslegungsgesichtspunkten, nämlich der Entstehungsgeschichte, des Wortlauts, der Systematik und des

Dieser Fall illustriert, wie genau und sorgfältig man Rechtsnormen lesen sollte, um auf eventuelle Fehler in der Rechtsetzung zu stoßen.

Sinn und Zwecks der Regelung eine Klärung des Regelungsinhalts unmöglich bleibt.

aa) Argumente für eine Klärung durch Auslegung

Mit Blick auf den Widerspruch in der Erstreckungssatzung könnte eine Klärung vor allem durch den Rückgriff auf die Entstehungsgeschichte sowie durch die Einbeziehung systematischer Gesichtspunkte (systematische Interpretationsmethode) herbeigeführt werden.

So könnte man argumentieren, unter Berücksichtigung der Gesamtsystematik der Satzung und aller Umstände der Neugliederung des Raumes der Stadt S, insbesondere des Kenntnisstandes der Normbetroffenen über die Hintergründe der Eingliederungen, könne der Begriff „Ortsteil A-dorf" sinnvollerweise nur so verstanden werden, daß damit das gesamte Gebiet der ehemaligen Gemeinde A-dorf gemeint sei und unter „Ortsteil A-dorf" auch die weiteren Ortsteile der eingegliederten Gemeinde A-dorf erfaßt seien. Bei großzügiger Anwendung der Klarheitsanforderungen kann man daher zu der Auffassung gelangen, daß die Satzungsbestimmungen hinreichend eindeutig gefaßt sind.

bb) Überzeugendere Argumente gegen eine Klärung auch nach Auslegung

Ein divergierendes Ergebnis im Hinblick auf die Normenklarheit zeichnet sich aber ab, versteht man die Vorgaben an die Bestimmtheit und Klarheit von Satzungen in einem strengen Sinne. Da die Anforderungen an die Bestimmtheit und Klarheit von Normen immer auch abhängig sind von dem jeweiligen Regelungsgegenstand des konkreten Rechtssatzes[59], ist gerade bei der Inkraftsetzung von Abgabensatzungen und Polizeiverordnungen wegen den damit verbundenen erheblichen finanziellen Belastungen respektive den möglicherweise gravierenden Einschränkungen der grundrechtlichen Freiheiten der Bürger ein hohes Maß an Klarheit und Eindeutigkeit der Satzungsbestimmungen zu fordern[60].

Legt man diese strengen Maßstäbe an die Formulierungen der in Rede stehenden Erstreckungssatzung an, so ist festzustellen, daß der Satzungsbefehl nicht aus sich heraus verständlich ist; der Satzungsbetroffene kann den Norminhalt nicht ohne weitere Hilfsmittel erkennen und sein Verhalten entsprechend einrichten[61]. Die Deutung, den Begriff

---

[59] Vgl. dazu *Wolff/Bachof/Stober*, Bd.1, § 28 Rn. 15.
[60] Vgl. statt vieler BVerwG, NVwZ 1990, 867 (867 f.).
[61] Zu diesen Erfordernissen vgl. *Stober*, S. 272 m.w.N.

„Ortsteil A-dorf" als Inbegriff der gesamten ehemaligen Gemeinde A-dorf zu interpretieren, sieht sich nämlich dem Einwand ausgesetzt, daß damit der klaren Bestimmung des § 7 Abs. 2 EGG-S nicht Rechnung getragen wird. § 7 Abs. 2 EGG-S trifft eine deutliche Unterscheidung zwischen den einzugliedernden Gemeinden in ihrer Gesamtheit und ihren einzelnen Ortsteilen. Nach dieser Vorschrift bezieht sich der Begriff „Ortsteil" ausschließlich auf das Gebiet einzelner benannter Ortsteile einer eingegliederten Gemeinde. Gibt die Satzungsermächtigung jedoch ein bestimmtes Begriffsverständnis vor, so ist der Satzungsgeber bei der Wahl seiner Begriffe nicht mehr frei. Von einem unterrangigen Normgeber ist vielmehr zu erwarten, daß er die Terminologie der höherrangigen Norm, hier des SUG-S, beachtet und bei seiner Normgebung berücksichtigt. Dementsprechend hätte sich die Stadt S bewußt machen müssen, daß der Begriff "Ortsteil A-dorf" nur für den benannten Ortsteil A-dorf der eingegliederten Gemeinde A-dorf stehen und nicht zugleich auch die ebenfalls benannten Ortsteile B-hausen, C-feld und D-tal miteinschließen kann.

Die Verwendung des Begriffs „Ortsteil A-dorf" in der Erstreckungssatzung ist daher bereits aus sich heraus nicht eindeutig und klar. In Kombination mit der divergierend gefaßten Satzungsüberschrift führt sein Gebrauch zu weiteren Irritationen, so daß den Satzungsbetroffenen nicht zweifelsfrei erkennbar sein kann, ob mit dem Begriff „Ortsteil A-dorf" tatsächlich allein der benannte Ortsteil A-dorf oder die gesamte ehemalige Gemeinde A-dorf gemeint ist.

cc) Ergebnis der Auslegung

Es ist folglich festzuhalten, daß der bestehende Widerspruch zwischen der Satzungsüberschrift und § 2 der Satzung *(Gemeinde* A-dorf) einerseits und § 1 Satz 1 und § 3 Satz 1 der Satzung *(Ortsteil* A-dorf) andererseits auch mit Hilfe der juristischen Auslegungsregeln nicht zweifelsfrei aufgelöst werden können.

d) Zwischenergebnis der Prüfung der Normenklarheit

Mithin ist ein Verstoß gegen das Gebot der Klarheit von Normen gegeben. Dieser Verstoß gegen das Erfordernis der Normenklarheit hat nach dem bei Rechtsnormen grundsätzlich geltenden Nichtigkeitsdogma[62] zur Konsequenz, daß die Satzung wegen Unklarheit respektive Unbestimmtheit insgesamt nichtig ist[63], sofern nicht ausnahmsweise Heilungsvorschriften eingreifen.

e) Etwaige Heilung des Rechtsverstoßes und andere Möglichkeiten der Fehlerbehebung

aa) Heilungsmöglichkeit nach § 4 Abs. 4 SächsGemO

Die Heilungsvorschrift des § 4 Abs. 4 S. 1 SächsGemO gilt nach ihrem Wortlaut nur für Verstöße gegen Verfahrens- und Formvorschriften. Inhaltliche Fehler wie Verstöße gegen das Bestimmtheitsgebot können dadurch nicht beseitigt werden[64]. Da auch keine spezialgesetzlichen materiell-rechtlichen Heilungsvorschriften einschlägig sind, bleibt es bei dem Grundsatz, daß Satzungen, die in ihrem materiellen Inhalt gegen höherrangiges Recht verstoßen, nichtig sind.

bb) Andere Optionen der Fehlerbehebung

Auch andere Wege der Fehlerbehebung sind nicht eröffnet. Eine Reduktion des räumlichen Geltungsbereichs[65] der Erstreckungssatzung allein auf den Ortsteil A-dorf ist nicht möglich, weil hierin ein Verstoß gegen Art. 3 Abs. 1 GG zu sehen ist, da es keine sachlichen Gründe gibt, für einen Ortsteil der ehemaligen Gemeinde A-dorf Ortsrecht der Stadt S in Kraft zu setzen, für die anderen Ortsteile aber

Da Unklarheiten, die auch im Wege der Auslegung nicht beseitigt werden konnten und daher fortbestehen, zu Lasten des Normgebers gehen, kann auch das Argument eines schlichten Redaktionsversehens - sofern es vorgebracht worden wäre - nicht weiterhelfen.
Es ist zudem fraglich, ob ein realiter ein Redaktionsversehen vorliegt. Dagegen spricht nämlich der Umstand, daß die Hauptsatzung der Stadt S keine präzise Unterscheidung zwischen der Gemeinde A-dorf und dem Orts- teil A-dorf trifft, da sie die Begriffe Gemeinde A-dorf und Ortsteil A-dorf in §§ 23 Nr. 3, 26 Abs. 2 der Hauptsatzung synonym verwendet. Es drängt sich daher der Eindruck auf, daß der Satzungsgeber von einer Austauschbarkeit der Begriffe Gemeinde A-dorf und Ortsteil A-dorf und damit von einer rechtlichen Identität der Gemeinde A-dorf mit dem Ortsteil A-dorf ausgegangen ist. Dies ist jedoch in Anbetracht der eindeutigen Bestimmung des § 7 Abs. 2 EGG-S unzutreffend.

---

[62] Vgl. *Wolff/Bachof/Stober*, Bd.1, § 28 Rn. 16; *Ossenbühl*, NJW 1986, 2805 (2807).
[63] Vgl. *Schmidt-Aßmann*, Rn. 98; *Gern,* Deutsches Kommunalrecht, Rn. 299, 301.
[64] Vgl. *Gern,* Deutsches Kommunalrecht, Rn. 298.
[65] Eine Beschränkung des räumlichen Geltungsbereichs einer kommunalen Satzung ist zwar grundsätzlich möglich, bedarf aber sachlicher Gründe, vgl. *Gern,* Deutsches Kommunalrecht, Rn. 272.

weiterhin das Ortsrecht der ehemaligen Gemeinde A-dorf zur Anwendung zu bringen.

f) Ergebnis

Die „Satzung über das Inkrafttreten von Satzungsrecht der Stadt S in der mit Gesetz vom 25. August 2003 eingegliederten Gemeinde A-dorf" ist wegen eines Verstoßes gegen den Grundsatz der Normenklarheit insgesamt nichtig. Eine Teilnichtigkeit kommt nicht in Betracht[66], da die Frage des Geltungsbereichs nicht geklärt werden kann und somit insgesamt unklar ist, für welche Satzungsbetroffene sie gelten soll.

D. Gesamtergebnis und Rat von Rechtsanwalt R

Rechtsanwalt R wird dem Stadtrat

In der Praxis würde Rechtsanwalt R die Satzung vollständig überarbeiten und dem Stadtrat den überarbeiten Text vorlegen; hiervon muß aber in der Fallsammlung aus Platzgründen abgesehen werden.

- mit Blick auf das Beschlußverfahren nahelegen, auf die Einhaltung der Vorschriften über die Öffentlichkeit von Ratssitzungen eigenständig zu wachen,
- in bezug auf die Formalia raten, die Ermächtigungsnormen aus Gründen der Bürgerfreundlichkeit anzugeben, und
- in materieller Hinsicht erstens vorschlagen, die Polizeiverordnung und alle Ordnungswidrigkeitstatbestände erst mit dem Zeitpunkt der Bekanntmachung für anwendbar zu erklären, und zweitens darauf hinweisen, daß die Satzungsbestimmungen an die Terminologie des § 7 EGG-S anzupassen sind.

Vertiefungshinweise:

Zum Grundsatz der Öffentlichkeit:
Gramlich, Zur „Öffentlichkeit" von Gemeinderatssitzungen, DÖV 1982, 139 ff.

Zur Satzungsgebung allgemein:
Maurer, Rechtsfragen kommunaler Satzungsgebung, DÖV 1993, 184 ff.

---

[66] Zur Möglichkeit einer Teilnichtigkeit von Satzungen *Stober*, S. 274 f.

Zu Fehlerfolgen bei Satzungen:
Ossenbühl, Eine Fehlerlehre für untergesetzliche Normen, NJW 1986, 2805 ff.

Zum Rückwirkungsverbot:
Brüning, Die Rückwirkung von Legislativakten, NJW 1998, 1525 ff.; *Stüsser,* Die Rückwirkung in der Rechtsprechung des Bundesverfassungsgerichts, Jura 1999, 545 ff.; *Wernsmann,* Grundfälle zur verfassungsrechtlichen Zulässigkeit rückwirkender Gesetze, JuS 1999, 1177 ff.

Klausur Nr. 11***

Südwest-Park

Sachverhalt

Arnfried L möchte sich in der Gemeinde G niederlassen, die nach der Regionalplanung als Kleinzentrum ausgewiesen ist, und beantragt am 20. April 2004 beim zuständigen Landratsamt Leipziger Land eine Baugenehmigung für eine dreigeschossige Villa nebst Garage.

Als die Gemeinde G von dem Bauantrag informiert wird, wendet sie am 7. Juni 2004 gegenüber dem Landratsamt ein, dass die Baugenehmigung der gemeindlichen Planung widerspreche. Die Gemeinde habe gerade den Bebauungsplan „Südwest-Park" beschlossen, der in der Nähe des Grundstücks von Arnfried L ein Sondergebiet nach § 11 Abs. 3 BauNVO ausweist, um das Einkaufszentrum „Südwest-Park" mit einer Verkaufsfläche von ca. 8400 m^2 anzusiedeln. Das Landratsamt Leipziger Land ist demgegenüber der Meinung, dass die nähere Umgebung der Villa einem allgemeinem Wohngebiet im Sinne des § 4 BauNVO entspräche und sich Villa nebst Garage in die Eigenart der näheren Umgebung einfügten, mitunter die Baugenehmigung zu erteilen ist. Das Landratsamt fordert die Gemeinde G am 14. Juli unter Darlegung seiner Ansicht schriftlich zur Stellungnahme auf und setzt ihr für eine erneute Entscheidung über das Einvernehmen eine Frist bis zum 28. Juli 2004.

Am 23. Juli schreibt der Bürgermeister von G an das Landratsamt, man könne nicht innerhalb der gesetzten Frist entscheiden, da der für die Entscheidung zuständige Gemeinderat wegen der Urlaubszeit erst wieder für den 17. August einberufen sei. Dennoch erteilt das Landratsamt am 30. Juli 2004 dem Arnfried L die Baugenehmigung. Den Bescheid, einschließlich ihrer Ausführungen zur Ersetzung, stellt sie mit gleichem Datum auch der Gemeinde G zu.

Gegen die Baugenehmigung erhebt die Gemeinde G am 25. August 2004 Klage beim Verwaltungsgericht Leipzig.

Sie sieht durch die Baugenehmigung, die ohne ihr Einvernehmen erteilt wurde, ihre Planungshoheit verletzt. Der beschlossene Bebauungsplan entspräche dem gleichzeitig geänderten Flächennutzungsplan, der nunmehr eine entsprechende Sonderbaufläche vorgesehen habe. Der beschlossene Bebauungsplan könne aber durch die Baugenehmigung faktisch nicht mehr durchgeführt werden, da mit Einwendungen des Nachbarn Arnfried L zu rechnen sei. Unmittelbar neben seinem Grundstück würden neue Verkehrswege für die Anfahrt zum Einkaufszentrum notwendig; auch sei für die Villa mit erheblichen Geräuschimmissionen zu rechnen. Insofern könne es auch nicht mehr darauf ankommen, dass sich das Vorhaben in die Eigenart der näheren Umgebung einfüge. Schließlich entsprächen auch die in der Villa vorgesehenen Treppen nicht den Sicherheitsanforderungen des § 32 SächsBO.

Hat die Klage Aussicht auf Erfolg?

Balduin B beantragt am 21. September 2004 eine Baugenehmigung für sein Grundstück, das neben demjenigen des Arnfried L im künftigen Sondergebiet „Südwest-Park" liegt. Ihm wird mit Schreiben vom 4. Oktober 2004 vom Landratsamt Leipziger Land mitgeteilt, dass wegen des inzwischen nach § 10 Abs. 3 S. 4 BauGB in Kraft getretenen Bebauungsplan keine Baugenehmigung erteilt werden könne; eine Befreiung nach § 31 Abs. 2 sei nicht möglich. Gegen den Bescheid legt Balduin B Widerspruch ein.

Am 19. Oktober 2004 wendet er sich an Rechtsanwalt Dr. Richard P, von dem er wissen möchte, ob er nicht gleich gegen den Bebauungsplan direkt vorgehen könne. Schließlich sei schon in der benachbarten Stadt S, einem Mittelzentrum, ein wenn auch etwas kleineres Einkaufszentrum vorhanden; das müsse doch reichen. Auch traue er der Gemeinde G nicht so recht. Bereits an den beratenden Gemeinderatssitzungen habe die Gemeinderätin Nicole A teilgenommen, deren Architekturbüro an den Planungen des Einkaufszentrums beteiligt war und auch später die Bauleitung übernehmen soll. In der abschließenden Abstimmung habe Nicole A denn auch für den Bebauungsplan gestimmt.

Kann Balduin B gegen den Bebauungsplan verwaltungs-gerichtlich vorgehen?

Landesentwicklungsplan Sachsen (LEP 2003) vom 16. Dezember 2003 (Auszug):

6.2 Handel

Z 6.2.1 Die Ansiedlung, Erweiterung und wesentliche Änderung von Einkaufszentren (einschließlich Factory Outlet Center) und großflächigen Einzelhandelsbetrieben sowie sonstigen großflächige Handelsbetrieben (großflächige Einzelhandelseinrichtungen) sind nur in Ober und Mittelzentren, bei überwiegend innenstadtrelevanten Sortimenten nur in städtebaulich integrierter Lage, zulässig.

Z 6.2.2 Großflächige Einzelhandelseinrichtungen sind zur Sicherung des überwiegend kurzfristigen Bedarfs auch in Grundzentren in einer Größenordnung in der Regel bis 2000 m2 Verkaufsfläche zulässig, wenn für den Versorgungsbereich der Bedarf nachgewiesen wird und eine interkommunale Abstimmung erfolgt.

Lösungsvorschlag

1. Teil: Vorgehen des Balduin B

Balduin B könnte gegen den Bebauungsplan verwaltungsgerichtlich vorgehen, wenn ein Rechtsbehelf, also eine Klage oder ein Antrag, zulässig und begründet ist.

Die Rechtmäßigkeit des Bebauungsplanes sollte zuerst geprüft werden, da von ihr Auswirkungen auf die Klage der Gemeinde G zu erwarten sind.

A. Zulässigkeit eines Rechtsbehelfs

I. Eröffnung des Verwaltungsrechtsweges, § 40 Abs. 1 VwGO

Mangels einer Sonderzuweisung könnte der Verwaltungsrechtsweg gemäß § 40 Abs. 1 S. 1 VwGO eröffnet sein. Dann müßte es sich um eine *öffentlich-rechtliche Streitigkeit* nichtverfassungsrechtlicher Art handeln.

Die Streitigkeit betrifft die Gültigkeit eines Bebauungsplanes, die sich nach den Vorschriften des BauGB über die Bauleitplanung richtet. Diese Vorschriften berechtigen und verpflichten lediglich einen Träger hoheitlicher Gewalt in seiner Eigenschaft als solchen, sind mithin öffentlich-rechtlicher Natur.

Die Streitigkeit ist auch *nichtverfassungsrechtlicher Art*, da keine obersten Verfassungsorgane des Bundes oder der Länder bzw. Teile von diesen über die Anwendung von spezifischem Verfassungsrecht streiten.

Der Verwaltungsrechtsweg ist also eröffnet.

Die Einschränkung in § 47 Abs. 1 VwGO, dass das OVG nur „im Rahmen seiner Gerichtsbarkeit" entscheiden kann, ist keine Sonderzuweisung. Sie sollte erst im Zusammenhang mit der Verfahrensart bzw. dem zuständigen Gericht behandelt werden.

II. Statthafte Verfahrensart

Balduin B begehrt, in der Gemeinde G zu bauen. Einer dafür eventuell erforderlichen Baugenehmigung steht der Bebauungsplan der Gemeinde entgegen. Damit er sein Ziel erreichen kann, muß also zunächst dieser Bebauungsplan beseitigt werden. Bebauungspläne werden nach § 10 Abs. 1 BauGB als Satzungen erlassen. Für die Beseitigung könnte also der Normenkontrollantrag nach § 47 Abs. 1 Nr. 1 VwGO die statthafte Verfahrensart sein.

Über einen Normenkontrollantrag kann gemäß § 47 Abs. 1 VwGO das Oberverwaltungsgericht nur „im Rahmen seiner Gerichtsbarkeit" entscheiden. Das erfordert, dass aus dem Vollzug der streitgegenständlichen Norm eine verwaltungsgerichtliche Streitigkeit erwachsen können muss.[2] Der Vollzug des Bebauungsplanes kann zu Streitigkeiten über Baugenehmigungen führen, die von den Verwaltungsgerichten zu entscheiden sind.

Die Prüfung der statthaften Verfahrensart muß immer vom Begehren des Rechtsschutzsuchenden ausgehen.

Die Entscheidungsbefugnis „im Rahmen der Verwaltungsgerichtsbarkeit" wird häufig zu Beginn der Zulässigkeit behandelt,[1] womit aber der Prüfungspunkt „Verfahrensart" bzw. „zuständiges Gericht" vorweggenommen ist.

---

[1] *Würtenberger*, Verwaltungsprozeßrecht, Rn. 478; vgl. auch *Hufen*, § 19 Rn. 56.

[2] Vgl. *Kopp/Schenke*, VwGO § 47 Rn. 17 mwN; etwas andere Akzente bei: *Gerhardt* in: Schoch/Schmidt-Aßmann/Pietzner, VwGO § 47 Rn. 32: mögliche „Vorfrage" einer verwaltungsgerichtlichen Streitigkeit.

III. Zuständiges Gericht

Für die Entscheidung über einen Normenkontrollantrag ist das Sächsische Oberverwaltungsgericht mit Sitz in Bautzen (sachlich) zuständig (§ 2 Abs. 1, § 24 Abs. 1 Sächsisches Justizgesetz – SächsJG).[3]

IV. Antragsbefugnis

Balduin B muß für die Antragsbefugnis geltend machen, durch den Bebauungsplan oder dessen Anwendung in seinen Rechten verletzt zu sein oder in absehbarer Zeit verletzt zu werden, § 47 Abs. 2 S. 1 VwGO.

Welche Anforderungen an die mögliche Rechtsverletzung zu stellen sind, ist umstritten. Zwar enthält § 47 Abs. 2 VwGO eine ähnliche Formulierung wie § 42 Abs. 2 VwGO, aber zwischen beiden Verfahrensarten bestehen erhebliche Unterschiede in Voraussetzungen und Wirkung. Während § 42 VwGO Verfahren des Individualrechtsschutzes betreffen, ist die Normenkontrolle nach § 47 VwGO ein *objektives Beanstandungsverfahren*, das in seiner Wirkung gerade nicht auf den Antragsteller beschränkt ist.[4] Der gesetzgeberischen Wertung, höhere Anforderungen an die Antragsbefugnis zu stellen, kann allerdings durch eine gegenüber der Klagebefugnis nach § 42 Abs. 2 VwGO erhöhte Substantiierungslast Rechnung getragen werden.[5]

Diese Frage kann aber letztlich offen bleiben. Denn soweit Bebauungspläne Gegenstand des Normenkontrollverfahrens sind, ist jedenfalls immer dann die Antragsbefugnis gegeben, wenn der Bebauungsplan Festsetzungen für das eigene Grundstück getroffen hat, welche das Eigentumsrecht des Antragstellers in *erheblicher* Weise beeinträchtigen. Das Grundstück des Balduin B liegt in dem neu festgesetzten Sondergebiet, so dass er antragsbefugt ist.

> Grds. bestehen drei Auffassungen zur Antragsbefugnis: bei *Rechtsumgestaltung* durch den Plan, bei *Schlechterstellung* des Betroffenen oder wenn Belange im *Auslegungsverfahren* geltend gemacht wurden bzw. sich aufdrängen mussten.[6]

---

[3] § 2 Abs. 1: „Das Oberverwaltungsgericht für den Freistaat Sachsen hat seinen Sitz in Bautzen..."; § 24 Abs. 1: „Das Sächsische Oberverwaltungsgericht entscheidet im Rahmen seiner Gerichtsbarkeit auf Antrag über die Gültigkeit von Rechtsvorschriften, die im Rang unter dem Landesgesetz stehen."

[4] Vgl. zu Begriff und Funktion des Normenkontrollverfahren: *Schenke*, Verwaltungsprozeßrecht, Rn. 873; *Würtenberger*, Verwaltungsprozeßrecht, Rn. 433–437; *Hufen*, § 19 Rn. 6.

[5] Dazu: *Gerhardt*, in: Schoch/Schmidt-Aßmann/Pietzner, VwGO § 47 Rn. 44 a.E.

[6] S. im Einzelnen: *Gerhardt*, a.a.O. (Fn. 5) § 47 Rn. 58.

V. Antragsgegnerin

Antragsgegnerin ist die Gemeinde G als die Körperschaft, welche den Bebauungsplan erlassen hat, § 47 Abs. 2 S. 2 VwGO.

VI. Antragsfrist

Der Normenkontrollantrag ist gemäß § 47 Abs. 2 S. 1 VwGO innerhalb von zwei Jahren nach Bekanntmachung der Rechtsvorschrift, hier also des Bebauungsplanes zu erheben.

VII. Subsidiarität, § 47 Abs. 3 VwGO

<small>Die Einordnung dieses Erfordernisses ist str., sie wird überwiegend als Frage nach dem maßgeblichen Prüfungsumfang und damit Teil der Begründetheit angesehen.[7]</small>

Die Normenkontrolle ist gemäß § 47 Abs. 3 VwGO subsidiär, *soweit* die Überprüfung der Rechtsvorschrift auf ihre Vereinbarkeit mit Landesrecht *ausschließlich* dem Landesverfassungsgericht zugewiesen ist. Der SächsVerfGH hat aber weder gem. Art. 81 Abs. 1 Nr. 2 SächsVerf[8] noch nach §§ 7 Nr. 2, 21 ff. SächsVerfGHG eine entsprechend ausschließliche Prüfungskompetenz, so dass die Subsidiaritätsklausel nicht greift.

VIII. (Allgemeines) Rechtsschutzbedürfnis

Das (allgemeine) Rechtsschutzbedürfnis entfällt nur dann, wenn die Aufhebung der Norm die geltend gemachte Rechtsverletzung nicht beseitigen kann. Vorliegend steht der Bebauungsplan dem Bauvorhaben des Balduin B im Wege, das bei Beseitigung desselben genehmigungsfähig ist.

Das Rechtsschutzbedürfnis entfällt auch nicht deshalb, weil die Gültigkeit des Bebauungsplanes incidenter im Rahmen einer Verpflichtungsklage geprüft werden kann. Beide Verfahrensarten sind von Gegenstand, Zweck und Wirkungen unterschiedlich; die Normenkontrolle stellt ein objektives Beanstandungsverfahren dar, das in seinen Wirkungen über die gegebenenfalls incidenter vorgenommene Verwerfung weit hinausgeht.

---

[7] Vgl. *Gerhardt*, a.a.O. (Fn. 5) § 47 Rn. 90 f.
[8] „Der Verfassungsgerichtshof entscheidet ... bei Zweifeln oder Meinungsverschiedenheiten über die Vereinbarkeit von Landesrecht mit dieser Verfassung auf Antrag eines Viertels der Mitglieder des Landtages oder auf Antrag der Staatsregierung"; § 7 Abs. 2 SächsVerfGHG inhaltsgleich; in §§ 21 ff. weitere Verfahrensvorschriften.

IX. Zwischenergebnis

Ein Normenkontrollantrag des Balduin B bezüglich des Bebauungsplanes „Südwest-Park" wäre somit zulässig.

B. Begründetheit des Normenkontrollantrages

Der Antrag des Balduin B ist begründet, wenn der Bebauungsplan der Gemeinde G ungültig und damit nichtig ist, § 47 Abs. 1 Nr. 1, Abs. 5 S. 2 VwGO.
Dann müsste der Bebauungsplan der Gemeinde G formell oder materiell rechtswidrig sein.

I. Formelle Rechtmäßigkeit des Bebauungsplanes

1. Zuständigkeit

Die Gemeinde G ist für ihr Gebiet gemäß § 1 Abs. 1, 2, 3 i.V.m. § 10 Abs. 1 BauGB für die Bauplanung zuständig (*Verbandskompetenz*).

Innerhalb der Gemeinde ist gemäß §§ 28 Abs. 1, 53 Abs. 2 SächsGemO[9] der Gemeinderat zuständig (*Organkompetenz*).

2. Verfahren

Das Verfahren bei der Aufstellung des Bebauungsplanes könnte insofern bedenklich sein, als Nicole A bei Beratung und Beschlussfassung mitgewirkt hat.

Gemäß §§ 29 Abs. 1 S. 1[10], 28 Abs. 1, 35 Abs. 4 SächsGemO[11] haben die Gemeinderäte ein Mitwirkungsrecht an Beratung und Beschlussfassung. Allerdings regelt § 20 Abs. 1 SächsGemO[12], der über § 35 Abs. 1 S. 1 Sächs

---

[9] § 28 Abs. 1: „Der Gemeinderat legt die Grundsätze für die Verwaltung der Gemeinde fest und entscheidet über alle Angelegenheiten der Gemeinde, soweit nicht der Bürgermeister kraft Gesetzes zuständig ist oder ihm der Gemeinderat bestimmte Angelegenheiten überträgt."
§ 53 Abs. 2: „Der Bürgermeister erledigt in eigener Zuständigkeit die Geschäfte der laufenden Verwaltung und die ihm sonst durch Rechtsvorschrift oder vom Gemeinderat übertragenen Aufgaben. ..."

[10] „Der Gemeinderat besteht aus den Gemeinderäten und dem Bürgermeister als Vorsitzendem."

[11] Wortlaut § 28 Abs. 1 siehe Fn 9; § 35 Abs. 4: „Die Gemeinderäte sind verpflichtet, an den Sitzungen teilzunehmen."

[12] „Der ehrenamtlich tätige Bürger ... darf weder beratend noch entscheidend mitwirken, wenn ... die Entscheidung ihm selbst oder

GemO[13] auch für die Gemeinderäte gilt, die Grenzen des Mitwirkungsrechtes. Eine Mitwirkung ist dann ausgeschlossen, wenn die Entscheidung der Gemeinderätin oder den im Gesetz genannten Personen „einen unmittelbaren Vorteil oder Nachteil bringen kann". Unter einem Vor- oder Nachteil ist jedes materielle oder ideelle *Sonderinteresse* zu verstehen, das zu einer Interessenkollision führen kann und die Besorgnis rechtfertigt, die genannte Person würde nicht mehr uneigennützig oder nur zum Wohle der Gemeinde handeln.[14] Nicole A hat schon durch die Beteiligung ihres Architekturbüros an der Planung des Einkaufszentrums ein erhebliches Interesse an der Verwirklichung des Projektes, das durch die vorgesehene Übernahme der Bauleitung noch verstärkt wird.

Der Vorteil muss allerdings ein *unmittelbarer* sein. Die Unmittelbarkeit ist dann gegeben, wenn die Entscheidung selbst den Vorteil eintreten lässt oder „zu dessen Eintritt (bindend) beiträgt".[15] Die Festsetzung eines Sondergebietes im Bebauungsplan reicht allein nicht zur Erstellung des Bauwerkes aus; vielmehr muss von der zuständigen Bauaufsichtsbehörde noch eine Baugenehmigung nach § 70 SächsBO[16] erteilt werden. Diese ist aber insoweit determiniert, als lediglich Gründe des Bauordnungsrechtes der Erteilung entgegenstehen können; bezüglich der bauplanungsrechtlichen Zulässigkeit bedarf es nur des gemeindlichen Einvernehmens nach § 36 BauGB[17], das hier wegen des Bebauungsplanes unzweifelhaft erteilt werden wird. Insofern trägt die Beschlussfassung über den Bebauungsplan „Südwest-Park" bindend zum Eintritt des Vorteiles der Gemeinderätin Nicole A – die Übernahme der Bauleitung – bei, so dass ihr Vorteil ein unmittelbarer im Sinne der §§ 20 Abs. 1, 35 Abs. 1 S. 1 SächsGemO[18] ist.

---

folgenden Personen einen unmittelbaren Vorteil oder Nachteil bringen kann: ..."

[13] „Die Gemeinderäte üben ihr Mandat ehrenamtlich aus."

[14] *Seewald*, Rn. 206; *Gern*, Deutsches Kommunalrecht, Rn. 511; *ders.*, Sächsisches Kommunalrecht, Rn. 552.

[15] Vgl. *Gern*, ebenda; *Brüggen/Heckendorf*, Sächsische Gemeindeordnung, § 20 Rn. 84; für ein mehr funktionales Verständnis des Begriffes „Unmittelbarkeit" *Bock*, in: Kunze/Bronner/Katz, Gemeindeordnung B-W § 18 Rn. 9: der Vorteil müsse unmittelbar auf die Person des Gemeinderates bezogen sein.

[16] § 70 SächsBO enthält die Anspruchsgrundlage für die Baugenehmigung; Wortlaut siehe unten 2. Teil B. I.

[17] Siehe dazu unten 2. Teil B. II.

[18] Wortlaut in Fn. 12, 13.

Die Ausnahme des § 20 Abs. 2 Nr. 2 SächsGemO[19] greift hier schon deshalb nicht, weil das Einkaufszentrum nicht die gemeinsamen Interessen, sondern durchaus divergierende Interessen, auch innerhalb der Berufsgruppe „Architekten", berührt.

Nicole A war also gemäß §§ 20 Abs. 1, 35 Abs. 1 S. 1 SächsGemO[20] sowohl von der Beratung als auch von der Beschlussfassung wegen Befangenheit ausgeschlossen. Der Beschluss über den Bebauungsplan „Südwest-Park" war also gemäß § 20 Abs. 5 S. 1 SächsGemO[21] *rechtswidrig*; die Heilungsvorschrift des Abs. 5 S. 2[22] greift mangels Ablauf der erforderlichen Jahresfrist nicht ein.

3. Beachtlichkeit

Die formelle Rechtswidrigkeit des Bebauungsplanes aufgrund Verstoßes gegen kommunalrechtliche Vorschriften führt grds. zur Nichtigkeit des Bebauungsplanes.

Allerdings sieht § 214 Abs. 4 BauGB n.F. die Möglichkeit der Heilung durch ein ergänzendes Verfahren vor. Dafür muss das Verfahren vom Stadium des Verfahrensfehlers ab wiederholt werden.[23] Bei der Befangenheit einer Gemeinderätin müsste also die Beratung und Beschlussfassung über den Bebauungsplan ohne deren Beteiligung erneut durchgeführt werden.

> Die Heilung des Verfahrensfehlers reicht nur bei Vorliegen der materiellen Rechtmäßigkeit aus. Deshalb ist diese anschließend zu prüfen, d.h. kein Hilfsgutachten!

II. Materielle Rechtmäßigkeit des Bebauungsplanes

Der Bebauungsplan muss des weiteren materiell mit den Normen des Bauplanungsrechtes übereinstimmen.

1. Gesetzliche Grenzen der Bauleitplanung

Zunächst sind die gesetzlichen Anforderungen des Baugesetzbuches zu beachten.

---

[19] „Absatz 1 gilt nicht ... wenn die Entscheidung nur die gemeinsamen Interessen einer Berufs- oder Bevölkerungsgruppe berührt."; Wortlaut des Abs. 1 in Fn. 12.

[20] Wortlaut in Fn. 12, 13.

[21] „Ein Beschluß ist rechtswidrig, wenn bei der Beratung oder Beschlußfassung die Bestimmungen der Absätze 1 oder 4 verletzt worden sind oder wenn jemand ohne einen der Gründe des Absatzes 1 ausgeschlossen worden ist."

[22] „Der Beschluß gilt jedoch ein Jahr nach der Beschlußfassung oder, wenn eine öffentliche Bekanntmachung erforderlich ist, ein Jahr nach dieser als von Anfang an gültig zustandegekommen."

[23] Vgl. *Dürr* Rn. 73.

a) Anpassungspflicht, § 1 Abs. 4 BauGB

Gemäß § 1 Abs. 4 BauGB ist der Bebauungsplan den Zielen der Raumordnung anzupassen. Grundsätze und Ziele der Raumordnung sind gemäß § 3 Abs. 1 S. 2 SächsLPlG[24] im Landesentwicklungsplan Sachsen (LEP 2003) vom 16. Dezember 2003 enthalten.

Nach der Nr. Z 6.2.1 LEP 2003[25] sind Einkaufszentren grds. nur in Ober- und Mittelzentren zulässig; ausnahmsweise nach der Nr. Z 6.2.2 LEP 2003 auch in Grundzentren, aber nur in einer Größenordnung in der Regel bis 2000 m² Verkaufsfläche. Diese Regelung enthält sowohl vom Wortlaut als auch von Sinn und Zweck eine Zielvorgabe; sie enthält präzise Vorgaben im Sinne einer landesplanerischen Letztentscheidung.[26] Insofern ist es der Gemeinde in Anbetracht des § 1 Abs. 4 BauGB verboten, aus eigener Initiative über die Anforderungen hinauszugehen und mit ihren Einrichtungen über ihren Verflechtungsbereich hinauszugreifen. Die Bauleitplanung der Gemeinde darf nicht der ihr zugewiesenen Funktion zuwiderlaufen.[27]

Die Gemeinde G ist nach der Regionalplanung ein Kleinzentrum, in dem also keinesfalls ein Einkaufszentrum zulässig ist.

Die Ziele der Raumordnung fließen nach der ausdrücklichen gesetzgeberischen Entscheidung nicht im Sinne eines Optimierungsgebotes in den Abwägungsprozess nach § 1 Abs. 7 BauGB ein, sondern sind durch § 1 Abs. 4 BauGB vor die Klammer gezogen und üben eine Sperrwirkung aus.[28] Der Verstoß gegen die Anpassungspflicht in § 1 Abs. 4 BauGB ist auch nicht unbeachtlich gemäß §§ 214 ff. BauGB und führt zur *Nichtigkeit* des Bebauungsplanes.

---

[24] „Im Landesentwicklungsplan sind die Ziele und Grundsätze der Raumordnung für die räumliche Ordnung und Entwicklung des Freistaates Sachsen auf der Grundlage einer Bewertung des Zustands von Natur und Landschaft sowie der Raumentwicklung festzulegen."

[25] Wortlaut siehe oben nach dem Sachverhalt.

[26] Vgl. SächsOVG, JbSächsOVG 1, 198 (202 f. mwN); a.A. VGH Mannheim, NJW 1977, 1465 (1467), der die Zielsetzungen als „Mindestausstattung", nicht als „Obergrenze" ansah; vgl. auch Anm. zum Urteil des SächsOVG von *Redeker*, SächsVBl. 1995, 193 (194 f.).

[27] *Dürr*, Rn. 22 a.E.

[28] BVerwGE 90, 329 (332 f.); SächsOVG, aaO (Fn. 26) S. 205.

b) Entwicklungsgebot, § 8 Abs. 2 BauGB

Als weitere gesetzliche Grenze der Bauleitplanung erfordert § 8 Abs. 2 S. 1 BauGB, dass die Bebauungspläne aus dem für das ganze Gemeindegebiet aufgestellten Flächennutzungsplan (im Sinne des § 5 BauGB) zu entwickeln sind.

Eine Gemeinde ist allerdings nicht gehindert, andersartige Festsetzungen im Flächennutzungsplan gleichzeitig mit dem Bebauungsplan zu ändern, und zwar im Parallelverfahren nach § 8 Abs. 2 S. 2 BauGB. Die Gemeinde G hat von dieser Möglichkeit Gebrauch gemacht, so dass das Entwicklungsgebot nach § 8 Abs. 2 BauGB nicht verletzt ist.

> Falls das Entwicklungsgebot verletzt ist, müssen die Fehlerfolgen nach § 214 Abs. 2 BauGB beachtet werden.
>
> Der parallel geänderte Flächennutzungsplan ist nicht Verfahrensgegenstand. Auch für ihn als vorbereitenden Bauleitplan gilt die Anpassungspflicht nach § 1 Abs. 4 BauGB, so dass auch er unwirksam wäre.

2. Abwägung nach § 1 Abs. 7 BauGB

Nach § 1 Abs. 7 BauGB sind die öffentlichen und privaten Belange gegeneinander und untereinander gerecht abzuwägen.

Gemäß § 1 Abs. 6 Nr. 1 BauGB sind insbesondere aber auch die allgemeinen Anforderungen an gesunde Wohn- und Arbeitsverhältnisse zu berücksichtigen. In Betracht kommen hier primär die Belange des Arnfried L. Die durch das Einkaufszentrum selbst hervorgerufenen Geräuschimmissionen, die schon die Gemeinde G als erheblich ansieht, würden durch die notwendigen neuen Verkehrswege neben seinem Grundstück weiter erhöht. Die Geräuschimmissionen betreffen allerdings nicht nur Arnfried L sondern auch seine sonstigen Nachbarn, da das Grundstück in einem Gebiet liegt, das einem allgemeinen Wohngebiet entspricht.

Die räumliche Nähe des Einkaufszentrums zum Wohngebiet, in dem Arnfried L sein Vorhaben verwirklichen will, könnte gegen den Grundsatz der Trennung von unverträglicher Nutzung verstoßen[29], der Teil des Rücksichtnahmegebotes ist.

Das Gebot der Rücksichtnahme in seinem *objektivrechtlichen Gehalt* ist auch bei der Bauleitplanung zu berücksichtigen. Es hat seine Wurzeln im Verhältnismäßigkeitsgrundsatz und ist auch in Anbetracht der Sozialpflichtigkeit des Eigentums (Art. 14 Abs. 2 GG) grundsätzlich verfassungsrechtlich unbedenklich.[31]

Ob den Anforderungen des Rücksichtnahmegebots genügt ist, hängt davon ab, was den Betroffenen nach Lage

> Das Rücksichtnahmegebot hat auch einen *subjektiv-rechtlichen* Aspekt,[30] der aber nur bei einer Nachbarklage, nicht bei einem objektiven Beanstandungsverfahren, relevant wird.

---

[29] Vgl. dazu BVerwGE 45, 309 (326 f.).
[30] Vgl. dazu *Oldiges*, Baurecht Rn. 366; *Schenke*, Bauordnungsrecht, Rn. 191.
[31] *Krautzberger*, in: Battis/Krautzberger/Löhr, BauGB, § 1 Rn. 122.

der Dinge zuzumuten ist. Dabei wird im Ergebnis eine Abwägung zwischen den Belangen des Rücksichtnahmebegünstigten und denjenigen des Rücksichtnahmeverpflichteten stattfinden müssen.

Ausschlaggebend ist hier die Frage der Geräuschimmissionen. Für die rechtliche Beurteilung spielt es keine Rolle, ob Beeinträchtigungen von Betriebslärm oder vorhabenbedingten Verkehrsgeräuschen herrühren.[32] Auch kommt es nicht darauf an, ob der Verkehr auf dem Baugrundstück oder auf öffentlichen Straßen stattfindet. Entscheidend ist vielmehr, ob er als Besucher- oder Kundenverkehr dem Vorhaben zurechenbar ist.

Die Geräuschimmissionen sind hier so erheblich, dass Schutzmaßnahmen für die betroffenen Anwohner, wie z. B. dazwischenliegende unbebaute Flächen, vorgesehen werden müssen, wenn ein Sondergebiet dieser Größe und mit diesen Belastungen ausgewiesen werden soll.

Für das Maß der Schutzwürdigkeit sind zwar bei vorhabenbedingten Verkehrsgeräuschen, ebenso wie bei sonstigen Immissionen, auch etwaige Vorbelastungen bedeutsam.[33] Doch sind in einem durch Wohnen geprägten Gebiet Vorbelastungen, die gegenüber den zu erwartenden ein Eigengewicht haben, nicht vorhanden.

Bei der Abwägung können auch nicht etwaige immissionsschutzrechtliche Lösungsmöglichkeiten zugunsten des Sondergebietes „Einkaufszentrum Südwest-Park" durchschlagen. Das nachträglich eingreifende Immissionsschutzrecht bietet nämlich betroffenen Nachbarn regelmäßig einen geringeren Schutz als das Baurecht.

Die Abwägung der Gemeinde G bei der Aufstellung des Bebauungsplanes „Südwest-Park" war also fehlerhaft. Die Belange des Arnfried L und seiner Nachbarn wurden von der Gemeinde G offenbar gesehen, aber nicht hinreichend gewürdigt, so dass ein Mangel im Abwägungs*ergebnis* vorliegt („Abwägungsdisproportionalität"). Dieser ist auch beachtlich, da § 214 Abs. 3 S. 2 BauGB lediglich Mängel im Abwägungs*vorgang* erfasst.

---

[32] So für das Einfügen im Sinne des § 34 BauGB: BVerwG, Buchholz 406.11 § 34 BBauG/BauGB Nrn. 120, 129, 190.

[33] Vgl. BVerwGE 52, 122 (126 f.); BVerwGE 87, 332 (357); BVerwGE 88, 210 (214).

III. Ergebnis

Der Bebauungsplan ist sowohl formell als auch materiell rechtwidrig. Die Möglichkeit der Heilung des formellen Fehlers nach § 214 Abs. 4 BauGB n.F. greift im Ergebnis nicht mehr durch, da die materiellen Fehler des Bebauungsplanes nicht heilbar sind. Das Oberverwaltungsgericht wird also den Bebauungsplan „Südwest-Park" der Gemeinde G gemäß § 47 Abs. 5 S. 2 VwGO n.F. für unwirksam erklären.

Ein Normenkontrollantrag hat somit Aussicht auf Erfolg.

2. Teil: Klage der Gemeinde G

Die Klage der Gemeinde G hat Aussicht auf Erfolg, wenn sie zulässig und begründet ist.

A. Zulässigkeit der Klage

I. Eröffnung des Verwaltungsrechtsweg, § 40 Abs. 1 VwGO

Mangels einer Sonderzuweisung könnte der Verwaltungsrechtsweg gemäß § 40 Abs. 1 VwGO eröffnet sein. Dann müsste es sich um eine *öffentlich-rechtliche Streitigkeit* nichtverfassungsrechtlicher Art handeln.

Die Streitigkeit betrifft die Erteilung einer Baugenehmigung, deren Rechtmäßigkeit sich nach den Vorschriften des Baugesetzbuches über die Bauleitplanung bzw. denjenigen der Landesbauordnung über das Bauordnungsrecht richtet. Diese Vorschriften berechtigen und verpflichten lediglich einen Träger hoheitlicher Gewalt in seiner Eigenschaft als solchen, sind mithin öffentlich-rechtlicher Natur.

Die Streitigkeit ist auch *nichtverfassungsrechtlicher Art*, da keine obersten Verfassungsorgane des Bundes oder der Länder bzw. Teile von diesen über die Anwendung von spezifischem Verfassungsrecht streiten.

II. Statthafte Klageart

Die Gemeinde G begehrt die Durchführung des von ihr beschlossenen Bebauungsplanes. Dem könnte die dem Arnfried L erteilte Baugenehmigung entgegenstehen. Die Baugenehmigung stellt mithin eine Belastung dar, die als Verwaltungsakt nur im Wege der Anfechtungsklage gemäß § 42 Abs. 1 1. Alt. VwGO beseitigt werden kann.

III. Klagebefugnis, § 42 Abs. 2 VwGO

Die Gemeinde G fühlt sich in ihrer Planungshoheit verletzt. Die Regelungen über die Beteiligung der Gemeinde in § 36 BauGB sind allerdings lediglich verfahrensrechtlicher Natur; das Bestehen materieller Rechte wird von ihnen vorausgesetzt.[34] Die Planungshoheit fließt vielmehr unmittelbar aus der Selbstverwaltungsgarantie der Gemeinden in Art. 28 Abs. 2 S. 2 GG[35] und hat z. B. in § 2 Abs. 1 S. 1 BauGB ihren Ausdruck gefunden.[36] Aus der möglicherweise verletzten Planungshoheit der Gemeinde G ergibt sich deren Klagebefugnis (§ 42 Abs. 2 VwGO).

IV. Vorverfahren, § 68 Abs. 1 VwGO

Nach der Rspr. des BVerwG[37] tritt keine Verfristung des Widerspruchs ein, da durch die Klageerhebung das Eintreten der Bestandskraft gehindert wird, Widerspruch also noch eingelegt werden kann.

Gemäß § 68 Abs. 1 S. 1 VwGO ist bei einer Anfechtungsklage ein Vorverfahren durchzuführen. Ein Fall der Entbehrlichkeit des Vorverfahrens nach § 68 Abs. 1 S. 2 VwGO liegt hier nicht vor. Deshalb ist von der Gemeinde spätestens bis zum Schluss der letzten mündlichen Verhandlung ein Widerspruch zu erheben, den das Regierungspräsidium als zuständige Widerspruchsbehörde (§ 73 Abs. 1 S. 1 Nr. 1 VwGO) zurückgewiesen haben muss.

V. Passive Prozeßführungsbefugnis, § 78 VwGO

Die Klage ist gemäß § 78 Abs. 1 Nr. 1 VwGO gegen die Körperschaft zu richten, die den angefochtenen Verwaltungsakt erlassen hat. Die Baugenehmigung wurde vom Landratsamt Leipziger Land erteilt; Klagegegner ist also der Landkreis Leipziger Land als Rechtsträger (§ 1 Abs. 4, Abs. 2 SächsLKrO[38]).

VI. Klagefrist, § 74 VwGO

Die Klage ist vor Ablauf der Monatsfrist des § 74 Abs. 1 S. 1 VwGO erhoben worden, also fristgerecht.

---

[34] BVerwGE 92, 66 (68 f.).
[35] Vgl. BVerwGE 31, 263 (265 f.).
[36] Vgl. BVerwGE 92, 66 (68 f.).
[37] BVerwG NVwZ 1984, 507; BVerwGE 4, 203 (204).
[38] Abs. 4: „Behörde des Landkreises ist das Landratsamt."; Abs. 2: „Der Landkreis ist rechtsfähige Gebietskörperschaft des öffentlichen Rechts."

VII. Zwischenergebnis

Die Klage der Gemeinde G ist zulässig.

B. Begründetheit der Klage

Die Klage der Gemeinde G ist begründet, wenn die dem Arnfried L erteilte Baugenehmigung des Landkreises Leipziger Land vom 30. Juli 2004 rechtswidrig und die Gemeinde G dadurch in ihren Rechten verletzt ist, § 113 Abs. 1 S. 1 VwGO.

Die erteilte Baugenehmigung ist rechtswidrig, wenn sie auf keiner Ermächtigungsgrundlage beruht oder aus formellen oder materiellen Gründen rechtswidrig ist.

I. Ermächtigungsgrundlage

Eine Baugenehmigung ist gemäß § 70 Abs. 1 S. 1 SächsBO zu erteilen, wenn dem Vorhaben keine im bauaufsichtlichen Genehmigungsverfahren zu prüfenden öffentlich-rechtlichen Vorschriften entgegenstehen, die Baugenehmigung also formell und materiell rechtmäßig ist.

§ 70 SächsBO ist für den Bauherrn Anspruchsgrundlage für seine Baugenehmigung; aus der Sicht des Dritten – hier G – ist sie Ermächtigungsgrundlage für den Eingriff in ihre Rechte.

II. Formelle Rechtswidrigkeit

Die Baugenehmigung ist formell rechtswidrig, wenn dem Landratsamt die Zuständigkeit fehlt, das Verfahren nicht ordnungsgemäß durchgeführt worden ist oder die Form nicht gewahrt wurde.

1. Zuständigkeit

Das Landratsamt Leipziger Land ist als untere Bauaufsichtsbehörde gemäß § 59 Abs. 1 Nr. 3 SächsBO i.V.m. § 1 Abs. 4 SächsLKrO[39], § 61 Abs. 1 SächsBO[40] sachlich für die Erteilung der Baugenehmigung zuständig gewesen. Da das Vorhaben im Landkreisgebiet verwirklicht werden soll, ist auch die örtliche Zuständigkeit gegeben. Die instanzielle

---

[39] § 59 Abs. 1 Nr. 3: „Bauaufsichtsbehörden sind ... die Landkreise und Kreisfreien Städte als untere Bauaufsichtsbehörden"; Wortlaut des § 1 Abs. 4 SächsLKrO in Fn. 38.

[40] „Sachlich zuständig ist die untere Bauaufsichtsbehörde, soweit nichts anderes bestimmt ist."

Zuständigkeit liegt ebenfalls bei der unteren Bauaufsichtsbehörde, vgl. § 60 Abs. 5 SächsBO[41].

2. Verfahren

Bezüglich des Verfahrens könnten sich Bedenken ergeben, wenn das Einvernehmen der Gemeinde G nach § 36 Abs. 1 S. 1 BauGB erforderlich war. Diese Norm enthält verfahrensrechtliche Regelungen für das baubehördliche Genehmigungsverfahren.[42]

a) Erforderlichkeit eines gemeindlichen Einvernehmens

Zunächst ist zu prüfen, ob das Einvernehmen der Gemeinde hier erforderlich ist.

aa) Inhalt des § 36 BauGB

Bei dem Einvernehmen der Gemeinde handelt es sich um ein Verwaltungsinternum; die Befugnis zum Erlaß der Baugenehmigung gegenüber dem Bürger kommt allein der Baugenehmigungsbehörde, hier dem Landratsamt, zu.

§ 36 Abs. 1 BauGB gewährt allerdings der Gemeinde zur Sicherung ihrer *Planungshoheit* ein Beteiligungsrecht ein. Nach der Wertung des Gesetzgebers soll die Gemeinde als sachnahe und fachkundige Behörde gerade in nicht beplanten Ortsteilen am bauaufsichtlichen Genehmigungsverfahren *mitentscheidend* beteiligt werden. Die Gemeinde ist als Trägerin der Planungshoheit befugt, gerade auch in Reaktion auf einen Bauantrag, die planungsrechtlichen Beurteilungsgrundlagen für ein Vorhaben zu ändern, wenn auch unter Umständen gegen Entschädigung. Sie soll die Möglichkeit haben, rechtlich zulässige Maßnahmen zur Verhinderung eines nicht erwünschten Bauvorhabens zu ergreifen. Sie kann die Aufstellung eines Bebauungsplanes nach § 2 Abs. 1 BauGB einschließlich einer Veränderungssperre nach § 14 Abs. 1 BauGB beschließen.[43] Aus diesem Grunde darf die Bauaufsichtsbehörde, wenn die Gemeinde ihr Einvernehmen versagt, den gestellten Bauantrag nicht positiv

---

[41] „Kommt eine Bauaufsichtsbehörde einer schriftlichen Weisung der Aufsichtsbehörde nicht fristgerecht nach, so kann diese anstelle der ange-wiesenen Behörde handeln (Selbsteintritt)."

[42] BVerwGE 92, 66 (68 f.).

[43] Vgl. z. B. *Dürr/Dahlke-Piel*, Rn. 145.

bescheiden.⁴⁴ Selbst eine noch nicht vollständige Ausübung des Planungsrechtes kann nicht als Verzicht auf das Recht zum Einvernehmen aus § 36 Abs. 1 BauGB gewertet werden.⁴⁵

§ 36 BauGB gewährt das Beteiligungsrecht aber nur, soweit es um die bau*planungs*rechtliche Zulässigkeit eines Vorhabens geht, d.h. wenn sich die Genehmigung nach den §§ 31, 33–35 BauGB richtet.

bb) Anwendbarkeit der §§ 31, 33–35 BauGB

Für die Anwendbarkeit der Vorschriften über die bauplanungsrechtliche Zulässigkeit muss es sich zunächst um ein Vorhaben im Sinne des § 29 Abs. 1 BauGB handeln.

Dies ist dann der Fall, wenn es sich um eine Anlage handelt, „die in einer auf Dauer gedachten Weise künstlich mit dem Erdboden verbunden ist" und der möglicherweise eine bodenrechtliche Relevanz zukommt.⁴⁷ Diese Voraussetzungen sind bei einer dreigeschossigen Villa ohne weiteres gegeben.

Seit dem 1. Januar 1998 besteht ein unabhängiger bauplanungsrechtlicher Anlagenbegriff.⁴⁶

Also sind für die bauplanungsrechtliche Zulässigkeit die Vorschriften der §§ 30 bis 37 BauGB heranzuziehen.

Da das Bauvorhaben des Arnfried L nicht im Geltungsbereich des Bebauungsplanes „Südwest-Park" oder eines anderen Bebauungsplanes liegt, richtet sich die bauplanungsrechtliche Zulässigkeit nach § 34 BauGB.

Das Einvernehmen der Gemeinde G war also nach § 36 BauGB erforderlich.

b) Erklärung des Einvernehmens

Das Einvernehmen der Gemeinde G wurde weder *tatsächlich erklärt* noch kann es gemäß § 36 Abs. 2 S. 2 BauGB *fingiert* werden.

c) Ersetzung des Einvernehmens

Das fehlende Einvernehmen der Gemeinde G könnte aber durch das Landratsamt Leipziger Land ersetzt worden sein.

---

⁴⁴ BVerwG, NVwZ 1992, 878 (880); vgl. zur Verletzung der Planungshoheit bei der inzidenter Verwerfung eines (Änderungs-) Bebauungsplanes: BVerwGE 92, 66 (68 f.).

⁴⁵ BVerwGE 22, 342 (348).

⁴⁶ S. im Einzelnen *Löhr*, in: Battis/Krautzberger/Löhr, BauGB, § 29 Rn. 3.

⁴⁷ *Löhr*, in: Battis/Krautzberger/Löhr, BauGB, § 29 Rn. 9 ff.; die Einschränkung auf Anlagen mit „bodenrechtlicher Relevanz" ist wegen der beschränkten Gesetzgebungskompetenz des Bundes in Art. 74 Nr. 18 GG notwendig, vgl. aaO Rn. 14.

Problematisch ist, welche Norm dafür maßgeblich ist. § 36 Abs. 2 S. 3 BauGB regelt lapidar, dass ein rechtswidrig versagtes Einvernehmen ersetzt werden kann. Anders als in manchen anderen Ländern regelt die Sächsische Bauordnung ausführlich in § 70a das Ersetzungsverfahren. Abgesehen von kompetenzrechtlichen Bedenken gegen die Regelung in § 36 Abs. 2 S. 3 BauGB kann diese Norm allenfalls ein Verfahren neben entsprechende landesrechtliche stellen. In jedem Fall bedarf sie aber einer landesrechtlichen Ergänzung, da sie ausdrücklich die „nach Landesrecht zuständige" Behörde nennt, insofern also lediglich eine Ermächtigung des Landesgesetzgebers enthält.[48] Jedenfalls für Sachsen, das eine eigenständige (Sonder-)Regelung kennt, kommt § 36 Abs. 2 S. 3 BauGB nur eine Klarstellungsfunktion zu, dass Einschränkungen des Einvernehmenserfordernisses durch den Landesgesetzgeber bundesrechtlich unbedenklich sind.[49] Die Ersetzung richtet sich also allein nach § 70a SächsBO.

Das Landratsamt ist als zuständige *untere Bauaufsichtsbehörde* gemäß § 59 Abs. 1 Nr. 3 SächsBO i.V.m. § 1 Abs. 4 SächsLKrO, § 61 Abs. 1 SächsBO[50] nach § 70a Abs. 2 S. 1 SächsBO[51] zur Ersetzung befugt.

Die Ersetzung setzt des weiteren nach § 70a Abs. 1 SächsBO[52] voraus, dass das Einvernehmen *rechtswidrig* versagt wurde.

aa) Rechtswidrigkeit der Versagung

Die Gemeinde darf ihr Einvernehmen nur aus Gründen versagen, die sich aus den §§ 31, 33, 34 und 35 ergeben.

Die Versagung des Einvernehmens war hier also dann rechtswidrig, wenn die Voraussetzungen des § 34 BauGB für das Vorhaben des Balduin B vorliegen.

Bei § 34 BauGB ist zwischen den Absätzen zu differenzieren; Grundsätzlich muß sich nach Abs. 1 das Vorhaben

---

[48] *Lasotta*, S. 189, 191.
[49] Vgl. *Enders/Pommer*, SächsVBl 1999, 173 (175 f. mwN); *Dahlke-Piel*, in: Degenhart, Sächsische Bauordnung, § 70a Rn. 20 f. mwN.
[50] Wortlaut in Fn. 39, 40.
[51] „Entscheidungen der zuständigen Bauaufsichtsbehörde in Fällen des Absatzes 1 gelten im Hinblick auf das versagte Einvernehmen der Gemeinde zugleich als Ersatzvornahme im Sinne des § 116 der Gemeindeordnung für den Freistaat Sachsen (SächsGemO) ... in der jeweils geltenden Fassung."
[52] „Hat eine Gemeinde, die nicht untere Bauaufsichtsbehörde ist, ihr nach dem Baugesetzbuch oder nach § 68 Abs. 7 erforderliches Einvernehmen rechtswidrig versagt, ist das fehlende Einvernehmen nach Maßgabe der folgenden Absätze zu ersetzen."

nach Art und Maß in die Eigenart der näheren Umgebung einfügen.

Für die *Art* der baulichen Nutzung enthält Abs. 2 eine gegenüber Abs. 1 speziellere Regelung, wenn das Gebiet unter eines der in der Baunutzungsverordnung geregelten Gebiete eingeordnet werden kann. Die nähere Umgebung entspricht einem allgemeinen Wohngebiet nach § 4 BauNVO. Wohngebäude, wie die geplante Villa des Arnfried L, sind gemäß § 4 Abs. 2 Nr. 1 BauNVO in allgemeinen Wohngebieten zulässig.

Dem Vorhaben könnte allerdings das Gebot der Rücksichtnahme entgegenstehen. Dieses Gebot wirkt im Rahmen des § 34 BauGB auf unterschiedliche Weise. Bei Abs. 1 findet es seine Ausprägung in der Notwendigkeit, dass sich das Vorhaben „einfügen" muss; im Rahmen des Abs. 2 wirkt es über § 15 BauNVO.[53]

Zum Rücksichtnahmegebot siehe bereits 1. Teil B. II. 2.

Hier könnte das Vorhaben des Balduin B seiner *Art* nach dazu führen, dass das benachbarte Einkaufszentrum nicht gebaut werden kann. Nach § 15 Abs. 1 S. 1 Alt. 2 BauNVO ist ein Vorhaben, das an sich nach den §§ 2–14 BauNVO zulässig ist, im Einzelfall dann nicht zulässig, wenn sie Belästigungen oder Störungen ausgesetzt werden, die im Baugebiet selbst oder in dessen Umgebung unzulässig sind. Insoweit ist § 15 BauNVO auch Ausdruck der *Wechselseitigkeit* des Rücksichtnahmegebotes.[54]

Vorliegend sind durch das geplante Einkaufszentrum erhebliche Geräuschimmissionen zu erwarten (s.o.). Dass dieses *tatsächlich* noch nicht gebaut ist, steht der Unzulässigkeit des benachbarten Vorhabens des Balduin B nicht entgegen, da § 15 BauNVO nicht allein den Bestand schützt. Allerdings ist bereits der Bebauungsplan „Südwest-Park" rechtswidrig, so dass das Einkaufszentrum *rechtlich* nicht gebaut werden darf. Also kann dem Vorhaben des Balduin B eine Beeinträchtigung durch dieses Einkaufszentrum nicht entgegengehalten werden.

---

[53] Vgl. i.E. *Söfker*, in: Ernst/Zinkahn/Bielenberg/Krautzberger, BauGB, § 34 Rn. 48; *Krautzberger*, in: Battis/Krautzberger/Löhr, BauGB, § 34 Rn. 17; *Oldiges*, Baurecht, Rn. 215, 217; BVerwG, ZfBR 1981, 149.

[54] I.E. *Bielenberg*, in: Ernst/Zinkahn/Bielenberg/Krautzberger, BauNVO, § 15 Rn. 29.

In Anbetracht der „Wechselseitigkeit" des Rücksichtnahmegebotes reicht beim Maß der baulichen Nutzung nicht aus, dass sich ein Vorhaben *tatsächlich* „einfügt", sondern es dürfen wie bei Abs. 1 keine Beeinträchtigungen der oder durch die benachbarten Grundstücke damit verbunden sein.

Bezüglich des *Maßes* der baulichen Nutzung findet § 34 Abs. 2 BauGB, also auch die Vorschriften der BauNVO, hier insbesondere §§ 15, 17, keine Anwendung. Statt dessen ist im Hinblick auf Geschoßzahl und Garage ein Sich-Einfügen des Vorhabens in die Eigenart der näheren Umgebung im Sinne des § 34 Abs. 1 BauGB erforderlich. Sich-Einfügen bedeutet, dass das Vorhaben sich „innerhalb des durch die Bebauung seiner Umgebung geprägten Rahmens hält und es die erforderliche Rücksicht auf die unmittelbare Umgebung nimmt".[55] Dies ist im vorliegenden Fall aber ebenfalls gegeben.

Das Vorhaben ist also nach § 34 BauGB bauplanungsrechtlich zulässig. Das Einvernehmen hätte auch erteilt werden müssen, da der Gemeinde G kein Ermessensspielraum zur Verfügung steht.

bb) Ersetzungsverfahren

Die Ersetzung des Einvernehmens erfordert nach § 70a Abs. 3 SächsBO[56], dass vorher die Gemeinde angehört und ihr Gelegenheit gegeben worden ist, binnen angemessener Frist erneut über das Einvernehmen zu entscheiden.

Problematisch ist, ob die vom Landratsamt gesetzte *Frist* angemessen ist.

Für die Angemessenheit der Frist kommt es auf die Umstände des Einzelfalls an, wobei insbesondere der Schwierigkeitsgrad der Sach- und Rechtslage ausschlaggebend ist. Bei einer Entscheidung durch den Gemeinderat ist auf dessen Sitzungsturnus bzw. die Einberufungsfrist gemäß § 36 Abs. 3 SächsGemO[57] für eine Sondersitzung Rücksicht zu nehmen.[58]

Vorliegend ist die Frist mit zwei Wochen schon an sich knapp bemessen, auch wenn die Sach- und Rechtslage nur durchschnittliche Schwierigkeit aufweist. Jedenfalls aber hat das Landratsamt Sitzungsturnus und Einberufungsfrist missachtet. Wie vom Bürgermeister mitgeteilt, fand die nächste reguläre Sitzung des Gemeinderates am 17. August, also fast drei Wochen nach Fristablauf statt. Zwar wäre die

---

[55] *Erbguth*, Rn. 213; *Krautzberger*, in: Battis/Krautzberger/Löhr, BauGB, § 34 Rn. 48.

[56] „Die Gemeinde ist vor Entscheidungen der zuständigen Bauaufsichtsbehörde nach den vorstehenden Absätzen anzuhören. Dabei ist ihr Gelegenheit zu geben, binnen angemessener Frist erneut über das Einvernehmen zu entscheiden."

[57] „Der Bürgermeister beruft den Gemeinderat schriftlich mit angemessener Frist ein ..."

[58] *Dahlke-Piel*, in: Degenhart, Sächsische Bauordnung, § 70a Rn. 28.

Einberufung des Gemeinderates zu einer Sondersitzung durchaus möglich, müsste aber nach § 36 Abs. 3 S. 1 SächsGemO[59] wiederum in angemessener Frist erfolgen. Dies erfordert, dass die Einberufung so rechtzeitig erfolgt, dass sich die Beteiligten auf den Termin selbst, aber auch auf die Verhandlungsgegenstände einrichten können; die Frist soll drei Tage, bei schwierigen Tagesordnungspunkten eine Woche, nicht unterschreiten.[60]

Etwas anderes gilt nur in Eilfällen nach § 36 Abs. 3 S. 4 SächsGemO[61]. Ein solcher liegt dann vor, wenn nur durch Verzicht auf die Form- und Fristvorschriften die Notwendigkeit einer Eilentscheidung des Bürgermeisters nach § 52 Abs. 3 S. 1 SächsGemO[62] verhindert werden kann.[63] Grundsätzlich wird allerdings bei der Erklärung des Einvernehmens kein Eilfall in diesem Sinne vorliegen. Auch vorliegend sind keine Gründe ersichtlich, die eine Abkürzung der regulären Fristen erforderlich machen.

Geht man also von einer Frist von drei Tagen bzw. auch einer Woche aus, so hätte bei sofortiger Bearbeitung des Vorgangs in der Gemeinde noch rechtzeitig eine Entscheidung herbeigeführt werden können.

Dass der Vorgang in der Urlaubszeit liegt, vermag daran nichts zu ändern. Wie aus § 36 Abs. 3 S. 2 HS 2 SächsGemO[64] im Umkehrschluss folgt, gibt es keine gesetzlich vorgesehenen Urlaubsmonate, in denen der Gemeinderat grundsätzlich nicht tagt.

Die Frist des Landratsamtes war also angemessen im Sinne des § 70a Abs. 3 S. 2 SächsBO[65].

Auch die *Anhörung* ist ordnungsgemäß erfolgt, da das Landratsamt der Gemeinde seine Gründe für die beabsichtigte Erteilung der Baugenehmigung mitgeteilt und die Ge-

---

[59] Wortlaut in Fn. 57.

[60] *Gern*, Sächsisches Kommunalrecht, Rn. 500 mwN; *Hegele/Ewert*, S. 112.

[61] „In Eilfällen kann der Gemeinderat ohne Frist, formlos und nur unter Angabe der Verhandlunsgegenstände einberufen werden."

[62] „In dringenden Angelegenheiten, deren Erledigung auch nicht bis zu einer Frist und formlos einberufenen Gemeinderatssitzung (§ 36 Abs. 3 Satz 4) aufgeschoben werden kann, entscheidet der Bürgermeister anstelle des Gemeinderats."

[63] *Hegele/Ewert*, S. 115; *Bock*, in: Kunze/Bronner/Katz, Gemeindeordnung B-W, § 34 bwGemO Rn. 23.

[64] § 36 Abs. 2 S. 2: „Der Gemeinderat ist einzuberufen, wenn es die Geschäftslage erfordert; er soll jedoch mindestens einmal im Monat einberufen werden."

[65] Wortlaut in Fn. 56.

meinde damit in die Möglichkeit versetzt hat, substantiell Stellung zu nehmen.

Das Ersetzungsverfahren ist somit ordnungsgemäß durchgeführt worden.

cc) Ersetzungsform

Die Ersetzung nach § 70a SächsBO kann – wie hier geschehen – durch die Erteilung der Baugenehmigung erfolgen. Dies ergibt sich zwar nicht mehr ausdrücklich aus dem Gesetzeswortlaut, ist diesem aber zu entnehmen. In § 70a Abs. 2 S. 2 SächsBO heißt es über die Ersetzung, dass sie „insoweit gesondert" begründet werden muss; Abs. 2 S. 3 spricht von dem Fehlen der aufschiebenden Wirkung von Widerspruch und Anfechtungsklage „auch insoweit".[66]

Der Pflicht zur Begründung nach § 70a Abs. 2 S. 2 SächsBO ist das Landratsamt ebenfalls nachgekommen.

3. Form

Hinsichtlich der Form der Baugenehmigung ergeben sich keine Bedenken.

4. Zwischenergebnis

Die Baugenehmigung ist also formell rechtmäßig.

III. Materielle Rechtswidrigkeit

Die Baugenehmigung ist dann materiell rechtswidrig, wenn sie gegen von der Baurechtsbehörde zu prüfende Rechtsvorschriften verstößt, § 70 Abs. 1 SächsBO.

Neben den bereits geprüften bauplanungsrechtlichen Vorschriften kommen nur solche des Bauordnungsrechtes in Betracht.

Deshalb ist auch *nicht* auf die Frage der Sicherheit der Treppen einzugehen, die von der Gemeinde in ihrer Klage ebenfalls bemängelt wird.

Ein Verstoß gegen Vorschriften des Bauordnungsrechts kann von der Gemeinde G aber nicht geltend gemacht werden, da die Beurteilung nach Bauordnungsrecht *allein* in die Zuständigkeit der Bauaufsichtsbehörde, hier des Landratsamtes Leipziger Land fällt, §§ 70 Abs. 1, 60 Abs. 2 S. 1[67], 61 Abs. 1, 59 Abs. 1 Nr. 3 SächsBO[68].

---

[66] *Dahlke-Piel*, in: Degenhart, Sächsische Bauordnung, § 70a Rn. 30.
[67] „Die Bauaufsichtsbehörden haben ... darüber zu wachen, dass die öffentlich-rechtlichen Vorschriften ... eingehalten werden."
[68] Wortlaut in Fn. 40, 39.

IV. Ergebnis

Somit ist die Klage der Gemeinde G zwar zulässig, aber unbegründet; sie hat keine Aussicht auf Erfolg.

Wurde das Ersetzungsverfahren nicht ordnungsgemäß durchgeführt oder die Baugenehmigung ohne Einvernehmen der Gemeinde erteilt, so wäre noch die *Rechtsverletzung* zu prüfen. Die Gemeinde wird durch Missachtung ihrer Beteiligungsrechte aus § 36 BauGB in ihrer *Planungshoheit* verletzt und könnte erfolgreich gegen die Baugenehmigung vorgehen.[69]

Vertiefungshinweise:

Lasotta, Das Einvernehmen der Gemeinde nach § 36 BauGB, 1998; *Enders/Pommer*, § 36 Abs. 2 Satz 3 BauGB verfassungswidrig? Zum Verhältnis der bundesrechtlichen und landesrechtlichen Ersetzungsregelung für das gemeindliche Einvernehmen im Bauplanungsrecht, SächsVBl 1999, 173–176.

---

[69] Vgl. BVerwGE 22, 342 (347 f.); BVerwG, NVwZ 1986, 556; *Söfker*, in: Ernst/Zinkahn/Bielenberg/Krautzberger, BauGB, § 36 Rn. 26; *Krautz-berger*, in: Battis/ Krautzberger/Löhr, BauGB, § 36 Rn. 12; *Dahlke-Piel*, in: Degenhart, Sächsische Bauordnung, § 70 Rn. 1.

Klausur Nr. 12***

Der gläserne Balkon

Sachverhalt

B ist Eigentümer eines um 1985 erbauten zweigeschossigen Hauses, welches im Innenbereich der 2.500 Einwohner zählenden bayerischen, kreisangehörigen Gemeinde R gelegen ist. Die Gemeinde schmiegt sich idyllisch an den Fuß der bayerischen Alpen. Dementsprechend wird die örtliche Architektur von einem traditionellen Erscheinungsbild geprägt - Spitzdächer mit Gauben unter Verwendung althergebrachter Baumaterialien. Das Haus des B trägt ebenfalls ein solches Äußeres.

In den letzten Jahren hat jedoch auch in R die Moderne Einzug gehalten. Nicht radikal, nur hier und da entstanden An- und kleinere Neubauten, zu deren Fassadengestaltung man auf Baustoffe wie Glas, Stahl und Beton zurückgriff. Genehmigungen sind dafür durch das Landratsamt N stets erteilt worden.

Der 2002 neu gewählte Erste Bürgermeister M betrachtet die architektonische Entwicklung seines Ortes schon länger mit Missfallen. Er trägt daher im Gemeinderat vor, die Gemeinde solle doch Regelungen über die äußere Gestaltung von Gebäuden erlassen. Vor allem soll verhindert werden, dass in Zukunft das Ortsbild weiter durch kubistisch-modernistische Bauformen Schaden nimmt. Für sein Anliegen kann er schließlich eine Mehrheit im Gemeinderat finden. Die Gestaltungssatzung tritt am 04.02.2004 in Kraft.

Einige Zeit zuvor hatte sich auch B entschieden, sein Haus wie andere in der Gemeinde vor ihm mit schlichten, geometrischen Formen und kühlen Materialien zu versehen. Da er sich indes schon aus finanziellen Gründen nicht zu einer grundlegenden Umgestaltung entschließen konnte, begann er die Umsetzung seiner Ideen mit dem Umbau des kleinen, die beiden Fenster seines Wohnzimmers umfassenden Austrittes zu einem die gesamte 2. Etage umlaufenden

Balkon, der ruhend auf neu eingezogenen, sichtbaren Stahlträgern mit Glas und Edelstahlgeländer gesichert wurde. Die Bauarbeiten gingen rasch voran und wurden nach Beginn des Projektes Mitte Dezember 2003 schon Ende Januar 2004 abgeschlossen. Um eine erforderliche Baugenehmigung bemühte er sich nicht.

Auf einem sonntäglichen Spaziergang im Mai entdeckte M diese neue Herrlichkeit. Sein Entsetzen ist groß. Er nimmt am anderen Tag sogleich Kontakt zum Landratsamt N auf und erfährt, dass ein Bauantrag des B nicht eingegangen war. Er verlangt schriftlich vom Landrat, dass dieser dem B gegenüber die sofortige Beseitigung des Balkons anordne. Die neue Gestaltungssatzung der Gemeinde lasse eine solche Veränderung der Fassade nicht zu. Sie bestimme, dass entsprechend dem historisch gewachsenen Ortsbild der Gemeinde, das es insbesondere wegen der touristischen Attraktivität des Ortes zu erhalten gelte, nur Spitzdächer mit roten, handgestrichenen Biberschwanzdachziegeln zulässig seien. Im Übrigen dürfe nach § 6 der Satzung zur Fassadengestaltung nur auf Putz, Naturstein und Holzelemente zurückgegriffen werden, wenn Fassadenteile von öffentlichen Verkehrsflächen aus einsehbar seien.

Nach Besichtigung durch Vertreter des Landratsamtes wird das Ansinnen des M am 18.06.2004 durch Bescheid zurückgewiesen. Die Beeinträchtigung des Ortsbildes sei im Verhältnis zum zu erwartenden wirtschaftlichen Schaden bei B i.H.v. ca. 25.000 € minimal. Überhaupt seien die Vorschriften, auf die sich der Erste Bürgermeister berufe, erst nach Abschluss des Umbaus in Kraft getreten. M möchte sich damit nicht zufrieden geben. Schließlich hätte B das Projekt – was stimmt – niemals durchführen können, wenn er ordnungsgemäß einen Bauantrag gestellt und den Abschluss des Genehmigungsverfahrens abgewartet hätte. Da M sich der vollen Unterstützung des Gemeinderates sicher sein kann, wendet er sich am 20.06.2004 an Rechtsanwalt Schlau mit der Frage, was die Gemeinde nun unternehmen könne.

Bereiten Sie gutachterlich die Stellungnahme des Rechtsanwaltes Schlau vor.

Bearbeitervermerk:

Gehen Sie davon aus, daß bei der Aufstellung der Gestaltungssatzung sämtliche Form- und Verfahrensvorschriften beachtet worden sind. Ebenso wurde dem Bescheid vom

15.06.2004 eine ordnungsgemäße Rechtsbehelfsbelehrung angefügt.

Lösung

Der Gemeinde ist die Einlegung eines Widerspruches gegen die Versagung des Erlasses einer Beseitigungsanordnung durch das Landratsamt zu raten, wenn die nachfolgende Untersuchung ergibt, dass dieser zulässig und begründet ist.

A. Zulässigkeit des Widerspruches

I. Eröffnung des Verwaltungsrechtsweges

Dies Zulässigkeit eines Widerspruches nach § 68 Abs. 1 und 2 VwGO setzt voraus, dass diese Regelung überhaupt zur Anwendung kommen kann. Das hängt von der Eröffnung des Verwaltungsrechtsweges, § 40 Abs. 1 VwGO, ab[1].

Erforderlich ist mithin, dass die zugrundeliegende Streitigkeit öffentlich-rechtlicher Natur ist (§ 40 Abs. 1 VwGO analog). Öffentlich-rechtlich ist eine Streitigkeit schon immer dann, wenn die streitentscheidende Norm dem öffentlichen Recht zugeordnet werden kann. Mit der Frage der Beseitigung baulicher Anlagen beschäftigt sich im wesentlichen Art. 82 BayBO[2]. Als Teil des Bauordnungsrechts gehört er zu einer der klassischen Materien des öffentlichen Rechts[3]. Aber auch die anderen in Erwägung zu ziehenden Vorschriften wie § 36 BauGB, Art. 70 BayBO[4], und Art. 28 Abs. 2 GG bzw. 11 Abs. 2 Satz 2 BV[5] gehören dem öffentlich-rechtlichen Normbereich an. Die Streitigkeit trägt daher öffentlich-rechtlichen Charakter.

> Die Ausführungen zur Eröffnung des Verwaltungsrechtsweges sind im Regelfall kurz zu halten. Die Darstellung der verschiedenen Abgrenzungstheorien ist ganz überwiegend unnötig, da die Sachlage zumeist - wie auch hier - eindeutig ist.

---

[1] Vgl. *Hufen*, § 6 Rn. 2.
[2] Art. 82 Satz 1 BayBO: „Werden Anlagen im Widerspruch zu öffentlich-rechtlichen Vorschriften errichtet oder geändert, so kann die Bauaufsichtsbehörde die teilweise oder vollständige Beseitigung der Anlage anordnen, wenn nicht auf andere Weise rechtmäßige Zustände hergestellt werden können."
[3] Vgl. etwa BayVGH, BRS 59, Nr. 132, S. 415 (418).
[4] Art. 70 Abs. 2 BayBO: „Von gemeindlichen Bauvorschriften nach Art. 91 Abs. 1 und 2 läßt die Bauaufsichtsbehörde Abweichungen im Einvernehmen mit der Gemeinde zu. § 36 Abs. 2 Satz 2 BauGB gilt entsprechend."
[5] Art. 11 Abs. 2 Satz 2 Bayerische Verfassung (BV): „Sie (d.h. die Gemeinden) haben das Recht, ihre eigenen Angelegenheiten im Rahmen

II. Beteiligungs- und Handlungsfähigkeit

Einen Widerspruch kann nur erheben, wer nach Art. 11, 79 BayVwVfG[6] fähig ist, am Verfahren beteiligt zu sein. Gemäß Art. 11 Abs. 2 Satz 1 BV und Art. 1 BayGO[7] sind Gemeinden juristische Personen. Für R ergibt sich die Beteiligungsfähigkeit aus Art. 11 Nr. 1 BayVwVfG.

Nach Art. 12 Abs. 1 Nr. 3 BayVwVfG[8] kann der Widerspruch nur durch den gesetzlichen Vertreter oder durch besonders Beauftragte erhoben werden. Gesetzlicher Vertreter der Gemeinde R ist der erste Bürgermeister M (Art. 38 Abs. 1 BayGO[9]). Allerdings begrenzt Art. 37 Abs. 1 Satz 1 Nr. 1 BayGO[10] diese originäre Vertretungsmacht bei Angelegenheiten im eigenen Wirkungskreis auf Geschäfte der *laufenden Verwaltung*.

Fraglich scheint, ob hierzu auch die Einlegung von Rechtsbehelfen zählt oder M nicht doch auf einen Gemeinderatsbeschluss angewiesen ist. Um ein Geschäft der laufenden Verwaltung handelt es sich dann, wenn es in gleicher oder ähnlicher Art ständig anfällt und daher routinemäßig erledigt werden muss. Rechtsbehelfe dieser Art mögen zwar in größeren Städten zahlreich sein. Kleine Gemeinden wie R führen diese dagegen nicht in aller Regelmäßigkeit, insbesondere weil schon auf Grund ihrer geringeren Finanzkraft das Kostenrisiko ungleich höher ist[11]. Damit hängt die Vertretungsbefugnis des M zur wirksamen Erhebung eines Widerspruches von einem entsprechenden Beschluss des Gemeinderates ab, der vor Einlegung einzuholen ist.

---

[6] der Gesetze selbst zu ordnen und zu verwalten, insbesondere ihre Bürgermeister und Vertretungskörper zu wählen."
Die Vorschriften entsprechen den §§ 11, 79 VwVfG.

[7] Art. 11 Abs. 2 Satz 1 BV: „Die Gemeinden sind ursprüngliche Gebietskörperschaften des öffentlichen Rechts."; Art. 1 Satz 1 BayGO: „Die Gemeinden sind ursprüngliche Gebietskörperschaften mit dem Recht, die öffentlichen Angelegenheiten im Rahmen der Gesetze zu ordnen und zu verwalten."

[8] Wortlautidentisch mit § 12 Abs. 1 Nr. 3 VwVfG.

[9] Art. 38 Abs. 1 BayGO: „Der erste Bürgermeister vertritt die Gemeinde nach außen."

[10] Art. 37 Abs. 1 Satz 1 Nr. 1 BayGO: „Der erste Bürgermeister erledigt in eigener Zuständigkeit 1. die laufenden Angelegenheiten, die für die Gemeinde keine grundsätzliche Bedeutung haben und keine erhebliche Verpflichtungen erwarten lassen,..."

[11] *Glaser/Hermann/Marcic-Schaller/Meyer*, BayGO, Art. 37 Rn. 3a; originäre Kompetenz des Ersten Bürgermeisters *nur* für Routineangelegenheiten: *Lissack*, § 4 Rn. 19.

III. Statthaftigkeit des Widerspruches (§ 68 VwGO)

Ein Widerspruch ist nach § 68 VwGO dann statthaft, wenn in der Hauptsache Anfechtungs- (Abs. 1) oder Verpflichtungsklage (Abs. 2) zu erheben ist. Dies wiederum bestimmt sich nach § 42 Abs. 1 VwGO. Danach ist der Streitgegenstand mit der Anfechtungs- bzw. Verpflichtungsklage zu verfolgen, wenn das Begehren des Klägers entweder auf Aufhebung oder auf Verurteilung zum Erlass eines abgelehnten Verwaltungsaktes gerichtet ist.

Die Gemeinde verlangt vom Landratsamt den Erlass einer Anordnung zur Beseitigung der baulichen Veränderungen gegenüber B. In der Hauptsache ist daher die Verpflichtungsklage statthaft, wenn es sich bei Anordnung um einen Verwaltungsakt handelt. Das bestimmt sich nach Art. 35 BayVwVfG[12]. Da eine solche Verfügung eine hoheitliche Maßnahme darstellte (Anordnung in Vollzug des Art. 82 BayBO), mit der im Einzelfall (nämlich verbindlich für B) festgelegt werden soll, dass der Balkon zurückzubauen ist (Regelung mit unmittelbarer Wirkung nach außen), sind die Merkmale eines Verwaltungsaktes erfüllt. In der Hauptsache hätte die Gemeinde eine Verpflichtungsklage (in Form der Versagungsgegenklage) zu erheben. Ein Widerspruch der Gemeinde gegen die Ablehnung einer Beseitigungsverfügung ist nach § 68 Abs. 2 VwGO statthaft.

Soweit die Sache rechtlich unproblematisch ist, kann die Subsumtion, d.h. die Zuordnung der Sachverhaltskomponenten zu den einzelnen Tatbestandsmerkmalen, in Klammern und im Urteilsstil erfolgen.

IV. Widerspruchsbefugnis - § 42 Abs. 2 VwGO analog

In Analogie zu § 42 Abs. 2 VwGO ist die Gemeinde R zur Erhebung eines Widerspruches gegen die Entscheidung des Landratsamtes nur dann befugt, wenn sie geltend machen kann, durch die Ablehnung in ihren *eigenen* Rechten verletzt worden zu sein. Das ist hinsichtlich des vorliegenden Streitgegenstandes dann der Fall, wenn es möglich erscheint, dass die Gemeinde R gegenüber dem Landratsamt einen Anspruch auf Erlass einer Abbruchverfügung haben kann (dazu 1.).

Die Analogie beruht auf der Überlegung, dass der Widerspruch Sachurteilsvoraussetzung einer Anfechtungs- bzw. Verpflichtungsklage ist[13].

---

[12] Wortlautidentisch mit § 35 VwVfG.
[13] *Wolf/Bachhof/Stober*, Bd. 2, § 63 Rn. 17.

Die von der Gemeinde R begehrte Verfügung wäre jedoch mit einer Belastung des B verbunden (sog. begünstigender Verwaltungsakt mit belastender Drittwirkung bzw. Verwaltungsakt mit Doppelwirkung, vgl. § 80a VwGO). Ein Anspruch auf Erlass einer Beseitigungsanordnung kann nur bestehen, wenn das Landratsamt auch eine entsprechende gesetzliche Befugnis zum Einschreiten gegenüber B hat (Vorbehalt des Gesetzes - Art. 20 Abs. 3 GG). Auch dies darf nicht offensichtlich ausgeschlossen sein (dazu 2.).

> Für die Lösung des Falles ist es essentiell, das Dreiecksverhältnis zwischen Gemeinde, Landratsamt und Bauherrn zu erkennen und angemessen rechtlich zu würdigen. Ansprüche auf Einschreiten einer Behörde gegenüber einem Dritten setzen stets die entsprechende Befugnis des Hoheitsträgers voraus. Wenn sich aus der Anspruchsnorm nicht zugleich eine solche Ermächtigung ergibt[14], muss sie gesondert aufgefunden werden[15]. Anderenfalls scheitert der Anspruch[16].

1. Mögliche Anspruchsgrundlagen

a) Art. 82 BayBO

Zunächst kommt Art. 82 Satz 1 BayBO als Anspruchsgrundlage in Betracht, insbesondere weil die Vorschrift eine Ermächtigung zum Einschreiten der Bauaufsichtsbehörde enthält. Erforderlich ist aber, dass sich aus dieser Vorschrift ein *eigenes* Recht (§ 113 VwGO!) der Gemeinde ergibt, dass das Landratsamt von dieser Befugnis zu ihren Gunsten Gebrauch macht.

Das muss durch Auslegung ermittelt werden, wenn sich ein solches Recht der Gemeinde daraus nicht schon dem Wortlaut nach ergibt. Mit einer objektiv-rechtlichen Norm ist eine Anspruchsposition allein dann verbunden, wenn nach ihrem *Sinn und Zweck* der Schutz berechtigter Interessen eines abgrenzbaren Personenkreises beabsichtigt ist, zu dem auch der Anspruchsteller gehört (sog. Schutznormtheorie)[18].

> Ansprüche ergeben sich fast immer aus dem einfachen (Gesetzes-)Recht[17]. Vermeiden Sie es, sogleich auf Grundrechte als mögliche Anspruchsgrundlagen zu verweisen, solange Sie einfachrechtliche (zumindest gedanklich) nicht ausgeschlossen haben.

---

[14] Vgl. zur Problematik insbesondere beim Folgenbeseitigungsanspruch *Schenke*, Polizeirecht, Rn. 198 einerseits; VGH BW, NJW 1990, 2770 (2171) und OVG NW, NVwZ 1991, 905 (906) andererseits.

[15] BVerwG, NVwZ 1989, 878 (Ls. 2 und S. 878); VGH BW, BRS 60, S. 489 (Ls. 2 und S. 491).

[16] *Maurer*, § 29 Rn. 14 mit Verweis auf die rechtliche Zulässigkeit der Wiederherstellung beim Folgenbeseitigungsanspruch.

[17] Anschaulich BVerwG, NVwZ 2001, 322 (322).

[18] BVerwGE 81, 329 (334); *Maurer*, § 8 Rn. 8 f.; *Schwerdtfeger*, Rn. 197 f.

Primär verschafft Art. 82 Satz 1 BayBO der Bauaufsichtsbehörde ein Instrumentarium, mit dem sie in die Lage versetzt wird, auf solche baulichen Veränderungen zu reagieren, die im Widerspruch zu öffentlich-rechtlichen Vorschriften errichtet wurden. Ein Anspruch Dritter - wie etwa einer Gemeinde - auf Ausübung dieser Befugnisse wird dadurch zunächst nicht eingeräumt. Zu beachten ist freilich, dass es Ziel der Regelung des Art. 82 BayBO ist, öffentlich-rechtlichen Vorschriften, denen das Bauvorhaben unterliegt, auch dann noch Geltung zu verleihen, wenn Mittel der Prävention (z.B. der Baugenehmigung als vorbeugender Kontrolle oder der Anordnung der Baueinstellung) versagt haben[19]. Die Schutznormeigenschaft dieser Regelung kann damit nicht allgemein bejaht oder verneint werden. Entscheidend ist, ob durch Ausübung der Befugnisse des Art. 82 BayBO öffentlich-rechtlichen Regelungen Geltung verschafft werden soll, auf *deren* Durchsetzung die Gemeinde gegenüber dem Landratsamt einen Anspruch hat. Das hängt wiederum vom Sinn und Zweck, insbesondere von der Schutzrichtung jener Vorschriften ab.

Problem: In Art. 82 Satz 1 BayBO ist von einem Anspruch eines Dritten nicht die Rede. Sie müssen die Vorschrift deshalb auslegen, um festzustellen, ob es sich um eine Schutznorm handelt, auf deren Anwendung Dritte gegenüber der Behörde bestehen können. Häufig werden Sie in solchen Konstellationen vom Wortlaut der Vorschrift auszugehen haben und im Verlauf der Auslegung auf den Sinn und Zweck der Regelung abstellen müssen. Da in Klausuren auch mit unbekannten Vorschriften gerechnet werden muss, sind hier juristisches „Handwerkszeug" und Kreativität gefragt.

aa) Möglicher Verstoß gegen §§ 29, 34 Abs. 1 Satz 2 BauGB

Als erstes kommt in diesem Zusammenhang eine Verletzung des bauplanungsrechtlichen Verunstaltungsverbotes (§§ 29, 34 Abs. 1 Satz 2 BauGB) in Frage. Es erscheint aber überaus zweifelhaft, ob die Gemeinde R als juristische Person des öffentlichen Rechts Schutzobjekt der Vorschrift ist. Zwar kann nicht geleugnet werden, dass der Erhalt eines Ortsbildes auch den Interessen einer Gemeinde selbst dient. Doch ist dies nicht zentrales Anliegen der Regelung, sondern vielmehr der Erhalt des Landschafts- und Ortsbildes als *selbständiges* Schutzgut, weil sie Ergebnis einer kulturellen Entwicklung sind[20]. Selbst wenn daher objektiv ein Verstoß gegen die §§ 29, 34 Abs. 1 Satz 2 BauGB vorläge, könnte die Gemeinde R daraus keinen Anspruch herleiten.

---

[19] *Decker*, BayBO 1998, Art. 82 Rn. 8.
[20] *Stühler*, JuS 1999, 234 (239); *W. Schrödter*, in: Schrödter, BauGB, § 1 Rn. 103 ff.; siehe auch BayVGH, DÖV 1986, 208 (208).

bb) Art. 11 Abs. 2 Satz 1 BayBO[21]

Die eben angestellten Erwägungen treffen auch für das bauordnungsrechtliche Verunstaltungsverbot (Art. 11 Abs. 2 Satz 1 BayBO) zu[22].

cc) Die gemeindlichen Gestaltungsvorschriften

R beabsichtigt darüber hinaus mit ihrem Begehren die Durchsetzung ihrer Gestaltungsregelungen. Ihre Missachtung durch B erscheint auch als möglich. Fraglich ist dennoch, ob die Gemeinde R in den Schutzbereich dieser Vorschriften einbezogen ist. Sie befassen sich mit der Gestaltung und Erhaltung des Ortsbildes von R und zielen damit auf ihre *äußere* Erscheinung. Die Gemeinde als juristisches Gebilde ist dagegen nicht Schutzobjekt ihrer eigenen Festsetzungen. Mangels Drittschutzcharakters kann sie sich daher nicht direkt auf deren Verletzung berufen.

Als Ergebnis bleibt festzuhalten, dass das Vorhaben des B keine öffentlich-rechtlichen Vorschriften verletzt, die sich unmittelbar als Schutznormen zugunsten der Gemeinde R erwiesen. Die Herleitung eines Anspruches auf Einschreiten aus Art. 82 BayBO ist daher nicht möglich.

b) § 36 Abs. 1 BauGB

Ein Anspruch auf Einschreiten des Landratsamtes als Bauaufsichtsbehörde lässt sich unter Umständen aus § 36 Abs. 1 BauGB herleiten. Danach entscheidet die Bauaufsichtsbehörde über die Zulässigkeit bestimmter Vorhaben im Einvernehmen mit der Gemeinde. Sinn und Zweck der Vorschrift ist die Sicherung der kommunalen Planungshoheit, wie sie im Recht der gemeindlichen Selbstverwaltung (Art. 28 Abs. 2 GG und 11 Abs. 2 BV) verankert ist[23]. Aus diesem Grund hat die Gemeinde gegenüber der Bauaufsicht einen Anspruch auf Beachtung des Einvernehmenserfordernisses[24].

Fraglich erscheint indes, ob sich für die vorliegende Fallgestaltung ein Anspruch der Gemeinde R auf Einschreiten der Bauaufsicht ergeben kann. Ein Genehmigungsver-

---

[21] Art. 11 Abs. 2 Satz 1 BayBO: „Bauliche Anlagen sind so mit ihrer Umgebung derart in Einklang zu bringen, daß sie das Straßen-, Orts- oder Landschaftsbild oder deren beabsichtigte Gestaltung nicht verunstalten."

[22] *Simon*, BayBO 1994, Art. 11 Rn. 1.

[23] BVerwG, NVwZ 1992, 878 (878); BayVBl. 2001, 22 (22); BayVGH, BayVBl. 2000, 471 (471 f.); *Krautzberger*, in: Battis/Krauzberger/ Löhr, BauGB, § 36 Rn. 1.

[24] Vgl. BVerwGE 31, 263 (265).

fahren hat nicht stattgefunden. Dennoch meint ein Teil der Rechtsprechung, aus § 36 Abs. 1 BauGB einen Anspruch auf Ergreifung bauaufsichtlicher Maßnahmen auch dann ableiten zu können, wenn ein genehmigungspflichtiges Vorhaben ohne eine entsprechende Erlaubnis realisiert wurde (Schwarzbau). Ansonsten bestünde die Gefahr, dass das Recht der Gemeinde aus § 36 Abs. 1 BauGB durch bloße Untätigkeit der Genehmigungsbehörde vereitelt würde[25]. Diese Konstruktion ist jedoch methodisch problematisch. Sie überdehnt die Vorschrift weit über die Grenzen ihres vom Wortlaut her bestimmten Anwendungsbereiches. Sofern es namentlich an einem Genehmigungsverfahren überhaupt ermangelt, ist § 36 Abs. 1 BauGB thematisch nicht einschlägig. Zwar ist die Norm Ausfluss der Planungshoheit der Gemeinden und ordnet eine Beteiligung im Genehmigungsverfahren an, wo planerische Belange tangiert werden. Wird ihr eigentlicher Anwendungsbereich verlassen, erscheint es aber sinnvoll, Ansprüche unmittelbar aus Art. 28 Abs. 2 GG und Art. 11 Abs. 2 BV herzuleiten[26], wenn sich andere Vorschriften des einfachen Rechts nicht finden lassen. Auf § 36 Abs. 1 BauGB kann sich die Gemeinde R für ihr Begehren nicht berufen.

c) Art. 70 Abs. 2 BayBO

Ähnlich wie § 36 Abs. 1 BauGB sieht Art. 70 Abs. 2 BayBO[27] eine Beteiligung der Gemeinden vor, wenn von gemeindlichen Bauvorschriften abgewichen werden soll. Strittig ist hier allerdings, inwiefern die Vorschrift Ausfluss der kommunalen Planungshoheit und damit Schutznorm hinsichtlich gemeindlicher Rechte ist[28]. Die Entscheidung hängt davon ab, ob man den Erlass örtlicher Bauvorschriften in den Bereich der kommunalen Selbstverwaltung (d.h. dem eigenen Wirkungskreis der Gemeinden) zuschlägt oder sie vielmehr als Konkretisierung bauordnungs- d.h. spezialpolizeirechtlicher Vorgaben und damit als Erfüllung staatlicher Aufgaben betrachtet (übertragener Wirkungskreis der Kommunen). Soweit jedoch ein Genehmigungsverfahren gar nicht stattgefunden hat, gilt das zu § 36 Abs. 1 BauGB

---

[25] So BayVGH, BayVBl. 2000, 471; ähnlich BVerwG, NVwZ 1992, 878 (878 f.) und VGH BW, BRS 60, Nr. 135, S. 489 (490 f.).
[26] So BVerwG E 92, 66 (67 f.); bestätigt in BayVBl. 2001, 22 (23).
[27] Wortlaut siehe Fußnote 4.
[28] *Dhom*, BayBO 1998, Art. 70 Rn. 48; *Koch/Molodovsky/Famers*, BayBO, Art. 70 Anm. 7.4.2.

Gesagte gleichermaßen: Ein Anspruch auf Ergreifung bauaufsichtlicher Maßnahmen ergibt sich daraus nicht.

d) Art. 28 Abs. 2 GG und Art. 11 Abs. 2 BV

Erst wenn das einfache Gesetzesrecht keine mögliche Anspruchsnormen mehr bietet, ist es gestattet, auf grundrechtliche bzw. grundrechtsgleiche Gewährleistungen zurückzugreifen[29].

Letztlich verbleiben allein Art. 28 Abs. 2 GG und 11 Abs. 2 BV, aus denen heraus die Gemeinde R einen Anspruch auf Beseitigung des Balkons gegenüber dem Landratsamt ableiten könnte.

Art. 28 Abs. 2 GG anerkennt das Recht der Gemeinden, die Angelegenheiten der örtlichen Gemeinschaft selbst zu regeln, soweit Gesetze nichts anderes bestimmen. Zu diesem Recht auf kommunale Selbstverwaltung wird auch die sog. Planungshoheit gerechnet[30]. Danach steht es den Kommunen im Rahmen der Gesetze zu, die bauliche Entwicklung des Gemeindegebietes selbst zu gestalten[31]. Erfolgt kein Genehmigungsverfahren, so missachtet zunächst der Bauherr (u. U.) kommunale Festsetzungen. Ihm gegenüber kann sich eine Gemeinde nicht auf Art. 28 Abs. 2 GG, 11 Abs. 2 BV berufen, weil diese Garantie lediglich staatliche Gewalt bindet[32]. Allerdings ist es den Kommunen auf Grund der Aufgabenzuweisung durch die BayBO verwehrt, ihren Vorschriften selbst Geltung zu verleihen. Wenn aber der Staat ihnen die Befugnis zur Durchsetzung der Planungshoheit entzieht, kommt den staatlichen Bauaufsichtsbehörden eine Garantiefunktion zu. Anderenfalls bliebe eine Missachtung der Selbstverwaltungsgarantie sanktionslos[33]. Die kommunale Planungshoheit wird daher tangiert, wenn staatliche Bauaufsichtsbehörden nicht auf die Beachtung kommunaler Bauvorschriften (primär Festsetzungen eines Bebauungsplanes) drängen[34]. Sie sind gehalten, alles rechtlich Mögliche zu tun, um den kommunalen Regelungen Geltung zu verschaffen.

---

[29] BVerwG, NVwZ 2001, 322 (322); *Maurer*, § 8 Rn. 11.
[30] Etwa BVerwGE 92, 66 (98); *Oldiges*, Baurecht, Rn. 24 f.
[31] *Battis*, in: Battis/Krauzberger/Löhr, BauGB, § 2 Rn. 5; *Hoppe/Bönker/Grotefels*, § 2 Rn. 27.
[32] *Dolderer*, BauR 1999, 691 (696); *Schoch*, Jura 2001, 121 (125).
[33] BVerwG, NVwZ 1992, 878 (879); BayVGH, BayVBl. 2000, 471 (472).
[34] BVerwG, NVwZ 1982, 310 (311); E 92, 66 (68); BayVBl. 2001, 22 (22 f.); BayVGH, BRS 59, Nr. 222, S. 654 (655).

aa) Die rechtliche Einordnung der Gestaltungssatzung der Gemeinde R

Nach dem Gesagten hängt die Möglichkeit eines Anspruches der Gemeinde davon ab, dass die Gestaltungssatzung Ausfluss ihrer kommunalen Planungshoheit ist.

Das ist jedenfalls dann anzunehmen, wenn die Gestaltungsvorschriften der *Bauleitplanung* zugeordnet werden könnten. Die Festsetzungen haben bauplanerischen Charakter nur dann, wenn sie materiell diesem Bereich zugeordnet werden können. Das hängt wiederum davon ab, ob die für das Bauplanungsrecht typischen Kriterien erfüllt sind. Hierbei kann auf Art. 74 Abs. 1 Nr. 18 GG[35] abgestellt werden, der Gesetzgebungsbefugnisse des Bundes zur *Bauleitplanung* regelt.

Danach regelt das Bauplanungsrecht die rechtlichen Beziehungen des Menschen zu Grund und Boden, d.h. indem es im wesentlichen Art und Maß der baulichen Nutzung von Grundstücken festlegt[36]. Handelt es sich dagegen um Regelungen, welche die Bausicherheit und die Baugestaltung einer baulichen Anlage *selbst* betreffen, käme ihnen bauordnungsrechtliche Qualität zu[37].

Da Bestimmungen des Städtebaurechts, wie sie im BauGB niedergelegt sind, den verfassungsrechtlichen Anforderungen über die Gesetzgebungskompetenz entsprechen[38], liegt der Schluss nahe, dass die Gestaltungsregelungen dann bauplanungsrechtlicher Natur sind, wenn sie auf einer *städtebaulichen* Ermächtigung beruhen. In Betracht kommt insoweit §§1 Abs. 2, 8, 9 Abs. 1 Nr. 1 BauGB, der den Erlass von bauplanerischen Regelungen über Art und Maß der baulichen Nutzung eines Grundstückes gestattet. Was darunter zu verstehen ist, konkretisiert auf Grundlage des § 2 Abs. 5 BauGB abschließend die BauNVO. Diese Verordnung enthält jedoch keine Vorschriften über die äußere Gestaltung baulicher Anlagen. Sie beschäftigt sich vielmehr mit der Nutzungsart und der Größe einer Anlage im Verhältnis zum Grundstück. Lediglich § 22 BauNVO artikuliert grobe Maßgaben über die grundlegende Gestalt der Bebauung. Dagegen haben die fraglichen Festsetzungen der Gemeinde R mehr die Sicherung eines ästhetischen Er-

---

[35] So BVerfGE 3, 407 (428).
[36] *Oldiges*, Baurecht, Rn. 283.
[37] BVerfGE 3, 407 (430); BVerwG, NVwZ-RR 1998, 486 (486 f.); *Brohm*, § 3 Rn. 3.
[38] Vgl. BVerfGE 3, 407 (428).

scheinungsbildes des Ortes zum Ziel. Die bauplanungsrechtlichen Instrumente bieten dafür keine Handhabe.

Es bleibt daher festzuhalten, dass die Gestaltungssatzung der Gemeinde R keinen bauplanungsrechtlichen Charakter hat und deshalb nicht Bebauungsplan i.S.d. § 8 BauGB ist. Vielmehr müssen sie als landesrechtliche Regelungen des Bauordnungsrechtes in Form örtlicher Bauvorschriften qualifiziert werden, zu deren Erlass Art. 91 BayBO[39] ermächtigt.

b) Zugehörigkeit örtlicher Bauvorschriften zur Garantie des Art. 28 Abs. 2 GG bzw. Art. 11 Abs. 2 BV

Werden kommunale Regelungen verletzt, die auf Landesrecht basieren, so ist eine Gemeinde in der vorliegenden Fallgestaltung nur dann widerspruchs- oder klagebefugt, wenn auch diese Vorschriften in den Bereich der kommunalen Planungshoheit, also in den eigenen Wirkungskreis der Gemeinde, eingeordnet werden können[40].

Es ist indes umstritten, ob das Inkraftsetzen von Normen auf Grundlage bauordnungsrechtlicher Vorschriften in den eigenen Wirkungskreis der Gemeinde und damit in die Garantie des Art. 28 Abs. 2 GG fällt. Dagegen ist häufig eingewandt worden, das Bauordnungsrecht habe als Gefahrenabwehrrecht typischerweise eine staatliche Aufgabe zum Gegenstand. Allein die Konkretisierung bauordnungsrechtlicher Regelungen durch kommunale Vorschriften ändere nichts an der Zuordnung zur staatlichen Aufgabenerfüllung[41]. Die Gemeinden nehmen insofern Funktionen des übertragenen Wirkungskreises wahr[42]. Jene aber werden nicht vom Schutzbereich des Art. 28 Abs. 2 GG erfasst.

Hiergegen wird vor allem in neuerer Zeit insbesondere von Seiten der Rechtsprechung eingewandt, dass eine pauschale Antwort, ob örtliche Bauvorschriften dem eigenen oder dem übertragenen Wirkungskreis einer Gemeinde zu-

---

[39] Art. 91 Abs. 1 Nr. 1 BayBO: „Die Gemeinden können durch Satzung örtliche Bauvorschriften erlassen 1. über besondere Anforderungen an die äußere Gestaltung baulicher Anlagen zur Erhaltung und Gestaltung von Ortsbildern,..."

[40] A.A. insoweit *Jäde*, JuS 1998, 503 (505 f.), der eine mögliche Rechtsverletzung der Gemeinden nicht davon abhängig machen will, ob sie im eigenen oder übertragenen Wirkungskreis tätig werden.

[41] BayVGH, DÖV 1986, 208 (209); OVG Lüneburg, DVBl. 1975, 959 (960).

[42] BayVGH, DÖV 1986, 208 (209); *W. Schrödter*, in: Schrödter, BauGB, § 9 Rn. 175.

zuschlagen sind, nicht möglich sei. Örtliche Bauvorschriften ergingen in einer Gemengelage zwischen staatlicher Gefahrenabwehr und aktiver Ortsgestaltung[43]. Es sei zuvörderst Aufgabe des Gesetzgebers zu entscheiden, ob sie dem einen oder dem anderen Bereich angehören („... im Rahmen der Gesetze ...", Art. 28 Abs. 2 GG)[44].
Fraglich ist, ob der bayerische Gesetzgeber Satzungen nach Art. 91 BayBO dem eigenen Wirkungskreis zugewiesen hat.

Die Rechtsprechung hatte zunächst den eingangs geschilderten Ansatz vertreten, die Planungshoheit erstrecke sich lediglich auf bodenrechtlich relevante Bereiche. Art. 91 BayBO diene ausschließlich dazu, die Erfordernisse der Bauaufsicht auf die örtlichen Gegebenheiten anzupassen oder dafür zu konkretisieren[46]. Ein Teil der Lehre und die jüngere Rechtsprechung des BayVGH[47] stellen sich jedoch dem entgegen. Wenn namentlich Art. 83 Abs. 1 BV[48] dem Grundsatz nach die Angelegenheiten der örtlichen Polizei dem Bereich der kommunalen Selbstverwaltung zuweise, trage die überkommene Argumentation, es handele sich um die Ausübung staatlicher Befugnisse, weil Bauordnungsrecht konkretisiert werde, schon im Ansatz nicht. An der Zuordnung des Art. 83 BV habe der bayerische Gesetzgeber nichts geändert. Das ergebe sich erstens aus Art. 91 Abs. 1 BayBO selbst, wonach die Gemeinden die Bauvorschriften in eigener Verantwortung erlassen[49]. Wollten staatliche Bauaufsichtsbehörden von ihnen abweichen, könne dies wegen Art. 70 Abs. 2 Satz 1 BayBO nur mit dem Einvernehmen der Gemeinden geschehen. Schließlich unterlägen die als Satzung beschlossenen Gestaltungsnormen lediglich der

Es wird erforderlich, die jeweilige Bauordnung daraufhin zu untersuchen, welche Entscheidung der Gesetzgeber getroffen hat[45]. Das hat vor allem zur Folge, dass sich von Bundesland zu Bundesland abweichende Ergebnisse ergeben können.

Im Rahmen der Rechtsaufsicht überprüft die übergeordnete Behörde Maßnahmen der nachgeordneten nur im Hinblick auf ihre Rechtmäßigkeit. Die fachaufsichtliche Kontrolle erstreckt sich dagegen auch auf Ermessens- und Zweckmäßigkeitsgesichtspunkte. Im Bereich der kommunalen Selbstverwaltung findet nur Rechtsaufsicht statt, weil Fragen der Zweckmäßigkeit der gemeindlichen Autonomie unterfallen.

---

[43] *Decker*, in: Simon, BayBauO 1998, Art. 91 Rn. 40; *Jäde*, JuS 1998, 503 (504).

[44] HessVGH, DÖV 2001, 253 (256); *Decker*, in: Simon, BayBauO 1998, Art. 91 Rn. 40.

[45] Entsprechend werden eingehende Untersuchungen angestellt durch BayVGH, BRS 59, Nr. 132, S. 415 (418 f.); und HessVGH, DÖV 2001, 253 (254 ff.).

[46] BayVGH, BayVBl. 1986, 213; DÖV 1986, 208 (209).

[47] BayVGH, BRS 59, Nr. 132, S. 415 (418); BayVBl. 1998, 81 (82).

[48] Art. 83 Abs. 1 BV: „In den eigenen Wirkungskreis der Gemeinden (Art. 11 Abs. 2 BV) fallen insbesonders die Verwaltung des Gemeindevermögens und der Gemeindebetriebe; der örtliche Verkehr...; die Versorgung der Bevölkerung mit Wasser, Licht, Gas und elektrischer Kraft; Einrichtungen zur Sicherung der Ernährung; Ortsplanung; Wohnungsbau und Wohnungsaufsicht; örtliche Polizei; Feuerschutz;..."

[49] BayVGH, BRS 59, Nr. 132, S. 415 (419).

Rechtsaufsicht nach Art. 110 BayGO[50]. Werden dagegen Aufgaben im übertragenen Wirkungskreis erfüllt, so unterstehen die Kommunen der Fachaufsicht. Aus Wortlaut, Systematik, Sinn und Zweck folgt somit, dass der bayerische Gesetzgeber den Erlass örtlicher Bauvorschriften dem eigenen Wirkungsbereich der Gemeinden zugewiesen hat[51]. Dieser Befund hat zur Folge, dass auch der Erlass örtlicher Bauvorschriften im Bereich kommunaler Selbstverwaltung stattfindet[52].

Wenn daher das Landratsamt N Gestaltungsvorschriften der Gemeinde R gegenüber B nicht durchsetzt, dann ist eine Verletzung der Art. 28 Abs. 2 GG und 11 Abs. 2 BV nicht auszuschließen. Die Ableitung eines Anspruches auf Erlass einer Beseitigungsverfügung erscheint mithin als rechtlich möglich, weil die staatliche Verwaltung Verletzungen des Art. 28 Abs. 2 GG zu unterlassen hat.

2. Die Befugnis des Landratsamtes zum Einschreiten gegenüber B

Ein Anspruch auf Grundlage des Art. 28 Abs. 2 GG und 11 Abs. 2 BV setzt freilich die rechtliche Möglichkeit voraus, dass das Landratsamt N befugt ist, von B die Beseitigung des Balkons zu verlangen. Art. 28 Abs. 2 GG räumt zwar den Kommunen eine Rechtsposition gegenüber dem Staat ein. Die Verwaltung kann darauf jedoch keine Maßnahmen gegenüber Bürgern stützen, die mit einer Belastung verbunden sind (Anforderungen des Vorbehalts des Gesetzes bei Eingriffen - Art. 20 Abs. 3 GG - sind nicht erfüllt)[53].

Der Verweis auf Art. 82 BayBO als Eingriffsnorm steht nicht im Widerspruch zum obigen Ergebnis, aus der Vorschrift ließe sich kein Anspruch der Gemeinde auf Einschreiten herleiten. Art. 82 BayBO kommt lediglich die Funktion zu, Belastungen, die aus der Erfüllung des Anspruches der Gemeinde auf Grundlage des Art. 28 Abs. 2 GG resultieren, gegenüber B zu legitimieren.

Da B weder eine Baugenehmigung vorweisen kann, noch ausgeschlossen ist, dass der Balkon gegen öffentlich-rechtliche Vorschriften verstößt (etwa gegen besagte örtliche Bauvorschriften), ergibt sich die Möglichkeit des Einschreitens ihm gegenüber aus Art. 82 BayBO. Offensichtliche Gründe, warum die Norm nicht zur Anwendung gelangen könnte, sind nicht erkennbar.

---

[50] Art. 110 BayGO: „Die Rechtsaufsicht über die kreisangehörigen Gemeinden obliegt dem Landratsamt als staatliche Aufgabe..."
[51] BayVGH, BRS 59, Nr. 132, S. 415 (418).
[52] Im Ergebnis ebenso für das hessische Recht HessVGH, DÖV 2001, 253 (256).
[53] Vgl. BVerwG BRS 52, Nr. 136, S. 352 (325 [1. Leitsatz] und 327); *Nierhaus*, in: Sachs, GG, Art. 28 Rn. 34; *Schoch*, Jura 2001, 121 (125).

Ergebnis:

Es ist nicht offensichtlich ausgeschlossen, dass die Gemeinde R einen Anspruch auf ein Vorgehen des Landratsamtes N gegen B im Wege einer Beseitigungsverfügung hat. Sie ist somit widerspruchsbefugt.

V. Widerspruchsfrist

Gemäß § 70 Abs. 1 VwGO ist der Rechtsbehelf innerhalb eines Monats ab Bekanntgabe des Verwaltungsaktes einzulegen. Vorliegend beginnt die Frist am 19.06.2004 (§§ 57 Abs. 2 VwGO, 222 ZPO, 187 Abs. 1 BGB) und endet am *19.07.2004* (§§ 57 Abs. 2 VwGO, 222 Abs. 1 ZPO, 188 Abs. 2 BGB, 222 Abs. 2 ZPO).

Die Vorschriften, nach denen sich die Widerspruchsfrist berechnet, sind nicht gänzlich unstreitig[54]. Wenn man das Widerspruchsverfahren dem Schwerpunkt nach als Verwaltungsverfahren betrachtet, stellen die Art. 79, 31 BayVwVfG[55], §§ 187 ff. BGB die maßgeblichen Normen für die Berechnung dar. Beachten Sie auch, dass der 18.07.2004 auf einen Sonntag fiel.

VI. Widerspruchsbehörde

Der Widerspruch ist grundlegend bei der Behörde zu erheben, die den Verwaltungsakt erlassen hat (§ 70 Abs. 1 Satz 1 VwGO). Dies ist hier das Landratsamt N. Nach § 70 Abs. 1 Satz 2 VwGO wird die Frist aber auch dann gewahrt, wenn er bei der Widerspruchsbehörde, also der örtlich zuständigen Regierung als nächsthöherer Behörde (§ 73 Abs. 1 Satz 2 Nr. 1 VwGO, Art. 59 Abs. 1 Satz 1 BayBO[56]), eingelegt wird. M kann daher den Widerspruch wahlweise bei beiden Behörden erheben.

Sonstige, einen Widerspruch hindernde Zulässigkeitsvoraussetzungen sind nicht ersichtlich.

Im Falle des Verpflichtungswiderspruchs bezieht sich die gesetzliche Formulierung auf den Ablehnungsbescheid.

Ergebnis:

Rechtsanwalt S wird zu dem Schluss kommen, dass ein Widerspruch der Gemeinde R bei Einhaltung der entsprechenden Frist zulässig ist.

---

[54] Siehe *Schmitt Glaeser/Horn*, Rn. 189.
[55] Die Vorschriften entsprechen den §§ 79, 31 VwVfG.
[56] Art. 59 Abs. 1 Satz 1 BayBO: „Untere Bauaufsichtsbehörden sind die Kreisverwaltungsbehörden, höhere Bauaufsichtsbehörden sind die Regierungen, oberste Bauaufsichtsbehörde ist das Staatsministerium des Innern."

B. Begründetheit des Widerspruches

Der Widerspruch ist nach § 68 Abs. 1 VwGO auch schon dann begründet, wenn die Ablehnung unzweckmäßig ist. Da dieser Punkt vorliegend nicht relevant wird, geht die Fallösung nicht näher darauf ein.

Der Widerspruch der Gemeinde R ist analog zu § 113 Abs. 5 VwGO begründet, wenn die Ablehnung des Verwaltungsaktes durch das Landratsamt N rechtswidrig und die Gemeinde dadurch in ihren Rechten verletzt ist. Das setzt voraus, dass die Gemeinde einen Anspruch auf Erlass einer Beseitigungsverfügung gegenüber B hat. Als Anspruchsgrundlage kommt dabei Art. 28 Abs. 2 GG i.V.m. Art. 82 Satz 1 BayBO in Betracht.

Unter Rückgriff auf die Überlegungen im Rahmen der Widerspruchsbefugnis ergeben sich zwei wesentliche Bedingungen für einen Anspruch der Gemeinde R: Erstens eine Verletzung der Gemeinde R in ihrem Recht aus Art. 28 Abs. 2 GG und Art. 11 BV durch die Verweigerung eines möglichen Einschreitens (I.) und zweitens das Bestehen einer Befugnis des Landratsamtes zum Erlass einer Abrissverfügung gegenüber B (II.).

I. Bestehen eines Anspruches auf Einschreiten der Bauaufsicht abgeleitet aus Art. 28 Abs. 2 GG und 11 Abs. 2 BV

Dass die staatliche Bauaufsichtsbehörden wegen der Garantie der kommunalen Selbstverwaltung gehalten sind, gemeindliche Bauvorschriften gegenüber einem Bauwilligen durchzusetzen, wurde bereits geklärt. Für den konkreten Fall ergeben sich daher folgende Voraussetzungen: Verstoß gegen eine wirksame kommunale Rechtsnorm (1.) und Untätigkeit des Landratsamtes N als zuständige Aufsichtsbehörde (2.).

1. Verstoß des B gegen die Gestaltungsvorschriften der Gemeinde R

Ein Anspruch setzt voraus, dass B gegen die gestalterischen Festsetzungen der Gemeinde R verstoßen hat.

Die Regelung, zur äußeren Gestaltung lediglich auf Putz, Naturstein und Holzelemente zurückzugreifen, kollidiert mit der Glas-/Stahlkonstruktion des Balkons. Es gilt allerdings zu berücksichtigen, dass dieser Verstoß nur dann rechtserheblich ist, wenn die Gestaltungsregelungen der Gemeinde R ihrerseits gegenüber B Geltung beanspruchen können. Das setzt voraus, dass diese formell und materiell wirksam zustandegekommen sind.

Da von der formellen Wirksamkeit der Vorschriften ausgegangen werden sollte, hängt ihre Gültigkeit allein davon ab, dass sie den materiell-rechtlichen Anforderungen gerecht werden. Danach muss die Gestaltungssatzung wegen der mit ihnen verbundenen Belastungen auf einer hinreichenden Ermächtigungsgrundlage beruhen (Vorbehalt des Gesetzes - Art. 20 Abs. 3 GG) und mit dieser im Einklang stehen.

a) Ermächtigungsgrundlage zum Erlaß örtlicher Gestaltungsvorschriften

Art. 23 Satz 1 BayGO[57] bietet zwar eine generelle Ermächtigung der Gemeinden zum Erlass von Satzungen zur Regelung eigener Angelegenheiten. Indes bietet er keine Grundlage für Satzungen, mit denen Eingriffe in Freiheit und Eigentum verbunden sind. Hierfür ist die Bestimmung zu allgemein und wird den Anforderungen des Vorbehaltes des Gesetzes nicht gerecht[58].

Auf Grund seiner Bestimmtheit muss vielmehr Art. 91 Abs. 1 Nr. 1 BayBO in Erwägung gezogen werden. Danach können die Gemeinden durch Satzung örtliche Bauvorschriften über besondere Anforderungen an die äußere Gestaltung baulicher Anlagen zur Erhaltung und Gestaltung von Ortsbildern erlassen. Die Gestaltungssatzung kann mithin auf eine (wirksame) Ermächtigungsgrundlage zurückgreifen.

b) Übereinstimmung der Gestaltungsregelungen mit Art. 91 BayBO

Wenn die Gemeinde R Regelungen über Eindeckung und die Verwendung von Holz- und Putzelementen zur Fassadengestaltung beschlossen hat, so steht dies im Einklang zu dem nach Art. 91 Abs. 1 Nr. 1 BayBO zulässigen Inhalt einer örtlichen Bauvorschrift.

Darüber hinaus unterliegen diese Gestaltungsvorschriften jedoch einer Zielbindung. Sie müssen der Erhaltung oder Gestaltung von Ortsbildern *dienen*. Das setzt in der ersten Alternative das Vorhandensein eines einigermaßen homogenen, erhaltungswürdigen Ortsbildes voraus[59]. In der Begründung zum Beschluss der Regelungen wird auf das

---

[57] Art. 23 Satz 1 BayGO: „Die Gemeinden können zur Regelung ihrer Angelegenheiten Satzungen erlassen."

[58] Siehe dazu *Widtmann/Grasser*, BayGO, Art. 23 Rn. 7.

[59] *Decker*, in: Simon, BayBO 1998, Art. 91 Rn. 118.

historisch gewachsene Äußere und der daraus folgenden touristischen Attraktivität des Ortes verwiesen. Es muss daher davon ausgegangen werden, dass sich die gemeindlichen Vorschriften insgesamt im Rahmen des Art. 91 Abs. 1 Nr. 1 BayBO bewegen.

Insgesamt liegt damit ein für Art. 28 Abs. 2 GG relevanter Verstoß gegen kommunale Regelungen vor.

2. Untätigkeit des Landratsamtes

Durch Bescheid vom 18.06.2004 hat es das Landratsamt ausdrücklich abgelehnt, gegen den Umbau des B vorzugehen. Nach Art. 59 Abs. 1, 61 Abs. 1 BayBO ist das Landratsamt zuständige Aufsichtsbehörde. Dieses Unterlassen der zuständigen Behörde hat eine Verletzung der Art. 28 Abs. 2 GG, 11 Abs. 2 BV zu Folge, wenn dem Landratsamt die Ausübung bauordnungsrechtlicher Befugnisse durch den Staat zugewiesen sind. Eine unzuständige Behörde ist zum Einschreiten nicht verpflichtet. Es fragt sich daher, ob dass Landratsamt hier überhaupt (sachlich, instanziell und örtlich) zuständige Behörde für die Durchsetzung der örtlichen Bauvorschriften gewesen ist.

Mit instanzieller Zuständigkeit ist die Zuweisung der Aufgabenerfüllung an eine Behörde innerhalb des Verwaltungsaufbaues gemeint[60]. Der Gesetzgeber hat Art. 61 BayBO zwar mit dem Titel „sachliche Zuständigkeit" überschrieben. Die wissenschaftliche Terminologie weicht jedoch insofern von der des bayerischen Landesrechtes ab.

Art. 59 Abs. 1 Satz 1 BayBO weist u.a. den Kreisverwaltungsbehörden die Funktion der Bauaufsicht zu. Aus Art. 37 Abs. 1 Satz 1 BayLKrO[61] ergibt sich der Status des Landratsamtes als Kreisverwaltungsbehörde. An dessen sachlicher Zuständigkeit besteht daher kein Zweifel.

Weiter ist davon auszugehen, dass das Landratsamt N örtlich zur Bauaufsicht für das Gebiet der Gemeinde R zuständig ist (Art. 37 Abs. 1 Satz 2 BayLKrO).

Die instanzielle Zuständigkeit des Landratsamtes als unterer Bauaufsichtsbehörde (Art. 59 Abs. 1 Satz 1 BayBO) resultiert aus Art. 61 Abs. 1 BayBO[62].

Daraus ergibt sich insgesamt, dass das Landratsamt N zur Wahrnehmung der Befugnisse aus Art. 82 Satz 1 BayBO zuständig ist.

Das Bestehen eines Anspruches auf Erlass einer Beseitigungsverfügung ist mithin nur noch von der Existenz einer entsprechenden Befugnis des Landratsamtes abhängig.

---

[60] *Erichsen*, § 15 Rn. 7.
[61] Art. 37 Abs. 1 Satz 1 und 2 BayLKrO: „Das Landratsamt ist Kreisbehörde. Soweit es rein staatliche Aufgaben, insbesondere die staatliche Aufsicht über die kreisangehörigen Gemeinden... wahrnimmt, ist es Staatsbehörde."
[62] Art. 61 Abs. 1 BayBO: „Sachlich zuständig ist die untere Bauaufsichtsbehörde, soweit nichts anderes bestimmt ist."

II. Die Befugnis des Landratsamtes zur Anordnung der Beseitigung des Balkons

Nach Art. 82 Satz 1 BayBO kann die Bauaufsichtsbehörde die Beseitigung baulicher Anlagen, die im Widerspruch zu öffentlich-rechtlichen Vorschriften errichtet oder geändert werden, dann anordnen, wenn rechtmäßige Zustände auf andere Weise nicht hergestellt werden können.

1. Sachliche, örtliche und instanzielle Zuständigkeit

Das Landratsamt N wäre hier für ein Tätigwerden zuständige Behörde.

2. Materielle Befugnisvoraussetzungen

a) Widerspruch zu öffentlich-rechtlichen Vorschriften

Die Bauaufsichtsbehörden können Maßnahmen nach Art. 82 Satz 1 BayBO nur ergreifen, wenn bauliche Anlagen im Widerspruch zu öffentlich-rechtlichen Vorschriften errichtet worden sind. Dieses Tatbestandsmerkmal ist zunächst dann erfüllt, wenn das Vorhaben gegen materiell-rechtliche Anforderungen bauplanungs- bzw. bauordnungsrechtlicher Art verstößt. Darüber hinaus führt auch die Verletzung sonstiger öffentlich-rechtlicher Normen zu solch einem Widerspruch.

Bei genehmigten Vorhaben ist freilich zu beachten, dass auf Grund des Art. 60 Abs. 5, 6 BayBO[63] und des feststellenden Charakters der Baugenehmigung[64] Widersprüche mit dem materiellen Recht nur dann erheblich sind, wenn die bauliche Anlage auch formell illegal ist (Fehlen der erforderlichen Baugenehmigung)[65]. Dagegen genügt allein die formelle Illegalität nicht zur Ergreifung von Maßnahmen nach Art. 82 BayBO, da rechtmäßige Zustände schon durch eine nachträgliche Genehmigung hergestellt werden können.

---

[63] Art. 60 Abs. 5 BayBO: „Bei bestandsgeschützten baulichen Anlagen können Anforderungen gestellt werden, wenn das zur Abwehr erheblicher Gefahren für Leben und Gesundheit oder zum Schutz des Straßen-, Orts- oder Landschaftsbildes vor Verunstaltungen notwendig ist."

[64] Siehe *Oldiges*, Baurecht, Rn. 307.

[65] BVerwG, NVwZ 1989, 353 (354); NVwZ 1999, 297 (297); *Gohrke/ Brehsau*, NVwZ 1999, 932 (933).

Die Prüfung der Genehmigungsbedürftigkeit ist hier nicht mehr erforderlich. Denn selbst wenn man die Genehmigungsfreiheit des Umbaus unterstellt, ergäben sich daraus keine zusätzlichen Hindernisse für die Ausübung der bauaufsichtlichen Befugnisse[66].

Da B für den Umbau seines Austrittes keine Genehmigung eingeholt hat, ist das Landratsamt danach zum Einschreiten berechtigt, wenn der Balkon materiell baurechtswidrig ist. Es muß freilich berücksichtigt werden, dass für einen Anspruch auf Ausübung der Befugnis nach Art. 82 BayBO nicht jeder Verstoß gegen materiell-rechtliche Anforderungen erheblich ist. Erforderlich ist vielmehr eine Verletzung kommunaler Rechtsnormen.

Widersprüche zur Gestaltungssatzung:

Ein Widerspruch des Vorhabens des B mit den örtlichen Bauvorschriften der Gemeinde R wurde bereits festgestellt.

Zu bedenken ist indes, das die Gestaltungsregelungen erst zum 04.02.2004 in Kraft getreten sind, zu einem Zeitpunkt also, zu dem die Bauarbeiten bereits abgeschlossen waren. Zur Zeit der Umgestaltung des Austritts entsprach das Vorhaben materiell den baurechtlichen Vorschriften, da die Satzung noch nicht in Kraft war. Fraglich ist somit, ob eine Beseitigungsanordnung auch dann noch ergehen kann, wenn ein nicht genehmigtes Vorhaben erst nachträglich durch Änderung der Rechtslage baurechtswidrig wird (Problem des sog. passiven Bestandsschutzes bzw. der Substanzerhaltung).

Die Problematik des Bestandsschutzes ist derzeit im Umbruch begriffen. Das BVerwG hat seine bisherige Rechtsprechung[67] zum aktiven bzw. überwirkenden[68] Bestandsschutz erst kürzlich revidiert[69]. Es bleibt abzuwarten, inwiefern dies auch für den passiven Bestandsschutz, um den es vorliegend geht, Auswirkungen haben wird[70].

Gegen diese Möglichkeit wird durch Rechtsprechung und die gänzlich überwiegenden Stimmen in der Literatur angeführt, dass der Bauherr durch ein Vorhaben, dass zu einem beliebigen Zeitpunkt materiell den baurechtlichen Anforderungen entsprach, von seinem Grundrecht aus Art. 14 Abs. 1 GG Gebrauch gemacht habe. Eine einmal zugebilligte Rechtsposition könne ihm daher nachträglich nicht mehr entzogen werden, jedenfalls nicht entschädigungslos (Art. 14 Abs. 3 GG). Vielmehr genieße die Anlage verfas-

---

[66] Art. 63 Abs. 6 Satz 2 BayBO (auf welchen auch Art. 64 Abs. 6 BayBO für die anzeigepflichtigen Vorhaben verweist): „Die bauaufsichtlichen Eingriffsbefugnisse…werden durch die Genehmigungsfreiheit nicht berührt."; zur möglichen Beschränkung von Eingriffsbefugnissen bei anzeigepflichtigen Vorhaben: *Decker*, in: Simon, BayBO 1998, Art. 82 Rn. 93.

[67] BVerwGE 72, 362(363 f.).

[68] Von aktiven bzw. überwirkenden Bestandsschutz spricht man in den Fällen, in denen dem Eigentümer zur Erhaltung der Nutzungsfähigkeit einer legalen baulichen Anlage Folgeinvestitionen gestattet werden müssen, die mit der geltenden Rechtslage an sich nicht mehr vereinbar sind. Siehe hierzu *Oldiges*, Baurecht, Rn. 237.

[69] BVerwG, NVwZ 1998, 842 (844).

[70] Dazu etwa *Gohrke/Brehsau*, NVwZ 1999, 932 (936).

sungsrechtlich garantierten Bestandsschutz (Art. 14 Abs. 1 GG)[71].

In neuerer Zeit scheint sich jedoch ein Wandel in der Herleitung und Reichweite des Bestandsschutzes abzuzeichnen[72]. Die im Vordringen befindliche Auffassung verneint, dass sich der Bauherr in Fragen des Bestandsschutzes unmittelbar auf Art. 14 Abs. 1 GG berufen könne. Da Inhalt und Schranken des Eigentums durch Gesetze bestimmt werden (Art. 14 Abs. 1 Satz 2 GG), hänge die Beurteilung der Reichweite des Schutzes des einmal Geschaffenen von den Regelungen des einfachen Rechts ab[73]. Nur soweit, wie diese Normen den Baubestand konkret auch gegenüber Rechtsänderungen deckten, könne man überhaupt von Bestandsschutz sprechen. Eine andere Frage sei es, ob dieser dann verfassungsrechtlich hinreichend ist. Zwar müsse der Gesetzgeber bei der „Neudefinition" von Eigentum überkommene Rechtspositionen berücksichtigen. Er sei jedoch nicht grundlegend gehindert, diese durch eine Rechtsänderung anzutasten[74]. Das Problem der Verfassungsmäßigkeit von Inhalts- und Schrankenbestimmungen müsse dann aber vom BVerfG geklärt werden (Art. 100 GG)[75]. Bestandsschutz könne auch in diesen Fällen nicht einfach im Wege des direkten Rückgriffes auf Art. 14 GG erreicht werden. Für diese Auffassung streite vor allen Dingen die vom BVerfG selbst entwickelte Eigentumsdogmatik[76].

Auf Grund der Regelung des Art. 82 Satz 1 BayBO führen die beiden unterschiedlichen Ansätze allerdings zum selben Ergebnis. Die Vorschrift bezieht sich ihrem Wortlaut nach auf die Baurechtswidrigkeit im Zeitpunkt der Errichtung oder Änderung einer Anlage[77]. Verändern sich die rechtlichen Umstände erst danach, so ist ihr Tatbestand nicht einschlägig. Insofern räumt schon das einfache Recht selbst Bestandsschutz für rechtmäßig errichtete Anlagen ein[78]. Nach beiden Auffassungen kann sich B daher *grund-*

Für das bayerische Landesrecht resultieren aus dem vorliegenden Streit keine erheblichen Unterschiede. Dies gilt nicht für Bundesländer, in denen das Bauordnungsrecht im Zusammenhang mit der Ergreifung bauaufsichtlicher Maßnahmen an die aktuelle Baurechtswidrigkeit der baulichen Anlage anknüpft.

---

[71] BVerwGE 72, 362 (363); *Hoppe/Bönker/Grotefels*, § 2 Rn. 60; *Oldiges*, Baurecht, Rn. 338.
[72] Vgl. etwa BVerfG, BauR 1996, 235; BVerwG, NVwZ 1998, 842 (844).
[73] *Götze*, S. 33 (47); *Mampel*, BauR 1996, 13 (18); *Wickel*, BauR 1994, 557 (558).
[74] Vgl. BVerfG, NJW 1998, 367 (368) und NVwZ 1999, 979 (980).
[75] *Wickel*, BauR 1994, 557 (559).
[76] *Mampel*, BauR 1996, 13 (18); *ders.*, NJW 1999, 975 (977); *Wickel*, BauR 1994, 557 (558); siehe dazu BVerfGE 58, 300 ff. – Naßauskiesung und BVerfGE 58, 137 ff. – Pflichtexemplar.
[77] *Koch/Molodovsky/Famers*, BayBO, Art. 82 Anm. 3.2.4.
[78] Vgl. auch *Götze*, S. 33 (53).

sätzlich auf Bestandsschutz berufen, da sein Vorhaben ursprünglich materiell den baurechtlichen Anforderungen entsprach. Danach könnte das Landratsamt ihm gegenüber keine Maßnahmen auf Grundlage des Art. 82 Satz 1 BayBO ergreifen.

Es gilt indes noch einen möglichen Einwand zu bedenken, der es dem B verwehren könnte, sich gegenüber dem Landratsamt auf die anfängliche Rechtmäßigkeit des Umbaues zu berufen. Denn: Dass eine formell illegale Anlage in ihrem Bestand geschützt ist, setzt voraus, dass sie eine gewisse Zeit den materiell-rechtlichen Normen entsprochen hat. Wenn daher dieser Zeitraum so kurz ist, dass ein *erforderliches* Genehmigungsverfahren ordnungsgemäß nicht hätte durchgeführt werden können, wird angenommen, dass noch keine nach Art. 14 Abs. 1 GG geschützte Eigentumsposition entstanden ist; der sich rechtsuntreu Verhaltende soll nicht besser gestellt werden als derjenige, welcher die gesetzlichen Bestimmungen beachtet[79]. Unter der Prämisse, sein Vorhaben ist genehmigungspflichtig gewesen, ist auch hier zu berücksichtigen, dass bei einem formell rechtmäßigen Verhalten des B (Stellung eines Bauantrages und Abwarten der Erteilung einer Baugenehmigung, Art. 67-71, 72 Abs. 5 BayBO) eine Baugenehmigung nicht mehr rechtzeitig vor dem Erlass der Gestaltungssatzung am 04.02.2004 erteilt worden wäre. Wie sich nämlich ergibt, hätte B einen Antrag nicht vor Mitte Dezember gestellt. Allein die Frist für die Einwendungen der Träger öffentlicher Belange beträgt 1 Monat (Art. 69 Abs. 1 Satz 3 BayBO[80]). Die Frist für die Gemeinde, ihr nach § 36 Abs. 1 Satz 1 BauGB erforderliches Einvernehmen zu versagen, beläuft sich sogar auf 2 Monate - § 36 Abs. 2 Satz 2 BauGB. Vor Ablauf dieser Fristen kann die Genehmigungsbehörde nicht entscheiden. Dass die Gemeinde R ihr Einvernehmen vorfristig erteilt hätte, ist auf Grund der tatsächlichen Interessenlage unwahrscheinlich. Die Position des B wäre demnach allein auf Grund seines rechtswidrigen Verhaltens im Verwaltungsverfahren entstanden. Bestandsschutz kann ihm nicht gewährt werden, so dass der Verstoß gegen die Gestaltungssatzung beachtlich bleibt.

Achtung: Die genaue Lektüre des Sachverhaltes ist sehr wichtig. Aus diesem war zu entnehmen, dass eine Baugenehmigung in jedem Fall erforderlich war. Eine Prüfung der Genehmigungspflichtigkeit des Vorhabens war daher nicht angezeigt.

---

[79] *Decker*, in: Simon, BayBO 1998, Art. 82 Rn. 119; *Koch/Molodovsky/Famers*, BayBO, Art. 82 Anm. 3.2.4.

[80] Art. 69 Abs. 1 Satz 3 BayBO: „Die Träger der öffentlichen Belange nehmen innerhalb eines Monats Stellung;..."

b) Möglichkeit der Herstellung rechtmäßiger Zustände

Das Landratsamt N kann erst dann von der Befugnis nach Art. 82 BayBO Gebrauch machen, wenn sich rechtmäßige Zustände nicht auf andere Weise herstellen lassen. Hierzu eröffnet Art. 70 Abs. 1 BayBO[82] die prinzipielle Möglichkeit der Abweichung von bauordnungsrechtlichen Anforderungen, wenn sie mit den öffentlichen Belangen vereinbar ist. Vereinbarkeit liegt dabei dann vor, wenn der Verstoß erstens nicht ins Gewicht fällt, wenn also ein striktes, formales Beharren unverhältnismäßig wäre und zweitens, wenn der eigentliche Sinn und Zweck der Anforderung ihre Umsetzung im konkreten Fall nicht erfordert[83]. Hier jedoch geht es den Regelungen der Gemeinde R gerade darum, Gestaltungen wie diejenige des Balkones des B zu unterbinden. Der typischerweise von der Vorschrift ins Auge gefasste Fall kann daher nicht dispensiert werden. Eine nachträgliche Legalisierung scheidet somit aus.

Atypische Fälle eines Verstoßes gegen gestalterische Normen, bei denen eine Abweichung ernsthaft in Frage kommt, liegen etwa dann vor, wenn ein von öffentlichen Verkehrswegen aus nicht einzusehender Gebäudeteil in Streit steht[81].

c) Sonstige Eingriffsvoraussetzungen

Im Übrigen ist erforderlich, dass eine Beseitigungsanordnung im Verhältnis zur Schwere des Rechtsverstoßes angemessen, d.h. verhältnismäßig ist. Das Landratsamt N selbst gibt insofern den entstehenden wirtschaftlichen Schaden zu bedenken. Andererseits sind die von B getroffenen Dispositionen von keinerlei schutzwürdigem Vertrauen gedeckt. Weder hat er das an sich nötige Baugenehmigungsverfahren eingeleitet, noch konnte er ohne weiteres von der Genehmigungsfreiheit seines Umbaues ausgehen. Der alleinige Verweis auf den wirtschaftlichen Schaden eines Rückbaues würde dazu führen, dass auf die Durchsetzung öffentlich-rechtlicher Bauvorschriften bei Schwarzbauten im allgemeinen verzichtet werden müsste. Dies stünde jedoch im Widerspruch zur allgemeinen Wertung des Gesetzgebers. Eine Beseitigungsverfügung steht mithin nicht außer Verhältnis zum herbeigeführten Erfolg.

---

[81] BayVGH, BRS 59, Nr. 222, S. 654 (657).

[82] Art. 70 Abs. 1 BayBO: „Die Bauaufsichtsbehörde kann Abweichungen von bauaufsichtlichen Anforderungen dieses Gesetzes und auf Grund dieses Gesetzes erlassener Vorschriften zulassen, wenn sie unter Berücksichtigung der jeweiligen Anforderung und unter Würdigung der nachbarlichen Interessen mit den öffentlichen Be-langen vereinbar sind,… ."

[83] Vgl. *Dhom*, in: Simon, BayBO 1998, Art. 70 Rn. 22 f.

d) Ermessen des Landratsamtes

Da die Ausübung der Befugnis nach Art. 82 BayBO in das Ermessen der Bauaufsichtsbehörde gestellt wurde, ist weitere Anspruchsvoraussetzung, dass eine Ermessensreduktion auf Null vorliegt. Das ist dann der Fall, wenn das ursprüngliche Ermessen (Entschließungs- und/oder Auswahlermessen) auf nur noch eine einzige rechtmäßige Entscheidungsvariante beschränkt ist[84].

Ein Anspruch der Gemeinde R ist daher nur dann gegeben, wenn allein die Entscheidung, gegen B einzuschreiten, ermessensfehlerfrei ist. Wie bereits herausgearbeitet wurde, führte ein Unterlassen der Durchsetzung der Gestaltungsvorschriften von R zur Verletzung ihres Rechtes auf kommunale Selbstverwaltung. Die etwaige Ausübung des Ermessens des Landratsamtes N, untätig zu bleiben und damit die von B geschaffene Lage zu dulden, wäre damit rechtsfehlerhaft. Der Entscheidung, gegen B vorzugehen, haftete ein solcher Makel nicht an. Weder ein Vertrauenstatbestand noch eine zentrale Grundrechtsposition war zugunsten des B zu berücksichtigen. Das dem Landratsamt N grundsätzlich eingeräumte Ermessen kann rechtmäßig nur noch durch die Entscheidung zum Einschreiten ausgefüllt werden. Es ist auf Null reduziert.

S wird in seinem Gutachten zum Schluss kommen, dass ein iderspruch der Gemeinde R gegen die Entscheidung des Landratsamtes N begründet wäre.

Gesamtergebnis des Falles:

S wird der Gemeinde R raten, bis spätestens zum 19.07.2004 Widerspruch gegen die Entscheidung des Landratsamtes N zu erheben.

Literaturhinweise:

Zur kommunalen Rechtsetzung und zum Recht auf kommunale Selbstverwaltung:
Becker/Siebert, Einführung in die kommunale Rechtsetzung am Beispiel gemeindlicher Nutzungssatzungen, JuS 2000, 144 ff., 348 ff., 552 ff.; *Dolderer*, Kommunale Planung im Konflikt mit vorbehaltlosen Grundrechten, BauR 1999, 691 ff.; *Groß*, Das gemeindliche Einvernehmen nach § 36 als Instrument zur Durchsetzung der Planungshoheit, BauR 1999, 560 ff.; *Jäde*, Das Gemeindliche Einvernehmen im

---

[84] *Maurer*, § 7 Rn. 24; *Ossenbühl*, Rechtsquellen, § 10 Rn. 21.

Bauordnungsrecht, JuS 1998, 503 ff.; *Schoch*, Der verfassungsrechtliche Schutz der kommunalen Selbstverwaltung, Jura 2001, 121 ff.; *Stühler*, Die Rechte der Gemeinde gegenüber staatlicher Fachplanung, JuS 1999, 234 ff.

Zum Bestandsschutz im Baurecht:
Gohrke/Brehsau, Genießt der baurechtliche Bestandsschutz noch Bestandsschutz?, NVwZ 1999, 932; *Wickel*, Verfassungsunmittelbarer oder einfachgesetzlicher Bestandsschutz im Baurecht?, BauR 1994, 557 ff.

Klausur Nr. 13***

Leipzig kommt!

Sachverhalt

Gregor Greiner (G) ist alleiniger Geschäftsführer der in München ansässigen „B-GmbH", welche sich auf das Recycling von Bauschutt spezialisiert hat.

Als er eines Tages in den Nachrichten von den erheblichen Baumaßnahmen in Leipzig, insbesondere im Zusammenhang mit der Errichtung des sog. „Citytunnels" hört, beschließt er, dass auch die B-GmbH am Aufbau-Ost partizipieren müsse. Deshalb kauft er für diese in der kreisangehörigen sächsischen Gemeinde T (Landkreis Leipziger Land) ein im unbeplanten Außenbereich gelegenes Grundstück, um dort eine Recyclinganlage zu errichten, in welcher Gestein gebrochen, gemahlen und glassiert wird. Der für das Vorhaben vorgesehene Standort befindet sich inmitten von landwirtschaftlich genutzten Flächen, ein als Biotop geschütztes Halbtrockenrasenvorkommen schließt sich unmittelbar im Süden an. Zur Erschließung wäre der Ausbau eines 300 m langen Feldweges erforderlich, über welchen das Grundstück für die erwarteten werktäglich ca. 60 Lkw erreichbar würde, die dort zum An- und Abtransport der benötigten Materialien verkehren sollen.

Bei der Gemeinde T handelt es sich um eine kleine, ca. 3000 Einwohner zählende Gemeinde im ländlichen Raum, welche ca. 20 km außerhalb der Stadt Leipzig liegt. In ihrem Innenbereich ist kein Gewerbe- oder Industriegebiet ausgewiesen, ein solches findet sich allerdings in der Nachbargemeinde X.

Um das Vorhaben realisieren zu können, beantragt Greiner im Oktober 2003 beim Landkreis Leipziger Land die nach § 4 Abs. 1 BImSchG i.V.m. § 1 Abs. 1 4. BImSchV und Nr. 2.2 des Anhangs zur 4. BImSchV erforderliche immissionsschutzrechtliche Genehmigung, welche allerdings mit einem dem Greiner am 06.12.2003 zugegangenen

Schreiben abgelehnt wird. Nach Auffassung des zuständigen Landratsamtes entspricht die durch die B-GmbH zu errichtende Recyclinganlage nicht den Anforderungen an eine geordnete städtebauliche Entwicklung. Insbesondere verstoße das Vorhaben gegen das Gebot einer organischen Siedlungsstruktur. Darüber hinaus sei es bereits aus ästhetischen Gründen unvorstellbar, eine Recyclinganlage mit ihren meterhohen Aufhaldungen inmitten der sich in unmittelbarer Umgebung befindlichen Felder zu dulden.

Greiner ist über das Schreiben des Landratsamtes derart empört, dass er dieses zunächst in die auf seinem Schreibtisch befindliche Ablage legt. Erst als er am Abend des 05.01.2004 zum Jahresbeginn seinen Schreibtisch aufräumt, erinnert er sich an das Schreiben. Da der 06.01.2004 allerdings in Bayern einen Feiertag darstellt, legt er erst am 07.01.2004 zum zuständigen Regierungspräsidium Leipzig Widerspruch ein, welchen er per Expressboten übermittelt. Dabei ist er der Auffassung, dass er dadurch die Widerspruchsfrist, auf welche ihn das Landratsamt in einer ordnungsgemäßen Rechtsbehelfsbelehrung hingewiesen hatte, gewahrt hat. Es könne doch nicht sein, dass er nur deshalb, weil in Sachsen der 06.01.2004 keinen Feiertag darstellt, an seinem freien Tag arbeiten und den Widerspruch einlegen müsse.

Nachdem das Regierungspräsidium Leipzig den Widerspruch mit den gleichen Argumenten wie das Landratsamt zurückgewiesen hat, erhebt Greiner form- und fristgerecht Klage zum zuständigen Verwaltungsgericht Leipzig mit dem Antrag, den Landkreis Leipziger Land zum Erlass der erforderlichen immissionsschutzrechtlichen Genehmigung zu verpflichten. Dabei trägt er unter anderem vor, dass die Recyclinganlage zwingend außerhalb der Gemeinde T zu errichten sei, da sich diese nicht in die Umgebungsbebauung innerhalb der Gemeinde einfügen würde.

Aufgabe:

Hat die gegen den Landkreis Leipziger Land erhobene Klage des Greiner zum Verwaltungsgericht Leipzig Aussicht auf Erfolg?

Lösungsvorschlag

Die durch die B-GmbH gegen den Landkreis Leipziger Land (L) erhobene Klage hat unter der Voraussetzung Erfolg, dass für diese der Verwaltungsrechtsweg eröffnet und die Klage zulässig und begründet ist.

A. Eröffnung des Verwaltungsrechtsweges[2]

Mangels aufdrängender Sonderzuweisung ist der Weg zu den Verwaltungsgerichten nach § 40 Abs. 1 VwGO eröffnet, wenn es sich um eine öffentlich-rechtliche Streitigkeit nicht verfassungsrechtlicher Art ohne abdrängende Sonderzuweisung handelt.

Vorliegend steht eine Verpflichtung des beklagten Landkreises zur Erteilung einer immissionsschutzrechtlichen Genehmigung in Streit, so dass es sich bei den streitentscheidenden Normen[3] um solche des Immissionsschutzrechts sowie des öffentlichen Baurechts handelt. Diese sind dem Kernbereich des öffentlichen Rechts zuzuordnen. Ferner ist die Streitigkeit mangels doppelter Verfassungsunmittelbarkeit auch nicht verfassungsrechtlicher Art. Eine Zuweisung der Auseinandersetzung zu einer anderen Gerichtsbarkeit als den Verwaltungsgerichten ist ebenfalls nicht ersichtlich.

Mithin ist der Weg zu den Verwaltungsgerichten eröffnet.

> Vertretbar erscheint es auch, die Eröffnung des Verwaltungsrechtsweges im Rahmen der Zulässigkeit zu prüfen. Es gilt dabei jedoch zu beachten, dass dessen Nichteröffnung nicht zu einer Abweisung der Klage durch ein Prozessurteil, sondern vielmehr gemäß § 17a Abs. 2 GVG ausschließlich zum Erlass eines Verweisungsbeschlusses führt[1].
> Darüber hinaus ist für den Bereich des Baurechts darauf hinzuweisen, das ausschließlich das öffentliche Baurecht dem Kernbereich des öffentlichen Rechts zuzuordnen ist. Eine bloße Zuordnung des Streitgegenstandes zum Bereich des Baurechts genügt somit nicht.

B. Zulässigkeit

I. Statthafte Klageart

Die statthafte Klageart richtet sich nach dem Begehren des Klägers, §§ 86, 88 VwGO. Der B-GmbH geht es um eine Verpflichtung des Landkreises L zur Erteilung einer immissionsschutzrechtlichen Genehmigung und damit um die Verpflichtung zum Erlass eines Verwaltungsaktes im Sinne des § 35 S. 1 VwVfG (hier i.V.m § 1 SächsVwVfG). Somit

> Bei der Versagungsgegenklage handelt es sich um keine eigenständige Klageart, sondern nur um eine besondere Form der Verpflichtungsklage.

---

[1] So *Schenke*, Verwaltungsprozeßrecht, § 1 Rn. 65.
[2] Aufbau nach *Hufen* § 15 Rn. 38.
[3] *Schenke*, Verwaltungsprozeßrecht, § 3 Rn. 104.

ist eine Verpflichtungsklage in Form der sog. Versagungsgegenklage nach § 42 Abs. 2 VwGO statthaft.

II. Klagebefugnis

> Bei der Verpflichtungsklage sollte im Bereich der Klagebefugnis besser nicht auf die sog. „Adressatentheorie" abgestellt werden. Zwar ist der Kläger mit der Ablehnungsentscheidung bzgl. seines Antrages ggf. Adressat eines belastenden Verwaltungsaktes geworden. Letztlich bildet den Klagegegenstand der Verpflichtungsklage aber immer ein Anspruch auf Erlass eines Verwaltungsaktes bzw. auf Neubescheidung, vgl. § 113 Abs. 5 VwGO.

Des Weiteren ist die Verpflichtungsklage zur Vermeidung von Popularklagen[4] nach § 42 Abs. 2 VwGO nur zulässig, wenn die B-GmbH als Klägerin geltend machen kann, dass ihr möglicherweise ein Anspruch gegen den Landkreis L auf Erteilung der begehrten immissionsschutzrechtlichen Genehmigung zusteht.

Diese plant die Errichtung einer Bauschuttrecyclinganlage, bei deren Betrieb mit einer erheblichen Lärmbelästigung zu rechnen ist und welche somit nach § 4 Abs. 1 BImSchG i.V.m. § 1 Abs. 1 S. 1 4. BImSchV und Nr. 2.2 des Anhangs zur 4. BImSchV einer immissionsschutzrechtlichen Genehmigung bedarf. Bei § 4 Abs. 1 BImschG handelt es sich um eine gebundene Entscheidung, so dass der B-GmbH unter der Voraussetzung der Genehmigungsfähigkeit ihres Vorhabens möglicherweise ein entsprechender Genehmigungsanspruch zusteht. Mithin ist die B-GmbH klagebefugt.

III. Vorverfahren

Darüber hinaus setzt die Zulässigkeit der Verpflichtungsklage nach § 68 Abs. 1 VwGO voraus, dass die B-GmbH ordnungsgemäß und erfolglos Widerspruch gegen die Versagung der beantragten immissionsschutzrechtlichen Genehmigung eingelegt hat.

Gemäß § 70 Abs. 1 VwGO ist der Widerspruch binnen eines Monats nach Bekanntgabe des Ausgangsbescheides bei der Ausgangs- oder der Widerspruchbehörde einzulegen. Das Schreiben des Landkreises Leipziger Land erreicht Greiner am 06.12.2003, so dass die Widerspruchsfrist als Ereignisfrist nach §§ 57 Abs. 2 VwGO, 222 Abs. 1 ZPO, 187 Abs. 1, 188 Abs. 2 BGB am 07.12.2003 zu laufen beginnt und demnach grundsätzlich am 06.01.2004 endet.

Es erscheint jedoch fraglich, ob sich etwas anderes aus der Tatsache ergibt, dass der 06.01.2004 in Bayern, nicht aber in Sachsen am Ort der Widerspruchsbehörde einen Feiertag darstellt. Eine Anwendung der §§ 57 Abs. 2 VwGO, 222 Abs. 2 ZPO hätte dabei zur Folge, dass die

---

[4] *Schenke*, Verwaltungsprozeßrecht, § 18 Rn. 490.

Einlegung des Widerspruchs am nächsten Werktag und damit noch fristgerecht erfolgte.

Sinn des gesetzlich angeordneten Hinausschiebens des Fristablaufes an Sonn- und Feiertagen nach §§ 57 Abs. 2 VwGO, 222 Abs. 2 ZPO ist es jedoch nicht, die Frist für den Rechtsbehelf zu verlängern. Vielmehr trägt diese dem Umstand Rechnung, dass die zur Wahrung der Frist erforderliche Handlung wegen des Feiertages am Sitz der Behörde nicht in jedem Fall, z.B. weil die Behörde nicht zugänglich ist, die Post regelmäßig nicht zugestellt wird oder ein Sachbearbeiter zur Niederschrift nicht zu Verfügung steht, vorgenommen werden kann. Daraus kann eine "Verkürzung" der Antragsfrist jedenfalls für solche Widerspruchsführer folgen, die nicht über Kommunikationsmittel verfügen, welche eine Fristwahrung auch an Sonn- und Feiertagen ermöglichen. Diese Hindernisse bestehen jedoch gerade dann nicht, wenn am Ort des Widerspruchsführers, nicht aber am Sitz der Behörde der Tag des Fristablaufs einen gesetzlichen Feiertag darstellt. Folglich sind die Verhältnisse an dem Ort maßgeblich, an welchem die entsprechende Leistung zu erbringen ist[5].

> Eine andere Auffassung ist hier nur schwer vertretbar. Darüber hinaus erscheint dies auch aus klausurtaktischer Sicht ungeschickt, da dadurch die Frage der Heilung der Verfristung durch einen Sachentscheid der Behörde ersatzlos wegfällt.

Sowohl das Landratsamt des Landkreises Leipziger Land als auch das Regierungspräsidium Leipzig liegen in Sachsen, so dass im Hinblick auf die Anwendung der Feiertagsregelung allein auf den Freistaat Sachsen abzustellen ist. In diesem stellt der 06.01.2004 keinen Feiertag dar, so dass die Widerspruchsfrist tatsächlich am 06.01.2004 endete. Dass dieser Tag in Bayern einen Feiertag darstellt, ist demgegenüber unbeachtlich.

Somit ist der durch G eingelegte Widerspruch verfristet.

Das Erfordernis eines ordnungsgemäß und erfolglos eingelegten Widerspruchs ist aber möglicherweise dadurch erfüllt, dass das Regierungspräsidium Leipzig über den Widerspruch in der Sache entscheidet, ohne sich auf dessen Verfristung zu berufen. Dies setzt voraus, dass eine Verfristung des Widerspruchs durch eine Sachentscheidung der Behörde geheilt werden kann.

Dem steht zunächst entgegen, dass das Widerspruchsverfahren auch der Entlastung der Gerichte dient[6]. Ferner schützt die Widerspruchsfrist nicht nur die Interessen der Widerspruchsbehörde, sondern auch diejenigen der Ausgangsbehörde und beteiligter Dritter im Hinblick auf

---

[5] OVG Brandenburg NJW 2004, 3795.
[6] *Kopp*/Schenke VwGO § 70 Rn 9; *Schenke*, Verwaltungsprozeßrecht, § 18 Rn 680.

Rechtssicherheit und Bestandsschutz.[7] Demgegenüber gilt es allerdings auch zu berücksichtigen, dass die Widerspruchsfrist zwar nicht ausschließlich, aber doch vornehmlich dem Schutz der Widerspruchsbehörde dient[8]. Dieser kommt grundsätzlich die volle Prüfungs- und Entscheidungskompetenz der Ausgangsbehörde zu. Ferner können auch nach §§ 50, 48, 49 VwVfG bestandskräftig gewordene Verwaltungsakte aufgehoben werden. Darüber hinaus ist auch ein Wiederaufgreifen des Verfahrens denkbar. Schließlich stellt die Einhaltung der Widerspruchsfrist keine durch die Verwaltungsgerichte von Amts wegen zu berücksichtigende Sachurteilsvoraussetzung dar, so dass die Klage gegen den Ursprungsbescheid im Falle der sachlichen Bescheidung des Widerspruchs durch die Widerspruchsbehörde nicht als unzulässig abgewiesen werden darf[9].

Im Ergebnis muss es damit der Widerspruchsbehörde als „Herrin des Vorverfahrens"[10] freistehen, sich entweder mit dem Ergebnis der Unzulässigkeit des Widerspruchs auf das Fristversäumnis zu berufen oder unter dessen Außerachtlassung in der Sache selbst zu entscheiden. Etwas anders muss nur dann gelten, wenn durch den Ausgangsbescheid auch Rechte Dritter betroffen sind, in diesem Fall steht die Einhaltung der Widerspruchsfrist nicht zur alleinigen Disposition der Widerspruchsbehörde[11].

Dies ist hier nicht der Fall. Das Regierungspräsidium Leipzig hat als zuständige Widerspruchsbehörde in der Sache entschieden und damit auf die Einhaltung der Widerspruchsfrist verzichtet, so dass das Widerspruchsverfahren ordnungsgemäß und erfolglos durchgeführt wurde.

IV. Beteiligten- und Prozessfähigkeit

Bei § 61 Nr. 1 VwGO ist immer exakt zu zitieren, was auch die Benennung der jeweils verwirklichten Alternative der Norm beinhaltet.

Die B-GmbH ist als juristische Person nach §§ 61 Nr. 1 Alt. 2 VwGO, 13 Abs. 1 GmbHG beteiligten- und, vertreten durch den alleinigen Geschäftsführer G, gemäß §§ 62 Abs. 1, 3 VwGO, 35 Abs. 1 GmbHG prozessfähig.

Demgegenüber richtet sich die Beteiligtenfähigkeit des Freistaates Sachsen als Gebietskörperschaft und damit ebenfalls juristische Person nach § 61 Nr. 1 Alt. 2 VwGO.

---

[7] *Schoch* Jura 2003, 752, 755.
[8] *Deckenbrock/Patzer* Jura 2003, 476, 480.
[9] *Hufen* § 6 Rn 38.
[10] *Hufen* § 6 Rn 38; a.A. *Schenke* § 18 Rn. 680.
[11] BVerwG NVwZ 1983, 295; *Hufen* § 6 Rn. 37.

V. Zwischenergebnis

Mangels entgegenstehender Anhaltspunkte ist von der Wahrung der nach § 74 Abs. 2, 1 VwGO einzuhaltenden einmonatigen Klagefrist ab Zustellung des Widerspruchsbescheides auszugehen, so dass die Klage im Ergebnis zulässig ist.

C. Begründetheit

Die aufgrund des in § 78 Abs. 1 Nr. 1 VwGO verankerten Rechtsträgerprinzips gegen den Landkreis Leipziger Land zu richtende Verpflichtungsklage ist nach § 113 Abs. 5 S. 2 VwGO begründet, wenn die Ablehnung der begehrten immissionsschutzrechtlichen Genehmigung rechtswidrig war und die B-GmbH dadurch in ihren subjektiven öffentlichen Rechten verletzt wurde.

Dies ist unter der Voraussetzung der Fall, dass der B-GmbH ein Anspruch auf Erteilung der entsprechenden Genehmigung für den Betrieb der Bauschuttrecyclinganlage zusteht.

Ein Anspruch der B-GmbH auf Erteilung einer immissionsschutzrechtlichen Genehmigung für den Betrieb der Bauschuttrecyclinganlage ergibt sich möglicherweise aus § 6 Abs. 1 BImSchG.

Dies setzt voraus, dass die Anlage immissionsschutzrechtlich genehmigungspflichtig und im Rahmen der vor Erteilung des immissionsschutzrechtlichen Genehmigungsverfahrens zu prüfenden Umstände auch genehmigungsfähig ist.

> Bei einer Verpflichtungsklage ist es neben dem hier gewählten Anspruchsaufbau in gleicher Weise möglich, zunächst zu prüfen, ob die Genehmigung überhaupt erteilt werden durfte und erst dann, ob dem Kläger auch der entsprechende Anspruch zusteht, sog. Rechtmäßigkeitslösung. Allerdings bietet sich bei gebundenen Entscheidungen der Anspruchsaufbau an, während die Rechtmäßigkeitslösung eher bei Ermessensentscheidungen zu favorisieren ist.

I. Genehmigungspflichtigkeit

Gemäß § 4 Abs. 1 BImSchG bedarf insbesondere die Errichtung einer Anlage, die aufgrund ihrer Beschaffenheit oder ihres Betriebes in besonderem Maße geeignet ist, schädliche Umwelteinwirkungen hervorzurufen, einer immissionsschutzrechtlichen Genehmigung. Dabei bestimmen sich die genehmigungsbedürftigen Anlagen nach einer durch die Bundesregierung zu erlassenden Rechtsverordnung, § 4 Abs. 1 S. 3 BImSchG. Vorliegend plant die B-GmbH die Errichtung einer Bauschuttrecyclinganlage, welche dem Brechen, Mahlen und Glassieren von natürlichem oder künstlichen Gestein dient und damit gemäß § 4 Abs. 1 BImSchG i.V.m. § 1 Abs. 1 S. 1 4. BImSchV und Nr. 2.2 des Anhangs zur 4. BImSchV einer immissionsschutzrechtlichen Genehmigung bedarf. Dabei findet sich die Bauschuttrecyclinganlage in Spalte 2 der 4. BImSchV, so dass das vereinfachte Genehmigungsverfahren nach § 19 BImSchG zur Anwendung kommt.

II. Genehmigungsfähigkeit

Ferner bestimmt § 6 Abs. 1 Nrn. 1, 2 BImSchG, dass eine immissionsschutzrechtliche Genehmigung nur unter der Voraussetzung zu erteilen ist, dass das Vorhaben die sich aus § 5 BImSchG und einer auf Grund § 7 BImSchG erlassenen Rechtsverordnung ergebenden Voraussetzungen erfüllt und andere öffentlich-rechtliche Vorschriften und Belange des Arbeitsschutzes der Errichtung und dem Betrieb der Anlage nicht entgegen stehen.

> § 13 BImSchG ordnet eine formelle Konzentrationswirkung der immissionsschutzrechtlichen Genehmigung an. Diese hat das Ziel, das Verfahren für den Antragsteller, der dann nur einen Antrag stellen muss, zu vereinfachen. Um dies zu ermöglichen, ist es erforderlich, dass die Immissionsschutzbehörde auch die Vereinbarkeit des Vorhabens mit anderen öffentlich-rechtlichen Vorschriften prüft, was § 6 Abs. 1 Nr. 2 BImSchG konsequenterweise anordnet[12].

Somit stellt sich hier insbesondere die Frage, ob die durch die B-GmbH geplante Bauschuttrecyclinganlage den Anforderungen aus §§ 29 ff BauGB entspricht.

1. Vorhaben im Sinne des § 29 Abs. 1 BauGB

Es ist somit zunächst fraglich, ob es sich bei der durch die B-GmbH zu errichtenden Bauschuttrecyclinganlage um ein Vorhaben im Sinne von § 29 Abs. 1 BauGB handelt, welches sich an den §§ 30 ff BauGB messen lassen muss.

Dies ist bei der Errichtung einer baulichen Anlage dann zu bejahen, wenn diese bauplanungsrechtliche Relevanz aufweist, was insbesondere der Fall ist, wenn Planungsleitziele i.S.d. § 1 Abs. 6 BauGB betroffen sind[13]. Die B-GmbH plant die Errichtung einer Bauschuttrecyclinganlage, welche insbesondere der Zerkleinerung von Gestein dient. Demnach sind zumindest Auswirkungen auf die die Anlage umgebende Tier- und Pflanzenwelt i.S.d. § 1 Abs. 6 Nr. 7 BauGB zu befürchten, die Recyclinganlage weist planungsrechtliche Relevanz auf. Es handelt sich mithin um ein Vorhaben i.S.d. § 29 Abs. 1 BauGB.

> Lassen Sie sich nicht durch eine ungewohnte Einkleidung des Falles irritieren, gerade im Öffentlichen Recht ist diese klausurtypisch. Für den vorliegenden Fall sind keine Spezialkenntnisse im Immissionsschutzrecht erforderlich. Die diesbezüglichen Angaben ergaben sich aus einer gründlichen Lektüre des Gesetzes sowie den Vorgaben des Sachverhaltes! Letztlich handelt es sich um einen bauplanungsrechlichen Fall, der seinen Schwerpunkt in der Prüfung des § 35 BauGB und damit einem höchst examensrelevanten Bereich hat.

---

[12] Vgl. *Kloepfer*, Rn 266.
[13] *Dörr*, Rn 196; *Oldiges*, Baurecht, Rn. 175.

2. Genehmigungsfähigkeit nach § 35 Abs. 1 BauGB

Die von der B-GmbH zu errichtende Recyclinganlage befindet sich laut Sachverhalt im unbeplanten Außenbereich, so dass sich deren Zulässigkeit nach § 35 BauGB richtet.

Gemäß § 35 Abs. 1 Nr. 4 Alt 2 BauGB ist ein Vorhaben im Außenbereich dann zulässig, wenn dieses wegen seiner besonderen Zweckbestimmung nur im Außenbereich ausgeführt werden soll, die Erschließung gesichert ist und dem Vorhaben keine öffentlichen Belange entgegenstehen.

Nach dem Auffangtatbestand des § 35 Abs. 1 Nr. 4 Alt. 2 BauGB ist ein Vorhaben dann privilegiert, wenn dieses nach den Grundsätzen städtebaulicher Ordnung nur sinnvoll im Außenbereich ausgeführt werden kann, weil dieses wegen der nachteiligen Auswirkungen auf die Umgebung auf einen Standort außerhalb der im Zusammenhang bebauten Ortsteile und damit außerhalb des Innenbereichs im Sinne des § 34 BauGB angewiesen ist[15]. Somit kommt es entscheidend darauf an, ob die Verwirklichung des Vorhabens im Außenbereich geboten ist. Bei der Auslegung des § 35 Abs. 1 BauGB gilt es dabei das gesetzgeberische Ziel, den Außenbereich vor einer unangemessenen Inanspruchnahme zu schützen, zu berücksichtigen. Dieser dient vorrangig der Land- und Forstwirtschaft sowie der Erholung der Allgemeinheit[16]. Demnach sind die Privilegierungstatbestände entsprechend eng auszulegen. § 35 Abs. 1 BauGB will nur Vorhaben privilegieren, die über die in Absatz 1 genannten Voraussetzungen hinaus singulären Charakter haben, jedenfalls nicht in einer größeren Zahl zu erwarten sind und für die eine Beurteilung des Einzelfalls am Maßstab öffentlicher Belange für eine geordnete städtebauliche Entwicklung genügt, so dass das Vorhaben keine bauplanungsrechtliche Relevanz aufweist[17].

Mithin ist § 35 Abs.1 BauGB entsprechend eng auszulegen.

Bei der Prüfung von § 35 BauGB ist stets strikt zwischen § 35 Abs. 1 BauGB und § 35 Abs. 2 BauGB zu unterscheiden. Während Vorhaben nach § 35 Abs. 2 BauGB dann unzulässig sind, wenn sie öffentliche Belange beeinträchtigen, ist bei § 35 Abs. 1 BauGB eine Abwägung zwischen dem Erfordernis des Vorhabens und den öffentlichen Belangen erforderlich.

Letzteres wurde im Zusammenhang mit sogenannten „Factory-Outlet-Centern" relevant. Diese stellen ein Sondergebiet i.S.d. § 11 Abs. 1 BauNVO dar, bei welchem zahlreiche Belange in Abwägung zu bringen sind. Somit ist bei diesen die planungsrechtliche Relevanz zu bejahen, es bedarf eines Bebauungsplans[14].

---

[14] *Oldiges*, Baurecht, Rn 175.
[15] OVG Bautzen NVwZ 2004, 1138, 1139.
[16] *Dörr*, Rn. 218.
[17] OVG Bautzen NVwZ 2004, 1138, 1139.

Nach der Typisierungslehre kommt es nicht darauf an, ob sich das Vorhaben im konkreten Fall in das jeweilige Gebiet einfügt. Vielmehr ist allein entscheidend, ob das Vorhaben nach seinem Typ in dem jeweiligen Gebiet als wesensfremd erscheint.	Im Hinblick auf die zu errichtende Bauschuttrecyclinganlage gilt es dabei zu berücksichtigen, dass diese unter Zugrundelegung der durch das BVerwG entwickelten Typisierungslehre[18] aufgrund ihrer immissionsschutzrechtlichen Genehmigungsbedürftigkeit industrietypisch und damit in einem Industriegebiet nach § 9 BauNVO zulässig ist. Somit ist die Recyclinganlage nicht zwingend im Außenbereich zu errichten, sondern kann in gleicher Weise im Innenbereich errichtet werden[19].
Nach dem Grundsatz des „hier und so" kommt es grundsätzlich nicht auf die allgemeine Beschaffenheit des Innenbereichs, sondern auf dessen konkrete Ausgestaltung in der jeweiligen Gemeinde an.	Es stellt sich dabei jedoch die Frage, ob sich etwas anderes aus der Tatsache ergibt, dass es in der Gemeinde T im Innenbereich kein Industriegebiet gibt. Dabei erscheint es denkbar, unter Zugrundelegung des Grundsatzes „hier und so"[20] auf die Beschaffenheit des Innenbereichs im Zeitpunkt der Genehmigungsentscheidung abzustellen. Eine solche, bloß formale Ausrichtung auf den Innenbereich der Gemeinde ohne Berücksichtigung, ob diese nach Größe, Wirtschaftskraft und den raumplanerischen Vorgaben überhaupt in der Lage ist, ein Industriegebiet auszuweisen, würde allerdings das gesetzgeberische Ziel, den Außenbereich vor einer unangemessenen Inanspruchnahme zu schützen, verfehlen[21].
Hier kam es vor allem darauf an, die Bedeutung des Außenbereichs für eine geordnete städtebauliche Entwicklung sauber herauszuarbeiten und die geplante Anlage hierunter zu subsumieren. Demgegenüber war die Kenntnis konkreter Entscheidungen nicht erforderlich.	Die zu errichtende Recyclinganlage ist dabei nach ihrem Charakter industrietypisch und inmitten der landwirtschaftlich genutzten Flächen wesensfremd. Sie ist mit der im Außenbereich ausdrücklich privilegierten landwirtschaftlichen Produktion weder vergleichbar noch steht sie zur Landwirtschaft in einem näheren oder weiteren Zusammenhang. Ferner unterscheidet sich die Recyclinganlage auch von im Außenbereich privilegierten Kiesgruben, die zwingend an einem bestimmten Ort zu errichten sind. Vielmehr kann die Anlage mit anderen störenden, gewerblichen oder industriellen Anlagen verglichen werden, die der Gesetzgeber gerade in ein Gewerbe- und Industriegebiet des Innenbereiches verwiesen hat.

Demnach ist unter Zugrundelegung des gesetzgeberischen Ziels, den Außenbereich für die Land- und Forstwirtschaft sowie die Erholung der Allgemeinheit vor dem Eindringen ihrem Typ und Charakter nach wesensfremder Nutzungen zu bewahren, eine zwingende Errichtung der Re-

---

[18] Hierzu grundlegend BVerwG NJW 1975, 460 f; einschränkend demgegenüber BVerwG NVwZ 1993, 987.
[19] OVG Bautzen NVwZ 2004, 1138, 1139.
[20] BVerwG NVwZ 1984, 169.
[21] OVG Bautzen NVwZ 2004, 1138, 1139.

cyclinganlage im Außenbereich nicht erforderlich. Diese ist somit nicht als nach § 35 Abs. 1 Nr. 4 Alt. 2 BauGB privilegiert anzusehen. Vielmehr muss sich die B-GmbH möglicherweise darauf verweisen lassen, ihr Vorhaben gegebenenfalls in einer anderen Gemeinde zu realisieren, in welcher sich ein entsprechender Innenbereich befindet.

3. Genehmigungsfähigkeit nach § 35 Abs. 2 BauGB

Unabhängig vom Eingreifen eines Privilegierungstatbestandes nach § 35 Abs. 1 BauGB ist ein Vorhaben im Außenbereich gemäß § 35 Abs. 2 BauGB unter der Voraussetzung zulässig, dass dieses keine öffentlichen Belange beeinträchtigt. Hierfür genügt es bereits, dass diese durch das Vorhaben berührt werden[22].

Als solche kommen dabei die Entstehung einer Splittersiedlung nach § 35 Abs. 3 S. 1 Nr. 2 BauGB sowie die Beeinträchtigung der Eigenart der Landschaft gemäß § 35 Abs. 3 S. 1 Nr. 5 Alt. 2 BauGB in betracht.

Bei der Prüfung der Zulässigkeit eines Vorhabens im unbeplanten Außenbereich gilt es zu beachten, dass bei einer Verneinung der Voraussetzungen von § 35 Abs. 1 BauGB eine anschließende Prüfung des § 35 Abs. 2 BauGB nur beim Nichtvorliegen eines Privilegierungstatbestandes in betracht kommt. Stehen dem Vorhaben öffentliche Belange im Sinne des § 35 Abs. 1 BauGB entgegen, so führt dies erst Recht dazu, dass diese auch beeinträchtigt werden. Eine entsprechende Erörterung erübrigt sich somit.

a) Splittersiedlung § 35 Abs. 3 S. 1 Nr. 7 BauGB

Die zu errichtende Recyclinganlage lässt eine Splittersiedlung im Sinne des § 35 Abs. 2 S. 1 Nr. 7 BauGB befürchten, wenn durch diese eine planlose Zersiedlung des Außenbereichs, dass heißt mangels angemessener Baukonzentration eine zusammenhanglose oder aus anderen Gründen unorganische Streubebauung, droht[23]. Dabei kommt es nicht darauf an, ob sich in der Nachbarschaft weitere Ansiedlungen bilden können, bereits das erste Vorhaben lässt eine Splittersiedlung befürchten. Die Recyclinganlage besitzt keinerlei Umgebungsbebauung, sondern steht mit ihren Aufhaldungen und Werkstätten isoliert in der Umgebung. Mithin lässt diese eine Splittersiedlung im Sinne des § 35 Abs. 3 S.1 Nr. 7 BauGB befürchten[24].

b) natürliche Eigenart der Landschaft § 35 Abs. 3 S. 1 Nr. 5 Alt. 2 BauGB

Ferner beeinträchtigt die zu errichtende Bauschuttrecyclinganlage möglicherweise die natürliche Eigenart der Landschaft i.S.d. § 35 Abs. 3 S. 1 Nr. 5 Alt. 2 BauGB. Diese wird durch die in der Umgebung vorhandene Bodennutzung gekennzeichnet. Jedes Vorhaben, welches dieser Bodennut-

---

[22] *Brohm* § 21 Rn. 3; *Krebs*, Rn. 136.
[23] *Dörr*, Rn. 242.
[24] OVG Bautzen NVwZ 2004, 1138, 1139.

zung nicht entspricht, beeinträchtigt somit die natürliche Eigenart der Landschaft. Dabei kommt es nicht darauf an, ob die Anlage optisch die Umgebung beeinträchtigt, maßgeblich ist allein das funktionelle Abweichen des Vorhabens von der Umgebung[25].

Die Gemeinde T und der in Rede stehende Ortsteil gehören zu einem Landschaftsschutzgebiet. Dabei wird die Recyclinganlage von landwirtschaftlich genutzten Flächen und den Restbeständen eines ehemaligen Auenwaldes umgeben. Somit besitzt die zu errichtende Recyclinganlage mit ihren Aufhaldungen keinen Bezug zur landwirtschaftlichen Nutzung der Umgebung. Ferner soll der zu dem Baugrundstück führende Feldweg dergestalt ausgebaut werden, dass dieser täglich von 60 Lkw genutzt werden kann, so dass die Landschaft ihrer Erholungsfunktion nicht mehr gerecht werden kann.

Demnach beeinträchtigt das Vorhaben auch die natürliche Eigenart der Landschaft i.S.d. § 35 Abs. 3 S. 1 Nr. 5 Alt. 2 BauGB.

c) Zwischenergebnis

Im Ergebnis lässt das Vorhaben folglich sowohl eine Splittersiedlung nach § 35 Abs. 3 S. 1 Nr. 7 BauGB als auch eine Beeinträchtigung der natürlichen Eigenart der Landschaft i.S.d. § 35 Abs. 3 S. 1 Nr. 5 Alt. 2 BauGB befürchten, so dass die Recyclinganlage nicht nach § 35 Abs. 2 BauGB genehmigungsfähig ist.

4. Ergebnis

> In einem Gutachten ist unbedingt darauf zu achten, jeden Gliederungspunkt mit einem Ergebnis abzuschließen!

Somit entspricht die zu errichtende Bauschuttrecyclinganlage nicht den Anforderungen nach § 35 BauGB, sie ist bauplanungsrechtlich unzulässig. Demnach liegen auch die Voraussetzungen der Erteilung einer immissionsschutzrechtlichen Genehmigung aus § 6 BImSchG nicht vor.

IV. Ergebnis

Folglich steht der B-GmbH kein Anspruch auf Erteilung der begehrten immissionsschutzrechtlichen Genehmigung zu.

Die durch G als Geschäftsführer und damit Vertreter der B-GmbH erhobene Verpflichtungsklage ist somit unbegründet.

---

[25] *Dörr*, Rn. 236.

C. Gesamtergebnis

Im Ergebnis hat die durch die B-GmbH erhobene zulässige aber unbegründete Klage auf die Erteilung der begehrten immissionsschutzrechtlichen Genehmigung keinen Erfolg.

Vertiefungshinweise:

Der Fall ist angelehnt an die Entscheidungen OVG Bautzen NVwZ 2004, 1138 ff sowie OVG Brandenburg NJW 2004, 3795 ff.

Zur Verpflichtungsklage:
Ehlers, Dirk „Die verwaltungsgerichtliche Verpflichtungsklage", Jura 2004, 310 ff.

Zum Widerspruchsverfahren:
Geis, Max-Emanuel; Hinterseh, Sven „Grundfälle zum Widerspruchsverfahren", JuS 2001, 1176 ff, JuS 2002, 34 ff.
Schoch, Friedrich „Das Widerspruchsverfahren nach §§ 68 ff VwGO", Jura 2003, 752 ff.

Zur Einführung in das Baurecht:
Konrad, Christian „Ausgewählte Probleme des Baurechts", JA 2000, 608 ff.
Schladebach, Marcus „Öffentliches Baurecht", JA 2001, 306 ff.

Zur Zulässigkeit von Vorhaben im unbeplanten Außenbereich:
Stollmann, Frank „Planungsrechtliche Zulässigkeit von Vorhaben nach § 35 BauGB", JuS 2003, 855 ff.

Klausur Nr. 14**

Die Straßenkünstlerin

Sachverhalt

Frau F, die von Beruf Bankkauffrau ist, fertigt in ihrer Freizeit in Fußgängerzonen und auf öffentlichen Plätzen der nordrhein-westfälischen kreisfreien Stadt S für Passanten sogenannte Scherenschnitte an, die sie für 10,- € das Stück verkauft. Zur Herstellung der Portraits benötigt sie unter anderem eine Lampe und zwei Klappstühle, auf dem sie und das „Modell" während des Schneidevorgangs Platz nehmen. Regelmäßig versammelt sich dabei eine Menschentraube um das „Atelier" von Frau F; die Ansammlungen haben anderen Passanten das Fortkommen bisher aber niemals nennenswert erschwert. Das staunende Publikum ist über die Arbeit von Frau F begeistert und kommentiert die fertig gestellten Schnitte häufig mit Aussagen wie „täuschend echt" oder „genau den Charakter getroffen". Etwa jede Stunde wechselt F ihren Standort und zieht in eine andere Straße um, wo sie ihre Tätigkeit fortsetzt. Insgesamt ist F an Samstagen von April bis September, zumeist bis Mitternacht, etwa sechs Stunden täglich im Stadtgebiet von S unterwegs.

Der Oberbürgermeister (OBM) der Stadt S hat gegen Frau F mehrfach Bußgeldbescheide wegen Fehlens einer straßenrechtlichen Sondernutzungserlaubnis, Verstoßes gegen das Ladenschlußgesetz und Fehlens einer Reisegewerbekarte erlassen, die F bisher immer klaglos bezahlt hat. Nachdem Frau F in der Z-Zeitung einen Artikel des Kunstprofessors K von der Universität U gelesen hat, in welchem K sich über „zu Unrecht diskriminierte künstlerische Ausdrucksformen wie Pflastermalerei, Scherenschnitte und ähnliche Techniken" lobend äußert, ist sie jedoch nicht mehr gewillt, weitere Bußgeldbescheide hinzunehmen. Sie fühlt sich als Künstlerin und erhebt daher gegen die Stadt S Klage vor dem örtlich zuständigen Verwaltungsgericht V mit dem Antrag festzustellen, daß das Anfertigen und der Verkauf von Scherenschnitten weder unter das Ladenschlußgesetz falle noch als Gewerbe im Sinne der Gewerbeordnung einzustufen sei und daß sie für die Benutzung der Straße keiner Sondernutzungserlaubnis bedürfe.

Aufgabe:

Prüfen Sie die Erfolgsaussichten der Klage der F gegen die Stadt S vor dem Verwaltungsgericht V.

Bearbeitervermerk:

Gehen Sie davon aus, daß der OBM der Stadt S die zuständige Behörde für den Vollzug der Gewerbeordnung (GewO), des Ladenschlußgesetzes (LadSchlG) und des Straßen- und Wegegesetzes des Landes Nordrhein-Westfalen (StrWG NW) ist.

Lösungsvorschlag

A. Zulässigkeit der Klage der F

Nach einer im Vordringen befindlichen Auffassung soll das Problem der Eröffnung des Verwaltungsrechtsweges in einem eigenständigen Abschnitt vor der Frage der Zulässigkeit der Klage behandelt werden. Mit den überzeugenden Ausführungen von *Leifer*[1] wird hier daran festgehalten, die Frage der Eröffnung des Verwaltungsrechtsweges in die Prüfung der Zulässigkeitsvoraussetzungen einzubettten.

I. Eröffnung des Verwaltungsrechtsweges gemäß § 40 Abs. 1 S. 1 VwGO

1. Öffentlich-rechtliche Streitigkeit

Eine öffentlich-rechtliche Streitigkeit liegt vor, wenn die Streitigkeit nach Maßgabe öffentlichen Rechts zu entscheiden ist. Sie ist nach Maßgabe öffentlichen Rechts zu entscheiden, wenn die streitentscheidenden Normen ausschließlich den Staat oder eine seiner Untergliederungen berechtigen oder verpflichten, sogenannte modifizierte Subjektstheorie[2]. Streitentscheidende Normen sind hier die Vorschriften des Gewerbe-, Ladenschluß- und Straßenrechts, bei denen es sich um typische Materien des öffentlichen Rechts[3] handelt. Die Streitigkeit ist daher nach Maßgabe öffentlichen Rechts zu entscheiden, folglich ist eine öffentlich-rechtliche Streitigkeit gegeben.

---

[1] Vgl. *Leifer*, JuS 2004, 956 (958).
[2] Dazu näher *Maurer*, § 3 Rn. 17 f.
[3] Zu dieser Vorgehensweise näher *Hufen*, § 11 Rn. 28 ff.

2. Nichtverfassungsrechtliche Streitigkeit
Diese Streitigkeit ist auch nichtverfassungsrechtlicher Art.

3. Abdrängende Sonderzuweisung
Eine ausdrückliche Zuweisung an ein Gericht eines anderen Rechtszweiges ist nicht ersichtlich.
Der Verwaltungsrechtsweg ist mithin eröffnet.

II. Zulässigkeit der Klagehäufung

Die F verfolgt in ihrer Klage drei Begehren, nämlich drei verschiedene Anträge auf Feststellung, daß eine Erlaubnispflicht nach jeweils verschiedenen Gesetzen nicht besteht. Fraglich ist, ob diese Zusammenfassung in einer Klage zulässig ist. Die objektive Klagehäufung ist nach § 44 VwGO zulässig, wenn die Begehren sich gegen denselben Beklagten richten, im Zusammenhang stehen und dasselbe Gericht zuständig ist. Beklagter für alle Feststellungsbegehren ist die Stadt S als Rechtsträger ihrer Erlaubnisbehörden, die für die Erteilung der Erlaubnisse nach der GewO, dem LadSchlG und dem StrWG NW zuständig sind. Die Begehren stehen auch in einem Zusammenhang, da um die Beurteilung eines einheitlichen Sachverhalts, nämlich um die Erlaubnispflichtigkeit der Tätigkeit der F gestritten wird. Für alle Begehren ist nach § 52 Nr. 5 VwGO das Verwaltungsgericht zuständig, in dessen Bezirk der Sitz des Beklagten, also der Ort der Verwaltungsführung der Stadt S, liegt. Die Voraussetzungen der Klagehäufung sind somit erfüllt, sie ist mithin zulässig.

> Die F verbindet in ihrer Klage drei verschiedene Begehren, nämlich drei Anträge auf Feststellung der Erlaubnisfreiheit ihrer Tätigkeit mit Blick auf drei verschiedene Gesetze.
> Zu prüfen ist daher die Zulässigkeit einer Klagehäufung nach § 44 der Verwaltungsgerichtsordnung (VwGO). Der genaue Standort der Prüfung[4] kann viel Kopfzerbrechen bereiten und großen Prüfungsaufwand verursachen, wenn man die Bedeutung der Vorschrift für die Praxis nicht richtig einzuschätzen weiß. § 44 VwGO ist keine Zulässigkeitsvoraussetzung einer Klage, denn ist die Klagehäufung unzulässig, so bleibt jede Klage für sich zulässig; die Verfahren werden lediglich getrennt[5]. Vorgeschlagen wird deshalb eine pragmatische Behandlung des § 44 VwGO. Ist wie hier schnell erkennbar, daß die Voraussetzungen der Vorschrift gegeben sind, sollte man sich möglichst kurz fassen und an einer geeigneten Stelle abhandeln.

III. Richtige Rechtsschutzform

Die Begehren der F sind als Feststellungklage nach § 43 Abs. 1 Alt. 1 i.V.m. Abs. 2 S. 1 VwGO statthaft, wenn die Voraussetzungen dieser Vorschriften erfüllt sind.

---

[4] Vgl. dazu etwa den Vorschlag von *Hufen,* § 13 Rn. 19: Erwähnung am Ende der Statthaftigkeitsprüfung.
[5] Vgl. *Schenke,* Verwaltungsprozeßrecht, Rn. 73; *Hufen,* § 13 Rn. 18 ff.

Eine zwingende Reihenfolge für die Prüfung der Statthaftigkeitsvoraussetzungen der Feststellungsklage gibt es nicht[6]. Entscheidend ist die Zweckmäßigkeit der Falllösung.

Es wird nunmehr nicht mehr zwischen den einzelnen Anträgen differenziert, weil die Voraussetzungen immer identisch sind.

1. Vorliegen eines Rechtsverhältnisses

Erste Voraussetzung ist, daß das Begehren der F auf die Feststellung des Bestehens oder Nichtbestehens eines Rechtsverhältnisses gerichtet ist. Unter einem Rechtsverhältnis sind die aus einem konkreten Sachverhalt aufgrund einer Rechtsnorm des öffentlichen Rechts sich ergebenden rechtlichen Beziehungen einer Person zu einer einer anderen Person oder zu einer Sache zu verstehen[7]. Im Streit stehen hier die rechtlichen Beziehungen zwischen F und der Stadt S, die sich aus der Anwendung des StrWG NW, des LadSchlG und der GewO ergeben. Die Verwaltung der S hat mehrfach Bußgeldbescheide erlassen, weil sie von einer Rechtspflicht der F zur Einholung von Erlaubnissen ausgeht. Dieser Streit um die Erlaubnispflicht der Handlungen der F begründet ein hinreichend konkretes Rechtsverhältnis zwischen F und der Stadt S[8].

2. Keine Subsidiarität des Feststellungsbegehrens

Die Feststellung kann indes gemäß § 43 Abs. 2 S. 1 VwGO nicht begehrt werden, wenn die F ihre Rechte durch Gestaltungs- oder Leistungsklage verfolgen kann. Diese Rechtsschutzformen führen aber nur dann zum Ausschluß der Feststellungsklage, wenn durch diese Rechtsschutz in zumindest gleichem Umfang und mit gleicher Effektivität erreicht wird[9]. Diese Anforderung ist insbesondere dann nicht erfüllt und die Feststellungsklage daher nicht subsidiär, wenn der Kläger Rechte gerade ohne Rücksicht auf mit einer Verpflichtungsklage verfolgbare behördliche Gestattung zu haben behauptet, weil er die beabsichtigte Handlung als

---

[6] A.A. *Hufen*, § 18 Rn. 9: Die Frage der Subsidiarität der Feststellungsklage stehe am Anfang der Prüfung.

[7] Sog. „Standarddefinition", vgl. BVerwGE 40, 323 (325); *Hufen*, § 18 Rn. 6 f.

[8] Vgl. zu ähnlich gelagerten Fallkonstellationen BVerwGE 16, 92 (93): Streit um die Pflicht zur Eintragung in die Handwerksrolle; BVerwGE 39, 247 (249): Streit über die Genehmigungspflichtigkeit des Teppichhandels; BVerwG, NJW 1988, 1534 (1534 f.): Streit um die Genehmigungsfreiheit von Tierversuchen.

[9] Vgl. BVerwGE 32, 333 (335); *von Nicolai*, in: Redeker/von Oertzen, VwGO, § 43 Rn. 25.

erlaubnisfrei ansieht[10]. In diesen Fällen kann durch die Feststellungsklage das streitige Rechtsverhältnis klarer, weiter gehend und dauerhafter geklärt werden, als dies bei einer sonstigen Klage der Fall wäre. Die Feststellungsklage der F ist mithin nur dann unzulässig, wenn die F die Frage der Erlaubnispflichtigkeit ihrer Tätigkeit durch Anfechtungsklage, Verpflichtungsklage oder allgemeine Leistungsklage ebensogut oder besser erreichen kann. Da die F aber gerade davon ausgeht, daß ihre Scherenschnitte erlaubnisfrei sind, wird die Klärung dieser Frage durch die Feststellungsklage effektiver erreicht, weil sie zu einer umfassenden Klärung aller mit der Tätigkeit der F zusammenhängenden Fragen führt. Zudem ist es widersprüchlich, von der F die Erhebung einer Verpflichtungsklage zu verlangen, obwohl sie gerade davon ausgeht, daß sie einer Erlaubnis nicht bedarf. Die Feststellungsklage der F ist mithin nicht nach § 43 Abs. 2 S. 1 VwGO ausgeschlossen.

IV. Besonderes Feststellungsinteresse

1. Berechtigtes Interesse

Ein berechtigtes Interesse an der begehrten Feststellung liegt vor, wenn ein *konkreter* Klärungsbedarf besteht. Dies ist dann der Fall, wenn zwischen Kläger und der Behörde Meinungsverschiedenheiten in einer für den Kläger wichtigen Frage besteht, weil er sein Verhalten oder seine sonstigen Dispositionen auf die Rechtslage einstellen muß oder weil er Straf- oder Bußgeldverfahren vermeiden will[11]. F und die Stadt S sind über die Erlaubnispflichtigkeit der Tätigkeit der F unterschiedlicher Auffassung, so daß ein konkreter Klärungsbedarf und mithin auch ein berechtigtes Interesse besteht.

2. Baldige Feststellung

Weitere Voraussetzung ist, daß die F ein Interesse an baldiger Feststellung geltend machen kann. Dieses Interesse besteht immer dann, wenn die Frage *gegenwärtig* offen und klärungsbedürftig ist oder die Gefahr einer Wiederholung in unmittelbarer Zukunft gegeben ist[12]. Da die Stadt S die Tätigkeit der F als erlaubnispflichtig ansieht, ist auch in Zu-

---

[10] Vgl. BVerwGE 39, 247 (249); *Kopp/Schenke*, VwGO, § 43 Rn. 29; *Würtenberger*, Verwaltungsprozeßrecht, Rn. 414.
[11] Vgl. *Hufen*, § 18 Rn. 23.
[12] Vgl. *Hufen*, § 18 Rn. 24.

kunft damit zu rechnen, daß sie gegen die F Bußgeldbescheide erlassen wird. Die F hat deshalb ein Interesse an baldiger Feststellung.

V. Klagebefugnis analog § 42 Abs. 2 VwGO

Zu der Frage der Erforderlichkeit einer Klagebefugnis im Zusammenhang mit der Feststellungsklage wird hier aus didaktischen Gründen näher eingegangen, da diese Problematik nach wie vor umstritten ist. Wer allein auf das Ergebnis der Prüfung abstellt, sollte in diesem Fall auch auf eine nähere Auseinandersetzung verzichten, da die F auch die strengen Anforderungen des BVerwG erfüllt.

Fraglich ist, ob die über ein baldiges Feststellungsinteresse hinaus in entsprechender Anwendung des § 42 Abs. 2 VwGO geltend machen muß, in ihren Rechten verletzt zu sein. Das Bundesverwaltungsgericht[13] und mit ihm Stimmen in Rechtsprechung[14] und Schrifttum[15] dehnen das Erfordernis der Klagebefugnis auf die Feststellung mit dem Argument aus, der Gefahr von Popularklagen begegnen zu müssen[16]. Erforderlich ist nach dieser Argumentation daher, daß der Kläger an dem Rechtsverhältnis selbst beteiligt ist oder daß von dem Rechtsverhältnis eigene Rechte des Klägers abhängen; in diesen Fällen soll er die Klagebefugnis besitzen[17].

Dieser Auffassung ist indes entgegenzuhalten, daß sich aus den von der Rechtsprechung zur Rechtfertigung angeführten Fallbeispielen nicht zwingend die Notwendigkeit der Klagebefugnis für alle Erscheinungsformen der Feststellungsklage ergibt[18]. Sofern die Verfahren Nichtigkeitsfeststellungsklagen nach § 43 Abs. 1 Alt. 2 VwGO zum Gegenstand hatten, läßt sich das Erfordernis einer Klagebefugnis immerhin noch mit der Nähe dieser Erscheinungsform der Feststellungsklage zu § 42 Abs. 1 VwGO rechtfertigen[19]. Eine Begrenzung des Anwendungsbereichs der allgemeinen Feststellungsklage läßt sich indes bereits durch die konsequente Anwendung der Merkmale der Konkretheit des Rechtsverhältnisses und des Feststellungsinteresses durchsetzen[20]. Auch auf diesem Wege kann die Gefahr von Popularklagen zuverlässig ausgeschaltet werden. Für einen

---

[13] Vgl. statt vieler BVerwGE 100, 262 (271) = NJW 1996, 2046 (2048 m.w.N.).
[14] Vgl. OVG Koblenz, NVwZ 1983, 303 (304).
[15] Siehe z. B. *Happ*, in: Eyermann, VwGO, § 43 Rn. 4; *Stern*, Rn. 466; *Pietzner/Ronellenfitsch*, § 14 Rn. 1, § 18 Rn. 9.
[16] So insbesondere *Stern*, Rn. 466.
[17] Vgl. zusammenfassend BVerwGE 100, 262 (271) = NJW 1996, 2046 (2048).
[18] Zur Analyse der Rechtsprechung näher *Laubinger*, VerwArch 82 (1991), 459 (478 ff.; 491 ff.); *Hufen*, § 18 Rn. 27.
[19] Zur Anwendbarkeit des § 42 Abs. 2 VwGO bei Nichtigkeitsfeststellungsklagen vgl. *Hufen*, § 18 Rn. 46.
[20] So *Hufen*, § 18 Rn. 27; ebenso *Schenke*, Verwaltungsprozeßrecht, Rn. 410.

Analogieschluß besteht mangels einer Regelungslücke[21] daher keine Notwendigkeit; das zusätzliche Erfordernis einer Klagebefugnis für die allgemeine Feststellungsklage ist daher – von ganz wenigen Ausnahmekonstellationen abgesehen[22] – abzulehnen[23].

Es bedarf folglich keines weiteren Vortrags der F, durch die Behauptung der Erlaubnispflichtigkeit ihres Handelns in ihren Rechten verletzt zu sein.

VI. Sonstige Zulässigkeitsvoraussetzungen

Da die Vorschriften des VIII. Abschnitts der VwGO auf die Feststellungsklage keine Anwendung finden, bedarf es weder eines Vorverfahrens noch der Einhaltung einer Klagefrist.

Die Feststellungsklage ist zulässig.

Selbst wenn man der Auffassung des BVerwG folgen wollte und einen weiteren Vortrag zur Klagebefugnis verlangte, gäbe es in diesem Fall also kein Problem: Die F ist selbst an dem Rechtsverhältnis beteiligt und von diesem Rechtsverhältnisse hängen eigene Rechte der F ab.

B. Begründetheit der Klage

Die Feststellungsklage der F ist begründet, wenn das Rechtsverhältnis bzw. die drei Rechtsverhältnisse mit der Stadt S nach den Vorschriften des materiellen Rechts nicht besteht bzw. nicht bestehen.

I. Erlaubnispflicht nach der GewO

Eine Erlaubnispflicht für das Anfertigen von Scherenschnitten folgt aus § 55 Abs. 2 GewO, wenn sich es sich bei der Tätigkeit der F um ein Reisegewerbe handelt. Nach § 55 Abs. 1 Nr. 1 GewO betreibt ein Reisegewerbe, wer gewerbsmäßig ohne vorhergehende Bestellung außerhalb seiner gewerblichen Niederlassung oder ohne eine solche zu haben selbständig oder unselbständig in eigener Person Waren feilbietet oder Leistungen anbietet[24]. Fraglich ist bereits, ob die F „gewerbsmäßig" im Sinne dieser Vorschrift handelt. Die Begriffe gewerbsmäßig und Gewerbe sind in der GewO nicht ausdrücklich gesetzlich definiert. Nach der von

---

[21] Vgl. *Kopp/Schenke*, VwGO, § 42 Rn. 63.
[22] Dazu näher *Würtenberger*, Verwaltungsprozeßrecht, Rn. 426 ff.
[23] Im Ergebnis ebenso *Wahl/Schütz*, in: Schoch/Schmidt-Aßmann/ Pietzner, VwGO, § 42 Rn. 2 Rn. 23 ff.; *Kopp/Schenke,* VwGO, § 42 Rn. 63; *Schmitt Glaeser/Horn*, Rn. 342, *Würtenberger*, Verwaltungsprozeßrecht, Rn. 425 ff.
[24] Die Vorschrift des § 55 Abs. 1 Nr. 1 GewO wird bereits mit Blick auf die Fallrelevanz präzisiert.

Rechtsprechung und Schrifttum erarbeiteten Definition ist Gewerbe „jede erlaubte, auf Gewinnerzielung gerichtete, selbständige Tätigkeit, die fortgesetzt und nicht nur gelegentlich ausgeübt wird, mit Ausnahme der Urproduktion, der Verwaltung eigenen Vermögens, wissenschaftlicher, künstlerischer und schriftstellerischer Berufe sowie persönlicher Dienstleistungen höherer Art"[25]. Unabhängig vom Vorliegen der übrigen Merkmale des Gewerbebegriffs betreibt die F jedenfalls dann *kein* Gewerbe, wenn sich ihr Schaffen als künstlerischer Beruf darstellt bzw. künstlerischer Natur ist. Der Begriff der Kunst entzieht sich - wie das Bundesverfassungsgericht in mehreren Entscheidungen festgestellt hat - einer abschließenden, allgemeingültigen Definition[26]. Fest steht, daß von einem weiten Kunstbegriff auszugehen ist[27], und daß das wesentliche der künstlerischen Betätigung die freie schöpferische Gestaltung ist[28]. Im Hinblick auf die nach der Gewerbeordnung erforderliche Abgrenzung der Kunst vom Kunstgewerbe ist aber erforderlich, daß die Tätigkeit nach Charakter und Qualität „höherer Art" ist und mehr als nur handwerkliche Fertigkeiten aufweist[29]; maßgebend für die Beurteilung ist das „Gesamtgepräge" der Arbeit[30].

Für die Einordnung der *Herstellung* von Scherenschnitten als Kunst spricht, daß sich das Herstellen von Profilschattenbildern „nicht in dem maßstabsgetreuen Ausschneiden von Papier entsprechend den Umrissen des Modells beschränkt, sondern regelmäßig ein intuitives Erfassen des Besonderen am Modell und dessen Wiedergabe in typischer Weise erfordert. Ähnlich wie bei der Portraitmalerei werden auch in dem Schattenbild die subjektiven Eindrücke des Modells in einer dem jeweiligen Künstler eigenen Formensprache unmittelbar zur Anschauung gebracht"[31]. Da auch die Silhouettenherstellung zu den anerkannten Formen

---

[25] *Arndt*, Rn. 239; ebenso *Frotscher*, Rn. 239 m.w.N.

[26] Vgl. BVerfGE 67, 213 (225); ebenso BVerwGE 91, 211 (214); aus der Literatur *Pieroth/Schlink*, Rn. 610 ff.

[27] Vgl. BVerfGE 67, 213 (224 f.); zu der Weite des Kunstbegriffs kritisch *Ipsen*, Staatsrecht II, Rn. 473 ff.

[28] Vgl. BVerGE 30, 173 (188 f.); BVerfGE 67, 213 (226); *Sachs*, Grundrechte, B 5 Rn. 75.

[29] Zu dieser Unterscheidung näher BFH, NJW 1983, 1224 (1224); BFH, DB 1991, 896 (896); vgl. auch *Frotscher*, Rn. 250. Kritik an dieser Differenzierung unter Angabe verschiedener umstrittener Beispielsfälle bei *Arndt*, Rn. 253.

[30] So *Frotscher*, Rn. 250.

[31] VGH Mannheim, NJW 1989, 1299 (1299); auf gleicher Linie BVerwG, NJW 1990, 2011 (2011).

künstlerischer Äußerung gehört, fällt die Herstellung von Scherenschnitten unter den Kunstbegriff des Grundgesetzes.

Steht somit fest, daß das Anfertigen von Schattenrißbildern grundsätzlich als Kunstausübung und nicht als Gewerbe zu qualifizieren ist, so fragt sich, ob auch die Werke der F die genannten Merkmale erfüllen. Dies wäre dann nicht der Fall, wenn ihre Werke sich als „dilettantisch" oder als Ausdruck „bloß handwerklicher Geschicklichkeit" erwiesen[32]. Gegen eine solche Einschätzung der Werke der F spricht die im Sachverhalt wiedergegebene Reaktion des Publikums. Die Zuschauer heben mit „genau getroffen" und „täuschend ähnlich" dieses intuitive Erfassen des eigentlich Wesenhaften der portraitierten Person durch die F hervor und betonen zugleich das Können der F. Das Herstellen der Profilschattenbilder durch die F ist daher nicht schlichte handwerkliche Geschicklichkeit, sondern ein „eigenschöpferischer Gestaltungsprozeß" und somit Kunst im Sinne von Art. 5 Abs. 3 S. 1 Grundgesetz (GG).

Fraglich ist des weiteren, ob auch der *Verkauf* der Schattenbilder zum geschützten Bereich der Kunst gehört. Vom grundrechtlichen Schutzbereich umfaßt ist nicht nur der Werkbereich, sondern auch die Verbreitung des Kunstwerkes, der sogenannte Wirkbereich[33]. Für den Wirkbereich der Straßenkunst gelten dabei Besonderheiten, die für andere künstlerische Ausdrucksformen nicht ins Gewicht fallen mögen. Als Scherenschnittkünstlerin kann die F ihre Modelle nur dort finden und an die Portraitierten verkaufen, wo Menschen versammelt sind oder vorübergehen. Wegen dieser engen Verknüpfung von Herstellung und wirtschaftlicher Verwertung gehört hier auch der Verkauf des Kunstwerkes zum geschützten Wirkbereich der Kunstfreiheit[34]. Da mithin sowohl die Herstellung als auch der Verkauf der Scherenschnitte von der Kunstfreiheit erfaßt sind, übt die F kein Gewerbe aus. Sie bedarf darf daher keiner Reisegewerbekarte. Die diesbezügliche Feststellungsklage ist mithin begründet.

---

[32] Vgl. zu diesen Kriterien BVerwG, NJW 1990, 2011 (2011).

[33] Vgl. BVerfGE 77, 240 (253 f.) m.w.N.

[34] Vgl. BVerwG, NJW 1990, 2011 (2011), VG Freiburg, GewArch 2001, 246 (247). Anders hingegen das VG Freiburg für eine Ikonen-Verkaufsveranstaltung: Der Verkauf von Ikonen durch den Künstler sei als Handel mit Kunstwerken einzustufen und daher eine gewerbliche Betätigung, vgl. VG Freiburg, GewArch 2001, 246 (247 f.).

II. Verstoß gegen das Ladenschlußgesetz

Ein Verstoß gegen das Ladenschlußgesetz ist nicht gegeben, wenn es auf die Tätigkeit der F nicht anwendbar ist oder die F sich innerhalb des Erlaubten oder Erlaubnisfähigen bewegt. Nach § 20 Abs. 1 S. 1 LadSchlG ist während der allgemeinen Ladenschlußzeiten auch das gewerbliche Feilhalten von Waren zum Verkauf an jedermann außerhalb von Verkaufsstellen verboten. Da die Tätigkeit der F aber - wie oben dargelegt - schon kein gewerbliches Feilhalten von Waren ist, findet das LadSchlG auf die F keine Anwendung. Ein Verstoß gegen das LadSchlG ist nicht gegeben; die Feststellungsklage ist auch insoweit begründet.

III. Erlaubnispflicht nach dem Straßen- und Wegegesetz des Landes Nordrhein-Westfalen

Eine Erlaubnispflicht für das Anfertigen von Profilschattenbildern in Fußgängerzonen und auf öffentlichen Plätzen durch die F besteht nach § 18 Abs. 1 S. 2 StrWG NW dann, wenn diese Nutzung öffentlicher Straßen als Sondernutzung im Sinne von § 18 Abs. 1 S. 1 StrWG NW zu qualifizieren ist. Nach dieser Vorschrift ist Sondernutzung die Benutzung der Straße über den Gemeingebrauch hinaus[35]. Es fragt sich daher, ob das Anfertigen von Scherenschnitten unter Benutzung von Klappstühlen dem erlaubnisfreien Gemeingebrauch unterfällt. Gemeingebrauch ist gemäß § 14 Abs. 1 S. 1 StrWG NW der jedermann gestattete Gebrauch der öffentlichen Straße im Rahmen der Widmung und der verkehrsrechtlichen Vorschriften[36]. Straßen sind gemäß § 6 Abs. 1 S. 1 StrWG NW i.V.m. § 2 Abs. 1 StrWG NW grundsätzlich zum Zwecke des öffentlichen Verkehrs gewidmet[37]. We-

---

[35] § 18 Abs. 1 S. 1 StrWG NW: Die Benutzung der Straßen über den Gemeingebrauch hinaus ist unbeschadet des § 14 a Abs. 1 Sondernutzung. Ähnliche oder gleichlautende Definitionen zur Bestimmung des Begriffs „Sondernutzung" finden sich in den Straßen- und Wegegesetzen der anderen Länder sowie in § 8 Abs. 1 S. 1 Bundesfernstraßengesetz (BFStrG).

[36] § 14 Abs. 1 S. 1 StrWG NW: Der Gebrauch der öffentlichen Straßen ist jedermann im Rahmen der Widmung und der verkehrsrechtlichen Vorschriften gestattet (Gemeingebrauch).
Ähnlich oder gleichlautende Begriffsbestimmungen des Begriffs „Gemeingebrauch" finden sich in den Straßen- und Wegegesetzen der anderen Länder sowie in § 7 Abs. 1 S. 1 Bundesfernstraßengesetz (BFStrG).

[37] Vgl. § 6 Abs. 1 S. 1StrWG NW: Widmung ist die Allgemeinverfügung, durch die Straßen, Wege und Plätze die Eigenschaft einer öffentlichen Sache erhalten.

sentliches Merkmal des Verkehrsbegriffs ist die Nutzung der Straße zur Fortbewegung, Ortsveränderung und zum Transport, sogenannter objektiver Verkehrsbegriff[38]. Zu diesem Zweck nutzt die F die Straße aber gerade nicht. Sie will vielmehr längere Zeit an einem Ort verweilen, um Passanten auf ihre Kunst aufmerksam zu machen. Verkehr im Sinne von Fortbewegung liegt daher nicht vor.

Fraglich ist aber, ob eine Beschränkung des Gemeingebrauchs auf reine Fortbewegungszwecke noch dem modernen Funktionsbild von Straßen entspricht oder ob der Verkehrsbegriff nicht in einem umfassenderen Sinne verstanden werden muß. Nach verbreiteter Auffassung in Rechtsprechung und Schrifttum erscheint ein enges Gemeingebrauchskonzept unter Berücksichtigung der Kommunikationsgrundrechte, vor allem Art 5 GG, als nicht mehr straßengerecht[39]. Zumindest im innerörtlichen Bereich und besonders in Fußgängerzonen sollen zum Gemeingebrauch nicht nur die Straßenbenutzung zur Ortsveränderung, sondern auch bestimmte kommunikative Nutzungsformen der Straße gehören[40]. Unter diesem sogenannten „kommunikativen Verkehr" wird eine Nutzung verstanden, die den öffentlichen Straßenraum auch als Stätte der kommunikativen Begegnung, der Pflege menschlicher Kontakte betrachtet und nach der der Straßenraum als Ort des Informations- und Meinungsaustausches dient[41]. Unter öffentlichem Verkehr ist folglich nach diesem erweiterten Verkehrsbegriff nicht nur die reine Ortsveränderung, sondern auch der kommunikative Verkehr zu verstehen. Da auch die F die Straße dazu nutzt, Kontakt mit ihrem Publikum aufzunehmen, unterfällt auch die Tätigkeit der F dem Begriff des „kommunikativen Verkehrs".

---

[38] § 2 Abs. 1 StrWG NW: Öffentliche Straßen im Sinne dieses Gesetzes sind diejenigen Straßen, Wege und Plätze, die dem öffentlichen Verkehr gewidmet sind.
Vgl. *Papier*, Sachen, S. 86 f. m.w.N.
[39] Vgl. *Steiner*, Rn. 110 i.V.m. 130; *Siems,* Jura 2003, 587 (589 f.); enger jedoch *Papier*, Sachen, S. 87, 93 ff.
[40] Vgl. VGH Mannheim, NJW 1989, 1299 (1300 m.w.N.); lediglich referierend BVerwG, NJW 1990, 2011 (2011 m.w.N.); aus der Literatur *Steiner*, Rn. 110; *Degenhart*, in: Dolzer/Vogel, BK-GG, Art. 5 Abs. 1 und 2 Rn. 250; kritisch zu der Figur des „kommunikativen Verkehrs" *Laubinger*, VerwArch 81 (1990), 583 (617 ff.).
[41] Vgl. zu dieser Betrachtungsweise referierend BVerwG, NJW 1990, 2011 (2011).

Einige Autoren gehen die Frage von einem objektiven Verkehrsbegriff an und fragen, ob auch bei kommunikativem Verkehr überhaupt noch Fortbewegung vorliegt. Ist keine Fortbewegung gegeben, so soll immer Sondernutzung gegeben sein. Liegt Fortbewegung vor, so soll es zusätzlich noch auf den subjektiven Zweck ankommen. Dies führt dazu daß das kommerzielle Verteilen von Werbezetteln durch einen sich in der Fußgängerzonen auf und ab bewegenden Verteiler nicht mehr dem Gemeingebrauch unterfällt, weil der subjektive Zweck nicht auf Fortbewegung, sondern auf kommerzielle Aktivität gerichtet ist[42]. Nach dieser Auffassung ist auch klar, daß die F eine Sondernutzungserlaubnis benötigt, weil bei ihr schon objektiv keine Fortbewegung stattfindet.

Damit ist aber noch entschieden, ob der „kommunikative Verkehr" in seinen verschiedenen Erscheinungsformen - und damit auch die Tätigkeit der F - unbeschränkt zum Gemeingebrauch zu rechnen ist oder ob nicht im Hinblick auf das öffentliche Interesse an der Sicherheit und Leichtigkeit des Verkehrs wiederum Einschränkungen des weiten Verkehrsbegriffs erforderlich sind[43]. Für die letztere Ansicht sprechen folgende Erwägungen: Ließe man jedwede „kommunikative" Nutzungsform wie etwa das Verteilen von Werbezetteln, das Aufstellen von Informationsständen, den Aufbau von Musikanlagen und ähnliches unter den Begriff des Gemeingebrauchs fallen, so würde der Begriff der Sondernutzung zumindest im Bereich der Gemeindestraßen funktionslos. Die Sondernutzungserlaubnis übernimmt jedoch eine wichtige Steuerungsfunktion, da sie die zeitlich und örtlich gegenläufigen Interessen der Straßennutzer zum Ausgleich bringt[44]. Diese Ausgleichsfunktion ginge zu Lasten der anderen Verkehrsteilnehmer verloren, wenn keine Differenzierung zwischen dem Grad der Inanspruchnahme durch den „kommunikativen Verkehr" erfolgte. Die Ausweitung des Verkehrsbegriffs kann daher nicht zur Folge haben, daß kommunikative Nutzungsformen unbeschränkt in das Begriffsspektrum des Gemeingebrauchs einzubeziehen sind[45].

---

[42] Zu diesem Ansatz ausführlich *Papier*, Sachen, S. 93 ff., speziell zur Kunstausübung S. 100.
[43] Vgl. dazu näher *Grote*, in: Kodal/Krämer, Kapitel 24 Rn. 22.5 ff.
[44] Vgl. BVerwG, NJW 1990, 2011 (2012); *Steiner*, Rn. 115 i.V.m. Rn. 130.
[45] Vgl. *Laubinger*, VerwArch 81 (1990), 583 (618 ff.).

Diese Argumentation soll indes nach Auffassung eines Teils des Schrifttums für die Kunstfreiheit keine Geltung beanspruchen können. Nach dieser Meinung soll die Ausübung von Kunst unabhängig von anderen Gesichtspunkten immer als Gemeingebrauch anzusehen sein[47]. Dieser Ansicht ist aber entgegenzuhalten, daß auch die Kunstfreiheit Schranken unterliegt. Diese Schranken ergeben sich aus Art. 2 Abs. 1, 3 Abs. 1 und 14 Abs. 1 GG, die den störungsfreien Gemeingebrauch der übrigen Straßennutzer gewährleisten. Zwischen der Kunstfreiheit und den Grundrechten anderer ist folglich ein Interessenausgleich herbeizuführen. Dieser Ausgleich muß den Zweck der Straßennutzung und das Maß der Inspruchnahme der Straße durch die Kunstfreiheit berücksichtigen[48]. Als Zwischenergebnis ist daher festzuhalten, daß eine Differenzierung zwischen den verschiedenen Formen des kommunikativen Verkehrs erforderlich ist und die Abgrenzung zwischen Gemeingebrauch und Sondernutzung auch bei der Kunstfreiheit auf einer situations- und einzelfallbezogenen Betrachtung beruhen muß[49].

Dieser differenzierte Betrachtungsansatz wird auch der Forderung nach einer kunstfreundlichen Auslegung des Straßenrechts[46] gerecht.

Es fragt sich daher, ob die „kommunikative Nutzungsform" des Anfertigens von Scherenschnitten noch unter den erweiterten Begriff des Gemeingebrauchs subsumiert werden kann oder bereits die Schwelle zur Sondernutzung überschreitet. Für die Einordnung kommunikativer Nutzungsformen als noch Gemeingebrauch oder schon Sondernutzung sind in Rechtsprechung und Schrifttum eine Reihe von Kriterien entwickelt worden, die einen Ausgleich zwischen den konkurrierenden Nutzungsformen zu gewährleisten suchen und die der Steuerungsfunktion der Sonder-

---

[46] Zu dieser Forderung vgl. *Steiner*, Rn. 135 sowie *Jarass*, in: Jarass/Pieroth, GG, Art. 5 Rn. 110.

[47] So etwa *Würkner*, GewArch 1987, 321 (325 ff.), der die Kunstfreiheit grundsätzlich erlaubnisfrei stellen will; auf gleicher Linie *Hufen*, DÖV 1983, 353 ff. (356); *Jarass*, in: Jarass/Pieroth, GG, Art. 5 Rn. 110.

[48] Vgl. zum vorstehenden *Pappermann/Löhr/Andriske*, S. 71; *Steiner*, Rn. 135.

[49] So auch *Pappermann/Löhr/Andriske*, S. 71; hingegen ist nach Auffassung des BVerwG Kunstausübung im Straßenraum grundsätzlich er-laubnispflichtige Sondernutzung, vgl. BVerwG, NJW 1990, 2011 (2012); *Papier*, Sachen, S. 100; *Laubinger*, VerwArch. 81 (1990), 583 (621).

nutzungserlaubnis Rechnung tragen. Entscheidende Faktoren sind die Dauer des Verweilens (Zeitfaktor), wobei in der Regel eine halbe Stunde als Obergrenze für den Gemeingebrauch anzusehen ist, der Gebrauch ortsfester Gegenstände wie Stühle oder Tische sowie der Mengeneffekt. In diesem Zusammenhang kann ferner der subjektive Zweck der Fortbewegung (Freude an der Zusammenkunft vs. kommerzielle Absichten) eine Rolle spielen[50]. Unter Berücksichtigung dieser Kriterien spricht gegen die Einordnung der Tätigkeit der F als Gemeingebrauch zunächst die zeitliche Dauer der Nutzung. Mit ihrem in der Regel einstündigen Verweilen an einem Platz ist eine gewisse Ortsfestigkeit gegeben. Dieser Eindruck der Ortsfestigkeit wird noch durch den Einsatz von Klappstühlen verstärkt. Zu berücksichtigen ist ferner die Ansammlung von Menschen, obwohl diese ausweislich des Sachverhalts anderen Passanten die Straßennutzung nicht erschwert haben. Aus dieser Gesamtbetrachtung ist abzuleiten, daß die Tätigkeit der F nicht mehr als Gemeingebrauch qualifiziert werden kann, sondern bereits die Schwelle zur Sondernutzung überschreitet. Die F bedarf daher einer Sondernutzungserlaubnis. Die Feststellungsklage ist insoweit unbegründet.

Hätte die F ihre Tätigkeit im Stehen ausgeübt und sich kürzer an einem Ort aufgehalten, so wäre eine divergierende Betrachtung möglich gewesen.

Gesamtergebnis:

Die Klage der F ist zulässig, aber nur teilweise begründet.

Anmerkung:

Der Fall ist angelehnt an die Entscheidungen BVerwG, NJW 1990, 2011 und VGH Baden-Württemberg, NJW 1989, 1299 ff.

Vertiefungshinweise:

Zur Feststellungsklage:
Kunig, Examinatorium: Die Zulässigkeit verwaltungsgerichtlicher Feststellungsklagen, Jura 1997, 326 ff.; *Laubinger,* Feststellungsklage und Klagebefugnis (§ 42 Abs. 2 VwGO), VerwArch. 82 (1991), 459 ff.

---

[50] Näher zum Ganzen *Grote,* in: Kodal/Krämer, Kapitel 24 Rn. 22.7 ff. ; insbesondere zur Ortsfestigkeit als Ausschlußkriterium *Siems,* Jura 2003, 587 (590); *Pache/Knauff,* JA 2004, 47 (49).

Allgemein zur Abgrenzung von Gemeingebrauch und Sondernutzung:
Enders, Die Sondernutzung im Straßenrecht zwischen Erlaubnispflicht und Freiheitsanspruch des Bürgers, Verw Arch 83 (1992), 527 ff.; *Fehling,* Gemeingebrauch und Sondernutzung im System des allgemeinen Verwaltungsrechts und des Wirtschaftsverwaltungsrechts, JuS 2003, 246 ff.; *Pache/Knauff,* Gemeingebrauch und Sondernutzung im Straßenrecht, JA 2004, 47 ff.; *Siems,* Gemeingebrauch und Sondernutzung im Recht der öffentlichen Sachen, Jura 2003, 587 ff.

Speziell zur Straßenkunst als Gemeingebrauch oder Sondernutzung:
Goerlich, Die aktuelle Entscheidung: Kunst, Erlaubnisverfahren und Straßennutzung - BVerwG, U. v. 09.11.1989 - 7 C 81/88 -, Jura 1990, 415 ff.; *Hufen,* Zur rechtlichen Regelung der Straßenkunst - kommunikativer Gemeingebrauch oder Verbot mit Erlaubnisvorbehalt, DÖV 1983, 353 ff.; *Laubinger,* Straßenkunst: Gemeingebrauch oder Sondernutzung?, VerwArch 81 (1990), 583 ff.; *Steinberg/Hartung,* Straßenkunst als Gemeingebrauch oder als Sondernutzung? - Anmerkung zu: BVerwG, U. v. 09.11.1987 - 7 C 81/88 - = NJW 1990, 2011, JuS 1990, 795 ff.; *Würkner,* Straßenkunst als (kommunikativer) Gemeingebrauch, NJW 1989, 1266 ff.

Klausur Nr. 15***

Rückstau in der Kanalisation

Sachverhalt

A ist Eigentümer eines Reihenhauses am B-Weg in der sächsischen Kleinstadt S. Sein Haus war eines der ersten an diesem Weg und wurde Mitte 1992 im Rahmen des von der Stadt geförderten Projekts „Wohnpark Südaue" erbaut. Gleichzeitig mit der Errichtung der Häuser am B-Weg wurde von S zur Entwässerung der Grundstücke eine Abwasserkanalisation erstellt. Auch das Grundstück des A wird 1992 an die Abwasserkanalisation angeschlossen.

Da der Wohnpark sich als großer Erfolg erweist, werden durch die zuständigen Beamten und Bediensteten der S in der Folgezeit ständig weitere Grundstücke an das bestehende Abwasserleitungsnetz der Stadt S angeschlossen, ohne daß das Personal der Stadt S eine Kapazitätsüberprüfung der Anlage vornimmt, da man dort der Meinung ist, daß alles schon gut gehen werde. Im Jahre 2000 sind mehr als doppelt so viele Einleiter wie ursprünglich geplant an die Kanalisation angeschlossen. Deshalb kommt es zuweilen nach stärkeren Regenfällen zu länger anhaltenden Abflußstauungen im Kanalnetz, die jedoch zunächst ohne Folgen bleiben.

Die Entwässerung betreibt S auf der Grundlage ihrer Entwässerungssatzung vom 10.03.1992. Gemäß §§ 5 und 6 der Entwässerungssatzung unterliegen die angeschlossenen Grundstücke einem Anschluß- und Benutzungszwang. Für die Benutzung der Abwasserkanalisation erhebt S Gebühren. Ihre Haftung für eventuelle Schäden durch die Abwasserkanalisation wegen Betriebsstörungen oder Störungen aufgrund von Naturereignissen hat S gemäß § 12 der Entwässerungssatzung auf Vorsatz und grobe Fahrlässigkeit beschränkt. Sonstige Regelungen im Falle etwaiger Störungen im Leistungsverhältnis zwischen S und den Benutzern enthält die Satzung nicht.

In der Nacht zum 28. August 2002 ereignet sich in S ein heftiges Gewitter mit sehr starken Regenfällen. Die gewaltigen Wassermassen können von dem Schmutzwasserkanal der Abwasserkanalisation nicht mehr abgeleitet werden. Es kommt zu einem Rückstau im Kanalnetz und zu starken Überschwemmungen auf dem B-Weg. Hierdurch bedingt tritt im Hause des A aus einer im Keller installierten Toilette Wasser aus und überschwemmt die benachbarten Kellerräume. Es entsteht ein Gebäudeschaden in Höhe von 12.000 € und ein Sachschaden an im Keller aufbewahrten Gegenständen von 8.000 €.

Sogleich nach der Überschwemmung verlangt A von S für Gebäude- und Sachschaden insgesamt 20.000 €. Nach längeren Verhandlungen lehnt S die Erstattung Anfang 2004 endgültig ab. Sie verweist auf ihren Haftungsausschluß in § 12 der Entwässerungssatzung. Außerdem sei der Anspruch auch deshalb ausgeschlossen, weil - was zutrifft - A es versäumt habe, ein Rückstauventil anbringen zu lassen, obwohl allgemein bekannt sei, daß es bei ungünstigen Wetterlagen zu Überschwemmungen kommen könne. Ferner könne A von seiner Gebäudeversicherung Ersatz verlangen.

A gibt sich mit dieser Antwort nicht zufrieden und sucht Anfang April 2004 zur Durchsetzung seiner Ansprüche Rechtsanwalt R auf. Was wird R dem A raten, und auf welchem Rechtsweg wird er eventuelle Ansprüche des A verfolgen?

Lösungsvorschlag

A. Ansprüche des A

Rechtsanwalt R wird A zur Klage raten, wenn A einen Anspruch auf Zahlung von insgesamt 20.000 € gegen die Stadt S hat.

Die möglichen Ansprüche werden prinzipiell in der im Zivilrecht üblichen Reihenfolge geprüft, also vertragliche Ansprüche vor GoA, dinglichen Ansprüchen sowie Delikt und ungerechtfertigter Bereicherung[1]. Diese Reihenfolge kann im öffentlich-rechtlichen Ersatzleistungsrecht allerdings nicht sklavisch beibehalten werden, da es kein „System" des Staatshaftungsrechts gibt und die Anspruchsgrundlagen sich aus verschiedenen Instituten speisen. Zu untersuchen sind zudem nur solche Anspruchsgrundlagen, die ernsthaft in Betracht kommen.

I. Anspruch aus schuldhafter Pflichtverletzung eines verwaltungsrechtlichen Schuldverhältnisses analog §§ 280, 241 Abs. 2 BGB n.F.[2]

1. Anwendbarkeit des zivilrechtlichen Rechts der Leistungsstörungen auf verwaltungsrechtliche Leistungsbeziehungen

Voraussetzung ist zunächst, daß die Regelung des § 280 Abs. 1 BGB n.F. über Schadensersatz wegen Pflichtverletzungen in Schuldverhältnissen, welche nach der Reform des Schuldrechts durch das Schuldrechtsmodernisierungsgesetz die richterrechtlich entwickelten Grundsätze der positiven Vertragsverletzung (pVV) erfaßt und zugleich ersetzt[5], auf das Verhältnis zwischen A und S anwendbar ist. Dies könnte – unterstellt man ein öffentlich-rechtliches Leistungsverhältnis zwischen A und S - fraglich sein, weil es sich um eine Haftungsfigur des privaten Rechts handelt. Die bürgerlich-rechtlichen Regelungen des Rechts der Leistungsstörungen sind auf öffentlich-rechtliche Sonderverbindungen anwendbar, wenn diese ihrer Struktur und ihrem Gegenstand nach bürgerlich-rechtlichen Leistungsbeziehungen vergleichbar sind und mangels ausdrücklicher gesetzlicher Regelung ein Bedürfnis für eine angemessene

Die Folgen der Schuldrechtsreform für das Recht der öffentlich-rechtlichen Ersatzleistungen, insbesondere für Ansprüche aus öffentlich-rechtlichen Sonderverbindungen, sind bislang erst in Ansätzen verarbeitet[3]. Soweit es um Ansprüche aus verwaltungsrechtlichen Schuldverhältnissen geht, kann aber in mehrfacher Hinsicht auf die in der Rechtsprechung und Literatur etablierten Rechtsgrundsätze rekurriert werden[4].

---

[1] Vgl. *Medicus*, Bürgerliches Recht, Rn. 8 ff.
[2] Ebenso *Rüfner*, § 49 Rn. 12 Fn. 26: „... jetzt § 280 i.V.m. § 241 Abs. 2 BGB nF".
[3] Zu den Auswirkungen der Schuldrechtsreform auf Rechtsbeziehungen des öffentlichen Rechts vgl. *Geis*, NVwZ 2002, 385 (385 ff.).
[4] Vgl. etwa VGH Mannheim, NJW 2003, 1066 (1067); *Heinrichs*, in: *Palandt*, BGB § 280 Rn. 10 f.; *Maurer*, § 29 Rn. 4 f. ; *Rüfner*, § 49 Rn. 12; *Peine*, Rn. 382 f.
[5] Vgl. *Heinrichs*, in: *Palandt*, BGB, § 280 Rn. 1; *Medicus*, Schuldrecht AT, Rn. 411; *Zimmer*, NJW 2002, 1 (6 f.).

Verteilung der Verantwortung innerhalb des öffentlichen Rechts vorliegt[6].

a) Vorliegen eines Näheverhältnisses zwischen A und S

Ersteres ist dann der Fall, wenn ein besonders enges Verhältnis des Bürgers zum Staat oder zur Verwaltung begründet wurde[7]. Leistungs- und Benutzungsverhältnisse im Bereich der Daseinsvorsorge, so etwa der Anschluß an die kommunale Abwasserkanalisation, sind dadurch gekennzeichnet, daß bei ihnen Leistungen ausgetauscht werden, die im Gegenseitigkeitsverhältnis stehen. Zwischen dem Bürger und der Verwaltung entsteht folglich ein enges Leistungs- und Benutzungsverhältnis, das in seinem Gesamtbild privatrechtlichen Vertragsbeziehungen vergleichbar ist[8].

b) Bedürfnis für die sinngemäße Anwendung des vertraglichen Schuldrechts

Ein Bedürfnis für die sinngemäße Anwendung des vertraglichen Schuldrechts als Ausdruck allgemeiner Rechtsgedanken besteht, wenn das öffentliche Recht keine Sonderregelungen für die Abwicklung derartiger Leistungsbeziehungen enthält[9]. Dies ist insbesondere dann der Fall, wenn die Benutzungsregelung keine Vorkehrungen für etwaige Leistungsstörungen trifft. Bei dem Verhältnis des Anschlußnehmers A zur Stadt S handelt es sich hinsichtlich des Betriebs einer gemeindlichen Abwasserkanalisation um eine vertragsähnliche Beziehung, für welche die Satzung der S hinsichtlich etwaiger Leistungsstörungen mit Ausnahme eines Haftungsausschlusses keine Regelung bereitstellt. Auf dieses Schuldverhältnis zwischen A und S sind die Vorschriften des vertraglichen Schuldrechts, insbesondere seine Haftungsvorschriften, wegen des bestehenden Bedürfnisses einer Regelung im Falle von Leistungsstörungen mithin

---

[6] Vgl. BGHZ 21, 214 (218); BGH, NJW 1998, 298 (299).
[7] Vgl. BGH, NJW 1998, 298 (299); *Heinrichs*, in: Palandt, BGB § 280 Rn. 10.
[8] Vgl. zur kommunalen Kanalisation BGHZ 54, 299 (303 f.), BGH, NJW 1984, 615 (617); VGH Mannheim, NJW 2003, 1066 (1067).
[9] Zu Anwendbarkeit der Vorschriften des Schuldrechts auf verwaltungsrechtliche Schuldverhältnisse vgl. BGHZ 61, 7 (7 ff.), VGH Mannheim, NJW 2003, 1066 (1067); *Maurer*, § 28 Rn. 2 und 4 f.; *Rüfner*, § 49 Rn. 9 und 12; speziell für die pVV alten Rechts *Wolff/Bachof/Stober*, Bd. 2, § 55 Rn. 36 und § 68 Rn. 19.

grundsätzlich[10] entsprechend anwendbar. Unabhängig von der noch vorzunehmenden Qualifizierung der Leistungsbeziehung zwischen A und S als öffentlich-rechtlich oder privatrechtlich steht daher fest, daß die gesetzliche Regelung des Schadensersatzanspruchs wegen Pflichtverletzung nach §§ 280 Abs. 1, 241 Abs. 2 BGB n.F. auf die Verbindung zwischen A und S prinzipiell Anwendung finden kann.

2. Tatbestandsvoraussetzungen des Schadensersatzanspruchs wegen Pflichtverletzung gemäß §§ 280 Abs. 1, 241 Abs. 2 BGB n.F.

a) Bestehen einer verwaltungsrechtlichen Sonderverbindung zwischen A und S

Weitere Voraussetzung ist, daß zwischen A und S ein verwaltungsrechtliches Schuldverhältnis besteht. Nach den obigen Ausführungen ist geklärt, daß zwischen A und S aufgrund der §§ 5 und 6 der Entwässerungssatzung eine Sonderverbindung in Form eines Abwasserkanalbenutzungsverhältnisses besteht. Fraglich aber ist, ob dieses Schuldverhältnis zwischen A und S *öffentlich-rechtlich* ausgestaltet ist. Für eine öffentlich-rechtliche Regelung des Benutzungsverhältnisses spricht zum einen, daß S die Rechtsbeziehungen zwischen den Einleitern und der Stadt durch die Satzung über die Entwässerung der Grundstücke und den Anschluß an die öffentliche Abwasseranlage - Entwässerungssatzung vom 10.03.1992 - geregelt hat. Die Regelung von gemeindlichen Angelegenheiten durch Satzung gemäß § 4 SächsGemO ist aber eine typisch öffentlich-rechtliche Handlungsform kommunaler Verwaltung[11]. In § 14 Abs. 1 SächsGemO[12] wird den Gemeinden sogar ausdrücklich die Befugnis zum Erlaß von Satzungen für Wasserversorgung sowie Ableitung und Reinigung von Abwasser gegeben. Die Verwendung der Handlungsform Satzung ist somit ein

---

[10] Zu etwaigen Ausnahmen, die durch den Charakter des konkreten öffentlich-rechtlichen Schuldverhältnisses bedingt sein können, vgl. *Wolff/Bachof/ Stober*, Bd. 2, § 55 Rn. 33 ff.

[11] Vgl. *Maurer*, § 4 Rn. 20; *Gern*, Deutsches Kommunalrecht, Rn. 248 f.

[12] § 14 Abs. 1 SächsGemO: Die Gemeinde kann bei öffentlichem Bedürfnis durch Satzung für die Grundstücke ihres Gebietes den Anschluss an Anlagen zur Wasserversorgung, Ableitung und Reinigung von Abwasser, Fernwärmeversorgung und ähnliche dem öffentlichen Wohl, insbesondere dem Umweltschutz dienende Einrichtungen (Anschlusszwang) und die Benutzung dieser Einrichtungen, der Bestattungseinrichtungen, der Abfallbeseitigungseinrichtungen und der Schlachthöfe (Benutzungszwang) vorschreiben.

deutliches Anzeichen für die öffentlich-rechtliche Natur des Rechtsverhältnisses[13].

Darüber hinaus ist als weiteres Indiz für eine öffentlich-rechtliche Regelung des Benutzungsverhältnisses der Umstand anzusehen, daß für die Benutzung statt eines privatrechtlich geschuldeten Nutzungsentgelts gemäß der Beitrags- und Gebührensatzung „Gebühren" erhoben werden[14].

Schließlich ist noch auf den Grundsatz hinzuweisen, daß das Handeln der Verwaltung in der Regel als öffentlich-rechtlich anzusehen ist, wenn nicht der Wille, privatrechtlich handeln zu wollen, ausdrücklich hervortritt[15]. Ein Wille der S, das Benutzungsverhältnis der Abwasserkanalisation privatrechtlich regeln zu wollen, ist nicht deutlich in Erscheinung getreten.

Aus der Zusammenschau dieser Gesichtspunkte ergibt sich daher, daß S eine öffentlich-rechtliche Regelung des Kanalbenutzungsverhältnisses getroffen hat. Folglich unterfällt die Benutzung dem öffentlichen Recht, mithin ist ein verwaltungsrechtliches Schuldverhältnis zwischen A und S gegeben.

b) Objektive Pflichtverletzung durch S

Nächste Voraussetzung ist, daß S oder die für sie handelnden Personen (Beamte oder Angestellte) eine aus dem schuldrechtlichen Benutzungsverhältnis der Abwasserkanalisation herrührende Pflicht verletzt zu haben. In Betracht kommt eine Verletzung der allgemeinen Schutzpflicht, die aus der besonders engen Verbindung eines Benutzungsverhältnisses zwischen A und S herrührt. Die Schutzpflicht ist die Pflicht, sich bei Abwicklung des Schuldverhältnisses so zu verhalten, daß Person, Eigentum oder sonstige Rechtsgüter des anderen Vertragsteiles nicht verletzt werden[16]. Danach bestand für S die Pflicht, Schäden im Vermögen und Eigentum der Benutzer und Einleiter der Abwasserkanalisation zu vermeiden. Diese Pflicht hat die Stadt S verletzt, denn durch das infolge des Rückstaus nicht mehr ordnungsgemäß abzuleitende Wasser kam es zu Schä-

---

[13] Vgl. *Ossenbühl*, Staatshaftungsrecht, S. 39.
[14] Vgl. *Seewald*, Rn. 154; *Detterbeck/Windthorst/Sproll*, § 21 Rn. 10.
[15] Vgl. BVerwG, NJW 1990, 1435 (1436); OVG Münster, OVGE 24, 175 (179 f.); *Bull*, Rn. 109; *Brohm*, NJW 1994, 281 (284); kritisch zu dieser Vermutungsregel *Kopp/Schenke*, VwGO, § 40 Rn. 12, *Wolff/Bachof/Stober*, Bd. 1, § 22 Rn. 44.
[16] Vgl. allgemein *Heinrichs*, in: Palandt, BGB, § 241 Rn. 7 i.V.m. § 280 Rn. 28; *Medicus*, Schuldrecht AT, Rn. 5 i.V.m. Rn. 415; *Schlechtriem*, Schuldrecht AT, Rn. 130 i.V.m. Rn. 108.

den am Eigentum des A kam. Eine objektive Pflichtverletzung ist daher gegeben.

Auf diese Pflichtverletzung kann sich A indessen nicht berufen, wenn der bei ihm eingetretene Schaden nicht vom Schutzbereich der verletzten Pflicht umfaßt ist[18]. Fraglich ist daher, ob Rückstauschäden außerhalb des Schutzbereichs der allgemeinen Schutzpflicht liegen.

An welcher Stelle die Frage, ob der eingetretene Schaden außerhalb des Schutzbereichs der verletzten Pflicht lag, innerhalb des Prüfungsaufbaus zu erörtern ist, ist offen. Eine dogmatisch klare Einordnung läßt sich der Rechtsprechung zu den verwaltungsrechtlichen Schuldverhältnissen bislang nicht entnehmen. Beim Amtshaftungsanspruch erfolgt diese Prüfung üblicherweise bei der Untersuchung der Drittbezogenheit der Amtspflicht unter dem Stichwort "sachliche Drittbezogenheit". In Angleichung an diese Prüfungsabfolge bei § 839 BGB i.V.m. Art. 34 GG wird deshalb hier auch beim Schadensersatzanspruch wegen Pflichtverletzung die Frage des Schutzbereichs der Pflicht bereits im Zusammenhang mit der Pflichtverletzung geprüft. Denkbare Alternative des Standorts dieser Prüfung mag aber auch die Kausalität sein[17].

Für einen Ausschluß von Rückstauschäden - im Gegensatz zu Überschwemmungsschäden - aus dem Schutzbereich der verletzten Pflicht ist von Teilen der Rechtsprechung geltend gemacht worden, daß jeder Anschlußnehmer damit rechnen müsse, daß von Zeit zu Zeit auf seine Leitung ein Druck einwirken könne, der bis zur Rückstauebene reiche. Demgemäß sei er – zumindest im Grundsatz – verpflichtet, geeignete Vorkehrungen zu treffen, um sein Anwesen vor dem Eintritt eines Rückstauschadens zu sichern. Die Rückstausicherung habe die Funktion, den Austritt von Wasser aus der Kanalisation bis zum Erreichen der Rückstauebene zu verhindern. Sähe der Anschlußnehmer vom Einbau solcher Rückstausicherungen ab, so könne er nicht in schutzwürdiger Weise darauf vertrauen, vor Rückstau-

Überschwemmungsschäden sollen hingegen nach einhelliger Auffassung der Rechtsprechung vom Schutzbereich der allgemeinen Schutzpflicht umfaßt sein[19]. Wer hier eine gewisses Maß an Dezisionismus annimmt, dem kann schlecht widersprochen werden[20].

---

[17] Vgl. OLG München, NVwZ 1992, 1124 (1124).
[18] Vgl. BGH, NVwZ 1998, 1218 (1219); ebenso OLG Köln, NVwZ-RR 2000, 651 (651).
[19] Vgl. z.B. BGH, DVBl. 1999, 609 (610 ff.); BGH, NVwZ 1998, 1218 (1219); BGHZ 125, 19 (24 f.); OLG Köln, NVwZ-RR 2000, 651 (651).
[20] Kritisch zu solchen vom BGH favorisierten „alles oder nichts"-Lösungen auch *Wolff/Bachof/Stober*, Bd. 2, § 67 Rn. 52.

schäden bewahrt zu bleiben[21]. Folglich sind nach dieser Ansicht Rückstauschäden nicht vom Schutzbereich der verletzten Pflicht umfaßt[22].

Gegen diese Betrachtung spricht jedoch, daß der Ausschluß von Rückstauschäden aus dem Haftungstatbestand zu einer weitgehenden Freizeichnung der öffentlichen Hand in Benutzungsverhältnissen trotz gröbster Planungs- und Betriebsmängel führt. Das Risiko von Fehlfunktionen unzureichend konzipierter, fehlerhafter oder nachlässig betriebener Anlagen wird auf diese Weise nahezu vollständig auf den dem Anschluß- und Benutzungszwang unterworfenen Bürger überbürdet. Dies entspricht aber nicht dem aus dem Verhältnismäßigkeitsgrundsatz abzuleitenden Gedanken, daß in verwaltungsrechtlichen Schuldverhältnissen eine gerechte Verteilung des Schadensrisikos zwischen Betreiber und Anschlußnehmer vorzunehmen ist[25]. Dem Anliegen des BGH, die Haftung der Kommunen aus dem Kanalbenutzungsverhältnis zu begrenzen, kann nämlich auch – wie noch vor einigen Jahren vom BGH und einigen Oberlandesgerichten ausdrücklich vertreten – über eine entsprechende Anrechnung des Verursachungsbeitrages des Anschlußnehmers im Wege des Mitverschuldens Rechnung getragen werden[26]. Auch Rückstauschäden sind daher vom Schutzbereich der verletzten Pflicht umfaßt. A kann sich daher auf die objektive Pflichtverletzung der Stadt S berufen.

Noch vor einigen Jahren vertraten der BGH und einige Oberlandesgerichte ebenfalls diese Position und sahen Rückstauschäden ohne weiteres im Schutzbereich der Pflichten aus dem Kanalbenutzungsverhältnis[23]. Korrekturen der gemeindlichen Haftung wurden bei der Prüfung des Verschuldens respektive durch extensive Anwendung des § 254 Abs. 1 BGB vorgenommen[24].

Wer der hier vertretenen Auffassung nicht folgen mag, muß hinsichtlich des Rückstauschadens die Prüfung des Schadensersatzanspruchs wegen Pflichtverletzung gemäß §§ 280 Abs. 1, 241 Abs. 2 BGB n.F. an dieser Stelle abbrechen.

---

[21] Zu dieser Argumentation vgl. OLG Köln, NVwZ-RR 2000, 651 (651) unter Rekurs auf BGH, NVwZ 1998, 1218 (1219); ferner OLG München, NVwZ 1992, 1124 (1124).

[22] So ausdrücklich BGH, NVwZ 1998, 1218 (1219); OLG Köln, NVwZ-RR 2000, 651 (651).

[23] Vgl. BGH, NJW 1984, 615 (617); OLG Düsseldorf, NVwZ-RR 1994, 627 (627 f.); OLG München, NVwZ 1992, 1125 (1125), aus der Literatur *Sprau*, in: Palandt, BGB, § 839 Rn. 91.

[24] Siehe Fn. 19.

[25] Dazu allgemein *Rüfner*, § 49 Rn. 15.

[26] Vgl. BGH, NJW 1984, 615 (617); OLG Düsseldorf, NVwZ-RR 1994, 627 (627 f.); OLG München, NVwZ 1992, 1125 (1125), ferner *Wolff/Bachof/Stober*, Bd. 2, § 67 Rn. 52 zum Amtshaftungsanspruch.

c) Vertretenmüssen der Pflichtverletzung

Fraglich ist, ob S die eingetretene Pflichtverletzung zu vertreten hat. Grundsätzlich haftet die Stadt S gemäß § 276[27] bzw. § 278 BGB[28], wenn entweder ihren gesetzlichen Vertretern oder den Personen, deren sie sich zur Erfüllung ihrer Verbindlichkeit bedient, Vorsatz oder Fahrlässigkeit zur Last fällt. Die ständige Kapazitätserweiterung ohne nähere Prüfung durch die Bediensteten der S läßt die im Verkehr erforderliche Sorgfalt außer acht und ist zumindest fahrlässig. Ein der S zurechenbares Verschulden liegt daher vor. Also hat sie die Pflichtverletzung zu vertreten.

An dieser Stelle ist noch nicht auf die Frage des Haftungsausschlusses durch die Bestimmungen in der Entwässerungssatzung einzugehen. Diese Frage sollte im Anschluß an die Erörterung der übrigen Tatbestandsvoraussetzungen geprüft werden.

d) Kausaler Schaden

Eine kausale Verursachung des Schadens durch die Pflichtverletzung liegt vor, denn der Schaden am Eigentum des A ist *durch* den Rückstau im zu klein dimensionierten Abwassernetz entstanden.

Wegen der fehlenden Rückstausicherung verneinen einige Gerichte hier die Kausalität[29].

3. Umfang des Schadensersatzes

Der Gebäudeschaden und der Schaden an den übrigen Gegenständen umfaßt zusammen 20.000 €. Eine Korrektur durch den Gedanken des Schutzzwecks der Norm ist nicht erforderlich, so daß es bei einer Schadenshöhe von 20.000 € bleibt.

Der Gedanke einer Haftungsbeschränkung durch den Schutzzweck der Norm – sofern man ihn hier prüfen möchte – ist bereits oben ein-gebracht worden.

4. Haftungsausschlüsse und -beschränkungen

a) Haftungsausschluß durch § 12 der Entwässerungssatzung

Der Anspruch des A könnte aber durch § 12 der Entwässerungssatzung ausgeschlossen sein. Nach dieser Vorschrift haftet S lediglich für vorsätzliches oder grob fahrlässiges Verhalten ihrer Bediensteten. Erweist sich diese Haftungsbeschränkung auf vorsätzliches respektive *grob* fahrlässiges Verhalten als wirksam, dann kommt es entscheidend darauf

---

[27] Der Rechtsgedanke des § 276 BGB ist auf verwaltungsrechtliche Schuldverhältnisse anwendbar, vgl. *Maurer*, § 29 Rn. 4.
[28] Zur mittlerweile unbestrittenen Anwendbarkeit von § 278 BGB innerhalb verwaltungsrechtlicher Schuldverhältnisse vgl. BVerwG, DVBl. 1998, 645 (646); OVG Münster, NVwZ 1996, 610 (212); *Heinrichs*, in: Palandt, BGB, § 278 Rn. 4; *Wolff/Bachof/Stober*, Bd. 2, § 55 Rn. 40.
[29] Vgl. OLG München, NVwZ 1992, 1124 (1124); a.A. aber OLG München, NVwZ 1992, 1125 (1125); OLG Düsseldorf, NVwZ-RR 1994, 627 (627).

an, ob das Verhalten der Bediensteten der Stadt S als grob fahrlässig zu würdigen ist.

aa) Wirksamkeit des § 12 der Entwässerungssatzung

Fraglich ist daher zunächst, ob § 12 wirksam ist. Daran könnten Zweifel bestehen, wenn eine Haftungsbeschränkung durch Satzung unzulässig ist[30]. Eine Haftungsbeschränkung durch Satzung ist nur wirksam, wenn sie sich auf Ausschluß der leichten Fahrlässigkeit beschränkt, sachlich gerechtfertigt ist und den Grundsätzen der Erforderlichkeit und Verhältnismäßigkeit (Gedanke der gerechten Risikoverteilung) entspricht[31]. Die Einhaltung dieser Vorgaben ist, auch im Hinblick auf die entsprechende Regelung in § 309 Nr. 7 BGB n.F.[32], zu bejahen, da die Stadt S den Ausschluß auf leichte Fahrlässigkeit[33] beschränkt hat.

bb) Bedeutsamkeit des Haftungsausschlusses

Da sich § 12 der Entwässerungssatzung als wirksam erweist, ist anschließend zu untersuchen, ob der Haftungsausschluß eingreift. Dies ist dann nicht der Fall, wenn sich das Verhalten der Bediensteten der Stadt S als vorsätzliches oder grob fahrlässiges Handeln darstellt. Für Vorsatz liegen keine zureichenden Anhaltspunkte vor, doch könnte grobe Fahrlässigkeit gegeben sein. Grobe Fahrlässigkeit liegt vor, wenn die verkehrserforderliche Sorgfalt in besonders schwerem Maße verletzt worden ist[34]. Dies ist dann der Fall, wenn schon ganz naheliegende und einfachste Überlegungen nicht angestellt worden sind[35]. Die Bediensteten der Stadt S haben ständig Neuanschlüsse weiterer Einleiter an die alte, unverändert bestehende Kanalisation genehmigt. Dadurch haben sie im Lauf der Jahre den Kreis der Einleiter mehr als verdoppelt. Die ständige Erweiterung des Kreises der Einleiter hätte bei den für die Überwachung des Kanalnetzes zuständigen Beamten zu der naheliegenden bzw.

---

[30] In diese Richtung deutend, jedoch nicht ganz eindeutig die Ausführungen von *Rüfner*, § 49 Rn. 13 ff.

[31] Dazu näher BGHZ 61, 7 (12 f.); *Maurer*, § 29 Rn. 7; *Detterbeck/Windthorst/Sproll*, § 21 Rn. 12.

[32] Zur Zulässigkeit des früher geltenden, mit § 309 Nr. 7 BGB n.F. wortlautgleichen § 11 Nr. 7 AGBG als Vergleichsmaßstab für Haftungsausschlüsse in Satzungen siehe *Detterbeck/Windthorst/Sproll*, § 21 Rn. 12.

[33] Vgl. dazu auch *Peine,* der die Zulässigkeit eines Haftungsausschlusses wegen leichter Fahrlässigkeit aus einem Umkehrschluß aus der Bestimmung des § 276 Abs. 3 BGB ableitet, so *Peine*, Rn. 382.

[34] Vgl. BGH, NJW 2001, 2092 (2093); *Medicus*, Schuldrecht AT, Rn. 311.

[35] Vgl. *Heinrichs*, in: Palandt, BGB, § 277 Rn. 5 m.w.N.

sich aufdrängenden Überlegung führen müssen, ob dies nicht zu einer Kapazitätsüberlastung der Anlage führt; eine bloß allgemeine Kontrolle reichte nicht aus. Eine Kapazitätsüberprüfung ist jedoch aufgrund einer sorglosen Einstellung („es wird schon gut gehen") nicht vorgenommen worden. Damit ist die im Verkehr erforderliche Sorgfalt in besonders hohem Maße mißachtet worden, so daß die Bediensteten der Stadt S grob fahrlässig handelten.

Obwohl § 12 der Entwässerungssatzung wirksam ist, kann diese Haftungsbeschränkung der S daher nicht helfen; es verbleibt bei der Haftung der Stadt S.

b) Haftungsminderung aufgrund § 254 BGB

Die Haftung der S könnte jedoch durch ein Mitverschulden des A gemäß § 254 Abs. 1 BGB analog[36] gemindert sein. Es fragt sich, ob A durch sein Verhalten den Schadenseintritt mitverursacht hat, wenn er also die Sorgfalt außer acht gelassen hat, die ein „ordentlicher und verständiger Mensch zur Vermeidung eigenen Schadens anzuwenden pflegt"[37].

Der Betrag des A in der Schadensverursachung könnte darin zu sehen sein, daß er es unterlassen hat, ein Rückstauventil einzubauen. Nach der Lebenserfahrung ist es nicht ausgeschlossen, daß es bei ungünstigen Wetterlagen zu einem Rückstau in einer Abwasserkanalisation kommt und aus den Zuleitungen Wasser austreten kann. Ein Rückstauventil verhindert mit hoher Wahrscheinlichkeit einen solchen Wasseraustritt. Der Einbau eines Rückstauventils gehört daher zu den Maßnahmen, die jeder ordentliche und verständige Benutzer einer Abwasseranlage aus eigenem Interesse und zum Schutz des eigenen Vermögens ergreifen sollte. Da A dies jedoch unterlassen hat, hat er einen Beitrag zur Schadensverursachung geleistet. Bei wertender Betrachtung ist der Beitrag seiner Obliegenheitsverletzung an der Schadensverursachung mit 50% anzusetzen[38], so daß der Anspruch des A um 1/2 zu kürzen ist.

Über die Höhe des Abzugs kann man unterschiedlicher Auffassung sein. Die Rechtsprechung schwankt zwischen 1/3 bis zum völligen Ausschluß eines Schadensersatzanspruchs. Dies erscheint hier aber wegen der groben Pflichtverletzung der S als zu weitgehend.

---

[36] § 254 BGB gilt als Ausprägung des Grundsatzes von Treu und Glauben auch im öffentlichen Recht, vgl. *Heinrichs*, in: Palandt, BGB, § 254 Rn. 5; und ist insbesondere auch im Kontext vertragsähnlicher öffentlich-rechtlicher Pflichten anwendbar, *Heinrichs*, in: Palandt, BGB, § 254 Rn. 5 m.w.N., soweit nicht Sondervorschriften bestehen, vgl. BGH, NJW 2002, 3255 (3255).
[37] BGH, NJW 1987, 2664 (2666).
[38] Vgl. für eine ähnlich gelagerte Fallkonstellation die Entscheidung des OLG München, NVwZ 1992, 1125 (1125).

Ergebnis:

A hat einen Anspruch auf Ersatz von 10.000 € gegen die Stadt S.

II. Anspruch aus § 2 Abs. 1 HPflG

§ 2 Abs. 1 HaftpfG gehört zu den weniger bekannten Anspruchsgrundlagen und ist als Tatbestand der deliktischen Gefährdungshafttung grundsätzlich vor den verschuldensabhängigen Schadensersatzanspruchsgrundlagen des Deliktrechts zu prüfen. Die Prüfung sollte jedoch kurz ausfallen, weil schnell erkennbar ist, daß § 2 Abs. 1 HaftpfG nicht einschlägig ist.

A könnte gegen S einen Anspruch aus § 2 Abs. 1 HPflG besitzen. Voraussetzung dafür ist, daß durch die Wirkungen von Flüssigkeiten, die von einer Rohrleitungsanlage ausgehen, eine Sache beschädigt worden ist.

1. Anlage im Sinne des § 2 Abs. 1 HaftpflG

Die Abwasseranlage der S ist eine Rohrleitungsanlage und damit eine Anlage im Sinne des HaftpflG.

2. Inhaber der Anlage

S ist Eigentümerin des Kanalnetzes und somit auch „Inhaber" der Rohrleitungsanlage.

3. Wirkungshaftung

Zwar ist auch diese Argumentation fraglich, doch besteht insoweit ein Unterschied zur Haftung nach §§ 280 Abs. 1, 241 Abs. 2 BGB n.F., als daß hier jeder Anlagenbetreiber kraft Gesetzes haftet und eine spezifische Verbindung zwischen Betreiber und Geschädigtem sowie ein Verschulden des Anlagenbetreibers nicht Anspruchsvoraussetzung ist.

Weitere Voraussetzung aber ist, daß der Schaden *durch* die Wirkungen, die von der Anlage ausgehen, verursacht worden ist. Entscheidend ist, ob sich die typische Betriebsgefahr einer Rohrleitung verwirklicht. Dies soll nach der Rechtsprechung bei Überflutungsschäden im Zusammenhang mit dem Versagen der Kanalisation dann der Fall sein, wenn das Wasser aus der Kanalisation auf die Straße läuft[39], nicht jedoch, wenn das Wasser in dem beschädigten Haus selbst ausgetreten ist. Hier komme § 2 HaftpflG nicht zur Anwendung[40]. Zur Begründung wird auf den Rechtsgedanken des § 2 Abs. 3 Nr. 1 HaftpflG verwiesen: Der Hausinhaber könne sich gegen derartige Rückstauschäden durch geeignete Bau- und Installationsmaßnahmen sichern; insoweit liege das Risiko in seiner Sphäre[41]. Da das Wasser nicht von außen, sondern im Haus des A ausgetreten ist, hat diese Argumentation zur Folge, daß § 2 HaftpflG als Anspruchsgrundlage ausscheidet.

---

[39] Vgl. BGHZ 109, 8 (14).
[40] Vgl. BGH, NVwZ 1998, 1218 (1219); BGHZ 88, 85 (90 f.).
[41] Vgl. *Larenz/Canaris*, S. 629.

III. Anspruch aus § 1 Staatshaftungsgesetz der Deutschen Demokratischen Republik (DDR-StHG)

1. Grundsätzliche Anwendbarkeit der Vorschrift

Das DDR-Staatshaftungsgesetz gilt – mit Ausnahme Sachsen-Anhalts und unter Berücksichtigung weiterer landesrechtlicher Modifikationen – im Beitrittsgebiet gemäß Art. 9 Abs. 1 S. 1 EinigungsV nach den Maßgaben der Anlage II Kapitel III B Abschnitt III Nr. 1 EinigungsV als Landesrecht fort[42]. Es ist daher in Sachsen prinzipiell taugliche Anspruchsgrundlage, sofern nicht das sächsische Landesrecht abweichende Bestimmungen enthält.

Von den Bearbeitern in den neuen Ländern zumeist vergessen oder übersehen werden die für weite Teile des Beitrittsgebiets weiterhin anwendbaren Vorschriften des Staatshaftungsgesetzes der DDR, die eine verschuldensunabhängige unmittelbare Staatshaftung begründen.

2. Ausschluß durch § 2 Abs. 1 Sächsisches Rechtsbereinigungsgesetz

Ein Anspruch aus § 1 DDR-StHG könnte aber durch § 2 Abs. 1 Sächsisches Rechtsbereinigungsgesetz (SächsRBG) ausgeschlossen sein. Nach § 2 Abs. 1 SächsRBG ist das DDR-StHG im Freistaat Sachsen mit Ablauf des 30.04.1998 außer Kraft getreten, so daß das DDR-StHG grundsätzlich nicht mehr anwendbar ist. Fraglich ist aber, ob die Übergangsvorschrift des § 4 SächsRBG die Anwendbarkeit des DDR-StHG für sogenannte Altfälle weiterhin eröffnet. Gemäß § 4 S. 1 und 2 SächsRBG ist das alte Recht und damit auch das StHG auf Rechtsverhältnisse, die auf der Grundlage des nach § 2 Abs. 1 SächsRBG aufgehobenen Rechts entstanden sind, weiterhin anzuwenden. Da das zwischen A und S bestehende Rechtsverhältnis (Haftung wegen des Schadensfalles) nach dem 30. April 1998 entstanden ist, greift die Übergangsvorschrift nicht. Folglich scheidet § 1 DDR-StHG als taugliche Anspruchsgrundlage aus.

Ebenso wie Sachsen hat Berlin das DDR-StHG ersatzlos aufgehoben. Sachsen-Anhalt hat das DDR-StHG durch das Gesetz zur Regelung von Entschädigungsansprüchen im Land Sachsen-Anhalt ersetzt und an Stelle des weiten Haftungstatbestandes des § 1 DDR-StHG in § 1 dieses Gesetzes der Sache nach das überkommene Haftungsinstitut des enteignungsgleichen Eingriffs spezialgesetzlich geregelt[43]. In Brandenburg, Mecklenburg-Vorpommern und Thüringen wurde der Haftungstatbestand des DDR-StHG beibehalten, die gesetzlichen Regelungen wurden jedoch in verfahrensrechtlicher Hinsicht geändert[44].

---

[42] Zu den landesrechtlichen Besonderheiten siehe *Lühmann*, NJW 1998, 3001 (3002 f.).

[43] Siehe dazu im einzelnen *Wolff/Bachof/Stober*, Bd. 2, § 73 Rn. 34, 51 ff.

[44] Dazu näher *Wolff/Bachof/Stober*, Bd. 2, § 73 Rn. 35 ff.; *Lässig*, LKV 1999, 81 (82 ff.).

Obwohl die Entschädigung wegen eines enteignungsgleichen Eingriffs kein Verschulden erfordert und damit geringere Anforderungen als der Anspruch wegen Amtshaftung stellt, wird diese Anspruchsgrundlage vielfach erst nach dem Amtshaftungsanspruch geprüft. Dies vermutlich deshalb, weil es sich um einen Entschädigungstatbestand handelt, der unter Umständen weniger gewährt als der in der Rechtsfolge umfassendere Amtshaftungsanspruch. Zudem kommt dieser Anspruch häufig nur noch zur „Abrundung" in Betracht. Gleichwohl wird er hier vor dem Amtshaftungsanspruch geprüft, weil er an die Stelle des aufgehobenen Anspruchs aus § 1 DDR-StHG tritt.

IV. Anspruch auf Entschädigung aufgrund eines enteignungsgleichen Eingriffs in das Eigentum des A

1. Anwendbarkeit der Rechtsfigur des enteignungsgleichen Eingriffs

a) Anwendbarkeit neben dem DDR-StHG

Fraglich ist, ob die Figur des enteignungsgleichen Eingriffs neben dem DDR-StHG anwendbar ist. Dies wird in der Literatur mit der Überlegung abgelehnt, daß das StHG das speziellere[45] respektive nach anderer Auffassung das umfassendere Gesetz[46] sei. Es ersetze deshalb die Haftung für enteignungs- und aufoperungsgleiche Eingriffe. Diese Argumentation ist überzeugend, da beide Anspruchsgrundlagen in den Voraussetzungen und dem Ziel (Ersatzleistung für rechtswidriges Staatshandeln) nahezu vollständig übereinstimmen. Im Beitrittgebiet ist der enteignungsgleiche Eingriff daher nicht anwendbar, solange und soweit das DDR-StHG gilt.

Eine Änderung dieser Rechtslage könnte aber in Sachsen durch die Aufhebung des DDR-StHG zum 01.05.1998 insoweit eingetreten sein, als daß der enteignungsgleiche Eingriff nunmehr als Anspruchsgrundlage zur Verfügung steht. Für diese Sicht spricht, daß durch die Aufhebung des DDR-StHG keine Rechtsschutzlücke entstehen, sondern lediglich eine Anpassung an das geltende Bundesrecht erfolgen sollte[47]. Für Schäden aufgrund staatlichen Handelns, die nach dem 30.04.1998 entstanden sind, finden daher nunmehr auch in Sachsen die Anspruchsgrundlagen des enteignungsgleichen und des aufopferungsgleichen Eingriffs Anwendung[48].

---

[45] Vgl. *Ossenbühl*, NJW 1991, 1201 (1207).
[46] Vgl. *Maurer*, § 29 Rn. 46.
[47] Vgl. *Lühmann*, NJW 1998, 3001 (3003).
[48] Ebenso *Ross*, SächsVBl. 1998, 182 (184).

b) Vorrang anderer spezialgesetzlicher Entschädigungstatbestände

Spezialgesetzliche Entschädigungstatbestände, die den Anspruch aus enteignungsgleichem Eingriff ausschließen könnten[49], sind für die zwischen A und S bestehende Sonderverbindung aufgrund des Kanalisationsbenutzungsverhältnisses nicht ersichtlich.

c) Anwendbarkeit neben dem Amtshaftungsanspruch

Der Anspruch aus enteignungsgleichem Eingriff und der Amtshaftungsanspruch wurzeln in verschiedenen Haftungsgrundsätzen und gehen auf unterschiedliche rechtliche Herleitungen[50] zurück[51], so daß mithin Entschädigungsansprüche aus enteignungsgleichem Eingriff neben etwaigen Schadensersatzansprüchen aus § 839 BGB i.V.m. Art. 34 GG geltend gemacht werden können[52].

---

[49] Zu spezialgesetzlichen Entschädigungstatbeständen, insbesondere im Polizei- und Ordnungsrecht, und ihrer Ausschlußwirkung gegenüber dem enteignungsgleichen Eingriff näher *Ossenbühl,* Staatshaftungsrecht, S. 267; *Detterbeck/Windthorst/Sproll,* § 17 Rn. 50.

[50] Dazu sogleich unter IV.2.

[51] Vgl. zu diesen Argumenten *Detterbeck/Windthorst/Sproll,* § 11 Rn. 33.

[52] Vgl. BGHZ 13, 88 (91 ff.); BGHZ 125,19 (24); 136, 182 (184).

2. Rechtsgrundlage der Haftungsfigur des enteignungsgleichen Eingriffs

Einige Stimmen in der Literatur wollen statt dessen den enteignungsgleichen Eingriff in Art. 14 Abs. 1 GG verankern, denn die Entschädigung wegen enteignungsgleichen Eingriffs bilde nach dem Abwehranspruch und dem Folgebeseitigungsanspruch gleichsam die dritte Stufe des Eigentumsschutzes[53]. Wieder andere sehen ihn zu einem „gewohnheitsrechtlich fundierten Anspruchsinstitut gediehen, das keiner Anlehnung oder Stützung mehr bedarf, weder durch Art. 14 GG noch durch den allgemeinen Aufopferungsgedanken"[54].

Obwohl somit Meinungsdivergenzen hinsichtlich der Ableitung und Fundierung des enteignungsgleichen Eingriffs zu konstatieren sind, bestehen hinsichtlich der Tatbestandsvoraussetzungen und Rechtsfolgen des enteignungsgleichen Eingriffs keine wesentlichen Differenzen. Für welche der verschiedenen Herleitungen man sich entscheidet, ist daher in der Fallbearbeitung nicht von ausschlaggebender Bedeutung, solange deutlich wird, daß man um die Problematik der Begründung des enteignungsgleichen Eingriffs weiß.

Fraglich ist, auf welche Rechtsgrundlage die Figur des enteignungsgleichen Eingriffs gestützt werden kann. Nach den Erkenntnissen im Naßauskiesungsbeschluß des Bundesverfassungsgerichts ist die frühere Anknüpfung des Bundesgerichtshofs an Art. 14 Abs. 3 GG heute nicht mehr möglich[55]. In Betracht kommt aber ein Rückgriff auf den allgemeinen Aufopferungsgedanken der §§ 74, 75 Einleitung ALR, welche den „Urgrund" der Entschädigungsansprüche in diesem Bereich bilden[56]. Grundlage des gewohnheitsrechtlich verfestigten Haftungsinstituts des enteignungsgleichen Eingriffs ist daher der Rechtsgedanke der §§ 74, 75 Einl. ALR in seiner richterrechtlich geprägten Ausformung[57].

3. Voraussetzungen des enteignungsgleichen Eingriffs

a) Eigentum als Eingriffsobjekt

Durch den Betrieb der überlasteten Anlage ist es zu Schäden im Grund- und Sacheigentum des A gekommen, so daß eine Verletzung des Eigentums i.S. von Art. 14 Abs. 1 GG vorliegt.

b) Hoheitlicher Eingriff, der keine Enteignung ist

Ein *hoheitlicher* Eingriff liegt vor, da sich der Eingriff als Folge öffentlich-rechtlichen Handelns darstellt. Fraglich könnte aber sein, ob der Eingriff durch aktives Tun oder durch ein Unterlassen vorgenommen wurde. Diese Frage ist aber nur dann von Bedeutung, wenn sich das Unterlassen als einfaches Unterlassen und nicht als qualifiziertes Unterlassen darstellt, da ein Eingriff auch dann zu bejahen ist, wenn es sich um ein sogenanntes qualifiziertes Unterlassen

---

[53] So *Maurer*, § 27 Rn. 87; für eine Verankerung in Art. 14 Abs. 1 GG auch *Ehlers*, VVDStRL 51 (1992), 211 (243 f.); *Bryde*, in: von Münch/Kunig, GG, Bd. 1, Art. 14 Rn.107.

[54] *Ossenbühl*, Staatshaftungsrecht, S. 227; auf gleicher Linie *Rüfner*, § 48 Rn. 57.

[55] Allgemeine Meinung, vgl. nur *Bryde*, in: von Münch/Kunig, GG, Bd. 1, Art. 14 Rn.100.

[56] *Maurer*, § 27 Rn. 87.

[57] Vgl. BGHZ 90, 17 (31 i.V.m. 29 f.); 91, 20 (28); 99, 24 (29); 102, 350 (357); 111, 349 (352); 136, 182 (186); zustimmend *Papier*, in: Maunz/ Dürig, GG, Art. 14 Rn. 722; *Papier*, DVBl. 2000, 1398 (1400); *Lege*, NJW 1990, 864 (869); *Detterbeck/Windthorst/Sproll*, § 17 Rn. 4 ff.

handelt[58]. Gegen die Bewertung des Rückstauschadens als Resultat eines Unterlassens und für seine Qualifizierung als Folge eines aktiven Tuns spricht, daß der Rückstau letztendlich durch die Zulassung und den Anschluß immer neuer Einleiter verursacht worden ist, also durch eine Tätigkeit der Bediensteten herbeigeführt worden ist. Selbst wenn man aber der Meinung ist, der eigentliche Fehler liege in dem Versäumnis, eine Kapazitätsprüfung vorzunehmen, so liegt hierin zumindest ein qualifiziertes Unterlassen, da die Stadt S die Rechtspflicht traf, die Kanalisation nur im Rahmen der Kapazität zu betreiben und sie daher zum Handeln verpflichtet war[59], sobald diese Voraussetzung nicht mehr erfüllt wurde. Mithin stellt sich der Eingriff entweder als aktives Tun oder als qualifiziertes Unterlassen dar, so daß auch diese Anforderung an den hoheitlichen *Eingriff* erfüllt ist.

Weitere Voraussetzung ist aber, daß es sich um einen materiell enteignenden Zugriff handelt, der nicht unter Art. 14 Abs. 3 GG fällt, also nicht durch oder aufgrund eines Gesetzes erfolgt[60]. Dies ist der Fall, da es sich bei dem Rückstauschaden um eine sogenannte faktische Eigentumsverletzung[61] handelt, der typischerweise kein Rechtsakt, sondern ein Realakt zugrunde liegt. Mithin handelt es sich bei dem Rückstauschaden um einen hoheitlichen Eingriff, der keine Enteignung i.S. von Art. 14 Abs. 3 GG darstellt.

---

[58] Vgl. *Maurer*, § 27 Rn. 92.

[59] Zu der These, daß ein Eingriff durch Unterlassen immer dann gegeben sei, wenn eine Rechtspflicht zum Handeln bestand näher *Maurer*, § 26 Rn. 92.

[60] Vgl. *Wolff/Bachof/Stober*, Bd. 2, § 72 Rn. 61.

[61] Dazu *Wolff/Bachof/Stober*, Bd. 2, § 72 Rn. 62; *Detterbeck/Windthorst/Sproll*, § 17 Rn. 19 f.

c) Unmittelbarkeit des Eingriffs

Der Begriff der Unmittelbarkeit ist ein Zurechnungskriterium, mit dem eine Haftungsbegrenzung erreicht werden soll[62]. Er übernimmt damit eine Funktion, wie sie bei dem Anspruch wegen Pflichtverletzung nach §§ 280 Abs. 1, 241 Abs. 2 BGB n.F. die Frage nach der Reichweite des Schutzbereichs der vertraglichen Pflicht und beim Amtshaftungsanspruch die sachliche Drittbezogenheit erfüllen. Es kommt folglich auf eine wertende Zurechnung an. Wer oben die Meinung vertrat, daß der Rückstauschaden nicht vom Schutzbereich der vertraglichen Nebenpflicht umfaßt war, muß im Ergebnis auch hier konsequent bleiben und den enteignungsgleichen Eingriff mangels Unmittelbarkeit des Eingriffs ablehnen. Wurde hingegen der Rückstauschaden als vom Schutzbereich umfaßt angesehen, so bleibt im Ergebnis kein Raum, die Unmittelbarkeit des Eingriffs abzulehnen.

Problematisch aber ist, ob eine Unmittelbarkeit des Eingriffs gegeben ist. Unmittelbarkeit ist gegeben, wenn der Eingriff zu schädigenden Auswirkungen führt, die für die konkrete Betätigung der Hoheitsgewalt typisch sind und aus der Eigenart der hoheitlichen Maßnahme folgen[63]. Ob ein schädigendes Ereignis typisch ist, hängt allerdings von einer wertenden Zurechnung ab[64]. Für eine Einordnung des Rückstauschadens als aus der Eigenart des Betriebes der Kanalisation resultierend spricht, daß derartige Schäden typischerweise dann auftreten, wenn die Anlage nicht im Rahmen der Kapazitätsgrenzen betrieben wird. In Übereinstimmung mit der oben vorgenommen Einordnung solcher Schäden in den Schutzbereich der vertraglichen Nebenpflicht, Rechtsgüter des Anschlußnehmers vor Schäden zu bewahren, sowie – wie unten noch zu zeigen sein wird – in die Schutzbereiche der damit korrespondierenden Amtspflichten ist folglich bei wertender Betrachtung auch die Unmittelbarkeit solcher Schäden im Kontext des enteignungsgleichen Eingriffs zu bejahen. Mithin ist die auch die nächste Voraussetzung, die Unmittelbarkeit des Eingriffs, erfüllt.

d) Rechtswidrigkeit des Eingriffs

Anstelle des Kriteriums „Sonderopfer" ist nunmehr das Merkmal der Rechtswidrigkeit getreten[65].

Auch die Rechtswidrigkeit des Eingriffs ist gegeben, da die Stadt S keinen Rechtfertigungsgrund besitzt, das Eigentum des A zu schädigen.

e) Schaden

Der Schaden beläuft sich auf 20.000 €.

---

[62] Vgl. *Maurer*, § 26 Rn. 93; *Ossenbühl*, Staatshaftungsrecht, S. 248 ff.
[63] Vgl. BGHZ 92, 34 (41 f.); 102, 350 (358).
[64] Vgl. *Maurer*, § 27 Rn. 93.
[65] Dazu ausführlich *Maurer*, § 27 Rn. 94, *Ossenbühl*, Staatshaftungsrecht, S. 258 f.

4. Entschädigungsumfang

Zu entschädigen ist der Vermögensverlust, also der Wert des entzogenen Gutes, der sich am Verkehrswert orientiert[67]. Da in der Regel der volle Wertersatz zu leisten ist, hat A folglich Anspruch auf vollen Ausgleich des Substanzschadens in seinem Eigentum in Höhe von 20.000 €.

Nach anderer Ansicht ist nicht nur Entschädigung, sondern Schadensersatz zu leisten[66]; hier ergeben sich zwischen den verschiedenen Auffassungen indes im Ergebnis keine Divergenzen.

5. Haftungsausschlüsse und Haftungsbeschränkungen

a) Haftungsausschluß wegen Vorrangs des Primärrechtsschutzes

Der Haftungsausschluß des Vorrangs des Primärrechtsschutzes greift bei dieser faktischen Eigentumsverletzung nicht[68], da A keinerlei Möglichkeit hatte, den schädigenden Eingriff in sein Eigentum durch eine Klage vor dem Verwaltungsgericht abzuwehren.

b) Sonstige Formen des Mitverschuldens

Wie oben ausgeführt fällt A allerdings ein hälftiges Mitverschulden zur Last, das zu einer Kürzung seines Anspruchs auf 10.000 € führt.

Der Rechtsgedanke des § 254 BGB findet auch beim enteignungsgleichen Eingriff entsprechende Anwendung[69].

6. Haftungsträger

Haftungsträger ist jedenfalls derjenige, dessen Aufgaben wahrgenommen worden sind[70]. Wahrgenommen wurden hier Aufgaben der Stadt S, so daß die S haftet.

7. Ergebnis

A hat einen Anspruch auf Entschädigung in Höhe von 10.000 € wegen eines enteignungsgleichen Eingriffs in sein Eigentum.

---

[66] So etwa *Ehlers*, VVDStRL 51 (1992), 221 (245 f.).
[67] Vgl. *Maurer*, § 27 Rn. 100 i.V.m. Rn. 66; *Wolff/Bachof/Stober*, Bd. 2, § 72 Rn. 72 i.V.m. Rn. 11.
[68] Vgl. *Detterbeck/Windthorst/Sproll*, § 17 Rn. 39; *Peine*, Rn. 466.
[69] Vgl. *Ossenbühl*, Staatshaftungsrecht, S. 266 f.
[70] Vgl. BGHZ 134, 316 (321).

V. Anspruch aus § 839 BGB i.V.m. Art. 34 GG

1. Anwendbarkeit des Amtshaftungsanspruchs

a) Im Verhältnis zum Anspruch wegen Pflichtverletzung nach §§ 280 Abs. 1, 241 Abs. 2 BGB n.F.

Ansprüche wegen Verletzungen von Pflichten aus einem verwaltungsrechtlichen Schuldverhältnis und Ansprüche aus Amtshaftung können nebeneinander geltend gemacht werden[71].

b) Im Verhältnis zum DDR-StHG

Dagegen ist fraglich, ob Ansprüche aus Amtshaftung durch das DDR-StHG ausgeschlossen sind. Dies ist dann der Fall, wenn das DDR-StHG den Bereich der Staatshaftung umfassend und abschließend regeln sollte. Dies ist in Rechtsprechung und Literatur umstritten, doch schon zu Zeiten der Geltung des DDR-StHG im Beitrittsgebiet wurde überwiegend die Auffassung vertreten, daß der Ausschluß sich nur auf den enteignungsgleichen sowie den aufopferungsgleichen Eingriff bezieht und die Vorschrift des § 839 BGB neben der Staatshaftung des DDR-StHG fortbesteht[72]. Diese Streitfrage bedarf für einen möglichen Anspruch des A aus Amtshaftung jetzt aber keiner Entscheidung mehr, denn nachdem das SächsRBG das DDR-StHG aufgehoben hat, stehen der Anwendung von § 839 BGB i.V.m Art. 34 GG zumindest in Sachsen keine rechtlichen Hindernisse mehr im Weg.

c) Im Verhältnis zum enteignungsgleichen Eingriff

Wie oben dargelegt, können der Amtshaftungsanspruch und Ansprüche wegen eines enteignungsgleichen Eingriffs nebeneinander geltend gemacht werden.

---

[71] Vgl. *Maurer*, § 29 Rn. 8.
[72] Vgl. *Ossenbühl*, NJW 1991, 1201 (1207); zweifelnd *Maurer*, § 29 Rn. 46.

2. Tatbestandsvoraussetzungen des Amtshaftungsanspruchs

a) Ausübung eines öffentlichen Amtes

Die für die Kanalanlage zuständigen Beamten oder Bediensteten der Stadt S, die Amtswalter, haben dann in Ausübung eines öffentliches Amtes gehandelt, wenn sie zur Erfüllung einer öffentlichen Aufgabe in der Rechtsform des öffentlichen Rechts gehandelt haben. Die Entwässerung des Gemeindegebiets ist eine typische Verwaltungsaufgabe auf dem Gebiet der Daseinsvorsorge. Die Bewältigung dieser Aufgabe hat S - wie dargelegt - durch Satzung öffentlich-rechtlich geregelt. Der Vollzug der Aufgaben aufgrund dieser Satzung ist mithin ebenfalls öffentlich-rechtlich[74]. Die Beamten und Bediensteten der S haben daher ein öffentliches Amt wahrgenommen. Ihre Handlungen geschahen auch in Ausübung dieses Amtes, denn ihr Aufgabengebiet war gerade die Kontrolle und Erweiterung des Abwassernetzes.

Für die Prüfung des § 839 BGB existieren verschiedene Aufbauschemata[73], die trotz Unterschieden im Detail in der Sache keine wesentlichen Abweichungen aufweisen. Entscheidend ist daher nicht die sklavische Befolgung der einzelnen Prüfpunkte, sondern die richtige Gewichtung der Untersuchung; einzelne, unstreitige Voraussetzungen dürfen daher auch sehr knapp und im „Urteilsstil" angesprochen werden.

b) Verletzung einer Amtspflicht

Die Amtswalter der S traf die allgemeine Amtspflicht, deliktische Schädigungen Dritter zu vermeiden[75]. Darüber hinaus oblag den mit der Überwachung der Anlage beauftragten Personen die besondere Amtspflicht, die Anlage ordnungsgemäß und nur im Rahmen der erlaubten Kapazität zu betreiben[76]. Diese Pflichten sind verletzt worden, da die Amtswalter ständig neue Einleiter ohne Kapazitätsprüfung an das alte Netz anschlossen haben und der Betrieb der überlasteten und nicht ordnungsgemäß gewarteten Anlage zu Schäden im Eigentum des A geführt hat.

c) Drittbezogenheit der Amtspflichten

Nächste Voraussetzung ist, daß die verletzten Amtspflichten drittbezogen sind. Dies ist der Fall, wenn die verletzte Amtspflicht bzw. Amtspflichten überhaupt drittschützende Wirkung entfalten, der Geschädigte zum geschützten Per-

---

[73] Vgl. etwa *Maurer*, § 26 Rn. 11 ff.; *Rüfner*, § 47 Rn. 7 ff.
[74] Vgl. *Ossenbühl*, Staatshaftungsrecht, S. 39.
[75] Vgl. *Papier*, in: Maunz/Dürig, GG, Art. 34 Rn. 164; *Sprau*, in: Palandt, BGB, § 839 Rn. 32, 37; *Detterbeck/Windthorst/ Sproll*, § 9 Rn. 83.
[76] Zu dieser Pflicht OLG München, NVwZ 1992, 1125 (1125); OLG Düsseldorf, VersR 1982, 857 (857 f.).

sonenkreis gehört und das verletzte Recht oder Rechtsgut von der drittschützenden Wirkung erfaßt wird[77].

Das Erfordernis der Drittbezogenheit der Amtspflicht verlangt folglich zunächst einen *personalen Drittbezug*. Eine Amtspflicht ist in diesem Sinne drittbezogen, wenn sie zumindest auch dem Geschädigten gegenüber bestand und seinen Schutz bezweckte[78]. Die allgemeine und absolute Amtspflicht, deliktische Schädigungen zu unterlassen, sowie die aus der Sonderverbindung resultierende relative Amtspflicht, die Anlage nur im Rahmen der zulässigen Kapazität sowie ordnungsgemäß zu betreiben, dienen zumindest auch Individualinteressen[79] und bestanden konkret gegenüber A.

Fraglich ist aber, ob auch der von A geltend gemachte Schaden in den sachlichen Schutzbereich der verletzten Amtspflichten fällt. Diese *sachliche Drittbezogenheit* als zusätzliches haftungsbegrenzendes Regulativ[80] ist dann nicht gegeben, wenn das im Einzelfall berührte Interesse vom Zweck und der rechtlichen Bestimmung des Amtsgeschäfts nicht geschützt wird. Ebenso wie bei dem oben erörterten Problem der Reichweite der vertraglichen Nebenpflicht ist daher auch hier zu untersuchen, ob Rückstauschäden in den Schutzbereich der beiden verletzten Amtspflichten einbezogen sein sollen. Da insoweit sachliche Parallelen zum Anspruch wegen Pflichtverletzung bestehen und es auch keinen überzeugenden Grund gibt, diese Frage für den Amtshaftungsanspruch anders als zuvor geschehen zu entscheiden, können die oben angeführten Gründe für die Einbeziehung von Rückstauschäden in den Schutzbereich der Nebenpflicht auch für den Schutzumfang der einschlägigen Amtspflichten geltend gemacht werden. Im Einklang mit der Argumentation zum Anspruch wegen Pflichtverletzung sind daher auch Rückstauschäden als vom sachlich Schutzbereich der verletzten Amtspflichten, nämlich sowohl der allgemeinen Amtspflicht als auch der besonderen Amtspflicht aus dem Kanalbenutzungsverhältnis, um-

Nach der oben angeführten neueren Auffassung des BGH und der ihm folgenden Obergerichte scheidet dagegen ein Anspruch aus Amtshaftung aus, da der Rückstauschaden – ebenso wie beim Anspruch wegen Pflichtverletzung nach §§ 280 Abs. 1, 241 Abs. 2 BGB n.F. – außerhalb des Schutzbereichs der Amtspflichten der S liegen soll. Wer bereits oben der Ansicht des BGH folgte, muß daher auch hier konsequent sein und einen Anspruch aus § 839 BGB i.V.m. Art. 34 GG verneinen.

---

[77] Vgl. *Ossenbühl*, Staatshaftungsrecht, S. 58.

[78] Vgl. aus neuerer Zeit etwa BGHZ 134, 268 (276); 129, 23 (25); *Detterbeck/Windthorst/Sproll*, § 9 Rn. 101 ff.; *Wolff/Bachof/Stober*, Bd. 2, § 67 Rn. 68.

[79] Vgl. *Maurer*, § 26 Rn. 21; *Ossenbühl*, Staatshaftungsrecht, S. 60 und 62; OLG Düsseldorf, VersR 1982, 857 (857 f.).

[80] Vgl. dazu *Detterbeck/Windthorst/Sproll*, § 9 Rn. 117 ff.; *Ossenbühl*, Staatshaftungsrecht, S. 68 ff.

faßt anzusehen[81]. Mithin ist auch die sachliche Drittbezogenheit gegeben. Die angeführten Amtspflichten waren somit drittbezogen.

d) Verschulden

Weitere Voraussetzung ist, daß die Bediensteten der S schuldhaft gehandelt haben. Der Verschuldensmaßstab richtet sich nach § 276 BGB. Dabei werden die Fähigkeiten und das Erkenntnisvermögen eines pflichtgetreuen Durchschnittsbeamten zugrunde gelegt[82]. Ein pflichtgetreuer Durchschnittsbeamter hätte erkennen können und müssen, daß bei einer kontinuierlichen Erweiterung des Kreises der Einleiter an die bestehende Anlage die Gefahr der Überlastung bestand. Er hätte daher eine regelmäßige Kapazitätsprüfung vornehmen müssen, ob die Anlage den an sie gestellten Erfordernissen noch gerecht wird. Da dies von den Bediensteten der S versäumt wurde, handelten sie - wie oben dargelegt - grob fahrlässig.

e) Kausaler Schaden

Die Schäden im Eigentum des A beruhen auch gerade auf den Amtspflichtverletzungen der Bediensteten der S, denn wenn diese ihre Amtspflichten ordnungsgemäß wahrgenommen hätten, wäre es nicht zu einer Ansammlung des Regenwassers und damit auch nicht zu einem Rückstau gekommen. Folglich ist ein kausaler Schaden gegeben.

3. Schadensumfang

Die Schadenshöhe beträgt 20.000 €.

4. Haftungsausschlüsse und -beschränkungen

a) Verweisungsprivileg des § 839 Abs. 1 S. 2 BGB

Nach § 839 Abs. 1 S. 2 BGB kann bei Fahrlässigkeit der Beamte und damit der haftende Verwaltungsträger nur dann in Anspruch genommen werden, wenn der Verletzte nicht auf andere Weise Ersatz zu erlangen vermag. Eine andere Ersatzmöglichkeit des A besteht u.U. gegen die Gebäudeversicherung. Doch kommen insoweit die Einschränkungen des Verweisungsprivilegs zum Tragen: § 839 Abs. 1 S. 2

---

[81] So im Ergebnis auch BGH, NJW 1984, 615 (617); OLG Düsseldorf, NVwZ-RR 1994, 627 (627 f.); OLG München, NVwZ 1992, 1125 (1125).
[82] Vgl. *Maurer*, § 26 Rn. 24.

BGB greift nach der Rechtsprechung nicht ein, wenn der anderweitige Anspruch in Leistungen einer gesetzlichen oder privaten Versicherung besteht[83]. Dies gilt auch hier, da es nicht der Zweck einer Gebäudeversicherung ist, dem Staat das Haftungsrisiko abzunehmen. Etwaige Leistungen, die A als Versicherter einer Gebäudeversicherung erhält, schließen daher den Anspruch gegen S nicht aus.

Auch der konkurrierende Anspruch des A wegen eines enteignungsgleichen Eingriffs stellt keine anderweitige Ersatzmöglichkeit im Sinne von § 839 Abs. 1 S. 2 BGB dar, weil dieser Anspruch lediglich auf einer anderen rechtlichen Grundlage beruht, aber gegen die gleiche Person gerichtet ist, nämlich die Stadt S, so daß hier bloß der Rechtsgrund der Haftung ausgetauscht wird, ohne die Verantwortlichkeit insgesamt in Frage zu stellen[84].

b) Mitverschulden

Wie oben dargelegt, ist A hälftig für die Schadensentstehung verantwortlich; sein Anspruch ist daher um 50% auf 10.000 DM zu kürzen.

c) § 839 Abs. 3 BGB

§ 839 Abs. 3 BGB greift nicht ein, da der konkrete Schaden des A nicht durch Einlegung eines Rechtsbehelfs hätte vermieden werden können.

d) Haftungsbeschränkung durch die Satzung

Auf die umstrittene Frage, ob bei der Amtshaftung die Haftung durch gemeindliche Satzung auf Vorsatz und grobe Fahrlässigkeit beschränkt werden kann[85], kommt es daher nicht mehr an.

Da grob fahrlässiges Verhalten vorliegt, greift die Haftungsbeschränkung nicht ein.

e) Verjährung

Verjährung nach § 852 BGB ist bislang nicht eingetreten, da seit Kenntnis des Schadens noch keine drei Jahre verstrichen sind.

---

[83] Vgl. *Sprau*, in: Palandt, BGB, § 823 Rn. 61; *Maurer*, § 26 Rn. 31.

[84] Vgl. dazu allgemein BGHZ 13, 88 (101 ff.); *Maurer*, § 26 Rn. 31 und § 27 Rn. 104, *Detterbeck/Windthorst/Sproll*, § 10 Rn. 29 m.w.N.

[85] Eine Haftungsbeschränkung auf vorsätzliches oder grob fahrlässiges Verschulden durch gemeindliche Satzung wird vom BGH in BGHZ 61, 7 (14) abgelehnt, ebenso *Maurer*, § 26 Rn. 39 m.w.N. auch zur Gegenposition.

5. Haftungsträger (Passivlegitimation)

Haftender Verwaltungsträger ist die Stadt S, da sie den Amtswaltern die Aufgaben, bei deren Wahrnehmung es zu die Amtspflichtverletzungen gekommen ist, übertragen hat (sog. Anvertrauenstheorie)[87].

Die Anstellungstheorie[86] kommt zu demselben Ergebnis, da S die Bediensteten eingestellt hat.

6. Ergebnis:

A hat gegen S einen Anspruch auf 10.000 € aus § 839 BGB i.V.m. Art. 34 GG.

VI. Gesamtergebnis:

A hat gegen S einen Anspruch auf Schadensersatz in Höhe von 10.000 € aus §§ 280 Abs. 1, 241 Abs. 2 BGB n.F. wegen Verletzung der aus einem verwaltungsrechtlichen Schuldverhältnis resultierenden Pflichten und aus § 839 BGB i.V.m. Art. 34 GG sowie auf Entschädigung in gleicher Höhe aus enteignungsgleichem Eingriff.

B. Rechtsweg

I. Verwaltungsrechtsweg

Fraglich ist, ob die Klage des A gegen S vor dem Verwaltungsgericht erhoben werden kann. Dies setzt voraus, daß nach § 40 Abs. 1 S. 1 VwGO für den Anspruch des A auf Schadensersatz der Verwaltungsrechtsweg eröffnet ist.

A und S streiten um Ersatzansprüche aus der Benutzung der Kanalisation. Dieses Benutzungsverhältnis ist, wie oben dargelegt, von der Stadt S öffentlich-rechtlich ausgestaltet worden. Das Rechtsverhältnis der Kanalbenutzung unterfällt daher dem öffentlichen Recht. Es ist mithin eine öffentlich-rechtliche Streitigkeit, die auch nichtverfassungsrechtlicher Art ist, gegeben. Der Verwaltungsrechtsweg ist daher grundsätzlich eröffnet, es sei denn, die Streitigkeit ist aufgrund einer besonderen gesetzlichen Regelung vor einem anderen Gericht anhängig zu machen.

Da hier verschiedene Anspruchsgrundlagen im Raum stehen, ist für jede gesondert zu prüfen, ob eine sogenannte abdrängende Sonderzuweisung[88] einschlägig ist.

---

[86] Dazu *Ossenbühl*, Staatshaftungsrecht, S. 112. BGHZ 99, 326 (330) sieht die Anstellung als Regelfall der Haftungsbegründung und will den Aspekt des Anvertrauens lediglich als Ausnahmebegründung heranziehen.
[87] Vgl. BGHZ 99, 326 (330); *Maurer*, § 26 Rn. 42.
[88] Kritisch zu diesem Begriff *Ipsen*, Verwaltungsrecht, Rn. 996.

II. Abdrängende Sonderzuweisung

1. Verweisung des Anspruchs wegen Pflichtverletzung nach §§ 280 Abs. 1, 241 Abs. 2 BGB n.F. gemäß § 40 Abs. 2 S. 1 Alt. 3 VwGO an die Zivilgerichte

Für den Anspruch des A gegen S wegen Verletzung von Pflichten aus einem verwaltungsrechtlichen Schuldverhältnis gemäß §§ 280 Abs. 1, 241 Abs. 2 BGB n.F. könnte die abdrängende Sonderzuweisung des § 40 Abs. 2 S. 1 Alt. 3 VwGO eingreifen. Nach dieser Vorschrift ist für Schadensersatzsprüche aus der Verletzung öffentlich-rechtlicher Pflichten, die nicht auf einem öffentlich-rechtlichen Vertrag beruhen, der ordentliche Rechtsweg gegeben. Fraglich ist, ob diese Norm auch auf Verletzungen von Pflichten aus öffentlich-rechtlichen Benutzungsverhältnissen Anwendung findet. Dies ist umstritten[89]. Nach einer im Schrifttum verbreiteten Auffassung ist wegen der sachlichen Nähe von Schadensersatzansprüchen aufgrund öffentlich-rechtlichen Vertrages und Schadensersatzansprüchen bei sonstigen öffentlich-rechtlichen Sonderverbindungen die Zuständigkeit der Verwaltungsgerichte gegeben[90]. Die Gegenauffassung argumentiert mit dem Wortlaut des § 40 Abs. 2 S. 1 Alt. 3 VwGO: Der Gesetzgeber wollte ausdrücklich nur öffentlich-rechtliche Verträge i.S. des § 54 VwVfG der Prüfungszuständigkeit der ordentlichen Gerichte entziehen, es im übrigen aber bei der traditionell bestehenden Zuständigkeit der ordentlichen Gerichte belassen. § 40 Abs. 2 S. 1 Alt. 3 VwGO gilt nach dieser Ansicht auch für die Verletzung vertragsähnlicher Pflichten aus öffentlich-rechtlichen Benutzungsverhältnissen[91].

Es erscheint indes fraglich, ob eine Differenzierung nach vertraglich und anderweitig begründeten verwaltungsrechtlichen Schuldverhältnissen sinnvoll ist[92]. Allerdings spricht der Wortlaut gegen eine Ausweitung auf alle verwaltungsrechtlichen Schuldverhältnisse, da ausdrücklich nur für den öffentlich-rechtlichen Vertrag eine Sonderregelung durch den Gesetzgeber getroffen worden ist, obwohl

---

[89] Zum Streitstand *Ossenbühl*, Staatshaftungsrecht, S. 360 ff.
[90] So etwa *Rennert*, in: Eyermann, VwGO, § 40 Rn. 121; *Lorenz*, § 11 Rn. 71; *Henke*, JZ 1984, 441 (446).
[91] So BGHZ 59, 303 (305); ebenso *Ehlers*, in: Schoch/Schmidt-Aßmann/Pietzner, VwGO, § 40 Rn. 544; *Kopp/Schenke*, VwGO, § 40 Rn. 72; *Hufen*, § 11 Rn. 92; *Pietzner/Ronellenfitsch*, § 5 Rn. 10.
[92] Ebenso *Maurer*, § 29 Rn. 9.

dem Gesetzgeber bei Erlaß der VwGO die Figur des Anstaltsbenutzungsverhältnisses bekannt war[93]. § 40 Abs. 2 S. 1 Alt. 3 VwGO erfaßt daher auch Schadensersatzansprüche aus der Verletzung verwaltungsrechtlicher Schuldverhältnisse; der Schadensersatzanspruch aus §§ 280 Abs. 1, 241 Abs. 2 BGB n.F. ist vor den Zivilgerichten geltend zu machen.

2. Verweisung des Anspruchs aus enteignungsleichtem Eingriff gemäß § 40 Abs. 2 S. 1 Alt. 1 VwGO

Aufgrund ihrer Verwurzelung in dem allgemeinen Aufopferungsgedanken der §§ 74, 75 Einleitung ALR ist für Ansprüche auf Entschädigung wegen eines enteignungsgleichen Eingriffs gemäß § 40 Abs. 2 S. 1 Alt. 1 VwGO der Rechtsweg zu den ordentlichen Gerichten eröffnet[96].

Nach anderer Ansicht soll § 40 Abs. 2 S. 1 Alt. 3 VwGO als Zuweisungsnorm einschlägig sein, da es sich um eine schuldlos rechtswidrige Verletzung öffentlich-rechtlicher Pflichten handeln soll[94]; im Ergebnis kommen aber beide Begründungen zu einer Zuweisung an die Zivilgerichte[95].

3. Verweisung des Anspruchs aus Amtshaftung gemäß § 40 Abs. 2 S. 1 Alt. 3 VwGO i.V.m. Art. 34 S. 3 GG

Eine Sonderzuweisung für Amtshaftungsansprüche an die Zivilgerichte ergibt sich entweder bereits aus Art. 34 S. 3 GG[97], also aus Verfassungsrecht, oder erst aus § 40 Abs. 2 S. 1 Alt. 3. VwGO[98]. Die Zuweisung des § 40 Abs. 2 S. 1 VwGO gilt unstreitig für deliktische Pflichtverletzungen und somit für den Amtshaftungsanspruch[99]. Der Anspruch aus § 839 BGB i.V.m. Art. 34 GG ist daher auf dem Zivilrechtsweg zu verfolgen.

---

[93] Vgl. *Ehlers,* in: Schoch/Schmidt-Aßmann/Pietzner, VwGO, § 40 Rn. 544; a.A. aber *Rennert,* in: Eyermann, VwGO, § 40 Rn. 121: Die Vorschrift sei nicht eng, sondern weit auszulegen, da sie die Rückkehr zur Grundregel des § 40 Abs. 1 S. 1 VwGO darstelle.

[94] So z.B. *Rennert,* in: Eyermann, VwGO, § 40 Rn. 119.

[95] Der BGH legt sich nicht eindeutig fest, sondern spricht z.B. in BGHZ 91, 26 (28) von einer Verfolgung des Entschädigungsanspruchs im Zivilrechtsweg gemäß § 40 Abs. 2 S. 1 VwGO respektive in BGHZ 90, 17 (31) – und damit noch vager – von einer Zuweisung gemäß § 40 Abs. 2 VwGO. Gleichermaßen verfahren manche Stimmen in der Literatur, die unscharf von einer Zuweisung an die Zivilgerichte nach § 40 Abs. 2 S. 1 VwGO sprechen, so etwa *von Nicolai,* in: Redeker/von Oertzen, VwGO, § 40 Rn. 45.

[96] So *Kopp/Schenke,* VwGO, § 40 Rn. 61; *Lorenz,* § 11 Rn. 64; *Detterbeck/ Windhorst/Sproll,* § 17 Rn. 52.

[97] So *Kopp/Schenke,* VwGO, § 40 Rn. 70.

[98] So *Stern,* Rn. 148.

[99] Vgl. statt vieler *Kopp/Schenke,* VwGO, § 40 Rn. 70.

Ergebnis:

Rechtsanwalt R wird für alle Ansprüche des A gegen S den Zivilrechtsweg beschreiten.

Anmerkung:

Der Fall ist angelehnt an eine nichtveröffentlichte Entscheidung des LG Paderborn aus dem Jahre 1987 sowie an BGH, NVwZ 1998, 1218 und OLG München, NVwZ 1992, 1125.

Vertiefungshinweise:

Zu verwaltungsrechtlichen Schuldverhältnissen:
Gries/Willebrand, Entstehung und Beendigung der auf Leistung oder Nutzung gerichteten verwaltungsrechtlichen Schuldverhältnisse, JuS 1990, 103 ff., 193 ff.; *Sander,* Haftung im Kanalbenutzungsverhältnis, ZfW 1999, 524 ff.

Zum Amtshaftungsanspruch:
Czybulka/Jeand'Heur, Das Amtshaftungsrecht in der Fallbearbeitung, JuS 1992, 396 ff.; *Schoch,* Amtshaftung, Jura 1988, 585

Zum enteignungsgleichen Eingriff im besonderen und zur Dogmatik des Art. 14 Abs. 1 GG allgemein:
von Arnauld, Enteignender und enteignungsgleicher Eingriff heute, VerwArch. 93 (2002), 394 ff.; *Papier*, Die Weiterentwicklung der Rechtsprechung zur Eigentumsgarantie des Art. 14 GG, DVBl. 2000, 1398 ff.; *Schoch,* Die Haftungsinstitute des enteignungsgleichen und enteignenden Eingriffs im System des Staatshaftungsrechts, Jura 1989, 525 ff.; *Schwerdtfeger*, Eigentumsgarantie, Inhaltsbestimmung und Enteignung, JuS 1993, 104 ff.

Zum DDR-Staatshaftungsgesetz:
Lässig, Offene Fragen bei der Geltendmachung von Ansprüchen nach dem Staatshaftungsgesetz, LKV 1998, 81 ff.; *Lühmann,* Die staatshaftungsrechtlichen Besonderheiten in den neuen Ländern, NJW 1998, 3001 ff.; *Ross,* Abschied vom Staatshaftungsgesetz, SächsVBl. 1998, 182 ff.

Klausur Nr. 16**

Verbotene Nachtarbeit

Sachverhalt

Frau B war für mehr als 3 Jahre als Reinigungskraft bei der in der kreisfreien Stadt N ansässigen S-GmbH beschäftigt. Die S-GmbH erbringt entsprechende Dienstleistungen für eine ganze Reihe von Unternehmen aus N und der Region. Hierzu beschäftigte sie insgesamt 30 fast ausnahmslos weibliche Mitarbeiter. Auf Grund von Änderungen in der Kundenstruktur der S-GmbH, die sich zunehmend aus Dienstleistern mit Geschäftszeiten bis 21.00 Uhr zusammensetzte, sah sich die Firma gezwungen, den Einsatz ihres Personals verstärkt in die Nachtstunden hinein zu verlagern, so dass sich für die meisten Mitarbeiterinnen Arbeitszeiten zwischen 22.00 und 6.00 Uhr ergaben.

Über diese Praxis der S-GmbH erlangte nach kurzer Zeit das örtliche Gewerbeaufsichtsamt durch eine anonyme Anzeige Kenntnis. Unter Berufung auf § 19 ArbZO untersagte die Behörde unter gleichzeitiger Anordnung der sofortigen Vollziehung die Beschäftigung der weiblichen Arbeitnehmer in der Zeit zwischen 23.00 Uhr und 6.00 Uhr. Die bundesgesetzliche Vorschrift enthielt folgende Regelung:

§ 19 Nachtruhe ...

(1) Arbeiterinnen dürfen nicht in der Nachtzeit von zwanzig bis sechs Uhr ... beschäftigt werden.
(2) In mehrschichtigen Betrieben dürfen Arbeiterinnen bis dreiundzwanzig Uhr beschäftigt werden. ...

Gegen die Untersagung wandten sich sowohl die B als auch die S-GmbH selbst. Weder Widerspruchsverfahren noch die verwaltungsgerichtlichen Klagen hatten indes Erfolg. Nach Beendigung des Rechtsstreites in letzter Instanz erhob B Verfassungsbeschwerde beim BVerfG. In dem Verfahren erklärte das Gericht die Regelung des § 19 ArbZO wegen Verletzung des Grundrechtes der B aus Art. 3 Abs. 1 und Abs. 3 GG für nichtig und hob die darauf beruhende Beschäftigungsuntersagung in der Form des letztinstanzlichen Urteils auf. Nach neuesten wissenschaftlichen Erkenntnissen litten Frauen nicht stärker als Männer unter nächtlicher Beschäftigung, so dass auf biologisch angelegte Zwänge für diese Differenzierung nicht mehr verwiesen werden könne.

Die Entscheidung des BVerfG kam freilich für die B zu spät. Durch das Beschäftigungsverbot sah sich die S-GmbH nicht mehr in der Lage, ihre Verpflichtungen aus mehreren Verträgen mit ihren Kunden zu erfüllen und kündigte diese. Entsprechendes männliches Personal war am Arbeitsmarkt nicht verfügbar gewesen. Auf Grund der insofern schlechten Nachfragelage war die S-GmbH genötigt, das Arbeitsverhältnis mit B zu beenden. Erst nach eineinhalb Jahren gelang es der B, eine neue Anstellung zu finden. Sie reichte daher über ihren Rechtsanwalt Z Klage vor dem zuständigen Landgericht gegen die Bundesrepublik Deutschland auf Zahlung von € 9.000 mit der Begründung ein, der Bundesgesetzgeber hätte es pflichtwidrig versäumt, die Regelung des § 19 ArbZO aufzuheben. Überdies hätte der Rat der Europäischen Gemeinschaften bereits am 09.02.1976 eine Richtlinie erlassen, deren Art. 5 die Mitgliedstaaten verpflichte, Männern und Frauen dieselben Arbeitsbedingungen ohne Diskriminierung des Geschlechts zu gewähren. Für dieses Versäumnis müßte nun die BR Deutschland als Verpflichtete haften und die ihr dadurch entstandene Einkommensminderung erstatten. In der Tat bestimmt die Richtlinie im Weiteren, dass die Mitgliedstaaten die erforderlichen Maßnahmen zu treffen haben, um sicherzustellen, dass die mit dem Gleichbehandlungsgrundsatz unvereinbaren Vorschriften beseitigt oder revidiert werden. Art. 9 der Richtlinie sieht hierfür eine Frist von 4 Jahren vor.

Auch die S-GmbH sieht nach der Entscheidung des BVerfG Chancen, ihre durch die Verfügung entstandenen Einbußen geltend machen zu können. Sie erhebt daher ebenfalls Klage beim Landgericht auf Zahlung von € 700.000 entgangenen Gewinns. Sie begründet die Forderung mit dem Verlust zahlreicher lukrativer Vertragsbeziehungen, die sie nach dem Verbot der Nachtarbeit nicht mehr hat halten können.

Wie wird das Gericht entscheiden?

Bearbeitervermerk:

Auf Zulässigkeitsgesichtspunkte ist nicht einzugehen. Es sind nur Amtshaftungsansprüche zu prüfen.

Hinweis:

Dem Fall liegen die Entscheidungen des BVerfGE 85, 191 ff. und des EuGH, NJW 1992, 167 ff. - Francovich bzw. NJW 1996, 1267 ff. - Brasserie du pêcheur zugrunde.

Lösungsvorschlag

Das Landgericht wird den Begehren der B und der S-GmbH in der Sache entsprechen, wenn die geltend gemachten Zahlungsansprüche bestehen und gegen die Bundesrepublik Deutschland gerichtet sind.

Laut Bearbeitervermerk soll auf Zulässigkeitsgesichtspunkte der Klagen nicht eingegangen werden. Die Fallösung hat sich daher sogleich mit der materiell-rechtlichen Prüfung des Bestehens der geltend gemachten Ansprüche zu beschäftigen.

A. Ansprüche der B gegen die BR Deutschland auf Zahlung von € 9.000

I. Anspruch aus § 839 BGB i.V.m. Art. 34 Satz 1 GG wegen des Vorgehens des Gewerbeaufsichtsamtes

Handeln mehrere Amtsträger, so ist für jeden gesondert zu untersuchen, ob die Voraussetzungen eines Amtshaftungsanspruches in seiner Person verwirklicht sind. Das kann in der Weise geschehen, dass man innerhalb eines einheitlichen Anspruches eine Untergliederung vornimmt, um ansonsten nötige Wiederholungen zu vermeiden. Andererseits kommt eine völlige Trennung der Prüfung innerhalb zweier Ansprüche der Übersichtlichkeit entgegen. Letzterem Punkt wurde hier der Vorrang eingeräumt.

§839 BGB und Art. 34 Satz 1 GG bilden eine einheitliche Anspruchsgrundlage. Eine getrennte Behandlung der beiden Vorschriften kann nicht empfohlen werden[1], weil sich Art. 34 GG nicht nur mit der Überleitung der Haftung des Beamten auf den Staat begnügt, sondern die Voraussetzungen des § 839 BGB in Teilen modifiziert[2].	Ein Anspruch der B gegen die BR Deutschland auf Zahlung von € 9.000 aus § 839 BGB i.V.m. Art. 34 Satz 1 GG kommt auf Grund des Vorgehens des Gewerbeaufsichtsamtes in Betracht. Der Anspruch setzt dabei tatbestandlich voraus, dass jemand in Ausübung eines ihm anvertrauten öffentlichen Amtes die ihm einen Dritten gegenüber obliegende Amtspflicht schuldhaft verletzt und einen Schaden verursacht hat.
	1. Handeln in Ausübung eines öffentlichen Amtes (öffentlich-rechtlicher Handlungszusammenhang)
Nach Art. 34 Satz 1 GG ist zwischen Amtsträgerschaft und Ausübung des öffentlichen Amtes zu unterscheiden. Beamter im statusrechtlichen Sinne, auf den allein § 839 BGB ursprünglich abstellte, ist, wer in einem öffentlich-rechtlichen Dienst- und Treueverhältnis zu seinem Dienstherrn durch Einräumung dieses Status' (Ernennung) steht (vgl. § 1 BRRG).	Damit hängt die Haftung zunächst davon ab, dass jemand in Ausübung eines ihm anvertrauten öffentlichen Amtes gehandelt hat. Das setzt zweierlei voraus. Zum einen muss dem Handelnden ein öffentliches Amt anvertraut worden sein (Amtsträger bzw. Beamter im haftungsrechtlichen Sinne, dazu a)). Zum anderen ist erforderlich, dass er in seiner Eigenschaft als Amtsträger tätig geworden ist (dazu b)).
	a) Amtsträger i.S.d. § 839 BGB i.V.m. Art. 34 Satz 1 GG
	Fraglich ist, ob das Gewerbeaufsichtsamt Inhaber eines öffentlichen Amtes und damit Amtsträger ist, dem die Erfüllung öffentlicher Aufgaben übertragen worden ist. § 839 BGB und Art. 34 Satz 1 GG stellen dabei zunächst auf einen ganz konkreten Amtsträger (i.S.e. einzelnen Person) ab, dessen Vorgehen beurteilt werden soll[3]. Der Verweis auf das Gewerbeaufsichtsamt als handelnde Behörde wird dieser Anforderung an sich nicht gerecht, weil § 839 BGB den Anspruch auf Ersatz des Schadens bei rechtswidriger hoheitlicher Tätigkeit als persönliche Beamtenhaftung

---

[1] So jedoch *Schwerdtfeger*, Rn. 307 ff.
[2] Vgl. auch *Bull*, Rn. 1019; *Maurer*, § 25 Rn. 8 f.
[3] *Oldiges*, Der Staat, 15(1976), 381 (386).

ausgestaltet hat und Art. 34 Satz 1 GG diese Haftung auf den Staat überleitet, ohne grundlegend etwas am Anknüpfungspunkt der persönlichen Haftung des Amtsträgers zu verändern. Ein solch striktes Verständnis des Begriffes „jemand" ist jedoch recht problematisch: Der Geschädigte kann den in der Behördenstruktur konkret Verantwortlichen oftmals gar nicht benennen, da ihm dies mangels Einblick in innere Verwaltungsstrukturen nicht möglich ist[5]. Aus diesem Grunde ist ausreichend, dass auf die Behörde verwiesen wird, deren Mitarbeiter tätig geworden ist. Da die Aufsicht über die Einhaltung öffentlich-rechtlicher Pflichten der Gewerbetreibenden eine öffentliche Aufgabe ist, nimmt der jeweilige Mitarbeiter des Gewerbeaufsichtsamtes ein ihm anvertrautes öffentliches Amt wahr.

Die Objektivierung des Beamtenbegriffes findet sich bei der Bestimmung des Verschuldensmaßstabes wieder[4].

An völlig unproblematischen Stellen kann auch im Urteilsstil gearbeitet werden.

b) Ausübung des öffentlichen Amtes

Neben der Innehabung eines öffentlichen Amtes muss der Amtsträger des Weiteren in Ausübung dieses Amtes gehandelt haben. Das bedeutet einerseits, dass der Amtswalter den Schaden nicht nur bei Gelegenheit herbeigeführt hat[6]. Andererseits kommt darin die Abgrenzung von der Haftung für rein privatrechtliche Tätigkeit des Staates zum Ausdruck, die von § 839 BGB i.V.m. Art. 34 Satz 1 GG nicht erfaßt wird[7]. Erforderlich ist daher, dass der Amtsträger öffentlich-rechtlich tätig geworden ist.

Das Beschäftigungsverbot als einseitige Maßnahme der Gewerbeaufsicht dient der Durchsetzung von Pflichten der ArbZO, die den Gewerbetreibenden im öffentlichen Interesse auferlegt wurden. Es kennzeichnet damit ein Subordinationsverhältnis, welches für eine Qualifizierung des Vorgehens des Gewerbeaufsichtsamtes als öffentlich-rechtlich genügt.

Zur Abgrenzung vom privatrechtlichen Vorgehen kann auf die aus § 40 Abs. 1 VwGO bekannten Ansätze zurückgegriffen werden[8].

---

[4] Vgl. *Rüfner*, § 47 Rn. 25.
[5] *Ipsen*, Verwaltungsrecht, Rn. 1256; *Maurer*, § 25 Rn. 24.
[6] *Bull*, Rn. 1027; *Ipsen*, Verwaltungsrecht, Rn. 1263.
[7] *Rüfner*, § 47 Rn. 7.
[8] Zu diesem Standardproblem *Maurer*, § 3 Rn. 12 ff.

2. Verletzung einer drittbezogenen Amtspflicht

Auch an dieser Stelle gilt es, die eigentümliche Konstruktion des Amtshaftungsanspruches zu beachten. Die Amtspflicht bezieht sich zunächst auf eine Verbindlichkeit zwischen dem Amtsträger und dem Staat, deren Verletzung nur dadurch einen Schadensersatzanspruch auslöst, weil sie im Interesse des von der Amtshandlung Betroffenen bestand[9].

Weitere Tatbestandsvoraussetzung ist, dass der Amtsträger bei der Ausübung des öffentlichen Amtes eine *Amtspflicht verletzt* hat, die ihm einem *Dritten* gegenüber obliegt.

Amtspflichtverletzung

Indes ist fraglich, ob eine solche Amtspflicht durch den im Gewerbeaufsichtsamt zuständigen Beamten verletzt worden ist. Amtspflicht in diesem Sinne ist zwar insbesondere die Pflicht zu richtiger Gesetzesanwendung – bzw. allgemeiner – zu rechtmäßigem Verhalten abgeleitet aus Art. 20 Abs. 3 GG (Vorrang des Gesetzes)[10]. Falsche Gesetzesanwendung kann ihm jedoch nicht vorgeworfen werden. Die Auslegung des § 19 ArbZO selbst war nicht zu beanstanden.

a) Amtspflichtverletzung durch Verfassungsverstoß

Die Grundrechtswidrigkeit des Beschäftigungsverbots musste als gegeben hingenommen werden, da das BVerfG einen Verfassungsverstoß verbindlich festgestellt hatte. Nicht vertretbar ist daher, wenn der Fallbearbeiter an dieser Stelle in eine Prüfung der Verfassungsmäßigkeit der Verfügung eingestiegen wäre. In anderen Fallgestaltungen kann dagegen der Punkt der Verletzung der Amtspflicht zu rechtmäßigem Handeln als Aufhänger für die inhaltliche Prüfung einer Maßnahme dienen.

Allerdings könnte die allgemeine Amtspflicht zu rechtmäßigem Handeln durch die Verfassungswidrigkeit der Verbotsverfügung missachtet worden sein. Zu bedenken ist dabei freilich, dass die Verfassungswidrigkeit allein aus dem Verstoß der gesetzlichen Grundlage gegen Art. 3 Abs. 1 und 3 GG resultierte. Wie diese Fälle zu beurteilen sind, bei denen der Amtsträger ein verfassungswidriges Gesetz richtig angewandt hat, ist umstritten[11]. Einerseits unterliegt der Rechtsanwender der Bindung an das förmliche Gesetz (Art. 20 Abs. 3 GG). Andererseits ist er jedoch gehalten, die Grundrechte als unmittelbar geltendes Recht zu beachten (Art. 1 Abs. 3 GG, Kollision von Amtspflichten[12]).

aa) Prüfungs- und Verwerfungskompetenz der Verwaltung

Mit Prüfungs- und Verwerfungskompetenz sind die Befugnisse gemeint, ein formelles Gesetz auf seine Vereinbarkeit mit höherrangigem Recht zu prüfen und im Falle eines Verstoßes unangewendet zu lassen.

Eine Amtspflichtverletzung ist jedenfalls dann zu verneinen, wenn der Verwaltung keine Prüfungs- und Verwerfungskompetenz in bezug auf verfassungswidrige formelle Gesetze zusteht. Auch in dieser Hinsicht besteht aber Uneinigkeit. Das zum einen dagegen angeführte Verwerfungsmonopol des BVerfG[13] könne, so eine Auffassung, allein gegenüber den Gerichten Wirkung entfalten. Die Verwal-

---

[9] *Maurer*, § 25 Rn. 17; *Rüfner*, § 47 Rn. 15; a.A. *Bonk*, in: Sachs, GG, Art. 34 Rn. 60.

[10] *Bonk*, in: Sachs, GG, Art. 34 Rn. 62; *Bull*, Rn. 1031; *Papier*, MüKo-BGB, § 839, Rn. 191; *Vinke*, in: Soergel, BGB, § 839 Rn. 136.

[11] Vgl. *Ipsen*, NJW 1978, 2569 (2571 f.); *Küchenhoff/Hecker*, in: Erman, BGB, § 839, Rn. 43; *Vinke*, in: Soergel, BGB, § 839 Rn. 136.

[12] Zur Amtspflichtkollision *Peine*, Rn. 410.

[13] So etwa *Hall*, DÖV 1965, 253 (260 und 262 f.).

tung sei nicht vom Tatbestand des Art. 100 Abs. 1 GG erfaßt[14]. Aber auch wenn man eine solche Prüfungs- und Verwerfungskompetenz der Verwaltung zubilligen will, gilt folgendes zu bedenken.

bb) Zurechnung der Amtspflichtverletzung

Zu prüfen ist, welche Anforderungen durch eine Prüfungspflicht an den handelnden Beamten gestellt werden. Art. 34 Satz 1 GG regelt nicht nur abstrakt die Überleitung des Amtshaftungsanspruches auf den Staat. Er weist die Passivlegitimation ganz konkret demjenigen Verband im Staatsgefüge zu, dem die Pflichtverletzung zuzurechnen ist[15]. Die Haftung der verschiedenen Träger der öffentlichen Gewalt wird durch Art. 34 Satz 1 GG nach Verantwortungssphären verteilt. Ausgehend von diesem Grundsatz verletzt die Verwaltung durch den Vollzug verfassungswidriger Gesetze nur dann eigene Amtspflichten, wenn sich dem Amtsträger die Verfassungswidrigkeit geradezu aufdrängen musste (Evidenz). Ansonsten fällt der Grundrechtsverstoß allein dem Rechtssetzungsorgan (hier dem Bundesgesetzgeber) zur Last. Die Amtspflicht zu rechtmäßigem Handeln beinhaltet somit auf der Stufe der Rechtsanwendung nur eine abgeschwächte Pflicht zur Überprüfung der Verfassungsmäßigkeit formeller Gesetze[16].

Eine solch offensichtliche Missachtung von Grundrechten kann für den vorliegenden Fall nicht angenommen werden. Die Grundrechtsverletzung ergab sich aus dem Fortschreiten des wissenschaftlichen Erkenntnisstandes, den zu erfassen vom vollziehenden Beamten nicht erwartet werden kann. Daher kann sich eine Amtspflichtverletzung durch den beim Gewerbeaufsichtsamt zuständigen Beamten nicht auf Grund der Anwendung des verfassungswidrigen § 19 ArbZO ergeben.

---

[14] *Maurer*, § 4 Rn. 46.
[15] Das klingt auch in BGHZ 100, 136 (145) an.
[16] *Vinke*, in: Soergel, BGB, § 839 Rn. 136.

b) Amtspflichtverletzung durch Verstoß gegen Gemeinschaftsrecht

Im Unterschied zur Frage der Verfassungswidrigkeit des Beschäftigungsverbots ist über einen Verstoß gegen Gemeinschaftsrecht lt. Sachverhalt noch nicht verbindlich entschieden worden. Eine entsprechende Prüfung ist somit angezeigt.

Die Konstruktion stimmt mit der Problematik der Anwendung verfassungswidriger Rechtsnormen überein.

Eine Verletzung der Pflicht zu rechtmäßigem Handeln durch das Beschäftigungsverbot kann sich jedoch auch auf Grund der Mißachtung gemeinschaftsrechtlicher Bestimmungen ergeben[17]. In Betracht kommt hier ein Verstoß des Nachtarbeitsverbotes gegen Art. 5 der Richtlinie des Rates der Europäischen Gemeinschaften v. 09.02.1976. Diese Richtlinie wendet sich zunächst ausschließlich an den Normgeber mit dem Ziel, unvereinbare Vorschriften zu beseitigen. Für den vollziehenden Beamten scheinen sich hieraus keine Amtspflichten abzuleiten. Eine Verletzung von Gemeinschaftsrecht durch das Verbot läge allerdings dann vor, wenn die innerstaatliche Rechtsgrundlage, auf der die Untersagung beruht, ihrerseits mit EG-rechtlichen Vorschriften kollidiert und deswegen nach europarechtlichen Grundsätzen nicht angewandt werden durfte[18].

§ 19 ArbZO ist demnach auf seine Vereinbarkeit mit dem Gemeinschaftsrecht zu untersuchen. Das in der Richtlinie geregelte Verbot gebietet zwar dem Gesetzgeber nach seinem Sinn und Zweck, bestehende Diskriminierungen abzubauen. Aus der Richtlinie folgt daher die Verpflichtung, diese Regelung aufzuheben oder jedenfalls so abzuändern, dass Frauen nicht benachteiligt werden. Gemäß Art. 189 Uabs. 3 EGV a.F./ 249 Uabs. 3 EGV n.F. ist die Richtlinie jedoch allein an die Mitgliedstaaten adressiert, wirkt also im Unterschied zur Verordnung (Uabs. 2) nicht direkt in die nationale Rechtsordnung hinein. Innerstaatliche Vorschriften werden von ihr grundsätzlich nicht tangiert, solange das zuständige Organ keine Umsetzungsmaßnahmen ergriffen hat. Wenn der Gesetzgeber – wie hier – einer Richtlinie in der dort vorgesehen Frist nicht nachkommt, begeht er eine Verletzung des EG-Vertrages – nicht mehr, aber auch nicht weniger. § 19 ArbZO wird durch die Richtlinie grundlegend nicht tangiert.

Von diesem Grundsatz macht der EuGH in stetiger Rechtsprechung dann eine Ausnahme, wenn die Richtlinie hinreichend genau und unbedingt ist und die Verleihung von Rechten (gegen den Staat) an einzelne beabsichtigt[19]. Die Richtlinie gilt dann unmittelbar im Mitgliedstaat mit

---

[17] *Bonk*, in: Sachs, GG, Art. 34 Rn. 63; *Wolff/Bachof/Stober*, Bd. 2, § 67 Rn. 58.
[18] Problem des sog. Anwendungsvorranges des Gemeinschaftsrechtes im Kollisionsfalle: BVerfGE 31, 145 (174); 73, 339 (375); 85, 191 (204).
[19] EuGH, NJW 1982, 499 (500) und NJW 1992, 165 (165 f., Nr. 11).

der Folge, dass entgegenstehende nationale Bestimmungen dem einzelnen nicht mehr entgegengehalten werden können. Da die Maßnahmen, die der Gesetzgeber zur Umsetzung der Richtlinie zu ergreifen hat, klar sind (Aufhebung des § 19 ArbZO in seiner jetzigen Form), die Richtlinie im übrigen unbedingt und die vorgesehene Frist seit 1980 längst abgelaufen ist, erlangt sie im vorliegenden Fall unmittelbare innerstaatliche Wirkung, wenn mit ihr zudem die Verleihung von Rechten an B beabsichtigt war. Das ist dann der Fall, wenn der einzelne durch die Richtlinie begünstigt wird und dies gerade der gesetzgeberischen Zielsetzung entspricht. Dies ist durch Auslegung nach Wortlaut, Sinn und Zweck der Richtlinie zu ermitteln[20]. Art. 5 der Richtlinie bezweckt, Ungleichbehandlungen der Geschlechter hinsichtlich aller Arbeitsbedingungen zu beheben. Dies beinhaltet auch ein Verbot der Schlechterstellung der Frauen in Bezug auf Nachtarbeit. Die Mitgliedstaaten sollen Frauen die gleiche Position wie ihren männlichen Kollegen einräumen. Aus der Richtlinie resultiert mithin die Einräumung eines Rechtes weiblicher Nachtarbeiter gegen den jeweiligen Mitgliedstaat, von Gesetzes wegen nicht anders behandelt zu werden als männliche Mitarbeiter. Als Ergebnis kann festgehalten werden, dass die Voraussetzungen für eine unmittelbare innerstaatliche Wirkung der Richtlinie vorliegen. § 19 ArbZO darf gegenüber der B von Gemeinschaftsrechts wegen nicht mehr angewandt werden. Dieses Verbot richtet sich gegen alle Organe des jeweiligen Mitgliedstaates, also auch gegen das Gewerbeaufsichtsamt.

Fraglich ist dennoch das Vorliegen einer Amtspflichtverletzung durch die Missachtung des gemeinschaftsrechtlichen Anwendungsverbotes. Wie im Falle der Anwendung verfassungswidriger Vorschriften ist auch hier die entgegenstehende Gesetzesbindung der Verwaltung zu beachten. Insofern kann auf die obigen Erläuterungen verwiesen werden, was die Abgrenzung der Verantwortungsbereiche betrifft[21]. Auch hier besitzt die Anwendung gemeinschaftsrechtswidriger formeller Gesetze nur dann eigene Pflichtverletzungsqualität, wenn sich der Verstoß gegen EG-Recht dem Beamten (im haftungsrechtlichen Sinne) geradezu aufdrängen musste.

Erst dann ist es ihm zumutbar, den Befolgungsanspruch des Gesetzes zurückzustellen. Die Begründung der unmittelba-

Im Regelfall fällt dem Amtsträger bei der Vollziehung verfassungs- und gemeischaftsrechtswidriger Gesetze keine eigene Pflichtverletzung zur Last. Je schwieriger die Rechtslage, und das ist bei Prüfung der Verfassungs- bzw. Gemeinschaftsrechtswidrigkeit fast immer der Fall, um so weniger offenkundig ist ein solcher Verstoß.

---

[20] Siehe EuGH, NJW 1996, 3141 (3143 Nr. 30-42).
[21] Vgl. dazu auch BGHZ 125, 27 (38).

ren Anwendbarkeit von EG-Richtlinien steht und fällt mit der Auslegung der doch recht unbestimmten Voraussetzungen, wie sie der EuGH entwickelt hat. Ein offenkundiger Verstoß, der es rechtfertigte, neben dem Gesetzgeber auch den vollziehenden Beamten zu den Verantwortlichen zu zählen, kann daher nicht bejaht werden.

Dem im Gewerbeaufsichtsamt handelnden Amtsträger fällt damit keine Pflichtverletzung zur Last. Aus seinem Vorgehen kann die B daher keine Amtshaftungsansprüche ableiten.

II. Anspruch aus § 839 BGB i.V.m. Art. 34 Satz 1 GG wegen des Versäumnisses des Bundesgesetzgebers

Ein Anspruch der B gegen die BR Deutschland auf Zahlung von € 9.000 aus § 839 BGB i.V.m. Art. 34 Satz 1 GG könnte jedoch auch auf Grund der Untätigkeit des Bundesgesetzgebers unter der Bedingung bestehen, dass der Gesetzgeber (als jemand) in Ausübung eines ihm anvertrauten öffentlichen Amtes die ihm der B (einem Dritten) gegenüber obliegende Amtspflicht schuldhaft verletzt hat.

1. Handeln in Ausübung eines öffentlichen Amtes

a) Amtsträger

Wie bereits oben dargelegt knüpft der Amtshaftungstatbestand an den einzelnen Amtsträger an. Insofern wäre der Verweis auf den Bundesgesetzgeber als „jemand" i.S. des Art. 34 Satz 1 GG zu abstrakt. Inhaber des Amtes der Gesetzgebung ist vielmehr der jeweilige Bundestagsabgeordnete. Aber auch hier gilt das oben gesagte: Bei Gesetzgebungsakten ist der Geschädigte häufig nicht in der Lage, den bzw. die konkreten Abgeordneten zu benennen, die für den Antrag gestimmt haben. Es ist daher völlig ausreichend, wenn auf die Gruppe von Abgeordneten verwiesen wird, die den Gesetzesbeschluss herbeigeführt oder unterlassen haben.

Auch die staatliche Gesetzgebung, wie sie dem Bundestag obliegt, ist eine öffentliche Aufgabe. Der Abgeordnete als Inhaber der gesetzgebenden Gewalt ist daher Amtsträger (Art. 20 Abs. 2 Satz 2 Alt. 2, 77 Abs. 1 Satz 1 und 38 Abs. 1 Satz 1 GG[22].

---

[22] *Schwerdtfeger*, Rn. 321; OLG Hamburg, DÖV 1971, 238 (239).

b) In Ausübung eines öffentlichen Amtes

Der Erlass von Gesetzen durch den Bundestag ist öffentlich-rechtliches Handeln schlechthin. Allerdings wendet die B ein, der Bundesgesetzgeber hätte § 19 ArbZO aufheben oder abändern müssen. Der Sache nach rügt sie daher ein Unterlassen. Ein Unterlassen kann die Verletzung von Amtspflichten dann beinhalten, wenn die Amtspflicht ein Tätigwerden geboten hat[23]. Unabhängig davon, ob man das Aufrechterhalten eines Gesetzesbefehls noch als Tun qualifizieren kann, ist anerkannt, dass solche Handlungspflichten aus den Grundrechten (als Abwehrrechten) entspringen können. Allein deswegen scheitert ein Anspruch also nicht.

2. Amtspflichtverletzung

Eine Amtspflichtverletzung durch den Bundesgesetzgeber könnte sich daraus ergeben, dass er es unterlassen hat, § 19 ArbZO als bundesgesetzliche Regelung auf Grund seiner eingetretenen Verfassungs- und Gemeinschaftsrechtswidrigkeit aufzuheben.

Voraussetzung einer Amtspflichtverletzung durch den Gesetzgeber ist freilich zunächst, dass den Abgeordneten überhaupt Amtspflichten treffen können. Dies wird z.T. mit der Begründung verneint, der Abgeordnete sei gemäß Art. 38 Abs. 1 Satz 2 GG an Aufträge und Weisungen nicht gebunden und nur seinem Gewissen unterworfen[24]. Darüber hinaus seien Zweifel deshalb angebracht, weil die sich allenfalls aus der Verfassung ableitbaren Amtspflichten wesensmäßig von denen der Verwaltung unterschieden (auf deren Haftung § 839 BGB, Art. 34 Satz 1 GG zugeschnitten sei). Sie seien gegenüber dem einzelnen Abgeordneten nicht durchsetzbar und nur faktische Folge gesetzgeberischer Kompetenzbegrenzungen[25].

Zuzugeben ist, dass der Abgeordnete nicht dem typischen, überkommenen Bild des Amtsträgers i.S. des § 839 BGB entspricht. Mit der Erweiterung der Amtshaftung durch die Einführung eines neuen haftungsrechtlichen Beamtenbegriffes in Art. 34 Satz 1 GG kann man daran indes nicht mehr festhalten. Auch wenn der Abgeordnete ein freies Mandat innehat, entbindet ihn das nicht, bei der Ausübung seiner Tätigkeit geltendes Recht zu beachten[26]. Vor

Die historischen Wurzeln des Amtshaftungsanspruches sind wesentliche Ursache für die Probleme der Bewältigung sogenannten legislativen Unrechts. Es gibt daher so gut wie kein Tatbestandsmerkmal, was vor dem Hintergrund der Problematik nicht umstritten wäre. Der Schwerpunkt der Diskussion liegt jedoch auf den Fragen der Existenz von Amtspflichten als solchen und ihrer Drittbezogenheit (dazu ausführlich unten).

---

[23] *Maurer*, § 25 Rn. 22.
[24] Vgl. etwa *Fetzer*, S. 54 f. und *Wolff/Bachof/Stober*, Bd. 2, § 67 Rn. 83.
[25] *Oldiges*, Der Staat, 15 (1976), 381 (386).
[26] *Maurer*, § 25 Rn. 51.

allem die Grundrechte als den Gesetzgeber bindendes Recht sind somit Ursprung möglicher Amtspflichten der Legislative (Art. 1 Abs. 1 und Art. 20 Abs. 3 HS 1 GG)[27]. Unabhängig davon, ob § 19 ArbZO von Anfang an gegen Art. 3 Abs. 1 und 3 GG verstieß, war der Gesetzgeber jedenfalls dann zur Aufhebung der Vorschrift auf Grund des Gleichheitssatzes verpflichtet gewesen, als sich herausstellte, dass ihr besonderer Schutzzweck (Verhinderung von Gefährdungen durch Nachtarbeit, denen Frauen in einem gesteigerten Maße ausgesetzt seien) durch neue Erkenntnisse jeglicher tatsächlicher Grundlage entbehrte. Wie das BVerfG verbindlich festgestellt hat, wurde § 19 ArbZO in dem Moment verfassungswidrig. Seine Untätigkeit hat daher eine Amtspflichtverletzung zur Folge.

Daneben hat der Bundesgesetzgeber auch eine gemeinschaftsrechtliche Amtspflicht verletzt, indem er die in der Richtlinie v. 09.02.1976 vorgeschriebenen Ziele durch die Aufrechterhaltung des § 19 ArbZO in der vorgeschriebenen Frist nicht umgesetzt hat (Art. 249 Uabs. 3 EGV, siehe obige Ausführungen).

3. Drittbezogenheit der Amtspflicht

Dass der Amtsträger seine *ihm einen Dritten gegenüber obliegende* Amtspflicht verletzt hat, ist weitere Anspruchsvoraussetzung nach Art. 34 Satz 1 GG. Drittbezogen ist die Amtspflicht, wenn die Führung des Amtsgeschäftes nicht nur im allgemeinen öffentlichen sondern gerade auch im Interesse des Geschädigten erfolgte.

Welche Interessen vorrangig verfolgt werden, ist anhand der Vorschrift zu ermitteln, aus der sich die Amtspflicht ergibt[28]. Ähnlich wie bei der Bestimmung subjektiv-öffentlicher Rechte ist somit der Schutzzweck der Regelung zu ermitteln, gegen die verstoßen wurde[29]. Erfasst dieser individualisierbar die Interessen des Geschädigten, liegt Drittbezug vor.

Indem der Gesetzgeber § 19 ArbZO nicht aufgehoben oder abgeändert hat, verletzte er die objektive Amtspflicht, das Grundrecht aus Art. 3 Abs. 1 und 3 GG zu beachten (Art. 1 Abs. 3 GG). Danach ist es nicht gestattet, das Geschlecht als Anknüpfungspunkt für eine Ungleichbehandlung zu benennen, soweit dies biologisch nicht unumgäng-

---

[27] *Ossenbühl*, Staatshaftungsrecht, S. 86 (§ 7, 5. aa)).
[28] BGHZ 84, 292 (299).
[29] *Rüfner*, § 47 Rn. 16.

lich ist. Art. 3 Abs. 3 GG schützt die jeweiligen Geschlechter vor Diskriminierung und dient gerade auch den Interessen der B.

a) Drittbezogenheit aus innerstaatlicher Sicht

Einer Drittbezogenheit könnte jedoch entgegenstehen, dass es vorstehend um eine Amtspflichtverletzung des Gesetzgebers geht. Der BGH hat die Drittbezogenheit in diesen Fällen mit der Begründung abgelehnt, dass es Zweck des Tatbestandsmerkmales sei, eine ausufernde Haftung zu vermeiden (haftungsbegrenzende Funktion). Ähnlich den anderen deliktischen Ansprüchen des BGB soll nur der unmittelbar Geschädigte, zu dessen Schutz die anspruchsbegründende Norm erlassen worden ist, einen Schadensausgleich erhalten[30]. Dies setze voraus, dass Staat und Geschädigter in einer besonderen Beziehung zueinander gestanden haben, die sich aus dem allgemeinen Verhältnis des Staates zu seinen Bürgern heraushebt. Gesetze und Verordnungen enthielten aber durchweg abstrakt-generelle Regelungen, so dass der Normgeber in keinen besonderen Kontakt zu bestimmten Personen oder Personengruppen trete. Damit nehme er auch nur Amtspflichten war, die allein im Interesse der Allgemeinheit lägen[31].

Gegen diese Argumentation wird eingewandt, dass es bei der Beurteilung der Drittbezogenheit der Amtspflichtverletzung nicht auf den individuellen Charakter der Maßnahme ankomme. Entscheidend sei vielmehr allein die Schutzrichtung der Norm, aus der die Verletzung resultiere[32]. Grundrechte seien als subjektiv-öffentliche Abwehrrechte gegenüber dem Staat ohne weiteres drittschützend[33]. Deren Missachtung genüge daher allein für ein mögliches Vorliegen der Verletzung drittbezogener Amtspflichten.

Dieser extensiven Auslegung des Merkmals der Drittbezogenheit haftet freilich die Problematik an, dass man das ursprüngliche Anwendungsfeld der Amtshaftung hinter sich lässt. Das Abstellen auf den einzelnen Amtsträger, dem auch noch Art. 34 Satz 1 GG verhaftet ist, illustriert die Vorstellung des Normgebers vom individuellen Schadens-

---

[30] BGHZ 56, 40 (45f.) - seit dem stetige Rechtsprechung: BGHZ 84, 292 (300); 87, 321 (335); NJW 1989, 101.
[31] BGHZ 56, 40 (46); NVwZ 1993, 601 (601); sich dem anschließend: BayObLG, NJW 1997, 1514 (1515); *Detterbeck*, JA 1991, 7 (11); *Ossenbühl*, Staatshaftungsrecht, S. 87 (§ 7, 5. aa)).
[32] *Oldiges*, Der Staat, 15 (1976), 381 (389).
[33] *Maurer*, § 25 Rn. 51.

fall. Den Gesetzgeber hier einzubeziehen würde diesen Aspekt zu sehr vernachlässigen.

Ergebnis der Auslegung ist somit, dass ein Amtshaftungsanspruch der B mangels Verletzung einer *drittbezogenen* Amtspflicht durch den Gesetzgeber nicht besteht.

b) gemeinschaftsrechtliche Besonderheiten

> Hier wird der Aufbau schwierig. Je nachdem welcher Grundkonzeption man vom gemeinschaftsrechtlich überformten Amtshaftungsanspruch folgt, eröffnen sich zwei Alternativen: Der BGH betrachtet den Anspruch auf Schadensersatz bei Verletzung von Gemeinschaftsrecht durch Organe der Mitgliedstaaten als eigenständigen gemeinschaftsrechtlichen Anspruch[34]. Nach dieser Konzeption müsste die Prüfung des § 839 BGB i.V.m. Art. 34 GG an dieser Stelle enden und auf eine neue, nun gemeinschaftsrechtliche Anspruchsgrundlage (mit Art. 10 EGV als Ausgangspunkt) überleiten.

Eine andere Auslegung könnte jedoch auf Grund der gleichzeitigen Verletzung von Gemeinschaftsrecht durch § 19 ArbZO geboten sein. Dies hängt davon ab, ob und unter welchen Voraussetzungen Normen oder allgemeine Rechtsgrundsätze des EG-Rechts die Mitgliedstaaten verpflichten, bei einer Verletzung gemeinschaftsrechtlicher Vorschriften durch den Gesetzgeber des Mitgliedstaates dem so Geschädigten einen Schadensersatzanspruch einzuräumen[35].

aa) Voraussetzungen einer innerstaatlich notwendigen Staatshaftung nach Gemeinschaftsrecht

Nach der Rechtsprechung des EuGH leitet sich die Verpflichtung der Mitgliedstaaten, bei ihnen zurechenbaren Verstößen gegen Gemeinschaftsrecht dem Geschädigten einen entsprechenden Schadensersatzanspruch zu gewähren, aus dem Grundsatz der vollen Wirksamkeit des EG-Rechts ab (effet utile). Sie seien gehalten, diese Wirksamkeit zu gewährleisten (Art. 10 Uabs. 1 EGV n.F.) und blieben hinter dieser Obliegenheit zurück, wenn die einzelnen nicht die

---

[34] BGHZ 134, 30 (36); daran festhaltend in BGH, DVBl. 2001, 474 (475).
[35] Ausführlich dazu *Wolff/Bachof/Stober*, Bd. 2, § 70.

Möglichkeit hätten, für den Fall eine Entschädigung zu erlangen, dass ihre Rechte durch einen Verstoß gegen Gemeinschaftsrecht verletzt werden[40]. Indes sind diese Aussagen zu allgemein, um feststellen zu können, ob vorliegend ein Amtshaftungsanspruch gemeinschaftsrechtlich geboten ist. Auf ihrer Grundlage ist eine Haftung nach Auffassung des EuGH danach zwingend, wenn der Mitgliedstaat gegen Gemeinschaftsrecht verstoßen hat, das die Verleihung von Rechten an den einzelnen, d.h. den Geschädigten, beinhaltet, der Verstoß hinreichend qualifiziert ist und zwischen ihm und dem Schaden des Geschädigten ein Kausalzusammenhang besteht[41]. Ein Verschulden darf nicht zur Voraussetzung des Anspruches gemacht werden[42]. Unerheblich ist, welchem Organ des Mitgliedstaates der Verstoß zuzurechnen ist, auch wenn er dem Gesetzgeber zur Last fällt[43]. Nach diesen Maßgaben haben die Mitgliedstaaten im Rahmen ihrer nationalen Rechtsordnungen einen Schadensersatzanspruch vorzusehen.

Gegen diese Betrachtungsweise spricht jedoch, dass der EuGH in ständiger Rechtsprechung betont, dass die Umsetzung der europarechtlich gebotenen Staatshaftung mangels gemeinschaftsrechtlicher Regelungen Sache der nationalen Rechtsordnungen ist[36]. Das bedeutet, nur die Mitgliedstaaten sind, ähnlich den EG-Richtlinien, unmittelbare Adressaten dieser Verpflichtung[37], so dass ein direkt aus dem Gemeinschaftsrecht abgeleiteter Amtshaftungsanspruch ausscheidet[38]. Das hat zur Folge, dass sich der Anspruch aus dem nationalen Recht (also § 839 BGB i.V.m. Art. 34 GG) herleitet, dessen Voraussetzungen erforderlichenfalls gemeinschaftsrechtskonform ausgelegt werden müssen[39]. Diese Auffassung wird durch die jüngste Rechtsprechung des EuGH bestätigt. So hat er entschieden, es gebe keinen gemeinschaftsrechtlichen

bb) Gemeinschaftsrechtliche Gebotenheit der Haftung der BR Deutschland gegenüber B

Zu klären ist somit, ob es aus gemeinschaftsrechtlicher Sicht geboten ist, der B einen solchen Anspruch einzuräumen.

Ein Verstoß gegen Art. 5 der EG-Richtlinie v. 09.02.1976 wurde bereits oben festgestellt. Der Gesetzgeber war danach verpflichtet, § 19 ArbZO in dieser Form aufzuheben. Dem ist er nicht rechtzeitig nachgekommen. Unklar ist indes, von welchen Bedingungen es abhängt, dass dieser Verstoß hinreichend qualifiziert ist. Ohne weiteres lässt sich aus dieser Formulierung nur ableiten, dass nicht jede Verletzung von Gemeinschaftsrecht einen EG-rechtlich gebotenen Schadensersatzanspruch auslöst. Der EuGH hat

---

[36] EuGH, NJW 1992, 165 (167, Nr. 42); NJW 1996, 1267 (1270, Nr. 67), ebenso *Jarass*, NJW 1994, 881 (881 f.).

[37] Vgl. EuGH, NJW 1992, 165 (167, Nr. 36).

[38] Dazu *Ehlers*, JZ 1996, 776 (777 f.) mit weiteren Nachweisen über den Streitstand in Fn. 16.

[39] *Bull*, Rn. 1076; *Ehlers*, JZ 1996, 776 (777 f.); *Jarass*, NJW 1994, 881 (881 f.).

[40] EuGH, NJW 1992, 165 (166 f., Nr. 31-33); *Wolff/Bachof/Stober*, Bd. 2, § 70 Rn. 4.

[41] EuGH, NJW 1996, 1267 (1269, Nr. 50) und NJW 1996, 3141 (3142, Nr. 21).

[42] EuGH, NJW 1996, 3141 (3142, Nr. 28).

[43] EuGH, NJW 1996, 1267 (1268, Nr. 32).

Grundsatz, dass allein der Gesamtstaat für Schäden zu haften habe, die aus Verstößen gegen Gemeinschaftsrecht resultieren. Vielmehr bleibe es dem Mitgliedstaat überlassen, welche innerstaatliche Körperschaft den Schaden auszugleichen habe, solange nur die Grundsätze des effet utile gewahrt blieben[44]. Wenn somit das Gemeinschaftsrecht nicht einmal eine Regelung des Anspruchsgegners enthält, dann kann aus ihm schlechterdings kein eigenständiger Amtshaftungsanspruch abgeleitet werden.

diese Voraussetzung dahingehend konkretisiert, dass der Verstoß offenkundig und damit schwerwiegend sein muss. Je unbestimmter die gemeinschaftsrechtlichen Anforderungen sind und je mehr Spielräume sie den Mitgliedstaaten belassen, um so schwieriger ist es, von einem offenkundigen Verstoß zu sprechen[45]. Wenn sich allerdings für die Erfüllung EG-rechtlicher Vorgaben keine Alternativen ergeben, der Umsetzungsspielraum also annähernd null ist, genügt die bloße Verletzung als solche. Ein Verstoß gegen Richtlinien ist daher schon stets dann qualifiziert, wenn die Frist zur Umsetzung abgelaufen ist, ohne dass der Mitgliedstaat tätig wurde[46]. Im vorliegenden Falle hat der Gesetzgeber für einen sehr langen Zeitraum keinerlei Maßnahmen ergriffen, um die bestehenden Ungleichbehandlungen abzubauen. Er hat damit offenkundig und erheblich die Grenzen, die der Ausübung seiner Befugnisse gesetzt sind, überschritten.

Was die Verleihung von Rechten an einzelne betrifft, so ist auf die obigen Ausführungen zu verweisen. Auch diese Haftungsvoraussetzung ist mithin erfüllt.

Da ein entsprechender Kausal-, d.h. Zurechunungszusammenhang zwischen dem Verdienstausfall der B (Schaden) und dem Verbot der Nachtarbeit für Frauen gemäß § 19 ArbZO (Verletzungshandlung) besteht, ergibt sich für die BR Deutschland die gemeinschaftsrechtliche Verpflichtung, für einen entsprechenden Schadensausgleich zu sorgen.

Für das Verständnis des Tatbestandsmerkmales der Drittbezogenheit bedeutet dies, dass es auf Grund *gemeinschaftsrechtskonformer Auslegung* genügen muss, dass der Gesetzgeber gegen Gemeinschaftsrecht verstößt, welches die Verleihung von Rechten an den Geschädigten bezweckt. Da diese Voraussetzungen in der Person der B vorliegen, verletzte der Gesetzeber eine aus Art. 5 der Richtlinie stammende drittbezogene Amtspflicht.

---

[44] EuGH (Konle/Republik Österreich), NVwZ 2000, 303 (303, Nr. 64); siehe auch *Gundel*, DVBl. 2001, 95 (97, 101f.); *Weber*, NVwZ 2001, 287 (288 f.).

[45] EuGH, NJW 1996, 1267 (1269, Nr. 43-45) und NJW 1996, 3141 (3142, Nr. 25).

[46] EuGH, NJW 1996, 3141 (3142, Nr. 26).

4. Verschulden

§ 839 Abs. 1 Satz 1 BGB setzt ein schuldhaftes (also vorsätzlich bzw. fahrlässiges) Verletzen der Amtspflicht durch den Bundesgesetzgeber, m.a.W. die Abgeordneten, voraus. Darauf kann es jedoch vorliegend deshalb nicht ankommen, weil das Erfordernis eines Schadensausgleiches aus EG-rechtlicher Sicht nicht davon abhängt, dass der Verstoß gegen Gemeinschaftsrecht vorsätzlich oder fahrlässig erfolgte[48]. Zwar sind subjektive Momente bei der Beurteilung der Frage eines qualifizierten Verstoßes nicht ohne Bedeutung[49]. Außerhalb dessen erfordert eine gemeinschaftsrechtskonforme Auslegung den Verzicht auf diese Einschränkung.

Die gemeinschaftsrechtlichen Erfordernisse können zur Folge haben, dass bestimmte Tatbestandsmerkmale des Amtshaftungsanspruches ganz entfallen, wenn letztere in Konflikt zum EG-Recht treten. Sie haben sich seinem Anwendungsvorrang zu unterwerfen[47].

5. Schaden

Auf Grund ihrer Kündigung erlitt die B einen Verdienstausfall i.H.v. € 9.000. § 839 BGB erfasst jegliche Vermögensschäden. Zwischen dem Schaden und der Amtspflichtverletzung in Form des Versäumnisses der Anpassung der Regelung besteht auch ein Kausalzusammenhang. Insbesondere kann die BR Deutschland gegen den Anspruch nicht vorbringen, sie hätte zulässigerweise auch ein allgemeines Nachtarbeitsverbot erlassen können. Solche Einwendungen sind dem Mitgliedstaat im Regelfall abgeschnitten, da es eben auf sein eigenes Versäumnis zurückzuführen ist, dass er gemeinschaftsrechtskonforme Regelungen nicht geschaffen hat[50].

6. Haftungsausschlüsse

Haftungsausschlüsse, wie sie in § 839 Abs. 1 Satz 2, Abs. 3 und § 254 BGB niedergelegt sind, werden im vorliegenden Fall nicht aktuell. So hatte die B sämtliche mögliche Rechtsmittel angestrengt.

7. Passivlegitimation

Der Anspruch richtet sich gegen denjenigen Staat oder diejenige Körperschaft, deren Amtsträger die Amtspflichtverletzung trifft (Art. 34 Satz 1 GG). Dies waren hier die Abgeordneten des Deutschen Bundestages, der Organ der BR

---

[47] Siehe BVerfGE 85, 191 (204).
[48] Ausdrücklich EuGH, NJW 1996, 1267 (1271, Nr. 80) und NJW 1996, 3141 (3142, Nr. 28).
[49] Vgl. auch *Wolff/Bachof/Stober*, Bd. 2, § 70 Rn. 21.
[50] Vgl. EuGH, NJW 1992, 165 (166, Nr. 21).

Deutschland ist (III. Abschnitt des GG). Sie ist daher Schuldner des Anspruches i.H.v. € 9.000.

Ergebnis:

Das Landgericht wird die BR Deutschland zur Zahlung von € 9.000 verurteilen.

B. Anspruch der S-GmbH i.H.v. € 700.000 gegen die BR Deutschland aus § 839 BGB i.V.m. Art. 34 Satz 1 GG

Für die S-GmbH ergibt sich ein Zahlungsanspruch gegen die BR Deutschland dann, wenn jemand in Ausübung eines ihm anvertrauten öffentlichen Amtes seine der S-GmbH gegenüber obliegende Amtspflicht verletzt hat, daraus der S-GmbH ein Schaden erwachsen ist und der Amtsträger im Dienst des Bundes steht (§ 839 BGB i.V.m. Art. 34 Satz 1 GG).

I. Handeln in Ausübung eines öffentlichen Amtes

Hierzu kann auf die Ausführungen zum Anspruch der B verwiesen werden. Unterschiede ergeben sich nicht.

II. Verletzung einer drittbezogenen Amtspflicht

Die Überlegungen bezüglich der B können auch hier als Ausgangspunkt dienen. Sie waren zu dem Schluss gekommen, dass den Gesetzgeber prinzipiell keine drittbezogenen Amtspflichten treffen, weil er solche nur gegenüber der Allgemeinheit wahrnimmt. Aber auch nach der Gegenauffassung wäre die S-GmbH nicht in den Schutzbereich des Art. 3 Abs. 1 und 3 GG einbezogen, da sie nicht vom geschlechtsbezogenen Differenzierungsverbot als juristische Person erfasst sein kann (Art. 19 Abs. 3 GG). In Betracht käme allenfalls eine Verletzung des Art. 12 Abs. 1 GG, da dieses Grundrecht nach Satz 2 des Absatzes nur durch oder auf Grund von Gesetzen beschränkt werden darf, die ihrerseits verfassungsgemäß sind. Daran mangelt es § 19 ArbZO.

Möglicherweise gebietet jedoch das Gemeinschaftsrecht auch in bezug auf die S-GmbH, dass ihr ein entsprechender Schadensersatzanspruch eingeräumt wird. Dies ist im Wesentlichen davon abhängig, ob sie zu dem Personenkreis zählt, der von der Richtlinie begünstigt werden soll, d.h. dem gegenüber eine Rechtsverleihung beabsichtigt ist. Wenn nicht auf konkrete Personen(-gruppen) Bezug genommen worden ist, dann muss der Kreis der Begünstigten durch Auslegung ermittelt werden. Zweck der Richtlinie war die Gleichstellung der Geschlechter auf dem Gebiet der beruflichen Entfaltung. Anknüpfungspunkt ist daher eine Eigenschaft, die juristischen Personen schlechthin nicht anhaftet. Die S-GmbH kann sich somit nicht auf die Richtlinie mit der Folge berufen, dass § 19 ArbZO ihr gegenüber von Gemeinschaftsrechts wegen keine Anwendung finden durfte und vom Gesetzgeber hätte aufgehoben oder abgeändert werden müssen. Die vom nationalen Standpunkt aus ermittelte Auslegung (keine Haftung für legislatives Unrecht) läuft damit nicht europarechtlichen Anforderungen zuwider.

Ergebnis:

Das Landgericht wird die Klage der S-GmbH abweisen, weil ein Anspruch aus § 839 BGB i.V.m. Art. 34 Satz 1 GG nicht besteht.

Vertiefungshinweise:

Aus dem überaus umfangreichen Schrifttum wird auf folgende Darstellungen verwiesen:

Zur Haftung für normatives Unrecht:
Detterbeck, Staatshaftung bei normativem Unrecht, JA 1991, 7 ff.; *Oldiges*, Die Staatshaftung bei legislativem Unrecht, Der Staat 15(1976), 381 ff.; *Stangl*, Amtshaftung bei der Bauleitplanung auf Altlasten, JuS 1993, 280 ff.; *Wurm*, Drittgerichtetheit und Schutzzweck der Amtspflicht als Voraussetzung für die Amtshaftung, JA 1992, 1 ff.

Zu den Einflüssen des Europarechts auf das deutsche Staatshaftungsrecht:
Bröhmer, Die Weiterentwicklung des europäischen Staatshaftungsrechts, JuS 1997, 117 ff.; *Clausen*, Staatshaftung nach Francovich, JA 1993, 329 ff.; *Ehlers*, Die Weiterentwicklung des Staatshaftungsrechts durch das europäische Gemeinschaftsrecht, JZ 1996, 776 ff.; *Fischer*, Die gemeinschaftsrechtliche Staatshaftung, Jura 2000, 235 ff.; *Gundel*, Die Bestimmung des richtigen Anspruchsgegners der Staatshaftung für Verstöße gegen das Gemeinschaftsrecht, DVBl. 2001, 95 ff.; *Jarass*, Haftung für die Verletzung von

EU-Recht durch nationale Organe und Amtsträger, NJW 1994, 881 ff.; *Saenger*, Staatshaftung wegen Verletzung europäischen Gemeinschaftsrechts, JuS 1997, 865 ff.

Klausur Nr. 17**

Das falsche Grab

Sachverhalt

Die Rentnerin A lebt in der nordrhein-westfälischen Gemeinde G. Vor vielen Jahren haben sie und ihr vor vier Jahren verstorbener Ehemann das Nutzungsrecht an einer dreistelligen Familienwahlgrabstätte auf dem kommunalen Friedhof F der Gemeinde G erworben. Wie an jedem Sonn- und Feiertag besucht sie auch am 20.05.2004 (Christi Himmelfahrt) das Grab ihres Mannes und ihrer Schwester. Zu ihrem Entsetzen muß sie feststellen, daß auf ihrer Familiengrabstätte vor kurzem eine Beisetzung stattgefunden haben muß, weil frische Kränze und Blumen auf dem Grab liegen. Bestürzt verläßt sie das Friedhofsgelände.

Am nächsten Tag sucht sie das Friedhofsamt der Gemeinde G auf und verlangt eine Erklärung. Die Friedhofsverwaltung erkennt sofort, daß ihr ein folgenschwerer Fehler unterlaufen ist. Sie hat die kürzlich verstorbene Ehefrau des B, der die benachbarte Grabstätte erworben hatte, irrtümlich in der Grabstätte der A bestatten lassen.

Die in ihren Gefühlen tief verletzte A empfindet diese Situation als unerträglich. Sie hat diese Wahlgrabstätte – so erklärt sie dem Leiter L des Friedhofsamts – erworben, um mit ihrem verstorbenen Ehemann und ihrer Schwester nebeneinander begraben werden zu können. Sie erwartet daher von der Friedhofsverwaltung, daß sie die Ehefrau des B umgehend in die Grabstätte des B umbettet. L gesteht der A zwar zu, daß eine Umbettung „ohne großen Aufwand grundsätzlich technisch möglich wäre", lehnt dieses Ansinnen aber unter Berufung auf den in § 12 Abs. 1 der Friedhofssatzung verankerten Schutz der Totenruhe ab. Auch der fassungslose B und seine erwachsenen Kinder, welche die Friedhofsverwaltung inzwischen über ihr gravierendes Versehen telefonisch informiert hat, verweigern in ihrem tiefen

Schmerz die Zustimmung zur Umbettung der verstorbenen Frau und Mutter.

Um das durch den Fehler seiner Mitarbeiter entstandene Leid der A zu mildern, bietet L ihr an, daß sie gebührenfrei das Nutzungsrecht an zwei Grabstellen übertragen erhält, die sich oben an die Querseite der beiden mit dem Ehemann und der Schwester der A belegten Grabstellen entweder in Längs- oder Querlage anschließen. Diese Lösung ermögliche es der A – so die Meinung des L – später unmittelbar anschließend an das Grab ihres Ehemannes – oder bei Querlage der Grabstelle unmittelbar anschließend an die Gräber des Ehemanns und der Schwester – begraben zu werden.

Die A, die sich von L gänzlich unverstanden fühlt, lehnt diesen für sie beleidigenden Vorschlag entschieden ab. Statt dessen wendet sie sich an Rechtsanwalt R mit der Bitte, ihr Begehren auf Umbettung der Ehefrau des B in die benachbarte Grabstätte des B mit gerichtlicher Hilfe durchzusetzen.

Aufgabe:

Prüfen Sie die Erfolgsaussichten einer Klage der A auf Umbettung der Ehefrau des B gegen die Gemeinde G vor dem örtlich zuständigen Verwaltungsgericht V!

Bearbeitervermerk:

1. Der Friedhof F der Gemeinde G wird – wie die übrigen Friedhöfe D und E der Gemeinde G – auf der Grundlage der Friedhofssatzung der Gemeinde G in der Fassung vom 11.02.2004 und dem Gesetz über das Friedhofs- und Bestattungswesen (Bestattungsgesetz – BestG NRW) betrieben.

2. Gehen Sie davon aus, daß die vorerwähnte Satzung rechtswirksam ist.

3. Auszug aus der Friedhofssatzung der Gemeinde G in der Fassung vom 11.02.2004:

„**I. Allgemeines**
§ 1 Geltungsbereich und Begriffsbestimmungen
(1) Die Satzung für die Friedhöfe der Gemeinde G, nachstehend Friedhofssatzung genannt, gilt für die von der Gemeinde G zurzeit und künftig verwalteten Friedhöfe. ...

(2) Das Garten-, Friedhofs- und Forstamt wird nachstehend als "Friedhofsamt" bezeichnet.

§ 2 Friedhofszweck
(1) Die Friedhöfe sind eine nicht rechtsfähige öffentliche Einrichtung der Gemeinde G. Sie dient der Bestattung aller Toten, die bei ihrem Ableben Einwohnerinnen/Einwohner der Gemeinde G waren oder unter Inanspruchnahme eines bestehenden Nutzungsrechtes an einer Grabstätte beigesetzt werden sollen. ...
(2) Friedhöfe dienen der würdigen Bestattung Verstorbener und bieten den Hinterbliebenen einen Ort der Besinnung.
...

III. Bestattungen
§ 8 Allgemeines
(1) Erdbestattungen finden grundsätzlich in einem Sarg statt. ... Bei Bestattungen in eine vorhandene Wahlgrabstätte ist das Nutzungsrecht durch Vorlage der Erwerbsurkunde nachzuweisen.
(2) Trauerfeiern und Bestattungen erfolgen nur an Werktagen, außer samstags. Die Termine werden vom Friedhofsamt festgelegt.
(3) Das Friedhofsamt setzt Ort und Zeit der Bestattung fest.
...

§ 10 Ausheben der Gräber
(1) Die Gräber werden auf Veranlassung des Friedhofsamtes ausgehoben und verfüllt.
(2) Die/Der Nutzungsberechtigte oder die/der Bestattungspflichtige hat, wenn es die ordnungsgemäße Bestattung erfordert, Grabmale, Fundamente und Grabzubehör vorher rechtzeitig zu entfernen.

§ 12 Umbettungen und Ausgrabungen
(1) Die Ruhe der Toten darf grundsätzlich nicht gestört werden. ...
(4) Umbettungen werden vom Friedhofspersonal vorgenommen. Das Friedhofsamt bestimmt den Zeitpunkt der Umbettung.

Anmerkung:

Der auf den ersten Blick ausgedacht und kaum glaubhaft erscheinende Sachverhalt beruht auf einer wahren Begebenheit, die sich in Nordrhein-Westfalen zugetragen hat. Die dem Fall zugrundeliegende Entscheidung des OVG Münster ist abgedruckt in NVwZ 2000, 217 ff.

Lösungsvorschlag

Die Klage der A ist erfolgreich, wenn die allgemeinen und besonderen Sachentscheidungsvoraussetzungen vorliegen und die Klage sich in der Sache als begründet erweist.

A. Zulässigkeit der Klage der A

I. Eröffnung des Verwaltungsrechtsweges, § 40 Abs. 1 S. 1 VwGO

1. Öffentlich-rechtliche Streitigkeit

Erste Voraussetzung ist, daß die Streitigkeit zwischen A und der Gemeinde G über die Umbettung der verstorbenen Ehefrau des B öffentlich-rechtlicher Natur ist. Eine öffentlich-rechtliche Streitigkeit liegt vor, wenn die Streitigkeit nach Maßgabe öffentlichen Rechts zu entscheiden ist. Sie ist nach Maßgabe öffentlichen Rechts zu entscheiden, wenn die streitentscheidenden Normen ausschließlich den Staat oder eine seiner Untergliederungen berechtigen oder verpflichten, sogenannte modifizierte Subjektstheorie[2]. Streitentscheidende Normen sind hier die Bestimmungen der §§ 8, 10 und 2 Abs. 1 Satz 1 der Friedhofssatzung der G i.V.m. den §§ 8, 12 und 14 BestG NRW, welche die Frage der Bestattung Verstorbener durch das Friedhofsamt der Gemeinde G als nichtrechtsfähige Einrichtung der Gemeinde G regeln und damit die Gemeinde G als einen Träger öffentlicher Gewalt zum Vollzug dieser Normen berechtigen und verpflichten. In Erfüllung dieser nach § 10 der Friedhofssatzung der G von der öffentlichen Hand zu erledigenden öffentlich-rechtlichen Aufgabe erfolgte die Bestattung der verstorbenen Ehefrau des B in Form eines Realakts durch tatsächliches Handeln. Die Umbettung stellt nach § 12 i.V.m. § 10 der Friedhofssatzung die Rückgängigmachung dieses Vollzuges durch gleichfalls schlichtes, auf einen tatsächlichen Erfolg gerichtetes Verwaltungshandeln

---

Marginalien:

Die übliche Standardformel, die Klage ist erfolgreich, wenn sie zulässig und begründet ist, löst in Prüferkreisen mitunter Mißfallen aus, weil diese Formel keinerlei weiterführenden Aussagewert besitzt. Um sich von anderen Bearbeitern positiv abzuheben, kann es hilfreich sein, auf die gängige Formel ganz zu verzichten oder einen Eingangssatz mit mehr Substanz zu verwenden.

Grundsätzlich gilt, daß Ausführungen zur Eröffnung des Verwaltungsrechtsweges knapp gehalten werden sollten. Eine ausführlichere Diskussion ist aber erforderlich, wenn - wie etwa bei einem schlichtem Verwaltungshandeln - der öffentlich-rechtliche Charakter der Maßnahme erst aus dem Zusammenspiel der tatsächlichen Handlung mit den ihr zugrundeliegenden Aufgabennormen ermittelt werden kann; es also auf den Kontextbezug ankommt[1].

---

[1] Vgl. *Lorenz*, § 11 Rn. 24; *Kopp/Schenke*, VwGO, § 40 Rn. 12, 13a; *Maurer*, § 3 Rn. 21 f.
[2] Dazu statt vieler *Maurer*, § 3 Rn. 17 f.

dar. Die Umbettung ist somit vor dem Hintergrund der § 12 i.V.m. § 10 der Friedhofssatzung ebenfalls als Wahrnehmung einer öffentlich-rechtlichen Aufgabe zu qualifizieren, so daß die Streitigkeit über die Umbettung der verstorbenen Ehefrau des B mithin nach Maßgabe öffentlichen Rechts zu entscheiden ist. Bei dem Streit über die Umbettung handelt es sich daher um eine öffentlich-rechtliche Streitigkeit.

2. Nichtverfassungsrechtlicher Art

Da an dem Rechtstreit zwischen der A und der Gemeinde G weder ausschließlich Rechtssubjekte beteiligt sind, die ihre Rechte und Pflichten unmittelbar aus dem Verfassungsrecht ableiten, noch das streitige Rechtsverhältnis materiell-rechtlich entscheidend vom Verfassungsrecht geformt ist[3], handelt es sich bei dieser Streitigkeit um eine Streitigkeit nichtverfassungsrechtlicher Art.

3. Sonderzuweisungen an andere Gerichtsbarkeiten

Zuweisungen an Gerichte eines anderen Rechtszweiges sind nicht einschlägig.

Der Verwaltungsrechtsweg ist mithin eröffnet.

II. Bestimmung der einschlägigen Rechtsschutzform („Klageart")

Fraglich ist, mit welcher Rechtsschutzform („Klageart") das Begehren der A verfolgt werden kann. In Betracht kommt die in der VwGO nicht ausdrücklich geregelte, aber in § 43 Abs. 2 VwGO vorausgesetzte allgemeine Leistungsklage. Sie ist für das konkrete Begehren der A die zutreffende Rechtsschutzform, wenn dieses nicht auf den Erlaß eines Verwaltungsaktes, sondern auf die Vornahme einer tatsächlichen Verwaltungshandlung, einen Realakt, gerichtet ist[4]. A wünscht die Umbettung der Frau B aus der von ihr genutzten Wahlgrabstätte in die Grabstätte des B und damit die Beseitigung der Folgen des Irrtums des Friedhofsamtes. Zu dieser Umbettung der B bedarf es einer Öffnung des bisherigen Grabes, des Aushubs eines neuen Grabs auf der Wahlgrabstätte des B und einer anschließenden Bestattung der B in dem neuen Grab, also der Vornahme von Handlungen,

---

[3] Zu diesen Erfordernissen, die als doppelte Verfassungsunmittelbarkeit bezeichnet werden, näher *Stern*, Rn. 115 u. 116.

[4] Zu Realakten als Gegenstand der allgemeinen Leistungsklage vgl. *Hufen*, § 17 Rn. 3 i.V.m. 10; *Lorenz*, § 23 Rn. 11.

die sich als tatsächliches Verwaltungshandeln darstellen. Folglich ist die allgemeine Leistungsklage für das Begehren der A die richtige Rechtsschutzform[5].

III. Besondere Sachentscheidungsvoraussetzungen der allgemeinen Leistungsklage

1. Geltendmachung einer Rechtsverletzung ("Klagebefugnis"), § 42 Abs. 2 VwGO analog

Nach einer in der Literatur vertretenen Gegenauffassung bedarf es keiner entsprechenden Anwendung des § 42 Abs. 2 VwGO[6]. Da hier aber die A auch die von der Rechtsprechung und weiten Teilen des Schrifttums aufgestellte Hürde der „Klagebefugnis" überwindet, ist ein Eingehen auf den Meinungsstreit nicht erforderlich.

Die allgemeine Leistungsklage ist in entsprechender Anwendung des § 42 Abs. 2 VwGO[7] nur zulässig, wenn die A geltend machen kann, durch die Verweigerung oder Unterlassung des begehrten tatsächlichen Verwaltungshandelns in einem ihrer subjektiv-öffentlichen Rechte verletzt zu sein[8]. Ein der A zustehendes subjektiv-öffentliches Recht ist das Nutzungsrecht an der von ihr erworbenen Wahlgrabstätte[9], das sogenannte Grabstättennutzungsrecht. Dieses in den Schutzbereich des Art. 14 Abs. 1 GG einbezogene Recht[10] kann sie nicht mehr in der von ihr gewünschten Form ausüben, wenn die verstorbene B nicht umgebettet wird. Es ist daher nicht ausgeschlossen, daß sie durch die Weigerung des L, eine Freiräumung der von ihr zur Nutzung erworbenen Grabstelle durch Umbettung vorzunehmen, in diesem Recht möglicherweise verletzt ist. Folglich ist die A nach § 42 Abs. 2 VwGO analog klagebefugt.

2. Sonstige Sachentscheidungsvoraussetzungen der allgemeinen Leistungsklage

Vor der allgemeinen Leistungsklage ist grundsätzlich[11] kein Widerspruchsverfahren durchzuführen[12]. Auch gilt für die Leistungsklage die Vorschrift des § 74 VwGO über die Ein-

---

[5] Vgl. auch OVG Münster, NVwZ 2000, 217 (218).
[6] So etwa die Position von *Lorenz*, § 23 Rn. 15 m.w.N.; ohne nähere Begründung auch *von Nicolai*, in: Redeker/von Oertzen, VwGO, § 42 Rn. 153.
[7] Zur analogen Anwendung des § 42 Abs. 2 VwGO bei Leistungsklagen vgl. BVerwGE 36, 192 (199); *Hufen*, § 17 Rn. 13 f.; *Würtenberger*, Verwaltungsprozeßrecht, Rn. 390; *Schenke*, Verwaltungsprozeßrecht, Rn. 363 i.V.m. Rn. 491 f.; *Stern*, Rn. 450.
[8] Vgl. *Hufen*, § 17 Rn. 13 f.
[9] Vgl. BVerwGE 11, 68 (71 f.); OVG Münster, NVwZ 2000, 217 (218).
[10] So OVG Münster, NVwZ 2000, 217 (218).
[11] Zu beachten sind aber die Fallkonstellationen des § 126 Abs. 3 BRRG und des § 172 BBG.
[12] Allgemeine Meinung, vgl. *Hufen*, § 17 Rn. 15; *Lorenz*, § 23 Rn. 17; *Würtenberger*, Rn. 391.

haltung einer Klagefrist nicht[13]. Anhaltspunkte, die für eine mögliche Verwirkung des Rechts zur Klageerhebung[14] sprechen, sind bei der A nicht ersichtlich, da sie unverzüglich nach Ablehnung ihres Begehrens Klage erhoben hat.

IV. Allgemeines Rechtsschutzinteresse

Weitere Voraussetzung für die Klage der A ist, daß sie ein Rechtsschutzinteresse an der Verfolgung ihres Begehrens geltend machen kann. Das Rechtsschutzinteresse ist bei der Leistungsklage dann zu verneinen, wenn der Kläger keinen entsprechenden Antrag bei der zuständigen Behörde gestellt hat[16]. Die A hat im Verlaufe ihres Gesprächs mit L am 21.05.2004 ausdrücklich die Umbettung der verstorbenen B verlangt und somit den konkreten Antrag auf Umbettung der B gestellt, der von L als zuständigem Vertreter der Gemeinde G abgelehnt worden ist. Die von L anschließend vorgeschlagene Lösung deckt sich nicht mit dem explizit erklärten Wunsch der A, so daß ihr das allgemeine Rechtsschützbedürfnis nicht abgesprochen werden kann.

Auch das Erfordernis vorheriger Antragstellung wird von Teilen der Literatur abgelehnt[15]. Da die A aber – zumindest mündlich – einen Antrag auf Umbettung gestellt hat, bedarf auch diese Streitfrage keiner weiteren Diskussion.

B. Begründetheit der Klage

Die Klage der A auf Umbettung von Frau B ist begründet, wenn die Weigerung des L, die Grabstelle der A durch Umbettung der verstorbenen B freizuräumen, rechtswidrig war und die A dadurch in ihren Rechten verletzt ist. Dies ist der Fall, wenn die A gegen die Gemeinde G einen *Anspruch* auf Umbettung besitzt. Ein solcher Anspruch gegen die Gemeinde G könnte sich aus dem Rechtsinstitut des Folgenbeseitigungsanspruchs ergeben, nach welchem die rechtswidrigen Folgen eines hoheitlichen Eingriffs rückgängig zu machen sind.

---

[13] Allgemeine Meinung, vgl. *Hufen*, § 17 Rn. 16; *Lorenz*, § 23 Rn. 17; *Würtenberger*, Rn. 392.
[14] Zur Verwirkung bei der allgemeinen Leistungsklage *Würtenberger*, Rn. 392.
[15] Vgl. *Lorenz*, § 23 Rn. 16.
[16] Vgl. *Hufen*, § 17 Rn. 17; *Pietzcker*, in: Schoch/Schmidt-Aßmann/Pietzner, VwGO, § 42 Abs. 1 Rn. 156.

I. Rechtliche Grundlage des Anspruchs auf Folgenbeseitigung

Anders als die Praxis darf ein Klausurbearbeiter nicht die Rechtsgrundlage des Folgenbeseitigungsanspruchs dahinstehen lassen oder alle denkbaren Lösungen ohne Wertung auflisten[17], sondern muß zumindest den aus seiner Sicht tragenden Ansatz vorstellen.

Fraglich ist zunächst, auf welcher Rechtsgrundlage der Anspruch des Bürgers auf Beseitigung der rechtswidrigen Folgen hoheitlichen Handelns beruht. In Betracht kommt eine Fundierung des Folgenbeseitigungsanspruchs in den Grundrechten. Dafür spricht, daß Folgenbeseitigung in engem Zusammenhang mit dem beeinträchtigten Grundrecht zu sehen ist, denn „die Grundrechte erzeugen eine Unterlassungspflicht für den Staat, die ihm gegenüber dem Bürger obliegt. Dieser Pflicht korrespondiert ein Unterlassungsanspruch des Bürgers gegen den Staat. Der Unterlassungsanspruch wandelt sich nach geschehenem Eingriff in einen Beseitigungsanspruch um. Unterlassungsanspruch und Beseitigungsanspruch sind durch die ‚Identität des Rechtsgrundes' miteinander verbunden"[20].

Neben diesem, in der Literatur mittlerweile vorherrschenden Ansatz zur Begründung des Folgenbeseitigungsanspruchs werden des weiteren als Grundlagen genannt[18]:
- Art. 20 Abs. 3 GG[19],
- Analogie zu §§ 1004, 12, 862 BGB oder auch
- die Rechtsschutzgarantie des Art. 19 Abs. 4 GG.

Der Folgenbeseitigungsanspruch hat mithin seine Grundlage in dem jeweiligen beeinträchtigten Grundrecht, das durch einfach-gesetzliche Regelungen konkretisiert sein kann; im Fall der A beruht der Anspruch folglich auf Art. 14 Abs. 1 GG i.V.m. dem Grabstättennutzungsrecht.

Der aus der Unterlassungspflicht des Staates resultierende Schutz- bzw. Unterlassungsanspruch deckt dabei das gesamte grundrechtliche Freiheitsspektrum ab[21].

---

[17] Zu diesen Verfahrensweisen der Rechtsprechung vgl. beispielhaft BVerwGE 94, 100 (103); 80, 178 (179).

[18] Überblicke der Ansätze mit umfassenden Nachweisen bei *Ossenbühl*, Staatshaftungsrecht, S. 293 ff.; *Detterbeck/Windthorst/Sproll*, § 12 Rn. 15 ff.

[19] So insbesondere die Rechtsprechung, vgl. BVerwGE 69, 366 (370); OVG Münster, NVwZ 2000, 217 (218).

[20] So die überzeugende Begründung von *Ossenbühl*, Staatshaftungsrecht, S. 298 f.; auf gleicher Linie *Maurer*, § 30 Rn. 5 f.; differenzierend nach dem Ziel des Anspruchs *Rüfner*, § 49 Rn. 22 f. Manche Autoren wollen den Folgenbeseitigungsanspruch neben den Grundrechten noch zusätzlich auf Art. 20 Abs. 3 GG stützen, so insbesondere *Stern*, Rn. 249.

[21] So explizit *Ossenbühl*, Staatshaftungsrecht, S. 299.

II. Tatbestandsvoraussetzungen des Anspruchs auf Folgenbeseitigung

Der Anspruch der A auf Umbettung der verstorbenen B gegen die Gemeinde G und damit auf Folgenbeseitigung durch die Gemeinde G ist entstanden, wenn durch ein hoheitlichen Eingriff der Gemeinde G in ein subjektives Recht der A ein rechtswidriger Zustand geschaffen worden ist, der noch andauert[22].

Hinsichtlich der Tatbestandsvoraussetzungen des Folgenbeseitigungsanspruchs herrscht in Rechtsprechung und Literatur Einmütigkeit.

1. Hoheitlicher Eingriff

Erstes Erfordernis des Folgenbeseitigungsanspruchs ist, daß ein hoheitlicher Eingriff durch positives Tun gegeben ist. Die irrtümliche Bestattung der verstorbenen B in der Grabstätte der A stellt ein aktives Handeln der Verwaltung dar. Das Begräbnis erfolgte auch – wie oben dargelegt – in Vollzug öffentlich-rechtlicher Vorschriften, so daß die zu beseitigende Unrechtslast durch ein aktives hoheitliches Verhalten herbeigeführt worden ist.

Da hier ein klarer Fall positiven Tuns gegeben ist, darf auf die umstrittene Problematik, ob auch ein Unterlassen einen Anspruch auf Folgenbeseitigung begründen kann[23], nicht eingegangen werden.

2. Beeinträchtigung einer geschützten, subjektiv-rechtlichen Rechtsposition

Nächste Voraussetzung ist, daß der hoheitliche Eingriff zu einer Beeinträchtigung einer geschützten, subjektiv-rechtlichen Rechtsposition des Anspruchstellers geführt hat[24]. Das in den Schutzbereich des Art. 14 Abs. 1 GG einbezogene Grabstättennutzungsrecht der A, ein ihr zustehendes subjektiv-öffentliches Recht, kann nach der Bestattung der B in der Grabstätte der A nicht mehr in der von A vorgesehenen Art und Weise ausgeübt werden. Mithin ist eine Beeinträchtigung eines subjektiven Rechts der A gegeben.

3. Rechtswidrigkeit des geschaffenen Zustands

Fraglich ist, ob der durch die Beeinträchtigung geschaffene Zustand auch rechtswidrig[25] ist. Für die Bestattung der B in der Grabstätte der A kann die Gemeinde G keinen Rechtfertigungsgrund geltend machen. Insbesondere ist keine Notsi-

---

[22] Vgl. zu den Tatbestandsvoraussetzungen BVerwGE 80, 178 (179); *Maurer*, § 30 Rn. 7.

[23] Zu dieser Frage näher *Detterbeck/Windthorst/Sproll*, § 12 Rn. 30; *Maurer*, § 30 Rn. 9, beide m.w.N.

[24] Vgl. *Detterbeck/Windthorst/Sproll*, § 12 Rn. 32 ff.

[25] Zu dieser Tatbestandsvoraussetzung des Folgenbeseitigungsanspruchs vgl. etwa *Detterbeck/Windthorst/Sproll*, § 12 Rn. 38 ff.

tuation erkennbar, sondern die Bestattung beruhte auf einem schlichten Versehen des Friedhofsamts. Der Eingriff war daher rechtswidrig.

4. Fortdauer der Rechtswidrigkeit

Schließlich ist erforderlich, daß die Rechtswidrigkeit des geschaffenen Zustands noch fortbesteht[26]. Da der Leichnam weiterhin in der Grabstätte der A ruht, dauert die rechtswidrige Beeinträchtigung des Grabstättennutzungsrechts noch an.

5. Zwischenergebnis

Damit sind alle Tatbestandsvoraussetzungen des Folgenbeseitigungsanspruchs erfüllt. Die A hat also einen Anspruch auf Umbettung der B, wenn kein Anspruchsausschlußgrund eingreift.

III. Kein Vorliegen eines Ausschlußgrundes

Der Anspruch der A auf Folgenbeseitigung ist ausgeschlossen, wenn ein in der Rechtsprechung und Literatur anerkannter Ausschlußgrund gegeben ist.

1. Ausschluß wegen tatsächlicher Unmöglichkeit der Unrechtslastenbeseitigung

Der Anspruch auf Folgenbeseitigung ist bereits immer dann ausgeschlossen, wenn die Wiederherstellung aus tatsächlichen Gründen unmöglich ist[27]. Dies wäre hier etwa der Fall, wenn der Sarg der B mittlerweile völlig zerfallen und eine exakte Trennung der Leichenteile der in der Grabstätte der A beigesetzten Verstorbenen nicht mehr möglich wäre. Da das Begräbnis der B aber erst vor kurzem erfolgt ist, kann die Umbettung der B ohne weiteres durch entsprechende Erdarbeiten vorgenommen werden. Der Ausschlußgrund der tatsächlichen Unmöglichkeit greift daher nicht ein.

---

[26] Vgl. BVerwGE 80, 178 (180 f.); *Detterbeck/Windthorst/Sproll*, §12 Rn. 42.

[27] Vgl. *Detterbeck/Windthorst/Sproll*, § 12 Rn. 44; *Ossenbühl*, Staatshaftungsrecht, S. 318.

2. Ausschluß wegen Unzumutbarkeit der Wiederherstellung

Der Anspruch auf Folgenbeseitigung ist des weiteren ausgeschlossen, wenn die Wiederherstellung des ursprünglichen Zustands für den Hoheitsträger unzumutbar ist. Unzumutbarkeit liegt vor allem dann vor, wenn mit der Folgenbeseitigung „ein unverhältnismäßig hoher Aufwand verbunden ist, der zu dem erreichbaren Erfolg bei allem Respekt für das Verlangen nach rechtmäßigen Zuständen in keinem vernünftigen Verhältnis mehr steht"[28]. Laut Sachverhalt hat L gegenüber der A ausdrücklich eingeräumt, daß eine Umbettung der verstorbenen B ohne großen Aufwand möglich ist. Von einer Unzumutbarkeit der Folgenbeseitigung kann daher keine Rede sein, so daß auch dieser Ausschlußgrund gegenüber dem Begehren der A nicht zum Tragen kommt.

3. Ausschluß wegen unzulässiger Rechtsausübung

Der Anspruch der A ist aber dann ausgeschlossen, wenn sich ihr Begehren als ein Fall der unzulässigen Rechtsausübung darstellt.

a) Anwendbarkeit des Einwands

Dies setzt zunächst voraus, daß der im bürgerlichen Recht in § 242 BGB normierte[31] Einwand der unzulässigen Rechtsausübung auch auf Rechtsbeziehungen des öffentlichen Rechts entsprechend anwendbar ist. Dafür spricht, daß der Rechtsgedanke von Treu und Glauben ein allgemeines Prinzip ist, das die ganze deutsche Rechtsordnung prägt[32]. Zwar müssen bei seiner Übertragung auf das öffentliche Recht die Eigenarten dieses Rechtsgebiets beachtet werden[33], doch stehen im Einzelfall erforderliche Modifikationen einer grundsätzlichen Anwendbarkeit dieses Rechtsgedankens nicht entgegen[34]. Der Einwand unzulässiger

Der Einwand der unzulässigen Rechtsausübung ist nur schwer von dem in verschiedenen Lehrbüchern aufgeführten Ausschlußgrund der rechtlichen Unzulässigkeit der Folgenbeseitigung[29] zu trennen[30], da die rechtlichen Gesichtspunkte ineinander übergehen. Es ist daher auch vertretbar, die nachfolgende Diskussion anstatt unter dem Prüfungspunkt „Einwand der unzulässigen Rechtsausübung" unter dem Stichwort „rechtliche Unmöglichkeit" zu führen.

---

[28] BVerwGE 94, 100 (105).
[29] Vgl. dazu *Maurer*, § 30 Rn. 14.
[30] Für eine Trennung aber *Detterbeck/Windthorst/Sproll*, § 12 Rn. 44 ff. und 48.
[31] Vgl. nur *Heinrichs*, in: Palandt, BGB § 242 Rn. 38.
[32] Vgl. BVerwG, NVwZ 1993, 1102 (1104); *Heinrichs*, in: Palandt, BGB §242 Rn. 1; *Wolff/Bachof/Stober*, Bd. 1, § 25 Rn. 3.
[33] Vgl. *Heinrichs*, in: Palandt, BGB § 242 Rn. 17.
[34] Vgl. BVerwGE 94, 294 (298); BVerwG, NVwZ 1993, 1102 (1104 m.w.N.); *Heinrichs*, in: Palandt, BGB § 242 Rn. 17.

Rechtsausübung kann folglich einem Folgenbeseitigungsanspruch prinzipiell entgegengehalten werden[35].

b) Vorliegen unzulässiger Rechtsausübung

Ein Fall unzulässiger Rechtsausübung des Begehrens auf Folgenbeseitigung ist unter anderem[36] dann gegeben, wenn die Wiederherstellung des früheren Zustands im Wege der Beseitigung der eingetretenen Folgen nach der materiellen Rechtslage ausgeschlossen ist[37]. Ein solcher Ausschluß ist dann anzunehmen, wenn der Wiederherstellung des Zustandes Rechtsnormen entgegenstehen[38]. Eine der Wiederherstellung des früheren Zustandes durch Umbettung entgegenstehende Rechtsnorm ist § 12 Abs. 1 Satz 1 der Friedhofssatzung, die den aus Art. 1 Abs. 1 GG ableitbaren Schutz der Totenruhe Verstorbener[39] normativ konkretisiert. Aus dem Schutz der unantastbaren Würde des Menschen nach Art. 1 Abs. 1 GG folgt, daß die Umbettung einer einmal beigesetzten Leiche nur aus ganz besonderen Gründen verlangt werden kann[40].

---

[35] Allgemeine Meinung, vgl. beispielsweise BVerwGE 80, 178 (179); *Detterbeck/Windthorst/Sproll*, § 12 Rn. 48; *Stern*, Rn. 249.
[36] Weitere Beispiele unzulässiger Rechtsausübung bei *Ossenbühl*, Staatshaftungsrecht, S. 323.
[37] Vgl. BVerwGE 80, 178 (179) ; OVG Münster, NVwZ 2000, 217 (218).
[38] Vgl. BVerwGE 80, 178 (179).
[39] Vgl. BVerwGE 45, 224 (230); OVG Münster, NVwZ 2000, 217 (218); *Kunig*, in: von Münch/Kunig, GGK I, Art. 1 Rn. 15.
[40] Vgl. OVG Münster, NWVBl. 1992, 261 (262); VGH Kassel, DVBl. 1994, 218 (222).

Es fragt sich, ob ein besonderer Grund für die Umbettung bereits aus der grundrechtlichen Absicherung des Grabstättennutzungsrechts abzuleiten ist. Das Grabstättennutzungsrecht der A ist durch Art. 14 Abs. 1 GG geschützt und daher ein besonders hochrangiges Recht innerhalb der Rechtsordnung. Dem steht indes entgegen, daß der Schutz der Totenruhe seinerseits eine grundrechtliche Fundierung in Art. 1 Abs. 1 GG hat, das ein gegenüber Art. 14 Abs. 1 GG zumindest nicht geringwertigeres Recht der Hinterbliebenen ist. In diesem Fall einer Kollision zweier grundrechtsgeschützter Rechtsgüter bedarf es vielmehr eines verhältnismäßigen Ausgleichs nach den Kriterien der Zumutbarkeit[44]. Aus der grundrechtlichen Absicherung des Grabstättennutzungsrechts ergibt sich daher noch kein besonderer Grund für eine Umbettung.

Ein besonderer Grund für die Umbettung könnte sich nach dem Vorstehenden aber aus dem Umstand ergeben, daß der vorzunehmende Ausgleich der geschützten Grundrechte zugunsten der A ausfällt, weil die Ausübung des Grabstättennutzungsrechts unter Berücksichtigung aller Umstände gegenüber dem Schutz der Totenruhe Vorrang genießt. Für einen Vorrang des Nutzungsrechts der A und folglich für Unzumutbarkeit des zur Zeit bestehenden Zustands spricht, daß mit dem Nutzungswunsch der A nicht nur materielle Interessen, sondern auch anerkennenswerte menschliche Gefühle verknüpft sind, weil sie durch die von ihr in der Zukunft beabsichtigte Form der Bestattung ihre tiefe Liebe zu ihrem Ehemann und ihre große Verbundenheit mit ihrer Schwester auch nach außen zum Ausdruck bringen will. Auf der anderen Seite ist aber zu bedenken, daß von der Friedhofsverwaltung zu respektierende Emotionen auch auf Seiten der Hinterbliebenen der B gegeben sind, die über den erlittenen Verlust hinaus nicht auch noch erleben möchten, daß die Ruhe ihrer geliebten Verstorbenen durch eine Umbettung gestört wird. Gegen eine Unzumutbarkeit des derzeitigen Zustands kann außerdem angeführt

Das OVG Münster geht implizit sogar von einer Höherwertigkeit des aus Art. 1 Abs. 1 GG abzuleitenden Schutzes der Totenruhe aus[41]. Die Annahme von Rangverhältnissen zwischen den Grundrechten ist indes nicht unproblematisch[42]; sie wird unbeschadet der durch das GG selbst anerkannten besonderen Wertigkeit des Grundrechts auf Achtung der Menschenwürde[43] deshalb hier nicht weiter als Argumentationshilfe verwendet.

Dieser Ansatz folgt der Rechtsprechung des BVerfG, nach der die verschiedenen „Verfassungswerte im Konfliktfall nach Möglichkeit zum Ausgleich gebracht werden [müssen]; läßt sich dies nicht erreichen, so ist unter Berücksichtigung der falltypischen Gestaltung und der besonderen Umstände des Einzelfalls zu entscheiden, welches Interesse zurückzutreten hat"[45].

---

[41] Vgl. OVG Münster, NVwZ 2000, 217 (218).
[42] Kritisch zu der These eines Rangverhältnisses zwischen den verschiedenen Grundrechten beispielsweise *Sachs*, Grundrechte, A 9 Rn. 53 und A 10 Rn. 40; *von Münch*, in: von Münch/Kunig, GGK I, Vorb. Art. 1 Rn. 46 f.
[43] Daß das Grundrecht auf Achtung der Menschenwürde eine durch das Grundgesetz selbst anerkannte besondere Wertigkeit besitzt, ist unstreitig, vgl. nur *Kunig*, in: von Münch/Kunig, GGK I, Art. 1 Rn. 4.
[44] Vgl. BVerfGE 35, 205 (225); OVG Münster, NVwZ 2000, 217 (218).
[45] BVerfGE 35, 202 (225).

werden, daß L der A einen Vorschlag unterbreitet hat, der ihren Nutzungswünschen zwar nicht gänzlich, aber doch weitgehend entspricht. Die A muß ihre Vorstellungen nicht völlig aufgeben, sondern lediglich zu einem gewissen Grade modifizieren. Schließlich ist gegen die von der A begehrte Umbettung einzuwenden, daß der Wunsch der A auch nicht durch etwaige öffentliche Interessen an einer Umbettung unterstützt wird, die in besonderen Fällen berechtigen, eine Umbettung auch gegen den Willen der Angehörigen vorzunehmen[46], denn solche öffentlichen Interessen sind nicht vorgetragen worden und auch aus dem Sachverhalt nicht ersichtlich.

Da der Einwand der unzulässigen Rechtsausübung durchgreift und zu einem totalen Ausschluß des Anspruchs führt, ist auf die grundsätzlich erörterungsfähige Frage eines eventuellen Mitverschuldens des Anspruchsstellers[47], also der A, nicht mehr einzugehen. Wer dies dennoch tun will, kann sich längere Ausführungen ersparen, da die A eindeutig kein Mitverschulden trifft.

Unter Berücksichtigung all dieser Gesichtspunkte ist das Nutzungsrecht der A somit nicht als gegenüber dem Recht der Hinterbliebenen der B auf Schutz der Totenruhe vorrangig zu betrachten. Der durch Abwägung vorzunehmende Ausgleich der verschiedenen grundrechtsgeschützten Rechtsgüter fällt daher nicht zwingend zugunsten der A aus[48], so daß kein besonderer Grund für ihr Begehren auf Umbettung gegeben ist. Folglich steht dem Anspruch der A der Einwand der unzulässigen Rechtsausübung entgegen. Der Folgenbeseitigungsanspruch der A ist daher nicht durchsetzbar.

IV. Ergebnis der Begründetheitsprüfung

A hat keinen Anspruch gegen die Gemeinde G, die von ihr zur Nutzung erworbene Grabstelle durch Umbettung des Leichnams der Frau B freizuräumen.

C. Gesamtergebnis

Die Leistungsklage der A ist zwar zulässig, aber unbegründet. Sie wird daher nicht erfolgreich sein.

Vertiefungshinweise:

Zur allgemeinen Leistungsklage:
Erichsen, Die allgemeine Leistungsklage, Jura 1992, 384 ff.

---

[46] Vgl. OVG Münster, NVwZ 2000, 217 (218) m.w.N.
[47] Zur grundsätzlichen Anwendbarkeit des Rechtsgedankens des § 254 BGB beim Folgenbeseitigungsanspruch BVerwGE 82, 24 (26 ff.); *Ossenbühl,* Staatshaftungsrecht, s. 323 f.; *Maurer,* § 30 Rn. 18 m.w.N.
[48] Ebenso im zugrundeliegenden Fall OVG Münster, NVwZ 2000, 217 (218 f.).

Zum Folgenbeseitigungsanspruch:
Brugger, Gestalt und Begründung des Folgenbeseitigungsanspruchs, JuS 1999, 625 ff.; *Zöller,* Die Tatbestandsstruktur des Folgenbeseitigungsanspruchs, SächsVBl. 1997, 197 ff.

Zum Rechtsprinzip von Treu und Glauben im öffentlichen Recht:
Maurer, Allgemeines Verwaltungsrecht, § 3 Rn. 28 ff.

Sachverzeichnis

Abschleppmaßnahmen 91 ff.
Abwägungsdisproportionalität 194
Allgemeine Geschäftsbedingungen 57 f.
Amtshaftung 72, 269, 276 ff., 282 ff., 289, 293 ff.
Amtspflichten 283 f., 296 ff., 301 ff.
  - Begriff 296
  - des Abgeordneten 301 f., 307
  - Drittbezogenheit 280, 283 ff., 301 ff., 306
  - gemeinschaftsrechtliche 299, 302, 304
Amtspflichtverletzung (Zurechnung der) 297, 299
Amtsträger 293, 294 f., 300
Anfechtungsklage 13, 28, 66 ff., 111, 134, 144 ff., 155, 195 f., 204, 251
Androhung
  - von kommunalrechtlichen Ordnungsmitteln 138
  - von Maßnahmen der Kommunalaufsicht 143, 156 f.
  - von Zwangsmitteln 98
Anhörung 30, 35, 77, 94, 137, 203
Anlage, bauliche 225
Anpassungspflicht 192
Anspruch auf Erlaubniserteilung 3 ff.
Antragsberechtigung (des Gemeinderates) 130
Anwendung von Zwangsmitteln 98 ff.
Aufhebung (von Gemeinderatsbeschlüssen) 155 f.
Auflage 35 ff.
Auslegung
  - gemeinschaftsrechtskonforme 299 ff.
  - von Gesetzesbestimmungen 4, 10, 39, 55, 57, 212 f.; 241, 259
  - von Rechtsschutzanträgen 26, 28
  - von Satzungsbestimmungen 125, 175 ff.

Außenbereich 241 ff.
Außenrechtskreis 125
  - Beteiligungsfähigkeit 128
  - Klageart 125
Ausübung eines öffentlichen Amtes 283, 294, 300, 301, 308

Baugenehmigung 48, 52 ff., 186, 190, 195 ff., 213, 220, 225, 228 f.
baulichen Nutzung
  - Art der 201 f.
  - Maß der 202
Beanstandung 143 ff.
Bebauungsplan 54, 185 ff., 198 ff., 216 ff., 241
Befangenheit 77, 139, 189 ff.
Befassungskompetenz (des Gemeinderates) 132 f.
Begründung (einer Vollziehungsanordnung) 30 ff.
Belehrung 77
Bekanntgabe (von Verwaltungsakten) 95 f.
Beschlagnahme (Sicherstellung) 76 ff.
Beschlüsse (von Gemeindeorganen) 149 ff., 165 ff.
Beseitigungsverfügung 211, 220 ff., 229
Bestandsschutz 226 ff., 238
Bestimmtheit 16, 37 ff., 120, 175 ff.
Beteiligtenfähigkeit 29, 50, 89, 127, 210, 238
Beurteilungszeitpunkt im Verwaltungsprozeß 8 f.
bodenrechtliche Relevanz 54, 199
Boykott 152 f.

Chancengleichheit der Parteien, Grundsatz der 150 ff.

Dispens 52, 55 f., 229
Duldungsverfügung 64 f., 112, 115, 117

Einstweiliger Rechtsschutz 26 ff.
effet utile 304, 306
Eilentscheidung des Bürgermeisters 203
Einvernehmen, gemeindliches 190, 198 f., 214, 219, 228, 230
- Ersetzung 200
- Verfahren und Form der Ersetzung 202 ff.
enteignungsgleicher Eingriff 276 ff.
Entwicklungsgebot 193
Erledigungskompetenz (des Gemeinderates) 131 f.
Ermessen 4, 5, 16, 17, 20, 37, 55, 71, 90, 104, 118, 136, 149, 230
Ermessensfehler 38 f., 41 f., 43, 79 f., 99 ff., 101, 102, 106, 121 f., 154
Ermessensreduzierung auf Null 3, 55, 230
Ersatzvornahme 93 ff., 143, 156

Feststellungsinteresse 50, 69, 72, 74, 135, 251 f.
Feststellungsklage 49, 50, 51, 64, 65 ff., 70, 126, 134 f., 249 ff.
Folgenbeseitigungsanspruch 212, 278, 317 ff.
Fortsetzungsfeststellungsklage 65 f., 69, 71, 73
Fortsetzungsfeststellungswiderspruch 70 f.
Fraktion (Gemeinderat) 127 ff., 160 ff.

Gaststättengesetz 28, 35, 36 ff.
Gebietskörperschaft 50, 196, 210, 238
Gefahr
- konkrete 81, 101, 113, 114
- abstrakte 118
Gefahrenabwehr 55, 63, 87, 218 f.
- Abgrenzung zur Strafverfolgung 63
Gemeingebrauch 256 ff.
Generalklausel, polizeiliche (sicherheitsbehördliche) 76, 81, 92, 112, 113 f.
Gewerbeaufsichtsamt 293 ff.
Gewerbebegriff 253 f.
Gewerbefreiheit 4
Gewerbeordnung 3 ff., 253 ff.
Gewerbe- und Industriegebiet 242
Grabstättennutzungsrecht 316, 319 f., 323
Grobe Ungebühr (Gemeinderat) 137 f.

Haftpflichtgesetz 274 f.
Haftungsausschluß 271 ff., 281, 285 f., 307
Handlungsfreiheit, allgemeine 13, 90, 111, 120
Heilung 32, 35, 168, 179 f., 191, 195, 237

Illegalität, formelle 225
immissionsschutzrechtliche Genehmigung 235, 240
Innenbereich 207, 233, 241 ff.
Interessenkonflikte 129

„Kehrseitentheorie" 13
Klagearten
- Anfechtungsklage *siehe dort*
- Feststellungsklage *siehe dort*
- Fortsetzungsfeststellungsklage *siehe dort*
- Klageart sui generis 125
- Leistungsklage, allgemeine *siehe dort*
- Unterlassungsklage *siehe dort*
- Verpflichtungsklage *siehe dort*
Klagebefugnis 13, 29, 50, 69 f., 111, 126, 135, 146, 187, 196, 236, 252 f., 316
Klagefrist 14, 49, 73 f., 111, 147, 196, 239, 253, 317
Klagegegner *siehe Prozeßführungsbefugnis*
Klagehäufung 69, 249
kommunale Planungshoheit *siehe Planungshoheit*
kommunale Selbstverwaltung 216 ff., 230
kommunikativer Verkehr 257 ff.
Konzentrationswirkung, formelle 240
Koppelungsverbot 53
Körperschaftsverfassungsstreitigkeiten 70, 125, 129
Kostenbescheid 87, 88, 90, 91 ff., 101 f., 105 f.
Kunstfreiheit 82, 254 ff.

Ladenschlußgesetz 256
Landschaftsschutzgebiet 244
Leistungsklage, allgemeine 49, 68, 125, 126 ff., 250 f., 315 ff.

Mitverschulden 270, 273, 281, 286, 324

natürliche Eigenart der Landschaft 243 f.
Nebenbestimmung 35 ff., 53
Nichtigkeit
- von Bebauungsplänen 191 f.

- von öffentlich-rechtlichen Verträgen 52 ff.
- von Verwaltungsakten 36 ff.
Normenklarheit, Grundsatz der 120, 175 ff.
Normenkontrollantrag 186 ff.
Notifizierung (~sverfahren) 16, 19, 21
Nutzungsänderung 53 ff.

öffentlich-rechtlicher Vertrag 48, 51 ff.
- Nichtigkeitskontrolle 52 ff.
- subordinationsrechtlicher 52 ff.
öffentliche Belange 241, 243
öffentliche Sicherheit 78 f., 104, 113, 149, 161
öffentliche Ordnung 104, 149
Öffentlichkeitsgrundsatz 166 ff.
Opportunitätsprinzip 129
Optimierungsgebot 192
Ordnungsruf, -mittel, -verstoß 137 f.
Organkompetenz 115, 116, 131, 133, 189
örtliche Bauvorschriften 218 ff., 223, 224

Parteienprivileg 152
Passivlegitimation *siehe Prozeß-führungsbefugnis*
Pflichtverletzung (eines verwaltungsrechtlichen Schuldverhältnisses)
- Schadensersatz wegen 265 ff.
Planungshoheit (kommunale) 184, 196, 198 f., 205, 214 f., 216 f., 219
Planungsleitziele 240
(Polizei-)Verordnung 112 ff., 171 f., 177
Polizeivollzugsdienst 74, 77
positive Vertragsverletzung 265
präventives Verbot mit Erlaubnisvorbehalt 4 f.
Prozeßführungsbefugnis 14, 74 f., 111, 126 f., 136

Quorum (Gemeinderat) 130

Realakt 64, 68, 279, 314 f.
Rechtsaufsichtsbehörde 129, 136, 147 f., 154 ff.
Rechtsschutzbedürfnis 75, 129, 136, 188
Rechtsstaatsprinzip 116, 119, 120, 137, 138, 165, 173 ff.
Rechtsverordnung 113, 119, 120, 150, 239, 240; *siehe auch (Polizei-)Verordnung*
Reisegewerbe 253 f.

Richtlinien (unmittelbare Wirkung von) 305 f.
Rückforderung einer Geldleistung 13, 15, 19 f.
Rücknahme (eines Verwaltungsaktes) 14, 15, 16 ff.
Rücksichtnahmegebot 193, 194, 201, 202
Rückstauschäden 269 ff., 274, 284
Rückwirkungsverbot 169 ff.

Satzung 150, 159 ff., 164 ff., 186, 217 ff., 223, 226, 267 f., 271 f., 283, 286, 314 f., 322
Schutznormtheorie 212
Selbstverwaltungsgarantie 145, 196, 216
Sicherstellung 92 f., 101, 105
Sondernutzung 256 ff.
Sorgfaltspflichts(verletzung) 17 f.
Sperrfrist (Gemeinderat) 130
Spielgeräte 5 f.
Splittersiedlung 243
Staatshaftungsgesetz 275 f.
Standardmaßnahmen, polizeiliche 64, 76, 77, 92, 101
Stellplätze 55
Störung 54, 78 f., 98, 113 f., 121, 137 f., 201
Subsidiarität
- Feststellungsklage 49, 66 f., 68, 126, 250 f.
- Normenkontrolle 188
Subventionsgewährung 13, 15 f., 21
Suspensivinteresse 29, 34, 43, 44

Treu und Glauben 21 f., 321
Typisierungslehre 242

unbestimmter Rechtsbegriff 6 f., 113
unmittelbare Ausführung 103 ff.
Unrecht (legislatives) 301, 309
Unrechtslast 319, 320 f.
Unterlassungsanspruch 318
Unterlassungsklage 68, 135
unzulässige Rechtsausübung 42 f., 321 ff.
Urkundeneinheit 52

Veränderungssperre 198
Verantwortlichkeit (im Polizeirecht) 79, 104, 121
Verbandskompetenz 115, 131, 133, 189

vereinfachtes Genehmigungsverfahren (im Immissionsschutzrecht) 240
Verfügung, gesetzeswiederholende 112
Verhältnismäßigkeit 43, 79 ff., 99 ff., 105, 120 f., 193, 229, 270, 272, 323
Verkehrszeichen 93 f., 87 f., 99 f., 104
Verpflichtungsklage 3, 9, 49, 74, 125, 188, 211, 235 ff., 250 f.
Versagungsgegenklage 211, 235, 236
Vertrag, öffentlich-rechtlicher *siehe dort*
Vertrauensschutz 17 ff., 174
Verwahrungsverhältnis 63, 67 f., 75, 82
Verwaltungsakt 87 f., 93, 95 f., 111, 145 f.
- begünstigender 13, 17, 20, 72, 212
- belastender 13, 17, 28, 64, 67, 111, 147, 212, 236
- Erledigung 64 f., 67, 70, 90
- Feststellung der Nichtigkeit 71 f.
- Merkmal „Außenwirkung" 125, 145
- Merkmal „Behörde" 126
- Merkmal „Regelung" 13, 68, 87, 111, 145 f., 211
- mit Drittwirkung 212
verwaltungsrechtliches Schuldverhältnis 267 ff.
Verwaltungsrechtsweg 12 f., 27 f., 47 ff., 62 f., 87, 110 f., 124 f., 134 f., 144, 155, 186, 195, 209, 235, 248 f., 287 ff., 314 f.
Verweisungsbeschluß 48, 235
Vollstreckbarkeit 66, 97, 126, 135
Vollziehungsanordnung 30 ff.
Vorbehalt des Gesetzes 76, 112 f., 164, 212, 223
Vorverfahren 14, 70 ff., 111, 147, 196, 236 ff., 253

Weisung 145
Weisungsaufgabe 145
Widerruf (eines Verwaltungsaktes) 16, 28, 35 ff.
Widerspruch 79, 86 ff., 91, 209 ff., 222 ff., 236
Widerspruchsbefugnis 90, 211 ff.
Widerspruchsbehörde 72, 88 f., 221
Widerspruchsfrist 70, 71, 91, 221, 236 ff.
Widerspruchsverfahren (als Klagevoraussetzung) *siehe Vorverfahren*
Wirkungskreis, eigener 145, 210, 215, 218 ff.

Zitiergebot 116, 164 f.
Zweckwidrigkeit 71, 103
„Zwei-Stufen-Theorie" 13
Zuverlässigkeit (im Gewerberecht) 6 ff.

 **Springer**   **springer.de**

Juristische ExamensKlausuren

Fallsammlung zum Verwaltungsrecht

R. Brinktrine, B. Kastner
Unter Mitarbeit von M. Bach

2. Aufl. 2005. Etwa 350 S. Brosch.
ISBN 3-540-25230-4 ▶ € 16,95 | sFr 29,00

Fallsammlung zum Staatsrecht

R. Brinktrine, E. Sarcevic

2004. XVII, 252 S. Brosch.
ISBN 3-540-00013-5 ▶ € 16,95 | sFr 29,00

Fallsammlung zum Sachenrecht

I. Czeguhn, C. Ahrens

2005. Etwa 250 S. Brosch.
ISBN 3-540-25688-1 ▶ € 16,95 | sFr 29,00

Fallsammlung zum Strafrecht

W. Gropp, G. Küpper, W. Mitsch

2003. IX, 353 S. Brosch.
ISBN 3-540-42484-9 ▶ € 16,95 | sFr 29,00

Fallsammlung zum Strafprozessrecht

U. Hellmann (Hrsg.)

2001. XVI, 209 S. Brosch.
ISBN 3-540-67960-X ▶ € 19,95 | sFr 34,00

Fallsammlung zum Handelsrecht

Klausuren - Lösungen - Basiswissen

R. Jula

2000. XV, 275 S. Brosch.
ISBN 3-540-67833-6 ▶ € 19,95; sFr 34,00

Fallsammlung zur Wahlfachgruppe Kriminologie, Jugendstrafrecht und Strafvollzug

K. Laubenthal

2., aktual. u. erg. Aufl. 2004. XI, 198 S. Brosch.
ISBN 3-540-40683-2 ▶ € 16,95; sFr 29,00

Fallsammlung zum Urheberrecht, Gewerblichen Rechtsschutz und Kartellrecht

C. Schmelz
Unter Mitarbeit von J. Fürmann

2005. X, 227 S. Brosch.
ISBN 3-540-23643-0 ▶ € 22,95; sFr 39,50

Fallsammlung zum Privatversicherungsrecht

H.-P. Schwintowski (Hrsg.)

1998. X, 217 S. Brosch.
ISBN 3-540-64228-5 ▶ € 19,95; sFr 34,00

Bei Fragen oder Bestellung wenden Sie sich bitte an ▶ Springer Distribution Center, Haberstr. 7, 69126 Heidelberg, Tel.: (0 62 21) 345 - 0, Fax: (0 62 21) 345 - 4229, e-mail: SDC-bookorder@springer-sbm.com Die €-Preise für Bücher sind gültig in Deutschland und enthalten 7% MwSt. Preisänderungen und Irrtümer vorbehalten. d&p · BA_23643

Druck und Bindung: Strauss GmbH, Mörlenbach

MIX
Papier aus verantwortungsvollen Quellen
Paper from responsible sources
FSC® C105338

If you have any concerns about our products,
you can contact us on
ProductSafety@springernature.com

In case Publisher is established outside the EU,
the EU authorized representative is:
**Springer Nature Customer Service Center GmbH
Europaplatz 3, 69115 Heidelberg, Germany**

Printed by Libri Plureos GmbH
in Hamburg, Germany